西迁创业者列传
（第四辑）

祝玉琴　吕青　主编

西安交通大学出版社
XI'AN JIAOTONG UNIVERSITY PRESS

内容简介

本书是西安交通大学部分经历了西迁和西迁后创业的教职员工的小传合集第四辑,记录了他们伴随着岁月所走过的生命历程,特别是记述了他们在交通大学西迁后六十余载的创业与发展中所承担的教学、科研、服务和管理等工作中取得的成就与成果。通过这些小传,我们可以看到在西部这块曾经荒凉的黄土地上,西安交大人的奋斗与成长;看到为实现向科学进军、振兴中国西部教育的梦想,西安交大人甘于寂寞、乐于奉献的精神与境界;看到将个人的命运与国家、民族的发展紧密相连,西安交大人在西部建功立业的家国情怀。文章朴实、自然,直白、亲切,很多叙述可给读者留下无尽的思索和启迪;很多事件可从不同的侧面,再现学校发展的历史瞬间。本书既给学校留下了一份宝贵的史实资料,也给后代留下了一份宝贵的精神财富。

图书在版编目(CIP)数据

西迁创业者列传. 第四辑 / 祝玉琴,吕青主编. —西安:西安交通大学出版社,2022.9
ISBN 978-7-5693-1691-9

Ⅰ. ①西… Ⅱ. ①祝… ②吕… Ⅲ. ①西安交通大学-教师-生平事迹 Ⅳ. ①K825.46

中国版本图书馆 CIP 数据核字(2022)第 057744 号

书　　名	西迁创业者列传(第四辑) XIQIAN CHUANGYEZHE LIEZHUAN (DI-SI JI)
主　　编	祝玉琴　吕　青
责任编辑	贺峰涛
责任校对	王　娜
装帧设计	伍　胜
出版发行	西安交通大学出版社 (西安市兴庆南路1号　邮政编码710048)
网　　址	http://www.xjtupress.com
电　　话	(029)82668357　82667874(市场营销中心) (029)82668315(总编办)
传　　真	(029)82668280
印　　刷	西安五星印刷有限公司
开　　本	787 mm×1092 mm　1/16　印张 31　字数 462千字
版次印次	2022年9月第1版　2022年9月第1次印刷
书　　号	ISBN 978-7-5693-1691-9
定　　价	158.00元

如发现印装质量问题,请与本社市场营销中心联系。

订购热线:(029)82665248　(029)82667874
投稿咨询:(029)82664954
读者信箱:eibooks@163.com

版权所有　侵权必究

序言

为创业者立传

赵大良

1956年9月10日，第一批内迁西安的交通大学师生在西安人民大厦举行开学典礼，开启了交通大学新的历史时代。交大西迁人响应党中央、国务院的号召，满怀"向科学进军，建设大西北"的豪情壮志，毅然从繁华的上海远赴古城西安，铸就了被誉为中国共产党精神谱系组成部分的"西迁精神"。2017年12月，习近平总书记对15位交大老教授的来信作出重要指示："希望西安交通大学师生传承好西迁精神，为西部发展、国家建设奉献智慧和力量。"

彭康、苏庄、任梦林、陈大燮、钟兆琳等，一个个耳熟能详的名字，让我们想到的是那波澜壮阔的交大西迁壮举，西迁精神正是以他们为代表的一代又一代交大人扎根西部、爱国奋斗、艰苦创业的写照。当年的青年教师和学生，如今已过耄耋之年，正是他们跨越一个多甲子奋战在教学科研的第一线，继承和弘扬前辈先贤的优良传统，延续和光大了交通大学的辉煌，丰富了西迁精神的内涵。进入新的世纪，一批批青年才俊慕名而来，奋发有为，继续传播和放大交通大学的光芒。至今 60 多年的西迁历程，从来就不是仅仅停留在 1956 年的 9 月 10 日，而是从这一天开始。

（一）

从字面上来看，"西"就是位置和方向，即方位，"迁"就是迁移、迁徙和转变，二者合起来就是向西边迁移。交通大学由东海之滨的上海内迁西安，可以说是向西迁移。如果我们仅仅这样从字面上来理解，显然是不够全面的，而应当从迁徙的内涵上来理解。迁徙是人类社会的一种普遍现象，广义上来讲就是人员流动。概括起来，我认为可以分为下面三种类型。

一是"自然迁徙"。自然迁徙是指人们为了改善自己的生存环境，由社会、自然条件恶劣或者是自己认为不适应的地域迁徙到自己向往的地域，以便实现繁衍生息，主要表现为"逐水而居""孔雀东南飞""农村向城市转移"等主动的迁徙行为，包括世界范围的技术移民、投资移民和工作移民等，往往表现为迁徙主体的主动选择，其主要特征是"趋利"，追求个人利益的最大化。鸟有"冬去春归"，人有"北漂南移"，这种生物本能的选择，目的是寻找更加适合自己生存和发展的空间。

二是"避险迁徙"。避险迁徙是指人们为了躲避自然灾害、战争或者是仇家，而被迫远离故土，远走他乡寻找安息之所。这其中多数是以暂时的"躲避"为目的，躲避于自然、交通条件比较恶劣的地域，寻找更加安全的生存环境。其与自然迁徙的本质区别是被迫性而不是主动的选择。尽管一些"避险迁徙"行为也迁往经济社会发达的地区，但安全还是第一位的；尽管"避险迁徙"也有长期定居，融入落后地区的开发建设之中，但不是主动的选择，如战败一方的大规模迁徙。其主要特征表现是"避害"。

三是"开发迁徙"。开发迁徙是指人们基于理性的认识和国家行为,为了改造自然、促进社会发展而由生存环境相对优越的地域向需要开发的、自然社会条件相对恶劣的地域的迁徙。"开发迁徙"的特征既不是低层次的"趋利",也不是"避害",追求的是个人社会价值的实现——将个人的人生价值与社会的发展进步自觉地结合在一起。历史上的"屯垦戍边""国防科研"和"交大西迁"等都是这种为国家富强、民族复兴而实施的群体性迁徙。

交大西迁显然是有别于战乱时期的西南联大内迁昆明和西北联大内迁汉中,以及交通大学内迁重庆,更不同于江浙、广东商人远赴陕西和新疆的业务拓展,而是属于第三种类型——基于理性和国家行为的开发性迁徙,其核心是理性认知和国家行为,目的是促进社会政治、经济、文化的平衡发展。西迁,作为一件历史事件已经过去,但是西迁的历史使命还在继续。

(二)

我们理解,记述交通大学西迁并不能局限在"西迁"这一事件本身,或者说交通大学西迁不是一件过去了的历史事件,而是由"西迁"引发的一个持续的创业过程。交通大学西迁的目的是"建设大西北",西迁只有开始,没有结束,时至今日仍然是交通大学西迁的延续。西迁精神被概括为"胸怀大局,无私奉献,弘扬传统,艰苦创业",其核心是弘扬传统、爱国奋斗。那么,交通大学西迁60多年来艰苦创业过程中展现出的熠熠光芒,也是西迁精神的组成部分,留下了一路弦歌和故事。

《西迁创业者列传》(以下简称《列传》)是继《西迁亲历者口述史》(以下简称《口述史》)之后的又一个以史料收集和保存为目的的选题。《口述史》主要聚焦于交通大学内迁西安这一历史事件,当然包括内迁西安初期的教学科研等方方面面;《列传》则更多地关注西迁以后的，特别是改革开放初期的创业历史。如果《口述史》是聚焦于"迁"的话，而《列传》则是聚焦于"创"，记录西迁人、西迁传人和西迁新传人，内迁西安以后，践行"扎根西部、服务国家、世界一流"办学定位的创业史。因此，我们将书名拟定为《西迁创业者列传》，以作为《西迁亲历者口述史》的继续。

本项目于2017年启动，由祝玉琴老师负责。祝玉琴老师曾经主编（或合编）过《交大春秋》《交通大学西迁回忆录》《耄耋回望青春》三部有关交大西迁主题的书，对交大西迁不仅十分了解，而且怀有深厚的感情。特别是她担任学校离退休工作处副处长期间，与西迁亲历者以及西迁创业者有广泛的接触，对他们怀有崇高的敬意。现在，她又承担起"为创业者立传，为西迁者而歌"的任务。项目开展不到两年，已经采集文字图片资料百余万字，现决定择优陆续出版。

《西迁创业者列传》的传主大多数是西迁时期的青年教工，也是改革开放初期教学科研的学科带头人和骨干。从他们的自述或由他人整理的小传中可以管窥交通大学西迁创业的一个侧面，体会交通大学优良传统在他们身上的传承和弘扬。西迁创业还在继续，《西迁创业者列传》也就不会终结。我们希望，每一个西迁创业者——西迁人、西迁传人和新传人的创业经历和事迹都能得到记录，体现在他们身上的西迁精神能够得到进一步的弘扬，为续写西迁创业的历史，不断地提供丰富的精神养分。

"西迁创业者列传"项目启动以来，得到了学校领导和相关部门的大力支持。这个项目也得到了阎森、杨慧高夫妇等校友发起设立的"名师传记出版基金"的支持，这是该项目能得以持续开展的重要保障。"名师传记出版基金"设立的目的，就是要传承爱国爱校、严谨治学、教书育人的精神，就是要弘扬尊师重教、饮水思源的品德，就是要为西迁创业者立传。此次以小传汇编的形式启动，希望能够带动更多的西迁创业者撰写回忆录，也希望传记写作爱好者为创业者立传，"名师传记出版基金"将持续资助出版单本和系列的名师传记。同时，也希望广大校友和企业家加入"基金"的行列，为弘扬西迁精神贡献一份力量。

（三）

"饮水思源，爱国奋斗"是交通大学的优良传统，已经成为今天西安交通大学人——西迁精神新传人的品格。在新时代中国特色社会主义建设历程中，西迁精神新传人正满怀豪情地继续"向西而歌"，以中国西部科技创新港为载体，坚持"面向世界科技前沿、面向经济主战场、面向国家重大需求"，走中国特色自主创新道路，落实国家创新驱动、军民融合发展战略以及"一带一路"倡议，践行"国家使命担当、全球科教高地、服务陕西引擎、创新驱动平台、智慧学镇示范"定位，探索21世纪现代大学建设新形态。可以期许，这将是交通大学120多年来的又一次创业的开始，是交大西迁的继续，必然会产生一批时代的弄潮儿，必将留下一批可歌可泣的创业故事。我们有理由期待，"名师传记"的出版将会持续下去，"名师传记出版基金"将大有作为。在此，我谨以一首七律，表达我对西迁创业者的敬意，对为创业者立传者的感谢。

致敬西迁

社稷中兴万象新，蓝图擘画振斯民。
开发内陆施国策，远赴西安建功勋。
自古图强凭教育，西迁创业写忠魂。
栉风沐雨一甲子，无愧先贤无愧心。

目 录

序言　为创业者立传　　　　　　　　　　　　　　赵大良

难忘岁月七十年——朱继洲小传　　　　　　　　　朱继洲

　简历/ 002

　第一部分　学涯琐忆(1952—1956)/ 003

　　一、学习苏联教育经验,改革旧中国高等教育/ 003

　　二、各门课程均由有名望的教师主讲/ 006

　　三、大学四年下工厂实习三次,联系生产实际,积极投身社会实践/ 007

　　四、"身经百战",门门课程要口试/ 011

　　五、紧张的学习,良好的伙食/ 012

　　六、毕业设计通过国家考试委员会考核,获得"工程师"称号/ 015

　　七、"祝福走向生活的青年建设者"/ 017

　第二部分　随校西迁,奉令改行,边学边干,艰苦创业

　　　　　　(1956—1985)/ 019

　　一、担任屈梁生先生的助教,随校西迁/ 019

　　二、奉令调入工程物理系,到清华大学进修/ 026

三、边学边干,艰苦创业 / 029

四、编写《压水堆核电站的运行》,迎接我国核电事业兴起 / 034

五、"文革"后恢复招生,英才辈出的核反应堆81班 / 035

六、搞好教材建设,培养高质量核工程人才 / 037

七、获批博士点,承担国家级研究课题 / 041

第三部分　兼职西安交大高等教育研究所 / 044

一、担任西安交大高等教育研究所副所长,成为"双肩挑"干部 / 045

二、受聘为部属高等工业学校教育研究协作组成员 / 049

三、参与1995年本科教学工作优秀学校试点评估,撰写《自评报告》 / 052

四、参与交通大学三部校史编纂工作 / 054

第四部分　为国家核电建设事业服务(1985—2013) / 067

一、与大亚湾核电站结缘 / 067

二、致力于大亚湾核电站人员岗前培训 / 070

三、出任中广核教培委委员、中广核核电学院外聘教授 / 072

四、为秦山二期和秦山三期核电站编写培训教材 / 074

第五部分　为教育教学改革尽力(2002—2017) / 075

一、因"校"制宜,开展自主式教育质量督导 / 076

二、教育部本科教学水平评估 / 080

三、为教师教学发展而尽心竭力 / 082

第六部分　为"西迁精神"鼓与呼 / 093

一、撰文、编书、作报告,宣传、研讨"西迁精神" / 093

二、讲好西迁故事,弘扬"西迁精神" / 096

三、撰写50位西迁先贤的感人事迹 / 098

四、西安交大"西迁人"爱国奋斗先进群体荣获"最美奋斗者"称号 / 099

尾　记 / 102

以站好讲台为天职——冯博琴小传

资料提供：冯博琴　文字：祝玉琴

简历 / 106

题记 / 106

第一部分　五年寒窗求学路 / 111

　　一、结缘西安交通大学 / 111

　　二、老师认真教，学生努力学 / 112

　　三、为多些自修时间同学们各显身手 / 114

　　四、负重越野跑没吓倒学生 / 116

第二部分　教书育人，为学生奉献最满意的教学 / 117

　　一、专注于教学，用一辈子讲好一门课 / 117

　　二、驾驭课堂，启发思维 / 121

　　三、把握教学内容，提高学术造诣 / 123

　　四、严格要求，为人师表 / 124

　　五、退休前的最后一课，上了西安交大BBS十大热点新闻 / 128

第三部分　积极探索，实施计算机基础教学改革 / 130

　　一、改革实验教学方法与手段，强化能力培养 / 131

　　二、构建"以学生为中心"的分类分层次培养的实验教学体系 / 134

　　三、更新实验教学内容，探索持续发展之路 / 135

　　四、以人为本，创建"计算机基础实验教学大环境" / 137

　　五、积极开展创新实验研究，培养学生创新能力 / 138

第四部分　创建国内一流的计算机基础教学和研究基地 / 139

　　一、基地建设和新一轮教学改革指导思想的酝酿和确立 / 139

　　二、从"名师"到"名团队"的飞跃 / 140

　　三、提出独特的精品课程建设要领，实现了"门门课程是精品" / 142

四、以能力培养为核心,创建计算机基础教学和研究基地 / 144

　　五、基地建设和新一轮教学改革成功的经验 / 146

第五部分　不辱使命,做全国计算机基础教学的"发动机" / 148

　　一、主持制定了教育部计算机基础教学的相关文件 / 149

　　二、推动并主持了"计算机文化基础"升级为"大学计算机"能力培养的改革 / 154

　　三、倡导"计算思维能力培养"为计算机基础教学的核心任务,并为之鼓与呼 / 155

　　四、前沿热点,所思所悟与同行分享 / 163

第六部分　牢记使命薪火相传,言传身教助力青年教师成长 / 170

　　一、关心青年教师,教学"传帮带" / 171

　　二、针对课堂教学存在的问题,凝炼主题报告 / 172

　　三、应邀赴省内外高校讲学,为培养青年教师而奔走 / 176

　　四、担任研究生教育教学质量专家督导组组长 / 184

　　五、"冯博琴名师工作室"成立及工作 / 188

结　语:学生捐赠设立"冯博琴伯乐奖" / 191

补　记 / 193

附　录:冯博琴公开发表的部分论文 / 194

往事琐记——宋余九小传　　　　宋余九(祝玉琴协助整理)

简历 / 208

　第一部分　中小学在社会变迁中度过 / 209

　　一、日本侵略者侵占了我的家乡 / 209

　　二、在村办小学接受启蒙教育 / 209

　　三、中学经历了抗战胜利和家乡解放 / 210

四、解放后提高了政治思想觉悟,加入了青年团 / 210

第二部分　我的大学与研究生阶段 / 211

  一、在东北工学院学习期间曾为志愿军献血 / 211

  二、在哈尔滨工业大学读研 / 213

第三部分　从繁华都市到八百里秦川 / 216

  一、刚刚参加工作就承担了讲课任务 / 216

  二、向西而行,完成设备仪器搬迁和教学任务 / 216

  三、"小家"服从"大家",同爱人带着女儿一起西迁 / 218

第四部分　在西安交大成长与奋斗 / 220

  一、本科生与研究生教学均获得好评 / 220

  二、为国家培养了近30名研究生 / 223

  三、承担的主要科研项目与获奖情况 / 225

  四、参加学术交流,在全国性学术会议上发言 / 231

  五、努力做好党务与行政工作 / 233

第五部分　怀念我的夫人刘静华 / 235

  一、刘静华的事迹被收入《中国当代妇女儿童事业成就大典》/ 236

  二、坚持"启发式"教学方法,受到本科生和研究生的拥戴 / 237

  三、刘静华的科研工作与获奖情况 / 240

  四、刘静华的专业著作和发表的学术论文 / 243

  五、永远怀念老伴 / 244

结语:我的人生理念 / 246

附录:宋余九和刘静华公开发表的部分论文 / 250

  一、宋余九公开发表的部分论文 / 250

  二、刘静华公开发表的部分论文 / 253

岁月流转　情怀依旧——王世昕小传　王世昕（祝玉琴协助整理）

简历／256

第一部分　青春与理想／258

一、初中立志，把一生献给祖国／258

二、高考选择了将要西迁的交通大学／260

三、虽艰苦却丰富多彩的学习生活／264

四、坚持交通大学传统，严教严管重视实践／269

五、做又红又专、德智体全面发展的大学生／273

第二部分　特殊年代的经历与反思／275

一、交通大学迁校的争论与思考／276

二、"大跃进"与"大炼钢铁"／277

三、从留校工作到十年"文革"／279

第三部分　努力做好党务工作／282

一、完成平反冤假错案和清查清理工作，维护学校稳定／282

二、组织明确了我的家庭成分／284

三、纪检、监察工作，对人的处理要慎之又慎／286

四、做好党的组织与干部工作／289

五、"弹好钢琴"，做好分管工作／292

第四部分　为创办西安交大老年大学奉献二十年／299

一、老年大学的成立与前十年的经验教训／299

二、建立健全领导体制和监督机制／303

三、千方百计筹集办学资金以保证老年大学的建设与发展／304

四、积极努力争取，不断扩大办学场所／307

五、明确了老年大学的性质、任务，建立了课程学制／308

六、建立了一系列规章制度，树立了良好校风／310

  七、建立了社团组织 / 311

  八、通过创建老年大学的经历,对艰苦奋斗、无私奉献有了更深的体会 / 312

 尾 记 / 316

 附 录:机切55班学生分配单位表 / 322

在周惠久学术思想指引下研究材料强度的历程
——朱金华小传
朱金华(祝玉琴协助整理)

 简历 / 326

 前言 / 326

 上篇:早期材料多次冲击抗力研究的三个规律及应用成果 / 327

  一、材料多次冲击抗力理论的产生 / 328

  二、金属材料强度研究室的建立及多次冲击抗力规律研究 / 329

  三、早期材料多次冲击抗力研究的三个规律 / 333

  四、材料多次冲击抗力理论的工程应用 / 336

 下篇:在材料科学与工程领域耕耘、收获 / 341

  一、两次出国留学 / 342

   (一)以交换学者身份赴意大利欧共体联合研究中心留学 / 342

   (二)赴英国伯明翰大学作高级访问学者,研究电子束表面合金化 / 344

  二、金属材料强度国家重点实验室建立 / 344

  三、周惠久先生学术研究思想的启迪 / 345

  四、遵循周惠久先生科研思想在学术研究中取得成绩 / 347

   (一)材料在水介质中的空蚀、冲蚀及磨蚀研究 / 348

   (二)多相流中金属材料空蚀、冲蚀、磨蚀行为及多因素耦合作用研究 / 350

   (三)材料的冲击磨损规律研究 / 352

(四)高强度螺钉服役行为研究 / 355

(五)不同加载速率下材料基本力学性能研究 / 356

(六)钨合金弹体发射强度研究 / 357

(七)断裂力学在滚子轴承失效分析中的应用 / 358

五、教学与研究生培养工作 / 359

结　语 / 363

从军旅到高校——莫珲小传

采访:祝玉琴　赵劼　张嘉瑞　　文字:祝玉琴

简历 / 366

第一部分　从中学生到华东革大学员 / 366

一、上海解放初期的记忆 / 367

二、考入华东人民革命大学 / 369

第二部分　在人民解放军的大熔炉中成长 / 372

一、入伍在华东军区司令部青年干校 / 372

二、在华东军区司令部气象干校和北极阁气象台学习专业知识 / 376

三、奔赴石岛气象站并艰苦守卫 / 379

第三部分　奉调交通大学并扎根在祖国西部 / 385

一、虚心学习,尽快熟悉并安心在学校工作 / 386

二、被评为"西安交通大学社会主义建设青年积极分子" / 389

三、收集资料、设计报表,做好人事统计等工作 / 393

四、在陕北神木贺家川高家塔村下放劳动 / 395

五、完成了200余卷档案资料清理与归档工作 / 397

六、彭康校长的一句话,使我们更加认识到基础工作的重要性 / 400

七、我在十年动荡岁月中的经历 / 402

八、努力做好西安交大外事工作 / 404

九、我记忆中任梦林副校长对外事工作的贡献 / 412

  十、我的退休生活 / 414

 补　记 / 416

梧桐树下的回忆——林文坡小传　　　　　林文坡（祝玉琴整理）

 简历 / 422

 第一部分　成为交通大学的学生 / 423

  一、难忘交通大学老校门 / 424

  二、在徐虹路交大分部上课 / 425

  三、机械制造系学生的大本营——执信西斋 / 426

  四、交通大学的课程与老师 / 428

  五、学生时期，经历了四件大事 / 430

 第二部分　西迁前后 / 432

  一、彭康校长作报告，说明交通大学西迁的必要性与重要性 / 432

  二、我们是交通大学最后一批西迁学生 / 433

  三、初到西安 / 434

  四、参加西光厂测绘精密机床和西安钢厂制造鼓风机工作 / 435

 第三部分　从提前毕业留校任教到合格的高校教师 / 437

  一、初到无线电工程系 / 437

  二、彭校长鼓励我上讲台 / 439

  三、在工厂学习、考察，充实了专业知识 / 441

  四、编写"气动-液压自动装置"课程讲义，备课，试讲，上讲台 / 450

  五、全面完成教学任务，并两次在新专业开课 / 457

  六、自己动手，搞好实验室建设 / 460

  七、承担力所能及的科研项目 / 462

第四部分　业余爱好带给我快乐/465

　　一、担任文工团大型演出的化妆师/465

　　二、集邮给我的生活带来无限乐趣/468

后记/477

难忘岁月七十年
——朱继洲小传

朱继洲

简　历

朱继洲，教授、博士生导师。1935 年 5 月出生于上海，祖籍浙江鄞县。

1952 年考入交通大学机械制造系，1956 年 3 月加入中国共产党，1956 年 7 月毕业，服从统一分配留校工作，担任机械制造工艺教研室助教。1958 年 9 月随学校最后一批人员从上海内迁西安，调入工程物理系核反应堆工程专业，随即去清华大学工程物理系进修一年。1959 年 9 月回校后参与工程物理系核反应堆工程新专业（现核科学与技术学院）的创建与建设；曾担任教研室党支部书记，教研室副主任兼实验室主任；1986—2001 年任全国高等学校核科学与工程学科教学指导委员会委员。

在长期从事核科学与技术学科教学与科研工作中，为本科生、研究生讲授过压水堆核电厂系统与运行、核反应堆安全分析、核电厂瞬态安全分析等课程。主持承担了国家"七五"攻关课题、国家高技术研究发展计划（"863 计划"）能源领域子课题、高校博士点基金课题、国家自然科学基金项目等 10 余项，已出版教材（专著）10 部，发表专业论文 60 余篇。

1986 年 7 月起，兼任西安交通大学高等教育研究所副所长，主持与领导高等教育研究所的创建及发展。1999—2003 年任西安交通大学教学委员会副主任，2002—2008 年任西安交通大学第一、二届教育质量专家督导组组长、西安交通大学教学事故认定委员会主任。2011—2017 年任西安交通大学教师教学发展中心专家工作组成员。撰写高等教育改革与教学研究论文 60 余篇。

1985—1992 年任国家教委直属高等工业学校教育研究协作组成员，1998—2000 年任中广核集团教育培训委员会委员。曾任国家"863 计划"课题第十四专题（能源领域）第四专题组成员，国家环境保护部第五、六届核安全与环境专家委员会委员，2006 年受聘为中广核集团核电学院特聘教授。

1993 年起享受国务院颁发的政府特殊津贴。

第一部分　学涯琐忆
（1952—1956）

1952年8月的一天清晨，天刚蒙蒙亮，我睡眼朦胧地走出家门，来到南京东路浙江路口的一家报亭旁，守候着报纸的到来。五时半许，买到一张《文汇报》，一边往家里走，一边急切地从《全国高等学校统一考试录取名单》"交通大学"一栏中，寻找着自己的名字。稍顷，便在"机械制造系"的黑体字下看到了自己的名字。"找到了！有了！"[①] 我欣喜若狂地跑回家，和家人们分享我已成为新中国大学生的喜悦。当时，怎么也不会想到，我就此会和交通大学结下了一生的不解之缘。

回顾这近70年的经历，从黄浦江畔到渭水之滨，从懵懂少年到耄耋老者，诸事历历浮现在脑海里……

一、学习苏联教育经验，改革旧中国高等教育

1952年9月，在参加完上海市教育局组织的为时4周的高中毕业生鉴定后，我结束了中学生活。10月到交通大学报到，我正式成为交通大学学生。

在入学教育中，学校宣布：为了适应第一个五年计划大规模工业建设对人才的大量需要，学校增办机制、金相、金工、电机等专修科，学制二年，全体新生需重新填报志愿。同时，传来消息：原应在1954年暑假毕业的学生，提前一年毕业，由国家统一分配，其待遇仍按四年制毕业生对待。"祖国的需要，就是我们的志愿"，分系、分班的工作很快就完成了，大家立即投入紧张的大学学习生活。我被分到机制22班，到班级后才了解，由于1952年全国应届高中毕业生仅有3.7万人，少于全国高等学校计划招生数5万人，国家从机关、部队抽调了大批在职干部进行补习后，报考进入大学，称为"调干生"。他们可享受干部津贴，其人数在各小班约占三分之一左右。

[①] 自解放初至1957年，全国高等学校统一考试录取名单先择日在全国各大报纸上公布，随后各校向考生寄发录取通知书。

1952年，经过3年的经济恢复，新中国国民经济得到根本好转，工业生产已经超过历史最高水平，高等院校进行了大规模的院系调整和全面的教学改革。教学改革的目的是建立社会主义性质的、由工人阶级思想领导的、完全适合正在逐步过渡到社会主义社会的国家建设需要的新型的高等教育。即将在1953年开始的第一个五年建设计划中，由苏联援建的156项重点建设项目，急需大量各类专门人才，而建国伊始，我们还没有在全国范围内发展高等教育的经验。当时，美、英等帝国主义国家对新中国实行政治、经济、文化等全面封锁政策，我们无法借鉴其教学经验。要改革旧中国遗留下来的高等教育，这次教学改革的方针必须是学习苏联先进教育经验并与中国实际情况相结合，以全面学习苏联作为国家的国策。

在上述全面学习苏联方针指导下，交通大学与全国高校一样，在高等教育部的领导下，照搬了苏联高等教育的一整套内容：从设置专业、制订统一的教学计划和教学大纲，按专业方向、统一规格培养人才，到采用苏联教材和教学方法，全国高校（除外语学院和外语系外）公共外语一律取消英语课，改学俄语，改革各种考查、考试制度，直到建立基层教学组织——教研室。为此，1952年起，交通大学改变原来只设系科，不设专业的做法，参照苏联高等教育目录，按工艺、装备、产品以及行业等设置了机械制造系、动力机械制造系、运输起重机械制造系、电工器材制造系、电力工程系、电信工程系及造船工程系等7个系，下设27个本科专业、15个专修科。"专业"是苏联高等教育专用名词，比原来的"系科"业务范围窄，反映了培养人才的规格与国民经济建设的需要"对口"。如原来交通大学的机械系，学习苏联后调整为机械制造系、动力机械制造系和运输起重机械制造系等3个系，而机械制造系下又分设机械制造工艺、金属切削机床及其工具、金属压力加工及其设备、金相热处理及其车间设备、铸造机械及铸造工艺、金工、铸工、热处理、金工工具等9个专业；动力机械制造系分设汽车制造、内燃机制造、涡轮机制造、锅炉制造、蒸汽动力机械等5个专业；各专业均仿效苏联，制订了统一的教学计划，以保证培养具有一定质量规格的合格人才。高等教育部规定我国高等学校以苏联教学计划为蓝本，将其5年的教学内容和安排，精简和压缩在4年内。要在4年内完成5年的学习内容，多数高校试行了午前六节课一贯制，就是说学生吃过早饭后，要一口气上六节课，到12:50才能吃午饭；下午一般安排实验课。每周学习高达50多学时。教学中，摒弃以前用的英美教材，大量采用苏联的"先进社会主义教材"，如1952年入学的我们那一届，高等数学采用的是别尔特曼的《数学解析教程》，理论力学采用的是伏龙科夫的《理论力学》，材料力学采用的是别辽耶夫的《材料力学》。刚刚经过思想改造的教师们以很高热情，用速成法学习俄语，有的教材是边译边教，译好一部分印发一部分，上课时像发"传单"一样。课程学习强调由课前预习、课堂讲授、辅导课、习题课、答疑、质疑等环节组成。课程结束后少数课程进行考查，以通过或者不通过记录学生成绩，多数主干课程须进行五级记分制的口试。

到了1953年，按照苏联的教学计划进行教学改革的各种矛盾问题开始暴露：各课程总学时过多，每周周学时数过高，学生既要预习，听了课又要做习题，为了赶上教学进度，学生不得不开早车、开夜车，挤占课外活动时间和星期天。特别是各班级的调干生，学习困难很大，学习负担过重，影响了学生的身体健康。再加上多数学生不能适应每天上午的"六节一贯制"，特别是中国学生早餐以稀饭、馒头为主，不耐饥，不像外国学生的早餐是黄油、面包加鸡蛋；还有少数爱睡懒觉的同学，早上常常不吃早餐直接去教室上课，大多数学生到了第四节课时肚子就咕咕叫，饿得昏昏沉沉，不能集中精力听课，课堂教学效果很差。为了解决这个问题，学校决定每天上午第三节课下课，全体学生在大操场做广播操后，给每人发一只热气腾腾的2两大馒头。

近70年过去了，回顾当年全面学习苏联，应当客观评价其成败得失。值得肯定的是，它的出发点是改革旧高等教育，目标是为国家建设培养急需人才。第一个五年计划开始时，我国还是一个落后的农业国，工业水平远远落后于发达国家，也落后于许多发展中国家。记得毛泽东主席对此有过一段形象的描述："现在我们能造什么？能造桌子椅子，能造茶碗茶壶，能种粮食，还能磨成面粉，还能造纸，但是，一辆汽车、一架飞机、一辆坦克、一辆拖拉机都不能造。"因此第一个五年计划的重点是优先发展重工业。高等教育必须重视加强基础理论与实践性教学环节，提高人才培养质量，以满足第一个五年计划的需要，也为之后的经济和科技发展打下基础。存在的问题主要是：全盘照搬苏联，忽视结合我国实际，专业分得过细、专业面过窄，造成理工分家的弊端；要求过高过急，学生负担过重，强调人才的专业对口，而适应性较差。

回顾历史，应该认识到，苏联高等教育有其一定的先进性，表现在培养目标明确，办学有计划，有统一的专业设置，教学计划、教学大纲齐全；教材有较高的思想性与科学性；健全了基层教学组织和教学法研究的教学制度；特别是强调理论与实践，教学与生产劳动的结合，把三次生产实习纳入四年制本科教学计划，有严格的考查、考试制度，毕业设计（论文）要求明确。这些教学改革措施与老交大的"起点高、基础厚、要求严、重实践"的优良办学传统有一致性，对教学工作也有一定的促进作用。其中有些做法，如重视毕业设计（论文）的质量，在改革开放后新时期的教学改革中，仍然在发挥相当大的作用。

二、各门课程均由有名望的教师主讲

回忆大学四年学习期间，担任我们各门课程主讲的，都是学校有名望的教师，如讲授高等数学的邵济熙、讲授物理的赵富鑫、讲授画法几何与工程制图的张寰镜、讲授材料力学的金悫、讲授理论力学的徐镇、讲授机械零件的辛一行、讲授金属工学的孙成璠、讲授热工学的朱麟五、讲授机械原理的袁轶群、讲授公差与技术测量的胡汉章、讲授中国革命史的凌雨轩、讲授机械制造工艺学的贝季瑶、讲授金属切削机床的沈长朔、讲授俄语的李宝堂、讲授金属切削原理与刀具的李国华、讲授机械制造厂厂房设计原理的钱鸿章等。师长们严谨的治学态度、精湛的讲课艺术，在同学中传颂，在我的脑海中留下深刻的印象，以致自觉或不自觉地在自己以后的教学工作中加以仿效，深受其裨益。例如：邵济熙老师的高等数学课，讲课时口齿清楚、条理清晰，数学方程式板书整齐、推导严密，一节课下来刚好写满新上院教学楼大教室的两块大黑板。金悫教授曾教过钱学森的水力学课，给我们讲授材料力学课时深入浅出，善于化难为易、突出重点，把原理说得清楚透彻，对易混淆的概念能抓住要领，交代得明明白白。上课时，同学们听得入神,好像教师没有讲多少内容,课后复习时,才发现已讲完教材中好几节了。教我们金属切削原理与刀具的李国华老师,时任上海工具厂总设计师,因教研室师资力量不足而受学校延聘。他讲课时按教学大纲认真执行,一丝不苟,在上好课的同时,还多次组织同学到上海工具厂各科室、车间参观,并亲临指导、讲解,增加同学们的感性认识,促进理论与实际的联系。

每每回忆起大学期间给我们讲课的老师,总会想到他们对母校的贡献和对我们的谆谆教导。饮水思源,深感自己在一生教学工作中,全赖众多良师的教诲和对老交大优良传统的言传身教。

大学四年的学习生活是十分紧张的,老师们都十分认真地采用了苏联高等学校的教学方法,在课堂讲授前要求学生预习,在课堂学习中搞"习明纳尔"(课堂讨论)和小班辅导,老师答疑时不只是回答学生问题,还要质疑(反问学生)。由于课程多、课时多,学生负担过重,班里大部分同学课内外学时数经常超过 48 学时,有的达到 56 学时,少部分同学(其中以调干生居多)赶不上进度,出现忙乱现象。机制 21、22 两班同学在党、团支部组织下,建立互助小组,互帮互学,晚自修时一起学习,提出了"不让一个阶级兄弟掉队"的口号。蒋璐同学为校黑板报写的文章《永不掉队》,还登载在上海《文汇报》上。

1955 年 4 月,高等教育部召开了全国高等工业学校、综合大学的校院长会议,讨论减轻学生负担、保证教学质量、贯彻培养全面发展人才方针的问题。同年 5 月,国务院召开全国文教工作会议,决定"高等工业学校的学制由四年改为五年",交通大学决定从 1954 年入学的这届学生起,延长一年毕业;会议要求,要解决学生负担过重问题,控制总学时,本科生一年级周学时须控制在 54 学时之内,要大力贯彻"学少一点、学好一点"的原则。因此,交通大学在 1958 年就没有本科生毕业,1954 年在上海入学的学生,都是在 1958 年随校迁到西安后于 1959 年毕业的(少数学生提前一年留校参加工作,但仍于 1959 年领到毕业证)。

三、大学四年下工厂实习三次,联系生产实际,积极投身社会实践

重视实践教学是交通大学的一贯传统,在四年本科的学习过程中,

学校参照了苏联高等学校的教学经验，安排了较多的实践教学环节，也有较多的实习环节，除了校内参加生产劳动外，还要进行三次实习，即认识实习、生产实习和毕业实习。通过这些实践教学和实习活动让学生能理论联系实际，认识社会与了解社会。

六周校内金工劳动

在当时，校内劳动实习也是教学计划的重要组成部分，主要是让学生对所学的课程有一定的感性认识，培养动手能力。

机械类学生的校内金工劳动安排6周，内容含铸锻焊、车钳刨磨铣。记得车床实习是在容闳堂与工程馆之间的车工车间内进行的，里面全部是皮带车床。钳工实习是让学生把一块方铁制成一只小铁榔头，经老师评分后可带回家作纪念，我至今还将它保存在家中工具箱内。汽车制造专业同学的一项实习内容是要学会开汽车，供学生实习用的是一辆黑色福特牌小轿车，每天下午学生缓缓地开着它在校园里兜圈子，大家都很羡慕。

校内实习时制造的小榔头

认识实习，学生以工人身份了解产品的生产过程

为了培养适应新中国工业建设需要的千百万合格人才，国家有关部门对工科学生的实践教学和实习活动特别重视。国务院要求各工业部门、各工矿企业对学生实习从业务上、生活上给予大力支持，铁道部对学生实习团队购买的往返车票允许以半价优待。学校专门成立了生产实习科，根据各系、专业的生产实习计划协助做好业务联系、生活接待等各方面的工作。系、教研室每年都把安排好学生的实习作为重要的工作，尽可能在全国范围内，选择大型、现代化工矿企业作为实习基地，让学生在学习先进技术和业务知识的同时，也能接受从事大工业生产的工人阶级的熏陶与洗礼。

认识实习安排在第二学年末，它的目的是选择与专业对口的工厂，让学生以工人的身份，了解其所学专业的生产过程，为三年级专业基础课程的学习打好基础，一般安排2周时间。

认识实习基地的选择、实习队的划分，需根据各次实习任务来确定。以我们机械制造工艺与设备专业为例，我所在的机制22班，1954年暑假，整个小班在无锡柴油机厂进行认识实习。这个工厂是专业生产车用和船用大功率柴油机的。在2周时间内，我们参观了柴油机箱体毛坯的铸造、主要零部件的锻造、焊接生产过程，参观了机加工车间的车、刨、磨、铣、镗的加工和钳工的作业，看到了活塞、曲轴、连杆、气缸等怎样从毛坯变成了成品。最后，在总装车间，看到了一台台装配好的柴油机，真正感受到了工业的重要，工人阶级有力量。

生产实习，学生以技术员身份熟悉产品的工艺过程

生产实习安排在第三学年末，要求学生以技术员的身份到对口专业工厂的车间的各个工段，了解车间主要产品的工艺过程、产品生产过程中的主要技术问题，为四年级专业课程的学习打好基础，一般需3周时间。

1955年夏天，我们已经学完了三年级的机械原理、机械零件设计等课程，做过"齿轮箱"课程设计后，学校安排我们到沈阳自动化车床厂进行生产实习。当时，从上海去沈阳还没有直达火车，实习队要在天津站中转，校教务处生产实习科专门派蒋杏根师傅在天津负责接送，先安排我们到天津市委党校住宿一晚。由于实习队学生都是自带铺盖的，大家就在党校礼堂里席地而卧，第二天再转车去沈阳。

沈阳自动化车床厂是由苏联援建、专门生产工作母机——苏式1A62自动化车床的工厂，属于"一五"计划156项重点工程内的项目，生产图纸全部来自苏联。自动化车床为当时新中国机械制造工业的发展起到重要的作用。通过这次实习，我们知道了齿轮箱在自动化车床中的重要作用。

毕业实习至关重要，且丰富多彩

毕业实习是为学生做好毕业设计做准备的，安排在第四学年下学期初进行。这时教师已为每个学生选定了毕业设计题目，在开始做毕业设计之前，学生到对口工厂，以工段长或技术员的身份，掌握与收集有关毕业设计所需资料，包括主要零部件的生产标准、工艺过程卡片，生产、装配过程中遇到问题的解决方法等。毕业实习一般安排 4～6 周时间，搞好毕业实习对顺利完成为时 16 周的毕业设计是至关重要的。

到了第四学年，教研室先为每个学生确定好毕业设计题目，根据毕业设计题目组织实习队，每个实习队的人数为 6～10 人。我的毕业设计题目是"年产 100 万套滚针轴承制造车间的设计"。滚针轴承是大卡车万向接头上用的，而当时中国还不能生产汽车，可见所选题目的先进性。我们题目相近的 6 位学生组成一个实习队，被安排到哈尔滨瓦房店滚动轴承厂作为期 6 周的毕业实习。1956 年 2 月，春节刚过，我们就在指导老师的带领下，奔赴哈尔滨。

6 周毕业实习的内容非常充实，先有全厂介绍、各有关科室的技术报告，到各车间参观后，就要以技术员的身份，开始周密地收集做毕业设计所需的资料，熟悉与抄写产品的主要工艺流程，了解主要设备的技术数据，制作记录各个零部件的工艺卡片。当时没有复印机，全凭手抄手写。每天记实习日记、整理实习资料，6 周下来已经是满满的几本了。

当时，哈尔滨市新建成的几个大厂属于苏联援建我国第一个五年建设计划的 156 项工程中的项目，如哈尔滨工具量具厂、哈尔滨亚麻厂。全新的漂亮厂房与厂区，使我们看到了"社会主义式"的新工厂。1956 年 4 月 8 日，适逢交通大学建校 60 周年纪念日，当时在哈尔滨实习的几个实习队联合在哈尔滨工具量具厂食堂内举行了交通大学建校 60 周年庆祝晚会，到会的校友和几个实习队的师生共有一百多人。

实习期间的业余生活也是丰富多彩的。当时，我们实习队借住在哈尔滨工业大学学生宿舍。因为正值哈尔滨最冷的季节，道路积雪，所以每天早上，同学们都穿上从学校生产实习科借的带棉帽的棉大衣，把自己包裹得严严实实，从道里站挤上有轨电车，到瓦房店站下，去哈尔滨轴承厂，须乘车 40 分钟。中午大家在工厂用餐。那时，工厂食堂的主食是高粱米，冬季的蔬菜品种很少，经常吃的是木须肉、烩菜。晚上，外面冰天雪地，哈工大学生宿舍里有暖气，十分暖和，宿舍门口每晚有农民出售鲜牛奶，只需7分钱一杯。周日，可以凭交大学生证借冰鞋到哈尔滨工业大学的操场上去溜冰。每天晚上，操场上只要浇上薄薄一层水，第二天就成为天然的溜冰场。还可以去松花江上玩高台滑冰，到太阳岛上欣赏日出，看冰上捕鱼。我们还冒着零下几十度的低温去哈尔滨秋林公司买冰棍吃，吃到肚子里是冰凉的，嘴上哈出来的气却是暖烘烘的。

在从哈尔滨返回上海的旅途上，老师还组织我们参观国家重大工程项目，增加对机械制造行业的认识和对祖国所取得成就的自豪感。1956年4月底回上海时，我们特地在长春站下车，去参观正在建设的长春第一汽车厂。走进规模宏大的锻压车间，看到巨大的压制设备冲床在震耳欲聋的"隆、隆"声中，把一块块厚钢板轧制成汽车外壳。总装生产线上，一辆又一辆的"解放牌"大卡车缓缓开过，使我们看到了新中国欣欣向荣的发展景象，留下了极其深刻的印象。

四、"身经百战"，门门课程要口试

在全面学习苏联高等教育改革经验中，四学年学习理论课程约50门。每学期只有少数课程是进行考查的，考查成绩按"通过"与"不通过"计；多数主要课程必须进行考试，苏联教学计划规定，考试须用口试方式，成绩按"优""良""中""及格"与"不及格"五级记分制记录。

课程考试必须用口试的新做法，学生没有经历过，老师们也没有经验。1952年下半年入学第一学期末，全校为此做了充分的准备。记得我们班第一门口试的课程是高等数学，宣布的考试办法是：学生按照抽签排定的时间进入考场，先在辅导老师处抽一张试题卡，每张试题卡有大、中、小三个题目，给45分钟的答题准备时间；然后，学生向主考老师陈述自己的答案；主考老师如果发觉学生的回答中有概念不清楚或模糊的地方，就会提问；有时，老师感到学生对试题的回答是基本准确的，已经够上"良"水平，但是，难以确定是否要给"优"时，也会再出一道加试题，加试题必须是在课程范围内的；如果学生对加试题回答得准确，老师满意，就能拿到"优"了。

为了做到公平、公正，学生口试名单的排定采用"抓阄"办法。为了取得经验，还规定第一天先安排3名学生作试点，由学生自愿报名参加。试点学生如果对老师给出的成绩不满意，可以申请重考。

口试正式开始后，大家都会感兴趣地问前面已考过的同学："你考的是什么题？"比较下来，每个同学考题的难易程度相差无几，而考题的范围则基本上覆盖了课程的全部内容。要想用"押题""猜题"的办法过关，在口试中是毫无可能的。只有认真复习课程的全部内容，胸有成竹地陈述答案，从容不迫地应对老师的提问，才能取得好成绩。从一年级到四年级，学生要身经几十门课程的口试，大家倒习以为常了，都感到课程口试方法与传统的笔试相比有其独到之处：要求学生必须全面复习课程全部内容，教师与学生作面对面的交流，学生对问题的回答不能含糊其辞。口试可以杜绝考场上夹带纸条、窃窃私语、相互抄袭等作弊现象，能真正做到公平、公正。

待到大学毕业、自己留校做了教师后，才体会到为搞好口试，教师需要付出的艰辛劳动。首先，教师要出好试题，试题必须保证公平、公正，必须有一定的数量，尽可能使同一试题不重复出现，又要保证每个考生面对的试题难易程度相同，实际上就是须建立一门课程的试题库。其次，在上海，考试日期不是在7月的最热天，就是在每年1月的最冷天；一个小班30位学生一门课程的口试，就需要约3天的时间。口试过程中，教师都极为辛苦。20世纪50年代没有空调设备，为此学校后勤部门做了很大努力，冬天在考试教室里放了火盆，夏天在考试教室里放了大冰块。而一天下来，教师要聚精会神地听取学生对考题的陈述，还要针对学生的回答提出质疑，无异于是经受"轮番轰炸"，身体差的老师是绝对受不了的。

五、紧张的学习，良好的伙食

1952年，交通大学刚经过我国高等教育第一次院系大调整，有部分系科（如纺织、物理、化学等）调出，也有不少系科的教师、学生从外校调入。是年，又有1200多名新生入学，原有的老校舍显得过于拥挤。我们上课在上院，住在执信西斋（后称第一宿舍），食堂在老南院，吃饭时要排队打菜。但是，最令大家高兴的是，1952年7月中央人民政府政务院发布《关于调整全国高等学校及中等学校学生人民助学金的通知》，规定从当年9月起，在废除学费的前提下，全国高等学校及中等学校学生一律实行人民助学金制度。所以，全国大学生一律享受人民助学金①，就是从我们这一届开始的；同时，还享受公费医疗。与新中国成立前国立交通大学学生的清苦生活相比，真有天壤之别了。解放前多数学生经济困难、生活清苦，一天的伙食只够得上买两根半油条，导致营养不良，而学习负担又过重，以致不少学生罹患肺结核，治疗不及时或无钱使用盘尼西林（青霉素）的学生常致夭折，因而在解放前老交大有"一年级买眼镜，二年级买蜡烛，三年级买痰盂，四年级买棺材"之说。由于肺结核病易传染，当时，在体育馆西南角有一幢两层楼的电信斋（后称第七宿舍），就是专门给患有肺结核病的学生住的，在1952年10月入学教育时，我们还去参观过。

1954年，新建的有上、下两层的食堂落成后，便改为分桌进餐制，八人一桌，四菜一汤。这时，吃饭就不用排队了，每天每桌由一位同学轮流分菜，极为方便；还经常有全鸡全鸭、牛奶鸡蛋，以增强同学体质。印象很深的是1955年春，学校内突发流行性感冒，传染蔓延得很快，两三天内即达数百人。学校采取果断措施，把校本部体育馆和柿子湾分部的大礼堂用作临时隔离病房，全校学生不准外出，停课周余，病情就得以控制，教学工作很快恢复。

到了学期末，温课迎考期间的伙食比平时更加丰盛，早上供应豆浆、牛奶、面包，中、晚餐有炒菜，营养丰富，还增加了主食花样，而那时主食是不定量的。有一次供应葱花蛋炒饭，一个个大木桶里装满黄澄澄、绿晶晶的蛋炒饭，香气四溢。但是迟来的同学拿了碗在木桶边却不敢盛饭——不是没有饭，而是剩下饭里的油实在太多，难以下咽，此事印象尤深。

当时，因吃饭不需要付钱，也有学生随意浪费、糟蹋粮食，不注意珍惜国家财富。想到大学生享受着国家人民助学金的抚育，而国家财富来之不易，自己觉得应该珍惜和爱护国家财富，不应该随便浪费，

---

① 1955年8月高等教育部又发出通知，规定自1955年10月开始，除高等师范学校外，全国高等学校助学金由发给全体大学生改为只发放给部分家庭经济困难的学生。

就写信给上海《解放日报》编辑部,反映了这一情况。《解放日报》以"'饮水思源',青年学生应珍惜国家财富"为题刊登。此事载入《交通大学大事记(1949—1959)》:"1953年9月12日,我校一些同学糟蹋粮食的'包子事件'发生,引起校内群众强烈反响,纷纷致函《解放日报》《光明日报》,对此事展开严肃批评。"

《解放日报》刊登朱继洲写给编辑部的信

1953年4月,为迎接全校运动会的召开,我以"交大通讯组"的名义,采写了《体格锻炼给交大同学们的好处》一文,刊于上海《文汇报》。

四年的大学学习生活确实是紧张的,但我们也参加过很多热烈而有意义的社会活动,如每年庆"五一""十一"的上海市大联欢、大游行,校内外举办的各种展览会,组织大家观看苏联电影《勇敢的人》《幸福的生活》《列宁在1918》和苏联莫斯科大剧院在上海文化广场演出的芭蕾舞《天鹅湖》,以及每年春假组织的赴杭州、苏州、无锡各地的旅游活动。其中规模最大、人数最多的是1953年4月春假由学生会组织的大规模的杭州三日游。经学校联系,上海铁路局增开专列,自交通大学柿子湾分部操场边上的徐家汇车站始发,学生们自带行李,总务科派出炊事员带上炊具,由货车车厢组成的列车,满载1800余名师生驶向杭州。到杭州后,师生借住在杭州市内的浙江省委党校,在党校大礼堂、大教室席地而卧,早、晚餐在学校吃,中午给每人发干粮一份;还在一个晚上组织了"泛舟夜游西湖、观三潭印月"活动。

朱继洲《体格锻炼给交大同学们的好处》刊于《文汇报》

三天中，同学们登天竺山，上灵隐寺，拜谒岳飞墓，参观钱塘江大桥，观光祖国大好河山，领略天堂美好景色，身心得到极大的愉悦，而每位同学只需交来回火车票费人民币 3 元。

六、毕业设计通过国家考试委员会考核，获得"工程师"称号

在第八学期，6 周毕业实习结束返校后，就开始了为期长达 16 周的毕业设计。

毕业设计是本科生四年培养计划中最为重要的环节，它要求学生能综合运用四年中学到的基础理论、专业基础知识和专业知识，完成一项工程项目的设计、计算或解决工程实际技术问题，以培养学生应用理论知识解决工程实际问题的能力。

前面已述，我的毕业设计题目是"年产 100 万套滚针轴承制造车间的设计"。滚针轴承是汽车万向接头中的重要部件，我的任务是为大批量生产滚针轴承拟定工艺规程，选定生产流程和设备，并完成车间设计。任务还是很繁重的。毕业设计任务书早在毕业实习和参观长春第一汽车厂时就有了较充分的准备。在此后长达三个多月的时间里，我要根据具体的设计任务，制订出切实可行的工艺流程，完成生产车间（工段）的设计，写出字数不少于 30000 字的毕业论文，并绘制出所需图纸，主要包括产品总装图（或车间设计图）A0 图纸 1 张、主要

朱继洲在潜心进行毕业设计绘图工作

部件 A1 图纸 2 张、零件制造工艺 A2 图纸 4 张。这些图纸必须用仿宋字体写出工艺技术要求、标注公差，图纸都是用手绘，要上墨线的；答辩时，这些图纸均需张贴起来，占答辩成绩的一部分。由于对图纸的要求高、工作量大，又需上墨线，有时一张图纸已接近完成，稍有不慎掉了几个墨迹、黑点，只能报废重画。这期间，上海市正大规模开展对手工业和资本主义工商业的社会主义改造运动，淮海西路、华山路上经常有敲锣打鼓的彩旗队伍在游行，我们则潜心在新上院四楼设计室里夜以继日地伏案制图。

1956 年 7 月，学校为我们这一届毕业生，即从 1952 年入学起就按照苏联高等学校教学方案和方法进行各环节教学的学生举行毕业设计答辩的"国家考试"。按照规定，毕业设计的答辩程序极为隆重，各专业需专门成立国家考试委员会，由 5~7 名委员组成，其中须邀请各研究设计院、工矿企业等专业相关生产部门的专家、总工程师 2~3 人，国家考试委员会名单须报经校长批准。一个专业小班的答辩往往需 3~4 天，答辩会场布置得庄严、大方，指导老师鼓励我们要满怀自信、突出说明自己的设计思想和心得，"以优异的成绩向祖国汇报"。我的答辩被安排在机械制造设备与工艺专业第一天下午五点。答辩结束，机制专业国家考试委员会举行全体会议后，向我们参加答辩的学生宣布成绩。我的毕业设计"年产 100 万套滚针轴承制造车间的设计"

成绩为"优",并和其他6位已答辩的同学被宣布授予"工程师"称号。

组织国家考试委员会的做法,只在1956年、1957年两届毕业生中实行,以后即取消了。

七、"祝福走向生活的青年建设者"

1956年7月26日,新中国成立后经历了高等学校院系调整的第一批大规模招生的大学生毕业了,交通大学举行了隆重的毕业典礼。

那天,学校文治堂里人头攒动,本届有本科和专科毕业生共1200多名,是1952年院系调整后毕业生人数较多的一年。会上,学校领导、老师、家长、青年团和学生会代表都祝福我们这些即将走向生活的青年建设者,预祝我们为祖国创造奇迹;毕业同学表示决心服从国家统一分配,把青春献给光辉灿烂的社会主义建设事业;在校同学把鲜花献给就要同子女分别的家长,还表演了精彩节目。我作为毕业生中的一员,回顾四年的辛勤学习,也是思绪万千、情绪激动,立即写了题为《祝福走向生活的青年建设者》的近500字的新闻报道,第二天,即1956年7月27日刊于上海《解放日报》头版。至今,我还珍藏着这一份历史的记录,每看到它,就会勾起我对四年紧张学习生涯的无限眷恋和深情回忆。

《解放日报》刊载朱继洲的文章《祝福走向生活的青年建设者》

在当时,媒体传播手段很不发达,新闻报道为什么能这样快就见报?其实,这是经过了精心策划的:当时我是上海《解放日报》的通讯员,事先与编辑部作了沟通,先寄去了写出的初稿,请他们初审,并约定在毕业大会结束后,如有需要补充、更正的,立即用电话与他们联系。所以,大会结束后,我马上走出交通大学淮海西路2号门,到左侧一家纸烟店用公用电话重读了一遍稿件内容,保证了稿件的新闻性、准确性。

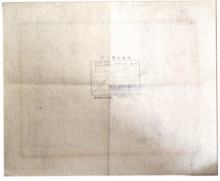

朱继洲的毕业证书,右图为背面,记有国家考试答辩的成绩为"优等"

1956年7月毕业实习小组的同学在交通大学校门口合影(左三为朱继洲)

第二部分　随校西迁，奉令改行，边学边干，艰苦创业
（1956—1985）

自 1952 年 10 月入学，到 1956 年 7 月大学毕业，我服从分配留校工作，再到 1958 年 9 月，我作为最后一批的西迁人员，打点行装，告别大上海，扎根于西北黄土高原，我在学校学习、工作、生活至今已经 70 个年头了。

一、担任屈梁生先生的助教，随校西迁

1956 年 8 月，毕业分配方案公布了，我们机械制造工艺专业两个小班 59 位同学，少数人分配到中国科学院的研究所，一部分分配到各工厂，多数人（约 1 个小班）留校补充作师资。留校的同学被分配到工程画、材料力学、理论力学、机械零件与原理、金属工学、生产组织等教研室，绝大多数同学都做到了服从祖国统一分配。当时，我填报的第一志愿是去工厂，结果被留在学校，与王炎、吴友杰一起被分在机械制造工艺教研室。

迁校方案开始实施

我们留校工作时，学校 1955 年制定的《交通大学内迁西安方案》已开始执行。一年级学生、基础课教研室教师于 1956 年 8 月先行到西安新校址上课。我们班分到工程画、材料力学、理论力学教研室的 10 多位助教就是第一批西迁的。1954 年入学的三年级学生、专业教研室教师则被安排到 1958 年 8 月再搬迁。所以，我同吴友杰和分到机械零件与设计教研室的芈振南一起住进了执信西斋一楼。

1956 年下半年，教研室安排我担任吴金堤教授为外专业讲授的"机械制造工艺"课的辅导老师，吴金堤教授当时兼任教务处生产实习科科长。讲机械制造工艺课需用到很多工艺过程、设备构造、生产流程等挂图，这些挂图由教学辅助人员按教师要求提前用 A0 图纸画好，并装裱完善，放在教研室资料室里。每逢上课的前一天，我须到生产实习科，找吴教授问他第二天上课时要用哪些挂图。吴教授给了我图号后，我就到资料室里把这些挂图找出来，带好图钉，上课时提前将

这些挂图挂在教室黑板旁边的合适位置。吴教授讲课时用过一张，我马上去拿掉一张，密切配合。

1956年底，我担任了机制31班哈尔滨轴承厂实习队的指导教师，去哈尔滨指导为期6周的毕业实习。

1957年3月初开学不久，学校组织学习毛泽东关于《正确处理人民内部矛盾问题》的讲话，全党开展了鸣放、整风运动。开始时，学校内一些不良现象，如少数教师在外兼职，或在校外举办私人补习班等问题，受到揭露和批评；接着，就有不少意见集中到党政工作，特别是交通大学迁校问题上来。4月下旬，原来有好多老师因西迁要离开上海，准备去杭州、苏州等地春游，学校临时通知在文治堂召开工会会员代表大会，讨论迁校问题。记得会上大家发言很踊跃，有集体发言，也有个人讲话或即席发言；发言者畅所欲言，各抒己见，观点鲜明，不少是针锋相对的。有的教授认为，办好一所工科大学要考虑所在地区的工业水平和学生的来源，交通大学迁校后这些条件解决不了，很多专业仍然要到沿海地区来实习；有的教授建议，不一定要全迁，可以用"老母鸡生蛋"，即为兄弟院校培养师资的办法，来支援西北地区高等教育的发展；有的教授慷慨激昂、情绪激动地说，交通大学已经有60年历史，迁校等于把一棵已经在沿海地区生长了60多年的大树移栽到黄土高原，能成活吗？印象最深的是动力机械系一位教授走上文治堂讲坛的即席发言。他的论点是：西北地区教育水平落后，确需加快高等教育的发展，但是，可以采取多种方式；采用全迁的方案，费用庞大，这种做法等于"用5元钱买一个大饼"，划不来！也有人认为，已经有一部分师生迁到了西安，这是讨论迁校问题时必须考虑的现实因素。

工会会员代表大会上，几十人发言，各抒己见，在我们这些新助教听来，都很有道理。可以说，这是一次共产党倾听群众发自内心的意见的大会，是一次发扬民主的大会。正是这次大会，促使高教部充分重视交大的迁校问题，又惊动了国务院总理周恩来。周恩来总理亲自召开学校两地教师代表座谈会听取意见，又于1957年6月4日，召集有高教部、一机部、四机部、电力部、上海市、陕西省及西安市等领导参加的国务院会议。在发扬民主的基础上，周恩来总理集中了大家的意见和建议，提出了解决交通大学迁校问题的高、中、低三种方案。周恩来总理的讲话既高屋建瓴，又循循善诱，既晓以大义，又启发群众自觉，在讲清楚情况后，把问题交给群众讨论，让群众寻找解决问题的最佳方案。之后，周恩来总理指定高教部部长杨秀峰、副部长刘皑风分别到上海、西安两地传达总理讲话精神。两位部长在上海、西安工作61天，终于使得迁校方案得以顺利实现。是年7月，机械制造系党总支书记彭彬命令我统计报名西迁人数，当时我是系教师团总支委员（团总支书记许栋梁，委员有林栋梁、何家雯、孙以安和我）。据统计，机械制造、金属切削、压力加工、金相、铸工、焊接、金属工学、生产组织等8个教研室青年教师支援迁校的达到116人，占青年教师总数的86%，各教研室主任及老教师除少数有困难的，大部分也自愿迁到了西安，如顾崇衔、乐兑谦、庄礼庭、周惠久、孙成璠、吴之凤、胡汉章、丘第魁、王小同、周光琪、褚家麟等老教师。

担任屈梁生先生的助教

1957年上半年，教研室指定我与吴友杰担任屈梁生先生的助教，负责下半年机制41、42班"夹具设计原理"课程的辅导工作。屈先生时任机械工艺教研室党支部书记，"夹具设计原理"是他从哈尔滨工业大学研究生毕业回校后第一次开设的课程。屈先生对我们的要求很严格，我们的工作不限于准备挂图、放幻灯片和答疑等助教常做的工作，他还要求我们各讲2节大课，且必须先写出讲稿，通过试讲，还要求我们在查阅文献资料的基础上，写出读书报告，鼓励青年教师"做读书报告就是科研"。我选择的章节是"车床及磨床夹具"。

屈先生当时从事的一项科研课题是"先进夹具的研究"，并与上海机床厂合作在校内设立了夹具研究室，研究方向包括气动夹具、塑料夹具及薄膜夹具等先进的工夹具。为了研究塑料夹具的性能，屈先生买来多种试剂，自己配制塑料，把办公室变成了实验室。记得当时没有复印机和投影仪，屈先生去上海旧货商店淘来135照相机镜头，自制器具，把要复印的图或文件通过镜头，使照相纸感光，再把照相纸冲洗出来。这个设备就是一台复印机，它也可用作投影仪。

为了备好"车床及磨床夹具"这节课，屈先生要求我重点研究"先进的薄膜夹具"。为此，我专门去上海机床厂、上海工具厂作现场

屈梁生院士

应用情况调研。在调研的基础上,我设计好一系列不同尺寸的薄膜胎盘,请学校机加工车间加工出来,在机制工艺实验室做实验,研究薄膜胎盘尺寸与工件夹紧力之间的关系,见下图。

薄膜夹具胎盘尺寸与工件夹紧力实验研究

后来，经过屈先生的修改，我编写的"车床及磨床夹具"章节被选入他主编的专著《夹具设计原理》中，1960年由上海科学技术出版社出版。当我第一次看到自己的名字和屈先生的名字一起印在一本公开出版的专著上时，心里的激动和高兴是难以形容的。

1958年5月，"上海市工业生产比先进比多快好省展览会"在上海中苏友好大厦举办，屈先生应邀在大会上作题为"介绍几种先进夹具"的报告，并事先组织我们编写了资料。屈先生指导我写报告的气动夹具部分和绘制全部插图。报告会上，我负责发放印刷好的资料，并在屈先生作报告时放幻灯片，到会的上海工厂、企业代表有四五十人。

1960年上海科学技术出版社出版的《夹具设计原理》

屈先生应邀在"上海市工业生产比先进比多快好省展览会"上作题为"介绍几种先进夹具"的报告

20世纪50年代中期，工厂、企业的产品尚处于仿制阶段，高等学校的科学研究走在工厂的前面。一个例子是机制教研室褚家麟先生改造和利用旧机床，在国内首先研制成功先进的电火花加工新技术。上海江南造船厂刚好遇到柴油机盖板上打微米级孔的难题：由于盖板是经过热处理的，硬度很高，一般机械加工技术难以奏效。他们闻讯后，马上将他们的工件送到交通大学，请褚家麟先生帮助用电火花加工技术顺利地解决了。

担任机械系西迁先遣队秘书

1958年6—7月，"大跃进"进入高潮，全国兴起了"大炼钢铁"运动。为了完成年产1080万吨钢的任务，全民总动员，小高炉在全国遍地开花，交通大学也在校内大办工厂。7月中旬，我正在上海纺织机械厂指导机制41班学生的生产实习，突然接到通知，为适应"大跃进"形势，并为西迁做好准备，机械制造系准备组织先遣队去西安，先遣队由各教研室主要负责人组成，要我作为秘书随行。

当时，因为交通大学西安部分的机械厂计划生产大炼钢铁需要的罗茨鼓风机，所以临行前，我跟随教研室副主任顾崇衎教授去上海鼓风机厂等几家工厂收集图纸、了解生产情况。8月初，先遣队由机械制造系总支书记彭彬带领，成员有顾崇衎、庄礼庭、吴之凤、周惠久及我等。当时，南京长江大桥还没有建造，火车到达南京后，整节车厢需在南京渡口分成三截，用火车头推到渡船上，由渡船摆渡到浦口镇，再拉上岸重新组成一列火车，历时需4小时，从上海到西安的整个行程约需40小时。到达西安后，我们被安排在作为招待所的1村22舍甲级宿舍里住下，并且立即投入学校"大炼钢铁""大办工厂"的热潮中。机械制造系负责在铸造车间用转炉炼钢，由吴之凤先生担任总指挥，我被分配操纵罗茨鼓风机。当时，吴先生规定，当他举起右手，食指与中指朝上时，开鼓风机、向转炉送风；而食指与中指朝下时，鼓风机必须立即关闭，停止向转炉送风。必须严格执行这些规定，若延误就会影响钢水质量。吴之凤教授当年曾经担任上海一家铁工厂的总工程师，对于钢铁的冶炼生产颇有经验，现场指挥老练稳重，注重钢成品的质量，也使得参加实践的师生得到了锻炼。但是从产品的质量、生产的效益与效率来说，是不能与现代化生产的大工厂相比拟的。

这一时期，在学校大办工厂的群众运动中，师生表现出向落后的科学技术发起进攻的热情，也付出了沉重的代价。例如，曾经给我们上"金属切削机床"课程的沈长朔先生，因为学校要生产1A62自动化车床，受交通大学上海部分金属切削教研室派遣，去沈阳机床厂索要生产图纸后乘飞机回上海，途径南京上空时，飞机突然被雷电击中而坠落，先生不幸身负重伤、神智昏迷，却仍然将图纸紧紧地抱在怀里，因图纸系机密资料。在送医院抢救途中沈长朔先生不幸身亡，令人伤感。

8月下旬，在西安的出差任务告一段落，机械系通知我们回上海办理西迁手续，到西安报到。

告别亲人，奔赴大西北

回到上海后，除料理个人事务外，我还接受学校人事处的委托，去有关单位为几位老教师夫人内迁西安的人事调动及几位年青教师配偶查档。从中我了解到，为了支持交通大学迁校，做好配偶的调动工作，高教部和上海市委、市政府专门发出通知，要求上海市各单位对交通大学教师、职工的调爱工作给以大力配合和热情支持，不加阻拦。其中值得一提的是，学校有很多老教师的配偶（多数是夫人）在上海各个大医院当医生，调到西安后，由于学校医务室的水平和条件较差，他们的工作一般都被安排到西安市的各大医院，即使这样，这些医院的工作条件与水平都远不能与他们原来在上海的工作单位相比。而西安市的各大医院距离学校又比较远，他们长年累月早出晚归，给家庭带来了很多不便。这是老一辈西迁人为交通大学的迁校、为西部开发和西安市的建设作出的看不见的、而又鲜为人知的贡献。

学校对西迁人员的生活照顾得很周到。对于我们单身青年教师，每人发给生活补助费20元，发给货用大木箱子一个，可以放被褥、书籍和杂物；学校还定做了一批樟木箱，以成本价（每个樟木箱16元）卖给教师。对于已成家的教师，学校发给安家费和直系亲属、随迁保姆的旅费；不管是托运生活用家具还是厨房用具，都由学校总务科派人负责打包、托运，到西安后由学校派专人接站后，直接送到宿舍。

1958年9月，我要离开上海，离家去西北高原安家落户了。妈妈那时已届60高龄，她默默无语地为我准备着行装。1953年，我二哥从复旦大学新闻系毕业分配去北京新华通讯社工作时,她也是那样。妈妈深深懂得,我们兄弟之所以能上大学,完全是靠国家的助学金,靠新中国和党的培养;毕业了,就应该服从国家的统一分配,为国家效劳。她提早半年就为我缝制棉布短裤、丝棉背心、丝棉棉袄,做猪头棉鞋。她以为,西安地处西北,比上海要冷得多。上海冬天湿冷,我自幼脚上易生冻疮,小时候穿的是妈妈做的蚌壳式棉鞋,到了高中就觉得蚌壳式棉鞋样子老式不好看,要穿缚带式的猪头棉鞋。妈妈戴着老花眼镜,一针一针地纳着厚厚的布鞋底,买来灯芯绒布在缝纫机上做鞋帮,还要打好鞋洞,再送到弄堂口叫老鞋匠绱鞋;又嘱咐打上用旧车胎做的前后鞋掌。这样的棉鞋结实、透气、防滑又舒适,一双猪头棉鞋可以穿三个冬天,妈妈为我做了三双,它们伴我暖暖和和地度过了11个年头,脚上没有生过冻疮。正是:慈母手中线,游子脚上鞋,针针密密缝,难舍母子情。

西迁前,妈妈为朱继洲缝制的棉裤和棉鞋

1958年9月,我离开了交通大学徐家汇校区南二宿舍(就在史穆烈士墓右侧,现已拆除),告别亲人,迁到西安。

二、奉令调入工程物理系,到清华大学进修

1958年9月8日上午,我到西安新校区西二楼机械制造系报到,办公室的同志翻开名册,告诉我,学校为适应国家科技发展的形势,

决定兴办工程物理系、数理力学系，恢复无线电系等新兴、尖端专业，决定调我去工程物理系核反应堆工程专业，叫我马上去报到。

工程物理系在东二楼二层的东头，因为属于保密系，还有专人把门。报到时才知道，1958年5月，我国在苏联帮助下，北京原子能研究所建成了一座原子核反应堆和一台加速器，7月1日《人民日报》在头版头条发表文章指出："'一堆一器'的建成，标志着我国已经跨进原子能时代。"为了培养国家急需的原子能人才，高教部决定在全国六大行政区各选一所重点高校，设置工程物理系，交通大学自然在入选之列。

当时工程物理系的教学计划仿照苏联莫斯科大学的建制，设置有核反应堆工程、加速器等5个专业。报到时，我被分在核反应堆工程教研室（代号810）。这个专业具体是搞什么的，也没有人能说清楚。当时只知道系主任由学校党委常委、人事处处长林星兼任，刚成立时有10余位教师，其中7位是从动力系、机械系抽调的年轻助教，另几位是提前毕业的学生，全教研室平均年龄为23.5岁。报到当天，要我我被要求先去学校医务室作体格检查。

不久，我又接到了工程物理系通知：10月1日与其他3人去北京清华大学工程物理系进修。具体任务是，在一年内学习反应堆热工计算、反应堆物理计算、中子物理与反应堆物理实验等三门课程，回校后要按教学计划开出课程。工程物理系成立时已有三年级学生，是从校内其他系抽来的。10月1日，在去北京的列车上，我与谢仲生、贾斗南、毛鑫元4人作了分工：贾斗南从锅炉教研室调来，就搞反应堆热工计算；谢仲生原来跟随苏联专家学习压缩机设计计算，就负责反应堆物理计算；我在机械系下过实验室，就进修中子物理与反应堆物理实验；另一位毛鑫元同志没有具体任务。

10月2日，我们到达清华大学。工程物理系反应堆工程教研室主任吕允中先生接见我们4人时，介绍了清华大学工程物理系的情况，还对我们说："现在是'大跃进'时代，你们来进修不能光学理论知识，要破除迷信，敢想敢干，参加到科研、生产活动中去，学习活的知识，否则会成为落后于'大跃进'时代的遗老遗少。"

在清华大学，我们跟着工物58班学习主修课程，王大中院士当时就是该班学生。在一起的还有交通大学上海部分的进修教师周法清、朱洪元等。我主修的中子物理与反应堆物理实验课程，由朱光亚先生讲授，吕允中先生讲授反应堆物理计算。朱光亚先生时任北京原子能研究所二室副主任，每周四中午，清华大学派小汽车由青年教师郑福裕去接他，周四下午、周五上午在清华大学上两个单元的课。当时，清华大学工程物理系已经开始着手建造游泳池式反应堆，我们也被分到各个科研小组。我参加的是"零功率装置设计与建造组"，同组的有清华大学的教师郑福裕、罗征培，交通大学上海部分的周法清，清华大学工物系各年级学生黄祥瑞、王瑞兴、李尔康、陈达（现为中国科学院院士）等。我负责零功率装置图纸的绘制，还常与学生坐大卡车去北京的一些工厂跑材料。

清华大学游泳池堆原选址在清华园校本部南面几百米处，1959年5—6月建造的厂房已达二层楼，却因不符合核设施环境保护标准而废除，重新选择昌平县南口现址（即200号工程）。

我们也参加了清华大学的"破除迷信，拔白旗"的群众运动。1959年8月，在清华大学大礼堂听取了清华大学校长蒋南翔所作的大报告。

还记得，1958年12月中国邮政发行了特28"我国第一个原子反应堆和回旋加速器"邮票，共两枚，展示了我国第一个原子反应堆和回旋加速器的风貌。

1958年12月中国邮政发行的特28"我国第一个原子反应堆和回旋加速器"邮票

在清华的一年时间里，我们与清华各年级学生一起，"破除迷信，敢想敢干，大搞科研活动"。下面的照片是我参加物理实验组活动时与清华大学教师、同学的合影。

朱继洲（前排左一）在清华大学进修时与教师、同学的合影
后排：后排左三为交通大学上海部分的周法清，左五为 陈达 （中国科学院院士）

三、边学边干，艰苦创业

1959年10月，我们结束了在清华大学的进修，如期回到学校，立即投入破除迷信、大搞科研、"赶英超美"和创建核反应堆工程新专业的新任务中。

玉门关外取中子源

为了在1961年培养出第一届毕业生，我们反应堆物理实验组要为学生开出教学实验的最大困难是没有放射源，特别是中子源。大家开动脑筋、想办法。当时，看到《人民日报》的新闻报道中提到，石油部已经把世界上中子测井新技术应用于我国石油的勘查，那么工业测量用过的中子源，源强度减弱后，应该还可以供教学实验使用。为此，我们专程出差去北京，到石油工业部弄到了盖有国徽大印的石油工业部红头文件，同意调拨给我们两个钋-铍中子源，要我们直接去生产基地——玉门石油管理局测井队领取。

我和张春舞两人拿了红头文件，乘火车到了玉门。先去玉门石油管理局总部，再下到测井队。工人师傅热情接待我们，带领我们来到测井队实验室，从一个地井中吊起一个储存罐。然后，工人同志直接取出两个中子源，用手使劲擦去中子源表面的灰尘，叫我们核对中子源外壳上面的编号。中子源是有强烈放射性的，直接用手去取违反了操作规程，是会受到放射线照射而损伤身体的。我们颇感无奈，但又不能多说。领取到两个中子源后，我们把它放在一个简易运输罐内，运输罐两边各系一根绳子，我们两人分拉着返校，做到了距离防护。到兰州转车时在客栈住了一夜，将中子源罐放在一个单独的房间里。第二天上了火车，运到了学校。有了中子源，我们顺利地开出了中子物理实验。第一届核反应堆工程专业学生于1961年顺利毕业，分配到核工业部的设计研究院和有关企业。

在三年困难时期的严峻考验中新专业建设取得预期成果

经过1959年"反右倾"和"九评"学习之后，国家经历了三年困难时期，这对于刚刚到西北安家落户的来自上海的几千名交大师生员工来说，是更严峻的考验。

这段时期，由于省、市粮食供应的限制，学校不得不精简和下放一部分教师和职工去兄弟院校或回乡。每人口粮按工种按月定量，教师为30斤。副食品凭证供应，每人每月半斤肉、4两油，很多物品凭票供应，像布票、糖票、豆制品票、香烟票等。食品店里无糕点、水果，菜市场只有大白菜和萝卜。

全国有部分地区少数人因为粮食不足而死于"浮肿病"。1961年伊始，学校的师生中出现了"浮肿病"，到2月初，全校"浮肿病"患者达2100多人，占全校人数的20%左右。其他高等学校亦出现相同情况。教育部发出紧急通知，要求各高校采取各种措施减轻学生负担，确保师生身体健康。西安交大后勤部门考虑到学校的学生中男生占80%以上，粮食的定量不够，寅吃卯粮现象十分普遍，提出了用"瓜菜代"的办法来解决这一问题，还把做豆腐剩下的豆渣"炒"（实际上没有油）一下，一角钱一碗卖给学生，就这样还得排队。那年冬天，我探亲后从上海返回学校，坐了近40个小时的火车，回到学校后两腿和脸上出现浮肿。我去学校医务室看病，一位上海来的医生对我说，"'浮肿病'是营养不良症，没有什么特效药，你刚从上海回来，有没有带来一些罐头食品？吃一些就行了！"真想不到，这就是医生开给我的药方。

那时，在教工食堂就餐的单身教工约有六七百人。供应的主食分细粮、粗粮，买菜肴除需付菜票（用人民币购买）外，每餐还要凭菜证，但只允许买一个菜，且过时作废，可见主副食供应之紧张。在食堂用餐的教工还须承担"突击任务"：食堂养的猪没有吃的了，于是通知青年教师，拉了架子车去十里外的灞桥农田里打猪草；食堂面粉快用完了，因为学校没有汽油（那时，由于汽油短缺，在马路上跑的公共汽车顶上都背了一个大煤气包），食堂又规定青年教职工去北关人民面粉厂，每人背一袋面粉回校；也可以两人合作，用扁担抬两袋（100斤）。当时，每人30斤的月定粮只能算着吃，而不能尽着吃；好多南方人选择吃馒头，而不敢吃米饭，因为总觉得炊事员给打的米饭份量不足。而一斤粮有10个馒头，白天3餐吃掉9个，还可以留下1个馒头作为"宵夜"。到了5月底6月初的"三夏"农忙季节，学校要组织年轻教师去临潼农村支农，主要任务是收割小麦。我们晚上就睡在生产队的仓库里，地上铺席子，大家席地而眠。农民怕有潮气，常常抱来大堆麦草铺在席子下面，却带来了跳蚤，再加上蚊子的骚扰，严重影响睡眠，这也是一种考验。而知识分子割麦子时，由于不能深蹲，留下的麦茬太高，又割得不干净，其实农民并不欢迎。

在那个年代，主副食都是计划供应，去外地出差要带上全国粮票（含油票），去饭店就餐也要凭粮票；吃西安羊肉泡馍要凭西安市发的证，而很多南方人又不吃羊肉，都自动放弃。在每月的粮食定量中，粗粮占30%，细粮占70%，每人每月配给的一斤大米根本不够吃，很多教工就骑着自行车去长安县换大米。当时，一斤粗粮票可以买5斤红薯，所以红薯就成了抢手货。粮站如有红薯到货，青年教师没有"关系户"，走不了"后门"，只能清晨四五点去排队。一麻袋红薯有180斤，买了用自行车驼回家，但住房只有一间，厨房又是两家或者三家合用，要把红薯用网线袋分装后分散存放，以防止大批烂掉。

即使在这样艰苦的生活条件下,大家仍然抓紧时间备课。当时大部分青年教师都集中在一村33～36舍的四栋单身教工楼(现33、34号家属楼)居住,我们工程物理系青年教师大都住在34舍三楼,很多人晚上都坚持看书、备课到深夜,按照学校领导提出的"边干边学、边学边干"建系方针,搞好新专业建设。1960—1961年,我们按教学计划开出了所有专业课和实验;1961年7月,工程物理系培养出了第一届毕业生,分配到西部三线企业和北京涉核部门。

1957年考入西安交大电工系的郭长安,也是工程物理系成立时被抽调到该系的。他1962年毕业于核反应堆设计与制造专业,是这个专业的第二届毕业生。他曾经在机械工业部等部门工作,曾任物资部、国内贸易部副司长、司长等职。2016年郭长安回校参加120周年校庆时,在西迁广场与我合影。

2016年郭长安(右)与朱继洲在西安交大西迁广场合影

"文革"中参加工农兵学员拉练队伍去延安

由于"文革",从1966年开始大学停止招生。到了1968年,国内部分高校开始办起了"七二一"大学。1968年10月,西安交大招收来自西安、宝鸡、延安和渭南地区34个单位的60名工农兵学员组成的"七二一"电机试验班，机械制造专业师生与陕西省秦川机械厂共同筹办的"七二一"工人大学也于1969年正式开学。

根据教育部安排，高校陆续开始招收"工农兵学员"。1972年4月，首批近1400名"工农兵学员"进入西安交大。从1972年到1976年，西安交大连续5年招收了6250名"工农兵学员"。

1972年8月7日，奉陕西省教育厅命令，西安交大首批"工农兵学员"拉练队伍出发去延安。工程物理系有张维忠、于文砚和我等四人参加第一批拉练营。除于文砚参加拉练营伙食队外，我们三人都自背被褥和洗漱用具，编入工物系的学生队伍随行。第一批拉练营营长是林施均。出发前，拉练队伍先在学校行政楼广场毛主席塑像前集合，步行至火车站乘无座的货罐车至铜川，观看"铜川煤矿阶级斗争展览会"，接受教育后，第二天正式开始拉练。早晨3点起床，早饭后5点集合队伍，营长先训话半小时后，正式出发。

我们每天走的路程大致在40~55公里之间，主要是依据设立"兵站"的条件而定。"兵站"就是能容纳拉练队伍吃、住的地方。伙食队坐大卡车先期到达，做好午餐；拉练队伍到达时间一般在中午12时至下午2时，吃过中饭后就午休、清理个人卫生；伙食队准备晚饭和次日的早餐，下午5—6时吃过晚饭后早早入睡，第二天又得3时起床，早饭后5时出发，而伙食队再坐大卡车赶赴下一个"兵站"……如此，从铜川—黄陵—洛川—富县，一直走到延安，全靠两条腿。过洛川后，还学习解放军的夜行军走公路3天，即白天睡觉晚上走路。当时周围漆黑一片，每个人背着行李排在队伍中，机械式地走着，前方如有命令让"休息"，大家马上席地而坐。原以为走平坦的公路舒服，谁知第二天脚底就"打泡"了，据说是因为路面平坦，脚底的着力点不变，就会"打泡"。约走了10天后，我们看到了宝塔山，终于到达延安。

在延安，学员们参观了中共七大会址——杨家岭革命旧址，当年中共中央所在地——枣园，以及延安革命纪念馆，还看了陕北的土窑洞，共逗留了5天。返程的路线是：延安—南泥湾—宜川—蒲城—韩城—阎良—西安。9月5日回到学校，全程约500公里，历时28天，我的体重减轻了14斤。

四、编写《压水堆核电站的运行》，迎接我国核电事业兴起

1975年1月，陕西省教育局正式批准学校进行调整：设立动力一系、动力二系、无线电一系、无线电二系，加上原有的机械、电机两个系，全校共设6个系；撤销工程物理系建制，核反应堆工程专业合并到动力一系，加速器专业合并到无线电一系；全校设立专业委员会，取消教研室，党支部实行师生合编。

1977年，北京原子能出版社为迎接我国核电事业的兴起，派两位编辑出差去成都中国核动力研究设计院组稿，希望该院参加我国核潜艇模式堆工作的同志能编写一本有关"压水堆核电站运行"的专著，未果。他们在回北京的返程中来到西安交通大学，动员我和俞保安同志承担这项任务。交谈后我们也有顾虑，自己还没有见到过核电厂，"闭门造车"，怎么能写好这本专著呢？编辑同志反问我们说："如果等我国核电厂已经建成了，再来写这样的书，它的作用还有多大呢？正因为国家要上核电，特别需要有人在充分掌握资料的基础上，编写这样一本书。"这个说法也有一定道理，加上当时教学任务不重，我们就大胆地接受了这个任务。

为了收集资料，我和俞保安先去上海核工程研究设计院调研。实际上，经周恩来总理批准，上海市已于1970年2月8日启动了建设核电站的筹备工作，代号为"728工程"；到了1974年，周恩来总理批准了在秦山地区建造一座30万千瓦压水堆试验性核电站（即秦山一期）的方案。我们到上海核工程研究设计院时，秦山一期工程正在建设中。728院的很多同志对我们的工作给予了大力支持，对我们拟定的编写大纲提出了很多宝贵意见，为我们提供了秦山一期参考堆——日本美滨核电厂的全部资料。我们如饥似渴地抄录（当时没有复印设备）、吸收和消化，回学校后用一年时间写出了《压水堆核电站的运行》初稿。初稿交到出版社后，原子能出版社一位副总编说："你们能写出来不容易！我们就不开审稿会了，而是请水利电力部核电局副总工程师符德瑶同志来审定。"

3个月后，符德瑶总工把我们叫到北京。他认为：日本300 MW装机容量的美滨核电厂不属于大型商业核电厂，而我们的书稿以它为

参考电厂，没有先进性，这样的定位不妥；应该以当时我国准备引进，由法国设计的大型 1000 MW 装机容量的苏南核电厂为参考对象。在符总工的鼓励下，我们决心推倒重来，以当时拟建在沙洲的法国设计的 1000 MW 苏南核电厂的原型电厂——法国特里卡斯坦（Tricastin）核电厂为参考电厂，重写二稿；1979 年 7 月二稿完成后，我们又送请符德瑢先生审定。接着，我们两人在水利电力部核电局资料室里待了近 3 个月，符总审完一章，我们就修改一章，水利电力部核电局向我们开放了所有的资料，供我们使用。这样，国内第一本介绍百万千瓦级大型压水堆核电厂的专著《压水堆核电站的运行》，终于在 1981 年出版了。

专著《压水堆核电站的运行》封面与前言

五、"文革"后恢复招生，英才辈出的核反应堆 81 班

1978 年，"文革"后恢复正常招生的第二届，核反应堆工程专业招收了反应堆 81 班 58 名学生。因为十年"文革"没有正常招生，所以这一届学生的年龄相差很大，最大的已经 31 岁，最小的只有 14 岁；人员构成也多样化，有工人、农民、知青、教师、退伍军人和国家干部等。反应堆 81 班的学生非常珍惜来之不易的四年大学生活，他们在校期间抓紧一切时间努力学习，参加工作以后积极拼搏、勇于进取。2012 年 4 月毕业 30 年后回到学校时，他们中涌现出不少国内外知名

的学者和教授，我国各大核电基地、研究设计院领导和专家，还有在政府部门任职的司局级领导，也有成功创业的企业家。我曾专门收集过这届学生的情况，并撰文《英才辈出的核反应堆81班》，发表于2012年第2期西安交大《校友之声》上。

核反应堆工程专业招收的核反应堆81班毕业30周年返校纪念（前排右七为朱继洲）

朱继洲《英才辈出的核反应堆81班》刊登于西安交大《校友之声》2012年第2期

20世纪80年代，改革开放的春风吹遍了大江南北，万物复苏，西安交大核科学与技术学科不失时机地抓住发展机遇，于1981年取得了"核反应堆工程和核反应堆安全"专业首批硕士学位授予权。

六、搞好教材建设，培养高质量核工程人才

1982年7月，核工业部教育司在江西庐山召开"七五"教材会议，组织西安交通大学、清华大学、上海交通大学、海军工程大学等院校教师承担核反应堆工程专业主干课程教材的编写、出版工作，各校相关教师均在会前提交了申请编写教材的《编写大纲》。经核专家小组对各校提出的《编写大纲》进行分析、比较和讨论后，核工业部教育司确定承担任务的学校和主编人。

我向会议提交的是《核反应堆安全分析》教材的编写大纲，经研究后，核工业部教育司确定由我担任《核反应堆安全分析》教材的主编，参编的有清华大学冯忠潜、薛大知，上海交通大学周法青和西安交通大学俞保安。

核反应堆安全一直是核电发展中最重要的研究课题，它涉及核反应堆物理、热工、结构力学、事故故障分析以及概率风险评价等许多学科。随着核电的发展，核反应堆安全也发展成为一门综合性很强的新兴学科。但是，在早期编写《核反应堆安全分析》教材时，国内外只有极少的参考书，参编的各校教师们为了收集相关资料，阅读了大量的文献，进行分析和整理并加以系统化。1985年编写组在上海交通大学召开了初稿讨论会，核工业部教育司邀请中国原子能研究院陈叔平研究员主审，1988年12月由原子能出版社出版。

近10年后的1997年8月，《核反应堆安全分析》又列入核工业总公司（部级）"九五"重点教材选题规划。当时，我国政府已制定了发展核电的方针，建设了秦山、大亚湾两大核电基地。而世界上继1976年美国三哩岛核电厂事故后，1986年又发生了苏联切尔诺贝利核电厂事故。因此，认真总结各校教学经验，吸收世界核安全研究成果，改革体系，更新内容，以培养适应21世纪核学科高质量人才，修订《核反应堆安全分析》是完全必要的。"九五"重点教材《核反应堆安全分析》仍由我主编，清华大学奚树人、上海交通大学杨志林、西安交通

大学单建强参编，中国原子能研究院陈叔平研究员主审，2000年由原子能出版社出版。该教材获西安交通大学第八届优秀教材特等奖。

跨入21世纪后，《核反应堆安全分析》入选普通高等教育"十五"国家级规划教材和西安交大"十二五"规划教材，并入选了国务院研究生教育办公室推荐的"研究生教学用书"。中国与加拿大合作建造的秦山核电厂两台重水堆于2002年12月、2003年7月并网发电，该书新版以我国已陆续建成的压水堆、快堆、高温气冷堆和重水堆型核电厂为研究对象（以压水堆型为主），着重论述美国三哩岛核电厂事故发生后20多年来，核安全与反应堆事故分析中的主要课题与重大进展，系统阐述了核反应堆安全分析的任务、事故分类以及为保证核电站安全所应遵循和采取的设计原则与措施。该书于2004年8月由西安交通大学出版社、原子能出版社联合出版，我担任主编，参编者有奚树人（清华大学）、单建强、张斌。书中配有一张光盘。

 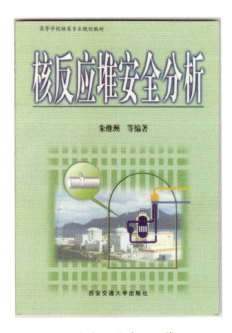

《核反应堆安全分析》（试用教材）　　《核反应堆安全分析》（第1版）

《核反应堆安全分析》（高等学校试用教材）出版已30年，中国核电实现了跨越式发展和后发追赶国际先进水平的目标。秉承"核安全高于一切"的核心理念，我们与清华大学合作，对该教材进行了新的修订。《核反应堆安全分析》（第3版）2018年7月由西安交通大学出

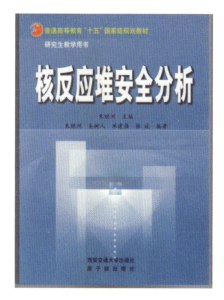 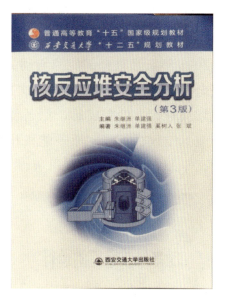

《核反应堆安全分析》（第 2 版）　　《核反应堆安全分析》（第 3 版）

版社出版，被全国设有"核工程与技术"专业的 50 多所高校选用，受到普遍欢迎。

1988 年，核工业部教育司核反应堆工程教学指导委员会在哈尔滨召开会议，同意将《压水堆核电站的运行》列入"九五"核类规划教材，并增写二回路部分内容重新出版。

《压水堆核电站的运行》教材初稿完成后，1992 年 7 月，核工业部教育司在北京南礼士路 100 号召开审稿会，邀请了来自核工业部总公司科技司、核电局，国家核安全局，清华大学，秦山核电公司，广东核电合营公司等单位的 12 位专家、教授参加。他们热情支持和鼓励教材的出版，在 3 天的会议中提出了很多改进建议和问题。会后，我利用多次到大亚湾核电基地培训中心承担培训任务的机会，深入生产实际，向有运行经验的技术人员请教，反复修改书稿。正式交稿后，1997 年原子能出版社将该书列入出版计划，并邀请时任广东核电合营公司生产部部长、大亚湾核电厂第一位中方厂长濮继龙同志担任主审。这本"九五"教材历经 18 年的使用、修改和补充，终于在 2000 年由原子能出版社出版。本书在系统全面地介绍大型压水堆核电厂一二回路主辅系统、专设安全设施及上述系统主要设备的功能、组成、运行原理的基础上，重点论述了压水堆核电厂的调试启动、正常运行与维护、事故时的安全性和运行管理等方面的基本问题。《压水堆核电厂的运行》获西安交通大学第九届优秀教材二等奖。

2005 年，经教育部能源与动力工程教学指导委员会审定，《压水堆核电厂的运行》（第 2 版）再次被列入普通高等教育"十一五"国家级规划教材。书稿完成后，原子能出版社约请原国家核安全局常务副局长兼总工程师、国际原子能机构核安全处原高级专家级官员林诚格主审，于 2008 年 8 月顺利出版。

《压水堆核电厂的运行》（第一版）和《压水堆核电厂的运行》（第二版）

我编写、出版的教材还有：《核反应堆运行》（主编），1992 年由原子能出版社出版，1996 年获得中国核工业总公司部级优秀教材三等奖；《无穷的潜力——核技术与社会发展》（主编），1998 年由山东科学技术出版社出版；《压水堆核电厂调试与运行》（参编），2009 年由中国电力出版社出版；《核电站安全》（主编），2011 年由中国电力出版社出版。

我编著的《故障树原理和应用》一书是应西安交通大学机械学院屈梁生院士邀请而编写的，入选屈梁生院士主编的"机械故障诊断丛书"（共 15 册）第二本，1989 年由西安交通大学出版社出版。该书从基本原理开始，深入浅出地全面介绍故障树原理在电力、能源工程、化工、核能、机械等行业的应用。该书既可作为各部门科研设计人员、维护保养人员在进行系统可靠性与安全性分析、设备管理和开展机械故障诊断工作中的参考用书,亦可作为高等学校宇航、核能、电子、电力、化工、机械等专业本科生和研究生的教学参考书。该书出版后获得了良好评价。

朱继洲编著的《故障树原理和应用》

七、获批博士点,承担国家级研究课题

继1981年西安交大核工程与技术专业获得硕士学位授予权后,1986年在陈学俊院士的领导下,"核反应堆工程与安全"取得博士学位授予权。

这一时期,党中央提出在八个技术领域内跟踪世界最新技术发展动向并制订我国对应的宏伟计划,即"国家高技术研究发展计划",其中,第十四领域为能源技术领域。接着,国家科委"七五""八五"和"九五"攻关项目的相继启动,极大地推动了我国核工程与技术专业的科研和人才培养工作。

1984年入学的硕士生李自平的论文题目是"安全壳中气相裂变产物甲基碘喷淋去除的实验研究"。他利用自行设计、安装的安全壳喷淋模拟装置,研究了甲基碘的喷淋去除效果。实验结果可用于合理选择压水堆安全壳喷淋系统参数。硕士论文内容在《中国核科技报告》《核动力工程》等刊物发表。

1987年,我主持的"七五"重点科技攻关项目"无损检测新技术——超声频谱分析法在核电站在役检查中应用研究",获得国家核安全局的批准。先后安排了单振刚、郭海芳、郝晓峰三位硕士生协力完成。经过三年多努力,我们开发的超声频谱分析系统包括超声频谱探伤装置和缺陷自动鉴别程序ANL两部分,可用于核电设备制造、运行过程中主要设备的在役检查。该项目于1990年6月14日通过了国家核安全局主持的鉴定。鉴定意见认为:"本课题是在设备简单、经费不多的条件下完成的,难度高、工作量大,所获成果达到了国内领先水平。"出席鉴定会的武汉核动力运行研究所总工程师说:"像这样的研究生,你们有多少,我们要多少!""无损检测新技术——超声频谱分析法在核电站在役检查中应用研究"项目获得西安交通大学1990年科技进步奖三等奖。

1990年6月国家核安全局主持"超声频谱分析应用研究"攻关课题鉴定会

在国家高技术研究发展计划项目中,西安交大谢仲生教授担任能源技术领域"快中子增殖堆专家组"专家,我担任了"先进反应堆发展战略研究"专题组成员。我校获得来自"快中子实验堆建设"项目的资助经费200万元。

20世纪90年代,我获得了多项基金项目,主要有:1991年,获批高等学校博士学科点专项科研基金"快中子增殖堆电源丧失分析（1991—1994）"；1996年，获得国家自然科学基金资助项目"固有安全快堆自停堆和余热排出特性的研究（1996—1998年）"；1998年获得国家自然科学基金资助项目"无保护瞬态工况下快堆安全壳瞬态响应研究（1998—2000年）"。同时，我还担任了先进核反应堆安全性比较及综合评价子课题负责人，培养了博士研究生王平（与陈学俊院士合作）、单建强、王学容、张斌、景春元等，完成了数学建模，开发了有效的核电厂仿真工具DSNP，编制了一系列分析金属钠冷快堆瞬态超功率、失热阱、电源丧失等各种事故工况下动态响应过程的仿真程序，多篇论文在《中国核科技报告》《核科学与技术》《核动力工程》等刊物发表，完成《三种先进核反应堆安全分析评价》报告。《核安全的新概念》一文刊载于《"八六三"能源技术快报》第5期。

 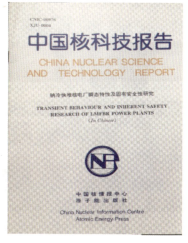

朱继洲的多篇论文在《中国核科技报告》等刊物发表

我指导的研究生们毕业以后，都成为在我国核工业各大集团、核电厂的技术骨干，如：李自平曾经担任国家核安全局核电处处长，现为中广核集团援建英国欣克利角（Hinkley Point）华龙一号项目高级专家；周洲担任中广核核电技术研究院燃料中心主任；王学容为北京工程物理研究院研究员；骆纯珊在山东荣城CNP1400核电厂工作；景春元在中国人民解放军某部工作；郝晓峰现任国家生态环境部核电安全监管司副司长。毕业后也有出国深造的，如高虹在美国，王武军在俄罗斯。毕业后留校工作的也得到了很好的发展，如：单建强现在是我校核科学与技术学院核安全与运行研究室学科带头人、陕西核学会会长；张斌现任我校核科学与技术学院副院长。

郝晓峰在进行毕业论文答辩

朱继洲（右）同郝晓峰在一起

朱继洲与研究生们在一起

第三部分　兼职西安交大高等教育研究所

1982年3月，面对高等教育必须进一步发展和深化改革，为了适应加快经济建设和社会发展需要的新形势，学校决定成立西安交大高等教育研究室。该研究室的基本任务是：高等教育理论研究、决策咨询服务、出版内部刊物《教育研究》。从这时候开始，我便同高等教育研究结下了不解之缘。

一、担任西安交大高等教育研究所副所长，成为"双肩挑"干部

1984年9月，我被学校任命为高等教育研究室副主任（兼职），成为一名"双肩挑"干部。1986年4月30日，学校又决定将高等教育研究室改名为高等教育研究所（以下简称"高教所"），所长由时任校长史维祥教授兼任，我同张世煌、林毓锜任副所长，研究所下设高等教育研究室和校史研究室。

根据高教研究所（室）的基本任务，在其成立后，重点围绕工科高校人才培养的根本问题，致力于人才培养模式与方法的探索，研究我国高等工程教育和学校教育教学改革中的一些重要的理论与实际问题，取得了一系列重要成果；系统开展了交通大学校史研究、

西安交大高教研究所成员与刘一凡司长、张树人厅长、
庄礼庭原代校长合影（1990年）

左起：林毓锜、徐茂义、朱继洲、范效良、张树人、庄礼庭、刘一凡、
张原华、刘露茜、蔡祖端、李文英

咨询与校史编撰工作，在发挥校史资政、育人和促进大学文化建设等方面作出了贡献；在支持学校管理与运行机制改革，普及高等教育理论与提高青年教师教学能力等领域起到了推动作用；承担《西安交大教育研究》（后更名为《西安交通大学学报（社会科学版）》编辑工作 10 余年，突破一般期刊功能限制，以当好学校领导的"助手"为己任。

1985 年 5 月，我围绕"调整各种高级建设人才的培养比例，建立合理的结构层次""改革教育管理体制，三类学校实行分级管理""拓宽知识面，注重学生能力的培养"三个方面，采访了西安交大史维祥校长，提出了《高校应调整结构层次，改革管理体制》的建议，刊登于当年的《瞭望》杂志第 9 期。

《瞭望》杂志 1985 第 9 期
登载朱继洲采访史维祥校长的文章

1986 年 11 月，国家实施"七五"计划的头一年，为纪念交通大学建校 90 周年暨迁校 30 周年，我撰文《大西北的灿烂明珠——西安交通大学》，追忆 1981 年教育部长蒋南翔莅临学校时，曾盛赞"西安交通大学的迁校是我国在调整高等教育事业战略布局方面的一个成功范例"，现在这所大学已经在西部高原上扎根、开花结果，成为西北地区培养高级工程技术人才和开展科学研究的重要基地，"人们相信，这颗明珠在开发、建设大西北的历史进程中，将放射出更加灿烂的光芒"，刊登于《瞭望》1986 年第 21 期。

1990 年 10 月 20 日，由西安交大高教所主办，召开了全国第二届高等学校校史研讨会。教育部高教司原司长刘一凡应邀作《关于研究和编写高等学校校史几个问题》的报告，各校交流了经验。

1988 年，高教所夏应春、许晓雯等老师开展心理测试与心理辅导

《瞭望》1986年第21期刊登朱继洲文章《大西北的灿烂明珠——西安交通大学》

工作，提出对大学生的心理辅导是思想政治教育的有效形式。针对大批学生心理测试结果手工评判的费事费力，我们邀请自动控制系杜行伋副教授合作，尝试开发计算机辅助测试与分析系统，取得了良好的效果。1990年12月26日，高教所研制的"卡氏16种人格因素计算机辅助测试与分析系统（PFTAS-I）"通过由陕西省教委主持的专家鉴定。1991年5月，高教所举办"卡氏16种人格因素计算机辅助测试与分析系统（PFTAS-I）"讲习班暨大学生心理咨询研讨会。从此，为高等学校利用计算机强大的数据处理功能，大规模开展大学生心理测试，做出了创新，并开始培养高等教育心理学研究生。该软件系统推广至全国80余所高校，为大学生心理的健康发展与心理素质的提高起到了积极的促进作用。

高教所林毓锜所著《大学学习论》，收入《中国教育百科全书》，是国内第一本系统地研究高等学校学生学习问题的专著。

1993年5月，国家教育委员会举办第二届国家级优秀教学成果奖评选，我代表陕西省受聘为评委，在北京交通大学参加评审。

1995年6月，刘露茜同志编纂的《唐文治教育文选》由西安交通大学出版社出版。

1995年12月，我与张发荣、陆根书撰写的《继承优良传统，深化教学改革，开创一流教学水平》一文，被收入到西安交通大学出版社出版的《百年回首》一书。

1997年，蒋德明校长和我撰写了《按照时代要求，重组高等工程教育》一文，刊于《高等工程教育研究》1997年第3期。该文获得中国高等教育学会优秀论文三等奖。

在此期间，我们还先后参与了国家教育科学规划"六五"重点课题"高等工程教育结构改革研究"和"七五"重点课题"新时期高等工程教育人才培养规律及其应用研究"等课题的研究。"八五"期间，受国家教委法规司等委托，高教所承担了"普通高等学校领导体制立法研究"等3项课题的研究工作，参与了国家教委组织的"建设有中国特色社会主义高等教育理论研究"课题研究，获全国首届教育科学优秀成果一等奖。

1992年国家教委委托西安交大起草《普通高等学校工作条例》的函件

1998年经陕西省学位办批准，西安交大高等教育研究所设立了"高等教育学"硕士点，下设"学位与研究生教育""高等工程教育管理""教育经济学""教育技术学"和"国防教育"等研究方向。高等教育研究所还与我校其他有关单位联合开展"职业教育学""教育技术学"等硕士点的建设工作。2002年高等教育研究所经教育部批准通过，开办"教育技术学"本科专业。

由于我们的工作成就，西安交大高教所获得众多荣誉：1988年，在国家教委组织的"第二次优秀高等工程教育论文评奖"活动中，我校的获奖数量与清华大学并列榜首；在1998年高等教育管理研究会年会上，西安交大高教所被评为先进集体；1992年10月，我国高等教育理论家、厦门大学高教所所长潘懋元教授在全国高等教育研究所（室）第二次工作研讨会上，称赞"西安交大高教所校史、大学学习学、心理素质测试3项成果尤其处于全国领先地位"。

二、受聘为部属高等工业学校教育研究协作组成员

1982年6月,教育部决定成立部属高等工业学校教育研究协作组(以下简称"协作组")。同年10月,教育部高教二司刘一凡司长等和部属14所重点工科院校校长、教务处长在安徽合肥举行"协作组"预备会议,推举了"协作组"正、副组长和《高等工程教育研究》编辑部的成员学校,拟订了"协作组"暂行工作办法。1983年1月,"协作组"在清华大学召开第一次全体成员会议,教育部部属高等工业学校教育研究协作组正式成立。清华大学为组长单位,张光斗教授任组长,副组长单位为上海交通大学和华中工学院,教育部在每所高校聘请两名协作组成员,西安交大成员为史维祥、张世煌。

1984年11月30日—12月8日,教育部部属高等工业学校教育研究协作组组织的高等工程教育第三次专题研讨会在西安交通大学举行,由西安交通大学和华东化工学院主持,主要议题为"讨论高等工程教育的基本教学原则,交流各校的教学改革情况和经验"。参加会议的除14所协作组院校的协作组成员及有关代表、《高等工程教育研究》编辑部成员外,还有6个部委,4个省、市高教局,各部委及地方所属

1984年教育部高等工程教育第三次专题研讨会在西安交大召开
后排左起:罗福午、潘懋元、刘一凡、王冀生、×××、庄礼庭、×××

的 20 所院校和 13 个工科基础课与专业课的教材编审委员会的代表。教育部高教二司刘一凡司长和王冀生副司长等出席了会议，刘一凡司长作了重要讲话。

1985 年 4 月西安交大当选为教育部部属高等工业学校教育研究协作组第二届组长单位，代校长庄礼庭当选协作组第二届组长，张世煌和我受聘为协作组成员。

1986 年 8 月 14—20 日，西安交大作为协作组组长单位，主持召开了高等工程教育第四次专题研讨会，中心议题为"工科本科教育培养目标和工科本科生基本规格"，为全国高等学校修订教学计划提供指导原则和理论依据。

1987 年 2 月 19—21 日，第二届高等工业学校教育研究协作组组长单位第二次会议在西安交大举行，参加会议的有协作组名誉组长张光斗教授、组长庄礼庭教授、协作组副组长单位浙江大学副校长路甬祥教授、协作组副组长单位天津大学副校长杨渝钦副教授等 15 人。国

1987 年 2 月第二届协作组组长单位第二次会议在西安交大召开
前排左起：路甬祥（浙江大学副校长）、庄礼庭、王冀生（高教二司副司长）、张光斗（协作组名誉组长）、杨渝钦（天津大学副校长）、李汉育（学报副主编）、张世煌
后排左一为徐茂义、左三为朱继洲

家教委二司副司长王冀生同志出席会议,并传达了国家教委1987年工作会议的主要精神。

1987年8月12—19日,西安交大作为高等工业学校教育研究协作组组长单位主持召开了国家教委直属高校高等工程教育第五次专题研讨会,中心议题为"加强工科本科教育"。

1992年9月26—30日,国家教委直属高等学校高等工程教育第八次专题研究会在西安交大举行,由上海交通大学和同济大学主持,中心议题为"社会主义高水平理工大学总体目标及其加速实施"。国家教委直属高等工科院校教育研究协作组成立十周年庆祝活动同时举行。出席会议的有:刘一凡、张光斗、庄礼庭、王冀生、史维祥、潘季等。

1992年9月,高等工程教育第八次专题研究会暨高等工业学校教育研究协作组成立十周年庆祝活动在西安交大举行

西安交大担任第三届(1988—1991)协作组成员的是束鹏程、朱继洲和李能贵;担任第四届(1991—1994)协作组成员的是徐通模、姚天祥、朱继洲和俞炳丰。

在这段时期,西安交大作为协作组成员单位,与兄弟院校一起,参与并完成了国家教委(教育部)直属高等工业学校教育研究协作组和高教二司共同承担的国家教育科学"六五"规划重点课题"高等工程教育结构改革的研究"和国家教育科学"七五"规划重点课题"新时期高等工程教育人才培养规律及其应用的研究"。此外，西安交大高等教育研究所经过十余年的不断摸索、努力，围绕工程技术人才培养这个根本问题，在一些高等教育理论和实际问题方面开展了卓有成效的应用研究工作，取得了一些重要的成果。

三、参与1995年本科教学工作优秀学校试点评估，撰写《自评报告》

1995年10月，国家教委决定在全国高等学校启动普通高等学校本科教学工作优秀学校评估，西安交通大学作为第一批的两所试点学校之一，接受评估。

从接到任务，到国家教委评估专家组进校，实际只有3个月的准备时间，西安交大全校积极动员起来，做好迎接评估的各项工作，学校细化了国家教委的评估指标体系，要求各学院、系、部认真准备支撑材料，并把撰写《本科教学工作自评报告》（以下简称《自评报告》）的任务交到了高教所。

高教所与教务处领导一起，确定了《自评报告》的初步提纲后，报告的撰写任务由我完成，并作为迎评估校内专家组成员，参与了各院系、各职能部门自评的检查、验收工作。

整个《自评报告》的撰写花了一个月的时间，回顾了西安交大从迁校西安到在新址建设，从改革开放到探索和建设有中国特色的社会主义高等工程教育体系的工作。如何认真总结与归纳西安交通大学对老交大办学传统的继承和文化特色的凝炼，需要认真思考、梳理与提炼。由于我在国家教委协作组工作中了解了各兄弟院校的情况，并担任过1993年全国普通高等学校教学优秀成果奖的评委，在《自评报告》中，就注意突出一些主要数据和典型事例，例如：提出"课程建设是本科教

《西安交通大学本科教学工作自评报告》（校对本）

学工作的基本建设,也是深化教学工作的基础性工作;西安交大已评出一类课程19门,23门基础课、技术基础课中获得国家级、省级教学优秀成果奖的有21门,其余2门课程也拿到了学校的奖"(优秀教学成果奖的评选从1989年起开展)。这些有说服力、影响力的事例说明了西安交通大学基础理论课程的教学水平在全国高校中位于前列,得到了国家教委评估专家组的认同。

1995年12月3—8日,以清华大学原党委书记方惠坚教授任组长,天津大学校长吴咏诗教授、北京科技大学柯俊院士任副组长的国家教委本科教学工作评价专家组10位专家对西安交大本科教学工作进行全面评估。经过现场听课23门次,查阅历年试卷和100份毕业设计,开座谈会,抽选三年级学生120人进行数学、物理、力学、外语四门课程的考试,走访图书馆和重点实验室等历时5天的实地考察,国家教委评估专家组于12月8日晚召开了"西安交通大学本科教学工作情况通报会"。1996年3月2日,学校接到国家教委高等教育司来函,公布西安交大本科教学工作评估结果为"优秀";西安交大也成为首批教学工作优秀学校评价试点工作的两所院校中唯一通过评估的学校。

1995年12月8日,国家教委专家组本科教学工作评价情况通报会

西安交大的试点评估为国家教委本科教学评估积累了实践经验，也为之后全国大规模的高校评估探索出合适的评估方案和评估制度。

四、参与交通大学三部校史编纂工作

《交通大学校史》和《西安交通大学校史》共三部，从1982年开始启动第一部，到2003年第三部出版发行，历时整整20余年。按时间划分为"1896—1949年""1949—1959年""1959—1996年"三个阶段进行编写。这三部校史一脉相承、是互相衔接的有机整体，它完整地反映、记载了交通大学—西安交通大学前一百年的风雨历程。也为我国高等教育发展、变迁的历史提供有价值的史料。

《交通大学校史（1896—1949）》　　《交通大学校史（1949—1959）》　　《西安交通大学校史（1959—1996）》

《交通大学校史（1896—1949）》

1982年，在上海教育出版社提议下，为了迎接交通大学建校90周年，西安交通大学、上海交通大学两校联合成立了《交通大学校史》编写领导组，成员（以姓氏笔画为序）有：史维祥、刘克、刘露茜、朱麟五、陈贻芳、赵富鑫、盛振邦、潘季。并决定首先编写《交通大学（1896—1949）》，即解放前53年的历史，作为向交通大学校庆90周年的献礼。

在编写领导组的领导下，上海交大、西安交大共抽调不脱产编写人员8人，确定陈贻芳、刘露茜为主编，分别主持两校的编写工作。参加第一至第三章执笔的有刘露茜、周宗湘、张发荣、俞养吾、张巧豪，参加第四至第六章执笔的有陈贻芳、陈德崇、亦佳、刘菲、戴永明等同志，书中照片由西安交大钱鹏和上海交大周密摄影、翻拍。

编写与出版《交通大学校史（1896—1949）》，是两校广大师生员工和校友盼望已久的心愿，在他们的热情支持下，编写人员于1982年底拟定写作大纲，开始工作，并不辞辛苦，奔赴北京、南京、上海、西安、重庆、昆明、苏州、无锡等地调查了解，采访校友数百人次，查阅了档案书刊几千卷，参阅了《在第二条战线上》等有关史料，于1984年初完成《交通大学校史（1896—1949）》初稿。

初稿完成后，听取了广大师生和校友的意见，并作了修改。1984年8月又在上海交大召开了审稿会议。参加审稿会的专家、教授和各位领导，经认真讨论，一致同意修改稿的基本内容并补充了许多宝贵意见。经过再次修改后，1984年12月由两校党政领导审阅定稿。

1985年8月，全国政协副主席、中顾委常委、西安交通大学校务委员会主任陆定一同志欣然为《交通大学校史（1896—1949）》作序。陆定一学长在序中写道：

> 我曾在交大读书八年，我的共产主义人生观是在那里形成的。毕业之后，出生入死，为革命奋斗，未能从事工业。我居然幸存下来，能亲自看到这本校史的出版，当然高兴。
>
> 交通大学的性质，已经改变。全国解放之后，它是中国人民手里的理工科大学，是为社会主义建设服务的大学。现在这个时候，对一九四九年以前的校史作一回顾，有什么必要呢？
>
> 我看很有必要。交通大学为什么会成立？是清朝统治者被迫成立的。一八九四年甲午之战，清军惨败，北洋军阀覆没。南洋公学才在一八九六年创办起来。创办的人，是清朝官僚中的洋务派。经过清朝、北洋军阀、国民党政府三个统治时期，交通大学一直是"工业救国"的旗帜。
>
> 在这本校史所说的53年中，交通大学不是革命的学校。革命的思想，在学校里只能秘密传播。记得1926年暑假，姓凌的校长一下子开除了30多个同学的学籍，其中有功课极好，在班上经常考第一、第二名的高材生，只因反对帝国主义和北洋军阀，就被开除。1927年，又有一批同学，因为看马克思主义的书，被逼写悔过书。

但是，反动派的高压政策和"工业救国"的欺骗口号，终究是要失败的，终究要遭到进步的和爱国的师生的反对的。不仅学生中不断出现革命者，学校上层除了少数反动派以外，也出了陈石英等民主教授。唐文治主张停止内战，团结抗日，高风亮节，令人钦佩。全国解放之后，全校师生都拥护革命，学校也成为人民的学校。

校史的价值和必要，还在于我国旧社会里，由中国人自己办的设备、师资等各方面条件好的理工科大学，只有很少几个，交通大学算是凤毛麟角。我记得我在学校时，华东有六所大学，其中五个是外国人办的。

有了中国人自己办的大学，同没有这样的大学，情况大不相同。中国人就能培养出自己的整套的办学干部，积累自己的整套的办学经验。全国解放以后，人民政府来办高等教育，不须从零开始，可以接收遗产，加以改造，立足于自力更生。

我们这一代，再加上第二代第三代，只有一个奋斗目标：要使中国富强。要富强，就必须建设。要建设又必须首先完成革命，推翻帝国主义、封建势力和买办资产阶级的统治。现在，社会主义革命已经成功之后，再搞"一个阶级打倒另一阶级的革命"，那就是"文化大革命"，一场大破坏，一场浩劫。我们现在应该唾弃"文化大革命"，全心全意搞社会主义建设。如果建设搞不成功，或者搞成了资本主义，那么，中国还是不能富强。

我们现在最大的问题，就是建设的人才太少。记得一九二五年，那时民生凋敝，经济萧条，有了人才无用处，毕业就是失业。现在完全翻过来了，不仅理工科，而且文科，我们需要培养的干部，都以百万计。

交通大学栽培高级理工干部，是有成绩的。在机械电机、土木建筑、铁路运输、船舶及海洋工程、宇航工程、桥梁工程、材料工程、电讯技术、核物理、电脑等各个工业部门，都有许多交大历届校友在作出辛勤的劳动和卓越的贡献。交大校友受人尊敬，名誉很好，我非常高兴。如果我国要以五十年一百年的时间，建设成为社会主义的富强国家，不妨想想，我们还要多少人才，还要做多大的努力。

交大的办学传统和办学特色，为"重视招生质量，坚持择优录取；重视基础理论教学和基本技能训练；对学生严格要求，严格考核，强调理论结合实际，学以致用"，就是"起点高、基础厚、要求严、重实践"。交大的校风是"爱国爱校、追求真理、勤奋踏实、艰苦朴素"。以上都是交大同志们从几十年的辛勤劳动中总结出来的。它是教育界、工业界可以借鉴的。我特地在这篇序言中把它记录下来。

1986年陆定一回母校参观西安交大校史展览馆
左二为陆定一、左一为时任校党委书记潘季、左三为时任校长史维祥

《交通大学校史（1949—1959）》

在第一部《交通大学校史（1896—1949）》于1986年出版之后，1989年，时任西安交通大学校长的史维祥教授和时任上海交通大学校长的翁史烈教授在上海交大商定，两校应继续友好合作编写《交通大学校史（1949—1959）》，作为献给交通大学百年校庆纪念日的一份厚礼。时任高等教育出版社党委书记兼社长的校友祖振铨同志闻讯表示竭力支持，愿意承担出版任务并且参加编委工作。此后，历经《交通大学（1949—1959）》大事记编写、大纲确定、调查采访、审稿会、

审定会,由于两校党政领导的支持,全体编写同志、两校编委和责任编辑的努力,以及高等教育出版社的大力支持,《交通大学校史(1949—1959)》于1996年3月交通大学百年校庆前夕正式问世。

《交通大学校史(1949—1959)》的时间跨度虽然只有十年,但在这期间,我们的共和国经历了新民主主义革命时期、和平改造资产阶级时期和进入社会主义革命时期;而从高等教育来说,则经历了迎接解放、接管、建立党委、思想改造、院系调整、全面学习苏联、"三反五反运动"、交通大学迁校、1958年"教育革命"、交通大学西安部分和上海部分分别独立建校等阶段。在调查采访的基础上,确定了全书的编写大纲和章节的划分,共分为迎接解放、院系调整、教学改革、从迁校西安到成立西安交通大学和上海交通大学、一九五八年的教育革命、党的建设等六章。由上海交通大学负责前三章的编写,西安交通大学负责后三章的编写。前五章以编年史为主,对于第六章"党的建设",大家认为,由于党建和思想政治工作是贯串于全过程的各个阶段,应该单独成为一章较为合适,在这一章中应着重写出交通大学在解放后党建和思想政治工作光辉的一页。

经校领导研究决定,西安交大参加《交通大学校史(1949—1959)》编委的有:潘季、庄礼庭、王文生、朱继洲、刘露茜,参加编写工作的有:刘露茜、陈潮江、司国安。受两校的聘请,高等教育出版社党委书记兼社长祖振铨同志、国家教委教师管理办公室主任宗慎元同志参加编委。

《交通大学校史(1949—1959)》编写工作得到了各方面的大力支持。一批解放初期奉命从华东革命大学到上海接管交通大学的离休老同志,回忆起当时转移到文化战线工作的心情,接管工作的纷繁复杂,与知识分子干部共事和做知识分子思想工作的体会时,情绪激动、感情深沉;对党的团结、改造老知识分子政策的深远意义体会尤深。对于迁校问题,许多老干部和老教师都能从全局角度,历史地、辩证地阐述历时三年、牵动万余师生及家属的迁校西安的前前后后。在很多干部和教师印象中特别深刻的,是迁校问题惊动了周恩来总理及中央各部委和有关省市领导,以及周恩来总理高瞻远瞩、循循善诱的领导艺术和工作方法,把当时(1957年)迁校问题确实是处于骑虎难下的局面如实地告诉群众，启发群众自觉性，相信群众会考虑国家利益，处理好国家与个人关系，作出正确决定的政治家气魄。也有不少同志坦率地分析迁校问题的利弊得失和应该吸取的经验教训，特别是在后期的反右斗争政治运动中，不应该把同意不同意迁校，作为划分右派的标准，从而使得部分教师和学生受到了不应该的政治待遇。而最令人感动的是，编写人员采访到的在迁校过程中许许多多的动人事迹：不少老教授满怀家国情怀，处理了在上海的房产举家西迁；当时有很多中年教师辞别年老父母，有的还把幼子幼女托付给老人，轻装来到西安，全力投入老校的新建工作，如今都已届耄耋之年；一大批青年教师，义无返顾，追随着教研室集体，极少考虑个人的得失，来到西北安家落户，成为建设学校的中坚力量、学科建设的骨干，如今也都已年过古稀。遗憾的是由于校史的体裁和篇幅限制，没有能按人仔细记述。人们也不能忘记，在如此庞大、复杂和艰巨的迁校工程中，总务科、膳务科、花木组数百位后勤方面职工的辛勤劳动、细致周到的服务和巨大的努力，他们不仅要搬迁自己的小家庭，还为搬迁交通大学这个大家庭，如上千名教职工及其家属的家具、行装，学校的仪器、设备，图书资料，文物、档案的打包装箱、托运接站，西安新校址的基本建设，绿化和水、电、煤等生活供应，乃至幼儿园、附中、附小的建设，无不浸透了他们的心血。在校史里，也只能对迁校的过程作大概的描述，罗列各种数字来表明迁校过程的艰巨和复杂，而没有能为记录那些默默无闻、辛勤劳动一生的老花工、老司机、老电工、老水工……的事迹留出一定的篇幅。

由于迁校时，交通大学全部档案迁到了西安，这是编写《交通大学校史（1949—1959）》最为有利的条件，特别是解放初期护校、接管、迁校时期，以及与党建工作有关的历次党代会的决议等，各种重要文件、计划、报表，都能找到原始资料；在很多重要史实、材料的考证中，还得到了原国家教委办公厅的大力协助。很多重要史料在该书中作为附件刊出。

1993年8月，《交通大学校史（1949—1959）》二稿审稿会在西安交大举行。参加这次会议的有：高等教育出版社党委书记兼社长祖振铨同志，原国家教委二司司长刘一凡同志，高等教育出版社编辑董文芳同志，西安交大党委副书记王文生、原代校长庄礼庭、朱继洲、刘露茜、陈潮江、司国安，上海交通大学党委书记王宗光、副校长盛振邦、陈贻芳、陈德崇。

会议就《交通大学校史（1949—1959）》二稿的总体结构，各章节的具体内容进行了认真、细致的讨论。高等教育出版社党委书记兼社长祖振铨同志阐述了出版本书的意义，他说："交通大学是我国建校最早的两所工科大学（北洋大学和南洋大学）之一，交通大学的校史就是我们国家高等工程教育和工业发展的缩影；《交通大学校史（1949—1959）》所涉及的建国开头的十年，经历了很多大事，比如：迎接解放、接管、思想改造、院系调整、全面学习苏联、'三反五反'、交通大学的迁校、1958年'教育革命'、1959年的'反右倾'等等。对这些历史事件，至今中央还没有正式的文件表态，高等教育出版社是国家教委的直属单位，出版这本书，等于代表中央表了态；高等教育出版社成立以来，已出版了几十万种书籍，但是出版一本大学的校史，这还是第一次。所以，一定要把这本书写好，要精心编辑、精心装帧。"

1993年8月《交通大学校史（1949—1959）》二稿审稿会在西安举行
左起：司国安、陈潮江、陈德崇、盛振邦、庄礼庭、刘一凡、祖振铨、王宗光、王文生、陈贻芳、朱继洲、董文芳、刘露茜

刘一凡同志在20世纪50年代任高教部部长杨秀峰的秘书，改革开放后担任高教部二司司长，参与了五六十年代我国高等教育的调整与创建，也清楚交通大学迁校的由来、迁校问题的产生以及最终的完满解决。刘一凡同志在会前仔细审阅了《交通大学校史（1949—1959）》二稿，会上着重分析了当时的世界紧张形势、时代背景，有力地说明中央作出迁校决定是整个战略部署的一部分；1957年以后，由于国际形势的趋于缓和，特别是毛泽东主席作了《关于正确处理人民内部矛盾问题》的讲话以后，情况就起了变化，以至于在上海、西安两地会引起迁校问题的讨论。刘一凡同志的讲话，全面地解释了当时国内外的形势，开阔了大家的视野，提高了看问题的角度和认识水平。

上海交通大学党委书记王宗光同志是第一次来到西安交通大学，记得她在会上说：从《交通大学校史（1949—1959）》二稿上读到，解放初期，我们党为了接管好交通大学，建立我们自己的高等教育，委派了那么多干部，对知识分子做了大量深入细致的思想工作，是十分不容易的。读了"迁校"这一章，以及这次到西安交大实地看一看，切切实实感到迁校的不容易。迁校问题涉及左邻右舍、方方面面。很多教师作出了那么大的牺牲，放弃了上海优越的生活环境和生活条件，是他们，把交通大学优良的办学传统和优良的学风，带到了西安；是他们的高风亮节，才使得中央和周恩来总理的高方案得以实现。交通大学在西安创业是十分不容易的，同样一件事，在上海能办成功的，在西安办要困难得多。王宗光同志还说道：由于交通大学要迁校西安，除了留下造船系成立上海造船学院外，还成立了南洋工学院，以为上海市培养工科人才之需。她就是1956年被南洋工学院录取的学生。1957年按照迁校调整方案，成立交通大学（上海部分），她就成了交通大学的学生。

就这样，在《交通大学校史（1949—1959）》二稿的讨论过程中，为了为交通大学树碑立传，两校编委回顾往事，相互切磋、相互补充，力求史料充实、分析有据、集中反映出两校领导和广大师生的基本观点，一切提法和结论都以有利于两校的发展为原则。上海交通大学副校长盛振邦1953年毕业于交通大学船舶动力系，留校工作，也完全了解迁校的全过程。他在讨论中提出一项修改建议,第四章标题原来是"迁校西安",他建议改为"从迁校西安到成立西安交大和上海交大",得到了大家的一致赞同。

刘露茜和陈贻芳两位主编原本是老朋友。50年代初,她们同在学校校刊编辑室工作;1985—1990年,两校合作由她们主编了《交通大学校史(1896—1949)》;这一次,她们再度携手,承担起主编《交通大学校史(1949—1959)》的重任。

1994年8月,原代校长庄礼庭同志不幸去世。记得开学后不久的一天早上,我去高教研究所上班不久,接到学校秘书长范效良的电话,告诉我,庄礼庭同志突然病逝于家中。我放下电话赶到家属区一村50宿舍,见庄先生神态安详地安卧在床上,我深深地鞠了三个躬。回忆起1952年我初进交大机械制造系,庄先生当时担任机械系副主任,就是他向我们作的专业介绍。学校西迁后他历任教学科研处处长、副校长、代校长,卸任后受国家教委聘任,担任第二届国家教委直属高等工业学校教育研究协作组组长,为学校和我国高等工程教育的发展,献出了毕生的精力。

西安交通大学原代校长庄礼庭教授

1995年11月,《交通大学校史(1949—1959)》定稿会由高等教育出版社主持,委托上海交通大学承办、在上海交通大学举行。出席这次会议的我校代表有:党委副书记王文生、朱继洲、刘露茜。上海交通大学方面代表有:党委副书记蒋秀明、原党委副书记陆中庸、陈贻芳。高等教育出版社责任编辑董文芳也出席了会议。高等教育出版社党委书记兼社长祖振铨同志因病，特委托国家教委教师管理办公室主任宗慎元同志（也是交通大学校友）主持会议。

1995年11月宗慎元同志主持《交通大学校史（1949—1959）》定稿会
右起：王文生、宗慎元、刘露茜、宗慎元夫人、朱继洲

会议就1993年8月《交通大学校史（1949—1959）》二稿审稿会后，双方编写人员写就的修改稿作最后的审定。宗慎元同志代表高等教育出版社党委书记兼社长祖振铨同志说明了会议的要求。他说："交通大学百年华诞将要到来，中央十分重视，十多万海内外校友尤为关心。祖振铨同志说，一定要出好这本书，向交通大学百年校庆献一份厚礼，内容要请大家严格把关，编排要精心，装帧要庄重大方。"他还亲自选择了几种封面的彩样请责任编辑带到会上，征求大家的意见。

在会议的三天时间里，全体代表又对书稿的全部内容逐章逐节、逐字逐句进行了讨论，不放过任何一个可疑的细节，对某些疑点作了反复的斟酌，双方以大局为重，在大事上求同、在小事上存异。为了反映独立建校后、特别是改革开放以后两校的飞速发展和今后的展望，一致同意撷取重要的数据，写入后记。

1996年初，又传来了高等教育出版社党委书记兼社长祖振铨同志因病不幸去世的消息。解放前，祖振铨同志曾担任中共交通大学地下党的负责人，1952年我们上大学时，他是学校政治部青年科科长，后担任校党委常委，随校西迁，20世纪60年代初他调至高等教育部工作。从他参加1993年8月西安会议和他为出版《交通大学校史（1949—1959）》所作出的努力和精心安排，可以看出他对母校的深厚情意，也令西安交大人深深地敬重他、怀念他。

高等教育出版社原党委书记、社长祖振铨校友

1995年12月至1996年1月间，高等教育出版社责任编辑董文芳同志，除了用电话经常与两位主编联系外，还带着书稿专程到西安、上海两地，作最后的订正、补充和协调工作。她虽然身患腿疾，但为了确保《交通大学校史（1949—1959）》能在1996年4月8日百年校庆前夕送到两校，送到几千上万校友手中，认真、细致地坚持工作。

1996年3月底，西安交大收到了高等教育出版社发来的3000本《交通大学校史（1949—1959）》，我们马上就将其送到学校校庆办公室，装入送给广大校友的礼品袋中。望着这一本本散发着油墨香味、装帧精美、色彩凝重的32开本的《交通大学校史（1949—1959）》，我们编写人员深感欣慰。它虽然只有21万字，却容纳了交通大学这所国内外有影响的高等学府解放初期10年的历史变迁，记录的是我们党在建立有中国特色的社会主义高等教育的初创阶段的经历。它必将激励后来者，为重铸和再创交通大学在21世纪新的百年辉煌而奋斗。

《西安交通大学校史》(1959—1996)

为了完整地反映、记录西安交通大学前一百年（1896—1996年）的历程，西安交大与上海交大两校合作，先后于1986年和1996年出版了《交通大学校史（1896—1949）》《交通大学校史（1949—

1959）》。之后，西安交通大学又启动了《西安交通大学校史（1959—1996年）》的编纂工作，目的是为学校自身"存史、资政、育人"起到不可替代的作用。

《西安交通大学校史（1959—1996）》编纂委员会由82人组成，王文生、徐通模、蒋德明任主任，张迈曾、范效良任副主任。学校抽调了10位长期在西安交大工作的老同志组成编写组，成员有：范效良、凌安谷、朱钰鹏、朱继洲、刘露茜、郑善维、张发荣、张德通、司国安、冯蓉。这老同志当时多数已经退休。

根据编纂委员会确定的指导思想和编写大纲，编写组的同志认真、细致地查阅了大批档案资料，访问了许多相关人士，对有关专题进行了深入而周密的调查研究，写出初稿后，又进行了多次集体审稿和修改补充。《西安交通大学校史（1959—1996）》（征求意见稿）于2002年春完成。在该书编写过程中，西安交大档案馆、党委宣传部、离退休处和西安交大出版社给予了大力支持，一大批离退休老同志对征求意见稿提出了许多重要的修改意见和建议，为提高书稿的质量作出了重要的贡献。

全书分五章，分别是：第一章《艰苦奋斗 又谱新章（1959—1966）》，第二章《十年"文革" 灾难深重（1966—1976）》；第三章《拨乱反正 整顿发展（1976—1985）》，第四章《改革开放 再创辉煌（1986—1996）》，第五章《党的建设与发展（1959—1996）》。

2002年元月，时任全国人大常委会副委员长、校友蒋正华为《西安交通大学校史（1959—1996）》作了序。蒋正华副委员长在序言中说：

> 交通大学是我国创建最早、办得最好的少数几所著名高校之一。长期以来坚持"起点高、基础厚、要求严、重实践"的优良办学传统，形成了"爱国爱校、追求真理、勤奋踏实、艰苦朴素"的好校风，在办学中坚持"严谨治学、博采众长、端揽名师"的方针，是国家造就高层次人才的重要基地。交大不仅在国内声誉卓著，在国外也有很高的知名度。因交大毕业生成绩优异，曾经获得免试直接进入一些世界名牌大学攻读研究生的信誉。
>
> 从确定交大内迁西安，到调整为分设两地建设，最终实现了

蒋正华校友（全国人大常委会原副委员长）

大部分系、专业和师生迁到西安。这些都是党中央、国务院作出的决策，是在周恩来总理直接关心下进行的。它是我国调整高等教育战略布局的一个成功范例。迁校师生的爱国主义、集体主义高尚情操，以及顾全大局、乐于牺牲、无私奉献、尽职尽业、艰苦奋斗的革命精神，是值得永远继承和发扬的。

西安交大地处西北，办学条件比较艰苦。但艰苦也有好处，正如周恩来总理所说："太舒服不能锻炼培养青年，应该是锻炼经得风霜。"对于青年人是如此，对一所大学来说何尝不是如此。近半个世纪以来，西安交大继承了老交大优良的办学传统和办学特色，扎根西北，励精图治，艰苦奋斗，将学校越办越好，在交大历史上谱写出光辉灿烂的新篇章。如今西安交大已成为国家在西北地区培养高级专门人才和科学研究的一个重要基地，为我国的经济建设尤其是西北地区的发展作出了重要的贡献，在教育、科研及管理等方面起到了示范作用，成为西北大地上的一颗灿烂明珠。据我了解，已故的西安交大彭康校长在教育界深受尊重，他的讲话，如在贯彻"高教六十条"、教学改革等方面的意见，当时在全国是很有影响的；西安交大的实力雄厚、基础扎实，教育部的不少学科建设、修订教育计划、教材建设等会议，经常放在西安交大召开；西安交大毕业生基础扎实，动手能力强，工作勤恳踏实，普遍受到用人单位的好评，多年来保持在全国高校高就业率的最前列；1995年底，国家教委在西安交大进行本科教学优秀工作评估试点，西安交大被首家评为"优秀"；……这些都在我的心目中对西安交大留下美好的印象。交大在上海能够办好，到西北后仍能办得如此出色，这是什么原因呢？这里蕴含着诸如：党和政府的大力支持，社会主义制度的优越，以及老一代迁校人和新一代西安交大人的艰苦奋斗、无私奉献、呕心沥血、开拓创新等丰富内涵。这些都是办好大学、特别是办好我国西部地区大学的重要保证。当今，在世界经济和科学技术的激烈竞争中，在西部大开发的时代潮流中，党和人民对西安交大寄予更大的期望，西安交大肩负着更加重大的历史责任。我们完全相信，在建校150周年、迁校90周年时，西安交大必将屹立于世界一流大学之林，必将以其在国家西部大开发中的突出贡献昭示于天下。

第四部分　为国家核电建设事业服务
（1985—2013）

改革开放初期，国内各大城市电力供应严重不足，广州、深圳地处改革、开放的前沿，市内供电经常是每周供三停四，只有白天鹅等少数几家五星级宾馆、省级医院能不停电。为此，广东省、广州市积极开发新能源，筹划兴建核电厂。

一、与大亚湾核电站结缘

参加广东大亚湾核电站可行性论证会

1978年，广州市率先提议引进外商资金、设备进行核电站建设，获得中央同意；是年8月，受水利电力部核电局邀请，我和张贵勤老师赴广州市参加了广东省与英国原子能局的商务谈判。在谈判名单上，我们的职务写的是"广东省电力局工程师"。后因英国原子能局提供的是改进型气冷堆核电站Magnox，因其堆型陈旧、参数先进性差，谈判未果。

1979年，为解决引进核电站的外汇资金短缺问题，原电力部与广东省根据深圳的有利条件，提出"引进外资、借贷建设、售电还钱"的设想，开创了我国利用外资建设大型基础产业项目的新路子。从法国引进大亚湾核电站这样一个具有20世纪80年代国际先进水平的大型商用核电站的设想得到党中央、国务院的批准和邓小平同志的关心与支持。要尽快发展我国核电事业、改变我国"有核无能"的局面，迎头赶上世界水平，也是全国核工业科技人员和从事核教育的教育工作者的心愿。

1981年1月，在广州市南湖宾馆，由广东省副省长刘田夫、广州市市长叶选平主持召开了"广东大亚湾核电站可行性论证会"，来自电力部、机械部和核工业部各系统各方面的老、中、青专家和科技人员济济一堂，为争取广东大亚湾电站的早日立项积极献计献策。很多老同志，像华东电力设计院总工程师周传甲、核工业部二院总工籍孝宏等，都认为引进国外先进的核电设备与技术，以缩短与世界先进水平的差距是十分必要的。很多同志回顾起我国核工业在60年代走过的艰苦而辉煌的历程：1964年10月爆炸了第一颗原子弹，1967年6月爆炸了第一颗氢弹，1970年核潜艇又顺利下水。这些成就震撼了全世界，更使我国人民扬眉吐气，提高了我国的国际地位。然而，作为有核武器和已建立起核工业体系的核大国也应该尽早拥有自己的核电厂。一个国家是否能自己建造、管理核电厂和建立先进的核电工业体系，绝对不只是多发或少发几度电的问题。从能源资源、交通运输和环境保护等角度来看有重大意义；从发展战略、政治地位、经济利益以及社会效益等方面来看，其意义更为重大。当今是科技激烈竞争的时代，也是综合国力较量的时代，国际上的政治交往永远是讲实力的。一个国家如果没有先进的科学技术和强大完备的工业体系，就不能立足于世界，就会永远被动挨打。

当时，我十分荣幸地代表西安交通大学作为与会的两个高等学校代表之一，参加了这次历史性的会议，深受教益。也就是从这个时候开始，遵照"教育要为社会主义建设服务"的指示，西安交大把为国家核电事业发展输送和培育高素质人才作为重要的职责和光荣的任务。多年来，西安交通大学与广东核电合营有限公司开展了紧密而又友好的合作。

1985年，广东核电合营有限公司正式成立，拉开了建设大亚湾核电站的序幕。

承担大亚湾核电站关键岗位人员出国前培训任务

1986—1987年，在大亚湾核电建设初期的关键岗位人员培训阶段，我校汪应洛副校长、教研室副主任乔宗良专程去北京水利电力部拜会副部长彭士禄（时任大亚湾核电站的总指挥），希望能承担大亚湾核电站Ⅰ级人员（主操纵员以及关键岗位上的主管）去法国核电厂"影子培训"前压水堆核电站基本理论知识的培训任务，得到彭士禄副部长的支持。培训在1986年一年内分成两个班（期）进行。对于有常规电厂工作经验的人员的主要培训重点内容是核电厂反应堆系统部分的理论知识，包括核物理与辐射防护、反应堆物理、反应堆控制、反应堆仪表、反应堆结构、核动力设备、反应堆运行和反应堆安全分析；对于有反应堆工作经验人员的培训内容为核电厂二回路系统理论知识，包括汽轮机结构及运行、发电机和电气系统、发电厂热力系统、热工仪表和调节、泵与风机、反应堆运行、核动力设备和反应堆安全分析等课程。由西安交通大学核工程与技术系、热能动力工程系负责。在两个班培训中，我们的专著《压水堆核电站的运行》被选作培训的主要教材。

当时，大亚湾核电合营公司处于初创时期，第一期培训是借用深圳市南园路小学的教室进行的，第二期培训在深圳市深南中路核电大厦举行。我校核工程与技术系、热能动力工程系先后派出教授、副教授15人为学员授课。在讲课中，最令教师们感动的是，公司很多领导同志在工作十分忙碌的情况下都能坚持按时到教室，坐在很简陋的小学生桌椅上听课，课程结束考试时都认真复习、认真答题，参加课程考试，最终有118人通过选拔，去法国培训。他们这种如饥似渴地学习核技术新知识的精神和极其严肃认真地把学好核知识看作是否担任好领导工作的态度，是对我们培训工作的支持与保证，也是对我们教师很好的教育。

大亚湾核电站基地远景照片

二、致力于大亚湾核电站人员岗前培训

1991年起,随着118名出国培训人员回国,大亚湾核电站工程的生产准备、建设逐步进入高峰时期,为迎接核电站的投产,整个培训工作进入一个更加系统化、正规化的全员培训阶段。为保证大亚湾核电站顺利投产,大亚湾核电合营公司对培训工作极为重视。

为使核电站每个工作人员达到上岗授权的要求,大亚湾核电合营公司培训中心共开设各类培训课程近90门。西安交通大学承担了压水堆核电站系统及运行、压水堆控制与保护、反应堆核测量和热工测量、核电厂安全、反应堆热工水力学、反应堆物理、反应堆结构、振动、空调设备、高级化学分析、厂区辐射监测系统维修等11门主要课程培训及培训教材的编写任务。学校先后派出包括中国工程院院士谢友柏教授在内的近20位富有教学和科研经验的教授、副教授到工地授课。

我负责讲授"压水堆核电站系统及运行"(培训中心课程代号为320),属于授权课程,需培训人员最多、每次培训长达6周,其中我负责的基础知识以及核岛系统部分,共需4周。在1991—1995年间,约共讲授10期,仅这门课的受训学员就有200人左右。学员都是脱产来参加的,必须采用单课独进形式,每天上下午共6节课,每周上五天半。教师上培训课比在学校里为本科生每周讲4～6节课,要辛苦得多。每期培训还必须有一个单元时间带领学员去生产现场参观、了解工程生产实际知识。

大亚湾核电站两个 1000 MW 的大型机组在 1994 年、1995 年先后顺利投入运行。按规定，其中 70% 以上的电力输送给香港。

朱继洲在大亚湾核电站

朱继洲（后排左一）与
大亚湾核电站人员

1996 年后，西安交通大学被广东核电合营公司的选作外部培训点之一，承担公司每年新吸纳的非核专业应届毕业生核电基础知识培训的任务。在为期 5 个月的培训中，需要学习核辐射物理与防护、反应堆物理、反应堆热工水力学、反应堆结构、压水堆化学、压水堆核电站控制、压水堆核电站

为大亚湾核电厂编写的教材书目

序号	书　名	备注
1	热工基础	
2	基本电器设备	
3	核物理与辐射防护	
4	反应堆物理基础	
5	反应堆热工水力学	
6	反应堆结构与动力设备	
7	核电站仪表	
8	核电站控制	
9	PWR 化学	
10	泵与阀门	
11	大亚湾核电站系统与运行（上、中、下）	3 册
12	英语（含听力、口语、写作、核电专业英语）	
13	核电厂安全	

仪表、泵与阀门、核电厂安全、压水堆核电厂系统与运行，以及英语（含专业英语）等 11 门课程。广东核电合营公司培训中心委托西安交通大学承担全部课程培训教材（共 13 本）的编写任务。我承担了"大亚湾核电站系统与运行（上、中、下）"和"核电厂安全"两门课程

的编写任务。这些教材经大亚湾核电站培训中心审定、印刷,同时供广东核电合营公司的其他培训点(如清华大学、北京原子能科学研究院、哈尔滨工程大学)使用多届。

西安交通大学与广东核电合营公司的合作,推动了高等学校高层次培训(继续教育)工作改革和发展,为国有企业和合资企业的专业人才培训教育积累了成功的经验。

三、出任中广核教培委委员、中广核核电学院外聘教授

中广核集团于1998年10月29日成立中广核集团教育培训委员会,特邀4所高等学校的5位领导、专家为外聘委员,任期3年,他们是:清华大学教务长吴敏生、西安交通大学副校长束鹏程、西安交通大学高等教育研究所副所长朱继洲、上海交通大学副校长叶取源、哈尔滨工程大学常务副校长黄胜。

1998年10月29日,在"中广核集团教培委成立暨中广核集团教育培训研讨会"上,我作为4所高校的代表作了题为"为核电事业发展输送和培育高素质人才"的发言。

朱继洲(右)在"中广核集团教培委成立暨中广核集团教育培训研讨会"上代表4所高校发言,左为时任西安交大副校长束鹏程

中广核电集团教培委成立暨中广核集团教育培训研讨会合影
前排右五为西安交大副校长束鹏程，右四为朱继洲

2004年7月27日，《人民日报》发表评论员文章，指出："加快核电建设，是保障国民经济持续快速协调健康发展的需要，也是能源结构调整的必然选择。核电是一种清洁安全、技术成熟、供应能力强的发电方式，与水电、火电一起，并称世界电力工业三大支柱。"随后，《核电中长期发展规划（2005—2020年）》发布，计划到2020年，核电将达到40000 MW，将新建27座核电厂，核电装机容量将从当年仅占我国电力供应的1.3%，增加到4%，即增加到原来的3倍多。中国核电事业迎来了春天。为适应国家积极发展核电的大好形势，加快核电建设步伐，2004年2月，中广核集团成立了中广核工程有限公司，为核电工程建设和新项目开发提供全方位的规范化、现代化和国际化服务。随着中广核工程公司的成立和核电事业的发展，从业人员急速增加，培训任务更加紧迫。2005年9月，中广核工程公司培训中心成立，工程培训中心主任郑华、科长马俊杰专程来到西安交大，邀请我们承担授权"压水堆核电厂系统、设备与运行"课程的培训工作。

自 2005 到 2010 年，我同单建强、张斌多次到岭澳核电站二期工程基地，承担过 8 期的培训工作，并于 2008 年 9 月，完成了所承担的《CPR1000 压水堆核电站基础知识》《CPR1000 压水堆核电站建造与调试运行》（《CPR1000 压水堆核电站建造与调试运行》分建造、系统与设备、调试与运行三个分册）两本培训教材的编写、定稿工作，由中广核工程公司培训中心于 2008 年印刷出版。

2006 年，中广核集团成立核电学院，聘任我和张建民、清华大学奚树人、上海交通大学徐济鋆 4 人为特聘教授。

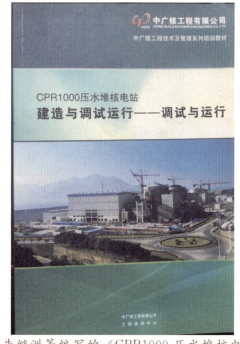

朱继洲等编写的《CPR1000 压水堆核电站建造与调试运行——调试与运行》培训教材

四、为秦山二期和秦山三期核电站编写培训教材

这期间，西安交大核工程系十分重视继续教育任务，为秦山二期田湾 WWER 压水堆核电站（俄罗斯技术）和秦山三期 CANDU 重水堆核电站（加拿大技术）编写与出版了整套系列培训教材。这些培训教材对培育高质量核电厂运行人才，起到了很大的作用，在核工程界产生了较大的影响。我校核工程与核技术专业于 2004 年被评为陕西省"名牌专业"。

改革开放彻底改变了我国"有核无电"的局面，我国自主设

为田湾核电厂编写的教材		
序号	书　名	备注
1	核辐射物理与防护	
2	核反应堆物理基础	
3	核反应堆热工水力学	
4	核安全与核文化	
5	核电厂核岛系统	
6	核电厂常规岛系统	
7	堆结构与动力设备	
8	核电厂运行	
9	核电厂水化学	
10	核电厂控制	
11	风机、水泵与阀门	
12	核电厂仪表	
13	发电厂电气	包括电机
14	核电厂专业英语	
15	田湾核电厂全数字化仪控系统	

为AECL公司编写的CANDU堆英文教材书目		
序号	书名	备注
1	CANDU-6 Nuclear Island System	
2	CANDU-6 Thermal System	
3	CANDU-6 Pumps, Fans & Valves	
4	CANDU-6 Nuclear & Conventional Instrumentation	
5	CANDU-6 Plant Computer	
6	CANDU-6 Plant Control	
7	CANDU-6 Electrical System	
8	CANDU-6 Safety Philosophy, Characteristics, and Analysis	
9	CANDU-6 Reactor Physics	
10	CANDU-6 Thermal-hydraulics	
11	CANDU-6 Radiation Protection	
12	CANDU-6 Materials	
13	CANDU-6 Chemistry	
14	CANDU-6 Plant Operation and Safety Culture	

为AECL公司编写的CANDU堆中文教材书目		
序号	书名	备注
1	CANDU堆核电厂核岛系统	
2	CANDU堆核电厂常规岛系统	
3	CANDU堆核电厂泵、风机与阀门	
4	CANDU堆核与常规仪表	
5	CANDU堆核电厂计算机	
6	CANDU堆核电厂控制	
7	CANDU堆核电厂电气系统	
8	CANDU堆核电厂安全	
9	CANDU堆物理	
10	CANDU堆热工水力学	
11	核辐射物理与防护	
12	CANDU堆材料	
13	CANDU堆化学	
14	CANDU堆核电厂运行	

计制造的秦山一期300 MW核电站于1991年投入运行；从法国引进的大亚湾核电站两台980 MW机组分别于1994年5月、1995年4月投入运行。据国际原子能机构的最新统计，至2020年底，我国第十三个五年计划收官之年，中国正在运行的核电站为50座，正在建设中的核电站为12座，核电发电量已占全国发电量的5％，中国已成为世界第三核电大国。

西安交通大学核科学与技术系（原核反应堆工程专业），从无到有，建系后至今的62年中，已为国家培养本科生2800名，硕士生980名，博士生260名。为中广核集团、中核集团的各大核电厂培训操纵员3000名。

第五部分　为教育教学改革尽力
（2002—2017）

1998年起，全国高校因大规模扩招而快速发展、加之研究型大学重科研轻教学现象的出现，本科教育质量下滑现象日益凸显，各高等学校都自发成立教育质量督导专家组，以关注和督促本科教育质量。

2002年5月，西安交通大学决定组建本科教育质量专家督导组（以下简称督导组），任命即将于2002年12月退休的我为组长。自此开始，至2008年，我担任了第一、二届督导组组长；并兼任校教学事故认定委员会主任；2006—2007年出任教学评估专家组副组长兼教学评估办公室副主任。2011年7月，遵照教育部在《本科教学工程》[2011年6号]文件中提出的，在"十二五"启动之年，"推动高校普遍建立教师教学发展中心,重点建设一批国家级教师教学发展示范中心,有计划地开展教师培训,教学咨询等,提升中青年教师专业水平和教学能力"的建议,学校党委常委会于2011年7月决定成立教师教学发展中心,11月我受聘为教师教学发展中心专家工作组专家,至2017年年底。退休后,我仍然在为学校的教育教学改革而尽力。

一、因"校"制宜,开展自主式教育质量督导

在高等学校里如何开展教育质量督导工作?教育部没有规定的文件,而是由学校自主开展。面对这一新生事物,怎样进行教育质量督导?如何促进本科教育质量的提升?一个个难题摆在了面前。

明确教育质量督导组的定位和工作职责

接受教育质量专家督导组组长的任务后,我对当时高校实行教育质量督导的情况进行了调研。我了解到在此前的2001年,学校教务处曾经聘请过4位教授担任督导员,但由于职责不清,工作成效不大。这使我们认识到,必须明确教育质量专家督导组的定位和工作职责。

首先,从工作性质与定位看,教育质量专家督导组是由学校领导和教学管理部门授权从事教育质量督导工作,加强宏观监督与指导,在工作中没有直接的决定权、处理权和指挥权,这种监督与指导是通过向学校领导或有关各方面提出建议来实现的。所以,教育质量督导工作不像其他教学管理职能部门,受行政系统的指挥和控制,要完成许多"硬"的工作指标。教育质量督导工作的具体任务与内容、形式与方式以及教育质量督导人员,可根据教育质量督导工作的实际需要灵活设置;根据工作的职责,教育质量专家督导组应该自主地独立开展工作,以便对各项教育教学工作作出比较客观、科学和公正的评价。

由此,我们初步确定了教育质量专家督导组的工作主要职责是:(1)了解本科教学第一线情况,包括课程的教学内容、教学计划执行情况、学生学习与教学效果等,听取师生的反映;(2)选择教学工作中有深入研究价值的专题进行调研,总结和分析教学一线所发现的问题,推广好的教学经验;(3)了解学校教学工作存在的问题和学生学习态度以及遵循规章制度情况,及时向相关部门反映,深入课堂检查教师教学情况并与任课教师交流,提出改进意见,指导青年教师改进教学

方法，帮助教师提高教学水平；（4）参与有关提高教育质量的各项检查、评估工作，反映师生对学校教学工作的意见和建议，就学校教育改革和管理等重大问题提出批评和建议。

尽职尽责开展教育质量督导工作

从检查本科教学第一课堂教育质量入手，我们把教育质量督导专家按学科分组，负责相应学院的教育质量督导工作，同时规定每听一节课，应当面向授课教师反馈意见，还必须填写一份听课工作单交教育质量专家督导组秘书。于是，教育质量专家督导组的专家们忙碌穿梭于校园各教学楼，他们的身影出现在大大小小教室的课堂上，仔细地听讲，详细地记录，将教学中存在的教学内容、教学态度、教学方式特别是现代教育技术PPT的应用以及课堂教学设备和设施等有关的问题一一找出来，填写在听课单上。教育质量专家督导组秘书根据专家工作单中反映的第一课堂中非常宝贵的教学信息，汇总形成每月工作简报，及时向校、院领导及教务管理部门反映，使学校和学院领导及时了解上千门课程教学中的有代表性的重要信息，并帮助解决与教学有关的问题，如：教室投影仪灯泡老化，须更换；上课铃不响等。

督导专家填写的"西安交通大学教育质量专家督导组听课单"

除了随机式听课外，我们还组织各教育质量专家督导小组进行专题性教育问题的调查。专家们在调查研讨后，写出了多份极有见地的报告，如：经管文专家小组在查阅了近千份毕业设计后，撰写了《经、管、文类本科生毕业论文质量的调研》，尖锐地指出，经、管、文类本科生毕业设计（论文）选题太大、论文的内容太空；专家们提出，经、管、文类本科生毕业设计（论文）一定要"小题大做"。工科一组专家写出了《多媒体课堂教学质量评析》，指出教师在PPT的制作和课堂应用中存在的问题。医学部教育质量专家督导小组撰写的《临床教学的现状调查与对策》印了300多份，发到医学部的每位老师的手中。专题性的报告，对整个学校的本科教学工作起到了很好的促进作用。

形成了具有西安交大特色的教育质量督导工作模式和制度

在工作一段时间后，我们进一步明确了教育质量专家督导组的工作定位，提出：本科教育质量专家督导组应该是在主管教学副校长领导下，协助学校领导进行督教、督学、督管的服务性机构，其工作内容主要检查学校本科教育质量、人才培养计划落实情况，重点是检查教师在第一课堂的教学方法、教学内容是否符合教学要求，学生的学风。同时，教育质量专家督导组也督查为教学服务的诸如：教务处、后勤保障处、图书馆、人事处等有关管理部门的工作。

督导组每月汇集《教育质量督导情况简报》

督导组专家们工作在教学第一线，能够听取多方意见，比较及时地了解和掌握教育质量方面的信息；又经过系统分析和整理，及时地将教学、教学管理、教学资源等方面存在的问题和建议反馈给相关教学单位和职能部门；或者以专题调研报告等形式向校领导和有关部门提出可行性建议和意见，充分发挥了参谋和咨询作用。同时，通过与授课老师和学生的沟通与交流，调动了教师和学生教与学的两方面积极性和主动性，成为教师、学生、教学管理部门之间的纽带。督导专家们的尽职尽责、勤恳工作，使教育质量督导这一模式在监控和稳定本科教育质量、规范教学秩序，提升教师教学能力方面等起到了重要的作用。

为了宣传教育质量督导这一新事物，我特请校刊《西安交大报》开辟"教学督导"专栏，刊登有关督导意见和信息。在2002—2003年2年多时间内刊出督导专家们的小文章30多篇；《全校性选修课课堂教学质量亟待提高》一文尖锐地指出全校性选修课学生到课率低，教师不认真教学等问题。

《西安交大报》开辟"教学督导"专栏并撰文

经过不断地摸索和实践，督导队伍的形成、听课、填写听课单、意见反馈、督促整改、作专题性的调研，一套具有西安交大特色的教育督导组工作模式和制度的很快建立起来。

西安交大本科教育质量督导工作取得良好成绩

2006年3月督导组换届，我继续担任西安交通大学第二届教育质量专家督导组组长、西安交通大学教学事故认定委员会主任，至2008年底。

在2002年到2008年任督导组组长期间，我需要比督导专家付出更多的精力。在《高等工程教育研究》《江苏高教》等期刊和《中国教育报》上发表了4篇教学研究论文。教学改革项目"开展自主式教育督导的研究与实践"，于2008年获西安交通大学第十一届教学成果奖二等奖（第一获奖人）。2009年，西安交通大学"基于3P模式的可持续教学质量保障体系研究与实践"项目，获第六届高等教育国家级教学成果二等奖（第五获奖人）、陕西省教学成果奖一等奖（第五获奖人）。

"基于3P模式的可持续教学质量保障体系研究与实践"项目获第六届高等教育国家级教学成果二等奖

二、教育部本科教学水平评估

2006年底，教育部决定对西安交大进行再一次本科教学水平评估。为迎接这次评估，学校成立了"西安交通大学本科教学评估专家组"，我被委任为评估专家组副组长、评估办公室副主任；又一次参与了本科教学评估工作。

在以后的近一年时间里，全体师生和各职能部门齐心协力，发扬团结、奋进的协作精神，提高授课质量，规范教学资料，改善教学设施，在确保教学质量和教学效果方面下功夫，学校组织了四次预评估检查。

2007年11月，教育部评估专家组进校后，采取听取汇报，考察教学设施，查阅教学资料，走访学生教室、宿舍、食堂等多种方式对西安交大的本科教学工作进行了全面考察。

11月30日，本科教学工作水平评估反馈意见大会隆重举行。教育部专家组的考察意见充分肯定了西安交大建校110年来的奋斗历程，更充分肯定了51年西迁以来始终与民族同呼吸、共命运，兴学强国和艰苦奋斗的创业之志，崇德尚实和严格治学的传统，爱国爱校和饮水思源的优良品格，在不断发扬光大。西安交大在西北、在神州大地上，"东风晨照，生机蓬勃"，前途无量，一定会为早日实现建设世界一流大学的战略目标而取得更大的成绩。

至此，西安交通大学此次本科教学工作水平评估以全优的成绩顺利结束。

2007年11月30日，西安交通大学本科教学工作水平评估反馈意见大会隆重举行

11月29日，学校在主楼多功能厅召开本科教学评估总结表彰暨整改动员大会，会上授予李怀祖、吴序堂、褚文俊和我四位教授本科教学工作水平评估突出贡献奖，郑南宁校长授予奖牌。

朱继洲等获得本科教学工作水平评估突出贡献奖
左起：李怀祖、褚文俊、郑南宁、朱继洲、吴序堂

三、为教师教学发展而尽心竭力

教育部、财政部于 2011 年 7 月 1 日联合下发《关于"十二五"期间实施"高等学校本科教学质量与教学改革工程"的意见》。文件指出，为进一步深化本科教育教学改革，提高本科教育教学质量，大力提升人才培养水平，教育部、财政部决定在"十二五"期间继续实施"高等学校本科教学质量与教学改革工程"，简称"本科教学工程"。文件要求提升人才培养水平，要在影响人才培养质量的关键领域和薄弱环节上，发挥国家级项目在教学改革方向上的引导作用、在教学改革项目建设上的示范作用、在推进教学改革力度上的激励作用和在提高教学质量上的辐射作用，调动高校和广大教师的积极性、主动性，通过重点突破带动整体推进。要"重点建设一批高等学校教师教学发展示范中心，承担教师教学发展中心建设实践研究，组织区域内高等学校教师教学发展中心管理人员培训，开展有关基础课程、教材、教学方法、教学评价等教学改革热点与难点问题研究，开展全国高等学校基础课程教师教学能力培训"。

西安交通大学教师教学发展中心成立

2011年7月,西安交大党委常委会讨论决定成立"西安交通大学教师教学发展中心"(简称"教发中心"),任命国家级教学名师马知恩教授为中心主任。马知恩教授邀请了卢烈英、胡奈赛、朱继洲、樊小力、王绵森、王汝文、柯大钢7位教授组成教师教学发展中心专家工作组,共商开创教师教学发展中心工作的大计。

西安交通大学教师教学发展中心专家组成员在研讨工作
左起:卢烈英、朱继洲、王汝文、樊小力、王绵森、胡奈赛、柯大钢

教育部为什么在"十二五"计划文件中,推动各高等学校普遍建设教师教学发展中心?教师教学发展中心与教育质量督导专家组有什么不同?组建这一机构的背后又有什么新理念?我们几位老同志开始上网查资料、浏览美国名校的网页,来寻求这些问题的答案。"好教师不是天生的","教学不好的教师,那怕科研再好,在哈佛也是升不了教授的",美国哈佛大学博克教师发展中心的一段话对我们的启发很大。回顾教育质量督导专家组的情况,其工作重点主要是"督",是检查多、找问题多,教师是被检查的对象,是完全被动的;在"导"上面做的工作不多,发现教师的教学方法有问题,或教学能力不够,没有进一步的帮助,没有切实可行的措施帮助教师的教学发展,提高教

学能力。

教师教学发展中心的定位，应该是一个协调学校相关教学资源的服务性行政机构。教育部提出，它的建设目的是：以提升中青年教师和公共基础课骨干教师教学能力为重点，创新中青年教师培养培训新模式，形成有利于中青年教师学术发展与教学能力提升的新机制，推进教师培训工作常态化、制度化，切实提高教师教学能力和水平。西安交大教师教学发展中心在成立之初，由此确定了中心的任务：（1）借鉴发达国家经验，开展教师培训，进行咨询服务，组织示范公开课的观摩，针对教育教学过程中遇到的热点和难点问题，设立学校教改项目基金；（2）组织教师进行教学研究与教学改革试点，并对优秀成果和成功经验组织宣传和逐步推广；（3）接受学校、相关院系、个人及校外高校委托，对教师教学质量进行检查和评估，并将评估信息向委托者反馈；（4）参与评选优秀教师的活动，在全校范围营造重视和研究教学的氛围。中心关注每一位教师的培养和发展，要通过教师教学发展中心的工作，改变过去对教师要求多、评价多、考核多、帮助少的状况和过去教师在教学上自己摸索，不利于教师自身发展的局面，支持和帮助教师提升教育教学水平，提高人才培养质量。总之，"一切为了教师，为了教师的一切"，就是教发中心的宗旨。

专家们意识到，要帮助教师发展，就应该更注重教师自身的需要，让他们发自内心、自觉自愿地来参加教发中心的活动。所以，在每举行一次培训活动或研讨会后，专家工作组老同志们都会关注青年教师的反馈意见，及时作出总结和思考，研究如何做好自己的工作，才能吸引更多年轻教师来参加活动。

教发中心独具特色、丰富多彩的活动

西安交大教发中心从成立之日起，便积极开展了各项工作，组织了许多独具特色而又丰富多彩的活动。

例如，教发中心的专家们关注到美国很多高校教师发展中心一般通过午餐讨论会或举办沙龙等形式，促进教师之间切磋授课心得、交流教学经验。2013—2014学年间，在学校和教育部国拨经费支持下，教发中心也尝试举办了多次专题研讨午餐会，如："以学生为中心的课堂教学设计"午餐研讨会、"理论力学课程教学"午餐研讨会、"做一个受欢迎的教师"午餐研讨会、"实践教学改革"午餐研讨会等，每次参与人数多达 70~80 人，比安排在正规工作时间开会的人数多，并且大多数是青年教师。分析其原因，可能一方面是如何提高教学能力和转变教育理念的一些选题很契合青年教师的需要，另一方面，他们可以把去食堂排队就餐的时间节约下来，到教师教学发展中心来接受教育理念的"精神大餐"。而在午餐会形式的活动中，作为主讲的专家们往往只能在活动结束时用餐，却毫无怨言，这也激励和鼓舞了年轻的教师们。

教发中心还针对教学中存在的突出和普遍性问题举办了各种类型的专题研讨会、讲座、报告会、教学沙龙、教育教学交流会等，如："如何提高 PPT 教学效果"研讨会、"互动式课堂教学"专题研讨会、"如何通过知识的传授，提高能力、培养素质"专题研讨会、"英国教育体系与创新人才培养"专题研讨会、"中西方教学理念从碰撞到融合——培养主动精神、创新意识和应用能力"专题报告会、"在线开放课程建设与教学实践"报告会、思想政治理论课教学理念与方法创新研讨会等。教发中心还同教务处、各学院、医学部、附属医院等单位分别共同举办了"如何激发学生的学习兴趣"教学沙龙、"案例教学及其在医学教学中的应用"教学沙龙等。这些活动也吸引了为数众多的教师尤其是青年教师的关注与参与。

举办各种教师培训活动，也是教发中心的一项主要工作。多年来，教发中心与学校教务处、研究生院联合举办了研究生助教培训班、新入职教师教学培训班、新开课教师教学强化培训班等。为促进信息技术与教学实践融合、推动微课发展，教发中心多次举办了"微课教学比赛"等竞赛活动。在 2015 年教育部高校教师网络培训中心举办的全国高等学校微课教学比赛中，有 1400 多所高等学校参加，进入决赛的 613 件作品中，我校 12 名教师的作品入选，获得了一等奖 1 项，二等奖 4 项，三等奖 2 项，优秀奖 5 项，在"985"高校中获奖数量位列第一。通过微课教学比赛，进一步提高了教师教学能力和课程建设能力，强化了信息技术与学科融合，扎实推进了数字化资源共建共享工作，推动了高校教师的专业发展，促进了高水平教师队伍的建设。

高质量完成报告、讲课、培训等任务

在教发中心任职期间，我们几位老同志都承担了很多专题报告、讲课、培训等任务。这些工作不仅在校内，还辐射到周边地区和其他省市。大家都不辞辛苦，积极承担，并精心准备每一次报告；这里仅举几次我所承担的几项主题报告。

"西迁精神、西迁人"主题报告 自2012年起，在每学期的新任教师教学培训班的专题报告环节，"西迁精神、西迁人"是必讲的内容，向每一位新教师阐述上世纪50年代党中央、国务院为什么要作出交通大学内迁西安的战略决策，讲述老一辈西迁人舍小家为大家的动人故事、爱国爱校的情怀和艰苦创业的精神。弘扬西迁精神，使之代代相传。

"怎么改进与使用好你的PPT课件"专题报告 从2002年担任督导组工作以后，我累计听了500多门次课，发现了一些课堂教学中的普遍问题，比如：有些教师在课堂教学中过分依赖PPT，把PPT作为课堂教学的唯一手段，完全不写或者很少使用板书；有的教师制作的PPT是教材内容的"搬家"，上课时坐在讲台前，看着计算机的视屏"照本宣科"，没有讲课的激情等。面对PPT制作不佳和使用中这一比较普遍的问题，我归纳形成了题为"怎么改进与使用好你的PPT课件"的专题报告，促使青年教师教学理念的转变。在2012年3月14日由教师教学发展中心主办的"如何提高PPT教学效果"研讨会上，我作了主题报告。我在报告中提出："有Power的Point才是真正好的PowerPoint。"针对有些教师对于PPT使用目的没有统一思想，部分教师存在滥用的情况，我举例分析了多个学科的优秀案例和有问题案例，对如何使PPT发挥教学辅助作用作了阐述。最后，还介绍了使用PPT教学应遵循的"规范"，希望广大教师参考并根据自身特点，制作出具有吸引力、表现力和个性化的PPT，提高课堂教学效果。报告受到了与会老师们的欢迎，报告之后很多教师积极发言，就自身遇到的问题和应如何改进交流了看法。由于这次专题研讨会得到了全校教师的积极响应，报名人数超过预计人数3倍之多。最后教师教学发展中心决定，本专题研讨会按不同专业在兴庆校区和西校区又举行3次。

朱继洲（右）作"怎么改进与使用好你的PPT课件"专题报告

"教学改革优秀案例申报"专题研讨会报告 2017年5月12日，教发中心举办了"教学改革优秀案例申报"专题研讨会。这次研讨会主要针对中国高等教育学会对高校教学改革优秀案例征集评选活动的要求，特邀了积极参与教学改革的40余名教师，共同研讨教学改革案例的申报及撰写要点，把握教学改革的方向与趋势。我在报告中首先从此次教改优秀案例征集活动的背景切入，系统介绍了案例的征集范围、优秀教改案例的特点以及相应申报要点等内容。尤其强调了教学改革要实现本科教育模式的"三个转变"，即：首先，从以教为主向以学为主转变，从以课堂教学为主向课内外结合转变，从以结果评价为主向结果与过程评价结合转变；其次，此次教学改革案例将在提升高校教师教学能力和专业发展水平、提高高校实习管理及实训教育质量、推进信息技术与教学深度融合等八个方面进行征集；再次，需遵循教学有法而教无定法的原则，准确定位教学改革案例中的关键词，如教学方法、教学方式、考核方法等，教学案例应具有真实性、典型性、启发性和鲜明性的特点，并注意厘清教学案例与论文、教案和教学设计间的区别和联系；最后，教改案例的准备要契合申报要求，为与会者提供了相应的参考格式予以借鉴。

为新任教师和新开课教师培训班作报告 青年教师承载着学校的未来和希望，是百年交大优良教学传统得以延续的基石。为了使青年教师更快、更好地成长，多年来，西安交大教发中心始终以教师培训为中心的基本职责和重要使命，围绕提升教师教学能力开展教师培训工作，与教务处等教学管理部门和相关学院合作，坚持每年举办新任

朱继洲（站立者）在"教学改革优秀案例申报"专题研讨会作报告

教师和新开课教师培训班。我多次承担了为新任教师和新开课教师培训班作报告的任务。在 2017 年 6 月 29 日的新开课教师教学强化培训班上，我首先以"课程""课程建设""教师教学发展"等关键词为出发点，分析了信息化技术与高校课程建设、信息化技术与教师发展的关系，通过实例分析了 PPT 制作中的常见问题和改进建议，同时还围绕"微课——一种创新的教学方法""MOOC——大规模在线公开课"和"翻转课堂"进行了讲解，对微课、翻转课堂、MOOC 背后蕴涵的思想以及优劣势进行了深入的分析，并与青年教师进行了深入的交流。培训结束后，不少教师表示参加培训受益匪浅，要不断努力，走好从教之路。

走出校门，服务于西南、西北地区高校 西安交通大学教师教学发展中心除了开展校内的活动之外，还起到了辐射示范的作用。为此，教发中心老专家们走出校门，来到陕西商洛学院和云南保山学院等西北和西南地区的高等学校，作专题讲座，对青年教师的试讲进行点评；培训工作也受到了更多高等学校年轻教师的欢迎。2016 年 9 月 3 日，商洛学院开展青年教师教学培训活动，集中对 2016 年新入职的青年教师进行教学培训。2016 年 9 月 26 日，西安工业大学为青年教师举行"上好一堂课"专题培训。在这两次活动中，我分别以"信息化教育技术在高校课堂教学中的有效使用"为题,结合自身多年来的教学实践和交大教育教学改革进程,突出教师教学基本功和信息技术与教育改革融合的主题,给青年教师作了专题报告,受到与会青年教师的欢迎。

朱继洲在杨凌职业技术学院培训班讲课

西安交大教发中心专家受邀为西安工业大学青年教师做"上好一堂课"专题培训,二排左六为马知恩、左七为朱继洲

西安交通大学教师教学发展中心获批国家级教师教学发展示范中心

推动高等学校普遍建设教师教学发展中心，是"十二五"期间教育部领导为提高高等教育质量的重要的顶层设计。西安交大十分重视教师教学发展中心的建设与宣传工作。为做好这项工作，西安交大教发中心在每项活动后要编发工作简报，名家、大师们的论坛发言，各种研讨会的专题报告都有录音，并保存有经本人审核的文字记录。教师教学发展中心还十分重视资料的积累。2012年印发了优秀教学团队建设与发展经验汇编、PPT教学研讨会资料；2013年出版了《教师教学发展中心画册》《文治讲坛报告集锦》《报道 论文 报告》《教学专题研讨》《工作简报（2011—2012年合订本）》；2014年出版了《2011—2013年教师教学发展中心建设成果》《工作简报（2013年合订本）》；2015年1月，出版了《2014年教师教学发展中心建设成果》《2012—2014教学改革研究成果集萃》。我承担了以上10多种学术资料的策划、编辑工作。几年来，还在《中国大学教学》《高等工程教育研究》《西安交通大学学报（社会科学版）》等核心期刊上，发表了由我执笔或撰写的《建设一流研究型大学必须重视青年教师的教学发展》《重视教师教学发展，创新教师培训模式》《建设具有本校特色的教师教学发展中心运行机制》《为青年教师教学发展指路引航》等7篇论文。

根据《教育部财政部关于"十二五"期间实施"高等学校本科教学质量与教学改革工程"的意见》和《关于启动国家级教师教学发展示范中心建设工作的通知》文件精神，教育部高教司2012年7月在中央部委所属高校中开展了国家级教师教学发展示范中心评审工作，评选出了首批30个国家级教师教学发展示范中心。西安交通大学教师教学发展中心入选，并获得专款资助。

2012年12月24日，教育部正式授牌西安交通大学教师教学发展中心为国家级教师教学发展示范中心，教育部高等教育司副司长韩筠、西安交通大学校长郑南宁共同为示范中心揭牌。

教育部高等教育司副司长韩筠（右）与西安交大校长郑南宁（左）共同为国家级示范中心揭牌

2017年4月，我将自己从事高等教育教学及高等学校教师发展研究，发表在国内重要期刊的一批论文原件，以及全部论文的电子版捐赠给学校档案馆。

朱继洲（右）为档案馆人员讲解论文发表的背景与情况

朱继洲捐赠的相关文献和论文发表的期刊

这批研究成果共计 56 篇（本），发表的时间跨度从 1985 年到 2017 年。这些文章最早的我已经珍藏了 30 多年，这次我将这些论文期刊原件及全部论文的电子文稿细心地进行了分类整理、编号，按照"大西北的灿烂明珠——西安交通大学"（90 周年、100 周年、110 周年以及 120 周年校庆的 4 篇纪念文章）、"发扬交大传统，搞好教学改革"、"高等教育评估"、"加强学科建设，培育高素质有创新能力的人才"、"建设世界高水平知名大学"、"西迁精神"、"高等学校教育教育督导"、"高等学校教师发展"、"校史随笔"等九大专题列出汇总目录清单，具体内容大都在本文有所涉及。希望这些反映西安交大 20 多年间教育教学的文献史料赠送给学校，希望能被档案馆永久珍藏。

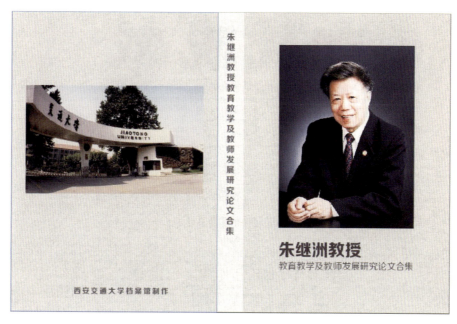

西安交大档案馆印制的《朱继洲教授教育教学及教师发展研究论文合集》

第六部分 为"西迁精神"鼓与呼

交通大学在迁校过程中及扎根西部的岁月里,传承优良的学风、教风,艰苦奋斗,创业奉献,形成了独具特色的西迁精神:胸怀大局、无私奉献、弘扬传统、艰苦创业。我作为一名"西迁人",多年来一直把"西迁精神"的传承作为自己的一项重要使命,做了应做的工作。

一、撰文、编书、作报告,宣传、研讨"西迁精神"

记得 1996 年年初,将迎来西安交通大学建校百年及迁校四十周年,我向时任学校党委宣传部部长张迈曾同志建议与上海《新民晚报》联系,该报副刊在 4 月将特辟"交大百年"专栏,在获得《新民晚报》副总编的积极支持后,张迈曾同志要求我写一篇叙述迁校变迁的千字短文,拙作取名"迁校惊动了周总理",刊于 1996 年 4 月 2 日《新民晚报》"十日谈 交大百年"专栏。《新民晚报》日发行量达 300 万份,是当时上海发行量最大的报纸。

2000 年 8 月 23 日,由东方电视台、《文汇报》、《新民晚报》等几

朱继洲的《迁校惊动了周总理》一文在 1996 年 4 月 2 日《新民晚报》发表

家上海媒体联合组成的"2000年西部行"采访组来到学校，我受学校党委宣传部委派，在学校四大发明广场纪念碑前，向几位记者朗读《周总理批准交通大学迁校调整方案给高教部杨秀峰部长的信》碑文并介绍迁校问题的由来时，记者们不约而同地说，你们交大人确实是开发西部的先行者，交大人了不起！

2004年12月，教育部大学文化研究与发展中心在云南大学召开第二次研讨会，探讨先进的大学文化对高等教育发展的作用。我与刘朔、崔瑞峰向会议提交了论文，题目是《西迁精神——交通大学文化的传承与创新》，提出："西安交通大学西迁48年，成为开发大西北的先行者和排头兵，成为国家调整高等教育战略布局的成功范例，成为中国西北大地上的一颗璀璨明珠。爱国爱校、顾全大局，乐于牺牲、无私奉献、尽职敬业、艰苦奋斗的西迁精神，……是爱国爱校、顾全大局的交通大学革命精神的传承与创新；是无私奉献、勇挑重担的交通大学创业精神的传承与创新；是尽职敬业，艰苦奋斗的交通大学务实精神的传承与创新。"

2005年10月，我撰写了《交通大学主体内迁西安的思想基础与历史功绩》一文，刊登于《西安交通大学学报（社会科学版）》2006

年第 2 期，文章提出："20 世纪 50 年代，交通大学的主体内迁西安是国家调整高等教育战略布局的重大举措。交通大学主体西迁的思想基础是：50 年代初思想改造学习运动后，高等学校出现了新气象；西迁是带有战略转移性质的院系调整，大道理激发报国热忱，学校领导坚决贯彻中央的决定，广大师生积极拥护，服从调配；顾大局、识大体，服从国家需要，响应周总理的号召，支援西北建设，以继承和发扬老交大优良校风学风为历史使命，实现了主体西迁。……交通大学主体内迁西安意义重大，影响深远，50 年来为国家建设作出卓越贡献，为国家培养与输送大约 16 万各类专门人才，其中三分之一以上工作在大西北的工矿企业、科学教育等各条战线上；西安交通大学已建设成为中国西北高原上的一颗璀璨明珠，老交大人把在祖国大西北贡献了一所著名大学作为最大的荣耀。"

2006 年 4 月，高等教育研究所为庆祝西安交通大学建校 110 周年暨迁校 50 周年筹备纪念活动，我同陆根书、崔瑞峰、钞秋玲共同编辑出版了《弘扬西迁精神，建设世界一流大学》的西迁精神研讨会文集。

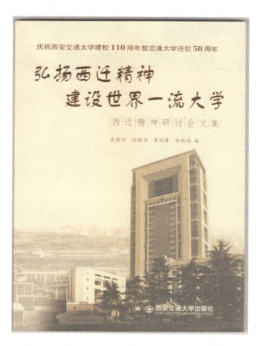

朱继洲参编的西迁精神研讨会文集

2016年4月,为庆贺西安交通大学建校120周年暨迁校60周年,我撰文《从南洋公学到西安交通大学》,刊载于《西安交通大学学报(社会科学版)》2016年第2期,撰文《闪耀在西北高原的璀璨明珠》,刊载于《延河》2016年第4期,执笔《西迁六十年本科人才培养特色》,刊载于《西安交通大学发展研究报告》第17期(2016年10月)。

2017年9月10日,是第一个"西安交通大学西迁纪念日",我应邀参加,作了发言。

朱继洲在西安交大首个西迁纪念日座谈会上发言

二、讲好西迁故事,弘扬"西迁精神"

2017年11月中,我参与了史维祥、潘季等15位西迁老同志在一起畅谈学习党的十九大文件体会的会议,会后给习近平总书记写了封信,讲讲我们的心里话,倾诉我们扎根西北黄土高原60多年来,形成了"胸怀大局、无私奉献、弘扬传统、艰苦创业"的西迁精神,并在代代师生中传承弘扬。我们在信中还建议,在全国教育和科技战线中应该开展以"爱国、奋斗"为主题的弘扬奉献报国精神的教育,为实现中华民族伟大复兴的中国梦发挥更大作用。

想不到的是2017年12月11日,习近平总书记对我们发去的信作出重要指示："向当年响应国家号召、献身大西北建设的交大老同志们致以崇高的敬意。祝大家健康长寿、晚年幸福。也希望西安交大师生传承好西迁精神，为西部发展、国家建设奉献智慧和力量。"紧接着，2018年元旦前夕，总书记在新年贺词中再次提到西迁老教授的来信，并指出："他们的故事让我深受感到。广大人民群众坚持爱国奉献，无怨无悔，让我感到千千万万普通人最伟大，同时让我感到幸福都是奋斗出来的。"

60多年前交通大学西迁、献身大西北建设的事迹也得到了全国人民，中央和地方媒体，陕西省、西安市领导的重视和关怀。2018年，中央电视台《新闻联播》《焦点访谈》《我有传家宝》《欢乐中国人》等栏目累计播出有关"西迁精神"报道34次。

2018年3月，学校党委宣传部组织了西迁精神宣讲团，当年跟随着钟兆琳、陈大燮、张鸿、周惠久、顾崇衔等老教授西迁的"小助教"潘季、马知恩、胡奈赛、朱继洲……如今已都是耄耋老者，见证过60多年的艰难而又辉煌的岁月的西迁人，担负起宣讲西迁故事、弘扬西迁精神的光荣使命。

2018年10月，西安交大举办新任教师教学培训班，全校84名新教师参加。我以"弘扬西迁精神，致敬西迁人"为题作专题报告。报告的侧重点是通过讲述交通大学西迁的历史，回答了"交大为什么要西迁""西迁为什么能取得成功"等关键问题，全面介绍了交大扎根西部以来所取得的建设与发展成果。我告诉青年教师：交通大学西迁的历史就是一座无字的精神丰碑，是一首中国知识分子为建设祖国西部英勇奉献的壮丽凯歌。我们扎根西部，在大西北为祖国奉献了一所"双一流"大学，这是西安交大人的骄傲。

2019年4月3日，中央电视台《新闻联播》节目的"爱国情、奋斗者"专题，用2分43秒播出了《朱继洲：赤子心，西迁情》，主持人康辉说："在西安交通大学，有这样一个群体，他们在六十多年前胸怀报国之志，响应祖国的号召从上海来到西安，投身于西部的高等教育事业。岁月变迁，当年的壮志青年如今已是耄耋老人，不变的是胸怀大局、努力奋斗的情怀，朱继洲教授就是这样一位西迁人。"

中央电视台《新闻联播》节目"爱国情、奋斗者"专题，
播出《朱继洲：赤子心，西迁情》的题头

如今，回眸60多年前的西迁，交通大学师生确实在迁校问题上经受了一次严峻的考验。而最令人深切怀念、起表率作用的是当时年富力强、毕业于20世纪20—40年代的一批德高望重的教授，其中：动力系、电机系的全体教师都迁到西安了，机械系大部分教授、副教授都迁过来了。这些老一辈知识分子大都有在国外求学、深造的经历，经历过旧中国内忧外患的苦难，有强烈的科学救国、教育救国的心愿。当1957年交通大学迁校出现波折时，他们听从周总理的召唤："西北是落后的，但将来会成为我国建设的巩固后方。"自觉传承要使中国富强就应该到祖国最需要的地方去建设的革命精神。为了西迁，他们义无反顾，甘愿舍弃在上海的优越生活条件，扶老携幼，调动爱人工作，奉献或处理了个人的房产，来到西北黄土高原安家落户，敢当建设大西北的排头兵，传承和创新了交通大学爱国爱校、艰苦奋斗的传统，凝炼成"胸怀大局、无私奉献、弘扬传统、艰苦创业"的西迁精神。如今，这些老一辈"西迁人"，我们敬爱的师长们，都已长眠于黄土高原。

三、撰写50位西迁先贤的感人事迹

为了使老一辈"西迁人"的感人事迹彪炳后世，我和胡奈赛教授承担了教师教学发展中心"西迁精神"研究课题，撰写了50位西迁先贤的人物生平、西迁情结、创业与奉献。自2018年7月起，在西安交大党委编发的《西安交通大学发展研究报告》上开辟专栏，陆续发表。西迁博物馆、档案馆特为此举办了"西迁先贤业绩展"，并于2019年9月10日的"西迁纪念日"举行了开幕式。

《西安交通大学发展研究报告》上发表 50 位西迁先贤的感人事迹

"西迁先贤业绩展"（右）于 2019 年 9 月 10 日 "西迁纪念日" 举行开幕式（左）

四、西安交大 "西迁人" 爱国奋斗先进群体荣获 "最美奋斗者" 称号

2019 年，为隆重庆祝中华人民共和国成立 70 周年，学习英雄事迹、弘扬奋斗精神、培育时代新人，中央宣传部、组织部等组织开展了 "最美奋斗者" 评选表彰和学习宣传活动。是年 9 月 25 日上午，"最美奋斗者" 表彰大会在北京举行。西安交通大学 "西迁人" 爱国奋斗先进群体被授予 "最美奋斗者" 称号，致敬词这样写道："你们是铺路石，金子般闪耀在岁月的最深处；你们是螺丝钉，钻石般旋转在共和国的年轮里。" 西迁老同志潘季教授作为代表赴京领奖。这是西安交通大学 "西迁人" 的光荣，更是西安交通大学的光荣。

"最美奋斗者"获奖证书

"最美奋斗者"获奖奖牌

部分西迁老同志在校园里
左起：屠善洁、王世昕、杨锦武、马志瀛、英明、胡奈赛、吴百诗、张肇民、潘季、朱继洲、周龙保、郑善维

令交大"西迁人"激动万分的是，2020年4月22日，习近平总书记在陕西考察时来到了西安交大。总书记在交大西迁博物馆参观了交大西迁的创业历程和辉煌成就展，亲切会见了给他写信的14位西迁老教授（其中陈听宽教授已去世）。

在考察调研活动结束时，习近平总书记同全校师生亲切话别。习近平说："从黄浦江畔搬到渭水之滨，你们打起背包就出发，舍小家顾大家。交大西迁对整个国家和民族来讲、对西部发展战略布局来讲，意义都十分重大。"他指出："'西迁精神'的核心是爱国主义，精髓是听党指挥跟党走，与党和国家、与民族和人民同呼吸、共命运，具有深刻现实意义和历史意义。"他勉励大家："要发扬老教授们这种西迁精神。重大的历史进步都是在一些重大的灾难之后，我们这个民族就是这样在艰难困苦中历练、成长起来的。我也完全相信我们的交大人，我们西部的同志们，一定会，在未来的新时代的历史进程中，为中华民族立下卓越的贡献！"

2020年7月26日，由中共陕西省委宣传部、中共陕西省委文明办、陕西广播电视台主办的"三秦楷模发布厅"，以"这一走，就是一辈子"为题，致敬西迁精神。该节目分为"大树西迁""根深叶茂""追赶超越"三个篇章，通过老中青三代"交大人"讲述交大西迁60多年以来，在各个时代背景下，投身西部，砥砺前行，激扬奋斗的感人事迹，分享了最美奋斗者——西安交通大学"西迁人"爱国奋斗先进群体的爱国奉献故事，潘季、卢烈英、朱继洲出席，与大家一起感受榜样的精神力量，聆听三秦大地上最动人的旋律。

"三秦楷模发布厅"节目预告

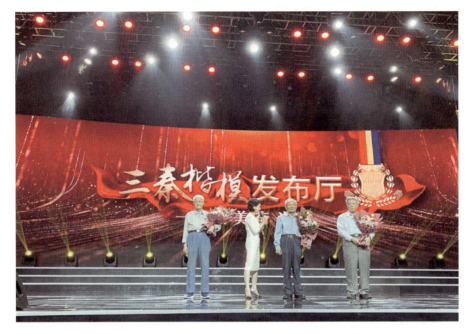

"三秦楷模发布厅"节目致敬西迁精神,左起:卢烈英、主持人、潘季、朱继洲

尾 记

  1952 年 9 月,我考入交通大学机械制造系,学习四年,1956 年本科毕业;1958 年随校迁到西安,服从国家需要调入工程物理系核反应堆工程专业;1959 年 8 月从清华大学进修回校后,边学边干、投入创建核科学与技术新专业;上世纪 90 年代服从学校安排,到学校高等教育研究所"双肩挑";2002 年底退休后,负责学校教育质量专家督导组两届的工作;2006—2007 年,担任学校本科评估专家组副组长和评估办公室副主任;2011—2017 年受聘于教师教学发展中心专家组。一个个不同岗位的改变,一个个崭新领域的转换,我毫无怨言,乐于探索,始终在为国家的核科学与技术新学科和高等教育教学改革尽心尽力。从 1953 年国家的第一个五年建设计划,到第十三个五年建设计划,为祖国健康工作了六十年。我心里经常这样想:要不是新中国成立,像我家这样的多子女家庭,在上海生活还是很困难的,能不能念大学还成问题;我很幸运在 1952 年考取了交通大学,读书的四年间基本上享受国家的人民助学金和公费医疗。所以对我来讲,深

切感受到没有中国共产党的领导、没有新中国，自己很难成长起来。惟此，从我工作时起，就树立了"学校的需要，就是国家的需要；听党指挥跟党走，一切工作都应该认真负责地做好"的坚定信念，直至今日，初心不改。

——这就是我难忘的交大岁月七十年。

以站好讲台为天职
——冯博琴小传

资料提供：冯博琴
文字：祝玉琴

简 历

冯博琴，男，1942年12月出生，江苏常州人，汉族。西安交通大学教授、博士生导师，中共党员。

1948年1月至1950年12月，浙江省温州市沧河小学，读小学；
1951年1月至1954年7月，浙江省温州市海坦中心小学，读小学；
1954年9月至1957年7月，浙江省温州市第二中学，读初中；
1957年9月至1960年7月，浙江省温州市第二中学，读高中；
1960年9月至1965年7月，西安交通大学应用数学专业，读大学；
1965年7月毕业，留西安交通大学任教；
1986年，晋升副教授；
1992年，晋升教授；
1993年，受聘为博士生导师；
1993年，加入中国共产党；
1996年，享受国务院政府特殊津贴；
1997年，荣获国家级教学成果一等奖，受到江泽民总书记等党和国家领导人接见；
1998年，获得宝钢教育基金授予的优秀教师特等奖；
2001年，荣获"全国模范教师"称号；
2002年，荣获全国"五一劳动奖章"；
2003年，荣获首届"国家级教学名师奖"；
2004年，荣获"全国师德先进个人"称号；
2011年，被评为"陕西省高校优秀共产党员"；
2012年，获全国计算机学会（CCF）首届"杰出教育贡献奖"；
2013年3月，退休。

退休后，还担任西安交通大学本科教育质量专家督导组组长、研究生教育教学质量专家督导组组长，担任"冯博琴名师工作室"的负责人等。

题 记

冯博琴教授从1965年开始从事计算机教学工作，一直站在教学和科研第一线，他的教学水平和敬业精神广受好评。他讲授的主要课程有"编译原理""软件开发技术""软件工程""计算机编译系统"等10余门，其中一些教学难度很大的课程诸如"编译原理"在交大都是他首先开设的。除了给本科生讲授计算机基础课程外，他还招收和指导硕士研究生百余人、博士生25人。他主持国家级精品课程2门，国家级精品资源共享课程2门。他主编了12部国家级规划教材，到目前为止，由他主编的教材已逾30部，译著20余部，荣获国家级优秀教材一、二等奖2项。

冯博琴教授以站好讲台为天职，他说"教学是我的所爱，上课很享受"，而且精心于教学。他常常把讲课比作演出，为了使讲课的效果达到出神入化的境界，他全身心投入，精心设计，仔细推敲、琢磨、体会课堂上的每一个细节。他言传身教、一丝不苟的敬业精神和精湛的教学艺术、严谨的治学态度，使学生不仅学到了知识、掌握了学习方法，而且学会了提出问题和解决问题的思路。所以，他的课程是西安交大历年来最受学生欢迎的课程之一。有学生这样说：上冯老师的课，就像欣赏一位功力深厚的演员演出一场大戏，使人在酣畅淋漓之中受到深刻而丰富的教益。全国教学研究中心"名师名课"专题组为他讲授的"编译原理"课56讲全程录了像，他完全可以在课堂上以播放录像为主，但为了教好学生，他仍然狠下功夫：首先把课讲得精彩，使学生在课内基本掌握；把课件演示文稿（PPT）、动画做生动，使学生愿看；利用课堂"互动"，调动学生的学习主动性，使他们愿学；还将西安交大自主版权的新版教材挂在了主页的iTunes上，让更多人分享，受到广泛好评。他自己开发了小型编译系统，让学生"摸到"编译的大门，使之能够较快学会和掌握。他主张学生上课要记笔记，认为这有许多好处，但教师用PPT上课学生很难记下来。他便自己设计了一种笔记本：上面印上他的PPT讲稿，但留有空白可记笔记，而且自己去复印好，免费送给大班所有的学生，使学生们深受感动。

冯博琴教授坚持育人为本、德育为先的教育思想，把素质教育渗透到教学和管理中。他全面关心学生成长，热爱、尊重学生，公平、公正对待学生；"诚信、敬业、忠孝"是他赠送给学生的"六字箴言"，更是他自己的行为准则和座右铭；他要求学生"勤奋学习、踏实做事、诚实做人"。当他看到一些学生的学风有问题，或者学习方法不好、学习效果不佳，他就结合多年的教学实践，主动总结了一份报告，题目是"掌握大学学习特点，自觉、快乐、有效地学习"，应邀在西安交大学生会"学业辅导中心成立大会"上作了首场报告，而且应国防科技大学邀请给军队学员开设讲座，在南京大学2011年组织的"计算机周"活动中又被选为首场报告，后来又应全国计算机学会要求，作为"CCF进校园"活动，到集美大学等多所院校报告，受到学生的普遍欢迎。一位已毕业的博士生这样归纳："冯老师是一个对工作有无限激情的人；是一个乐观勇敢、自信坚毅的人；是一个高度敬业、一丝不苟的人；是一个师德高尚、诚信坦率的人；是一个很有思想、很有水平的人；是一个既像严父又像慈母的人。"

冯博琴教授在计算机基础教学方面享有盛誉：他提出的计算机基础课程"精讲多练、教考分离、机试为主"的教学方法受到广泛好评，并被国内众多高校效仿；由他主持制定的教育部高等学校计算机科学与技术教学指导委员会和非计算机专业计算机基础课程教学指导分委员会《关于进一步加强高等学校计算机基础教学的几点意见暨计算机基础课程教学基本要求（简称"白皮书"）》《高等学校计算机基础教学战略研究报告暨计算机基础课程教学基本要求》《计算机基础课程课程教学实施方案》《计算机基础课程实验项目教学资源建设》等文件，在国内产生重大影响。2010年11月，"白皮书"的基本内容以"计算机基础教育改革研究成果"报奖时，由何积丰院士主持的鉴定委员会一致认为：该成果首次厘清了计算机基础教学内在规律，从战略研究到教学实践多个环节，提出了鲜明的观点和实用的方法，为高校提供了重要指导性文件；该项成果紧密围绕新时期计算机基础教学的现状和发展趋势，通过系统和深入的研究，为我国高校计算机基础教学科学地规划了发展蓝图和实施方案，成果处于国际领先水平。

冯博琴教授对计算机基础教学改革倾注了极大的热情，并进行了深入的探索和实践。根据西安交通大学2002—2007年五年的统计，由他牵头和主持的项目有：教育部面向21世纪教改项目、世界银行贷款新世纪教改项目、国家"九五"重点攻关项目"基于WWW的'计算概论'CAI软件系统"、教育部首批面向21世纪网络课程、教育部面向21世纪教材等国家级教改项目5项，陕西省面向21世纪教改项目、电子部"九五"重点教材等省部级项目4项,校级项目7项。同时,他所领导的教学实验中心在2007年被评为国家级实验教学示范中心,同年,他领衔的教学团队获得首批"国家级教学团队"称号。为了呼吁对计算机基础教学改革,他连续在全国高校计算机课程论坛上作主题报告,在教学的顶级刊物《中国大学教学》的"专家论坛"栏目发表了《迈向计算机基础教学的新高度》等10余篇论文,在国内计算机基础教学改革和研究方面享有盛誉,教改研究成果在国内高校有很大的影响。

冯博琴教授在教学研究方面取得了突出成就。他的主要研究方向为:计算机软件、智能网络、编译理论与技术。在他看来:教学与科研这两个高等教育的基本职能,相辅相成,相互促进,只有丰富的教研成果方能为教学提供源源不断的生命力。为此,他不断地在自己熟悉的领域中探究、反思和理论提升。多年的不辍耕耘,使他在教学科研上取得出色成绩:他承担和完成了多项国家"九五"重点科技攻关项目、"863计划"项目、省部级项目及20余项横向课题,主要包括:主持和参与了电子工业部"DJS-200系列机会话系统研制""会话语言BASIC国标制定",科学技术部"九五"科技攻关项目"基于3W的计算概论多媒体课件研制",企业攻关项目"基于互联网的计算机测试系统研究",IBM研究院的院校合作项目"业务约束软件研究","863计划"专题课题(目标导向类)"面向教育的海量知识资源组织、管理与服务系统""面向CMP的推测多线程编译技术研究""基于Linux国产软件的测试平台研究"等。他在国内外的重要刊物和会议上发表学术论文263篇,其中被SCI检索33篇、EI检索115篇。

冯博琴教授曾担任的职务和社会兼职有:教育部高等学校2001—2005计算机专业教学指导委员会副主任委员、非计算机专业基础课程教学指导分委员会主任委员,教育部高等学校2006—2012计算机基础课程教学指导委员会副主任委员,全国高等院校计算机基础教学研究会副理事长,陕西省计算机教育学会理事长,西安交通大学教务处副处长、西安交通大学教师教学发展中心副主任,西安交通大学计算机教学实验中心主任、西安交通大学国家级计算机实验教学示范中心主任、计算机基础教学国家级教学团队带头人,现任西安交通大学本科教育质量专家督导组组长、研究生教育教学质量专家督导组组长,并担任"冯博琴名师工作室"的负责人。

他至今还担任陕西省和西安交大的教学成果、教改项目、一流课程（精品资源课/精品课）、一流专业、教学名师、实验教学示范中心教师授课比赛等教学方面各种项目申报、评审和建设专家。教务处、实验教学中心和教师教学发展中心等部门总是把学校申报的省和国家级的教学成果奖、教材奖的申报重点材料请他审阅、修改、把关，为我校教学方面成绩的取得作出了重要贡献。他是陕西省资深教学专家之一，受邀在省内外高校、机构线上线下报告百余场，"回归初心，视站好讲台为天职""浅谈站讲台的责任和艺术""从教改项目申报讲到成果凝炼""教学成果的申报和凝炼"等报告在国内颇有影响，省内几乎所有高校都请他讲过，受到广泛好评。

冯博琴教授从教半个世纪，荣获了与计算机基础教育相关的几乎所有奖项。其中主持的国家级奖（项目）有 16 项。1997—2014 年连续 6 届国家级教学成果评选中，他的"计算机基础教学改革的研究和实践""培植名师、名课、名实验室，创建国内一流的计算机基础教学与研究基地""高校试题库通用软件系统的研究"等 7 项成果先后获得国家级教学成果一等奖 3 项（主持 2 项）、二等奖 4 项（主持 2 项）。2007 年，他带领的教学团队被教育部授予"国家级计算机基础教学团队"和"国家级计算机实验教学示范中心"。2012 年，他获得中国计算机学会（CCF）颁发的 CCF 首届"杰出教育贡献奖"，为全国的两位获奖者之一。学会评奖委员会公布的获奖理由是：冯博琴教授在非计算机专业的计算机基础教育上作出了杰出贡献。在他的带领下，研制出 1＋X 课程体系、知识体系与能力构成及其科学描述、教学实施方案等，为全国计算机基础教育奠定了重要基础。同时在本校建成国内最优秀的计算机基础课程教学团队，进行了高水平的教学实践，起到了示范带头作用。

冯博琴教授就像一位辛勤而智慧的园丁，不但为西安交通大学培育了花卉和果实，而且为全国的计算机基础教育培育了智慧的种子。如果说他出神入化的教学艺术、严谨求实的作风直接受益的是西安交大的师生，那么他在教学方法、教学内容和教材方面的探索改革成果，则影响到全国的高校。在他的努力下，西安交大计算机基础教育不断提出新思想，实施新项目，一直以积极进取的姿态，走在国内高校前列，被誉为"全国计算机基础教学的发动机"。他既是这些项目的设计者，也是实施者；他提出的改革措施，也被教育部高教司文件引用，转发全国高校推行；他主编和翻译的教材和著作为全国师生共享。时至今日，虽然他已经退休数年，却从未离岗，仍然身兼数职，承担重任，继续为西安交大的教育教学和人才培养工作殚精竭虑，为提高人才培养质量奔走、奉献。

1960年9月，我考进西安交通大学应用数学专业读书，毕业后留校任教一直到退休，至今已经在西安交大学习、工作、生活了整整60年，从没离开这个校园。60年的斗转星移，60年的春秋更替，60年的风风雨雨，我看到了交通大学这棵大树从黄浦江畔搬迁到十三朝古都后，扎根在祖国西部，开枝散叶、硕果累累的辉煌和荣耀；西安交大也见证了我从一个稚嫩的青年逐渐成长，走向成熟，在自己的领域耕耘、奋斗并取得了一些成就的脚步。

我深深地爱着西安交大——这所哺育、培养了我的母校。

第一部分　五年寒窗求学路

五年大学寒窗求学路，留给我的不但是知识的积累和阅历的增加，更是人生的一个新的起点。这里有教给我知识、引导我进步的师长；在这里奠定了我"三观"的基础，教育我踏踏实实做事、老老实实做人，让我树立了一种不惧困难、主动进取的社会责任感；在这里我付出了艰辛，也收获了成功和快乐；在这里我参加各种活动，培养了兴趣，也锤炼了自己的身体和意志力。

大学阶段，母校值得回忆的事情太多太多，这里只讲几个我印象特别深的事情和故事，从几个侧面可以反映出当时西安交大校领导"以学生为本"的办学理念、老师们的严谨治学精神、我们学生的优良学风。

一、结缘西安交通大学

我是1960年从浙江温州市第二中学考进西安交通大学的。那时温州还是个很小的城市,大学生极少,也很少有人对大学有所了解。

我结缘西安交大,十分偶然。我所在的中学有一位余振棠先生,语文、数理化无所不精,惜因错划"托派"被交通大学退学回乡,只能以代课谋生。因他学问很好,深受学生崇拜。在填写高考志愿时,我征求余振棠先生的意见,他推荐我报考西安交通大学。他告诉我:西安交通大学有许多全国最好的专业,还有许多好老师。所以,我毫不犹豫地选择了西安交大。

20世纪60年代的高科技是原子能和电子计算机,年轻人喜欢尖端科学,我当时选择了学习原子能,报考西安交大的工程物理系。但因那是保密专业,必须是工人、贫农家庭出身子弟才可就读,我因不合这个要求而被调到西安交大唯一的理科系,分到应用数学专业。说来也真是天遂我愿,毕业留到应用数学专业任教。随着科技进步,应用数学专业又分出计算机软件专业,于是还是圆了我的学"尖端科学"的梦想,搞了一辈子的软件。

二、老师认真教,学生努力学

西安交大历来有"门槛高、基础厚、要求严、重实践"的优良传统。西安交大有一大批教学经验丰富的老师,他们知识渊博、治学严谨,对学生要求十分严格;有了这样的老师,才使得西安交大培养的学生基础厚、能力强,走上工作岗位后在各自的专业中都有良好的建树。在大学的五年中,我对此有了深刻的体验。

"微分几何"把我们"考糊"

我们的老师不仅课讲得好,而且非常敬业。如教我们"泛函分析"的祝颂和老师、"复变函数"的唐象礼老师、"数学分析"的龚怀云老师等,他们上课从来都是徒手的,不带一纸!无论定理证明、例题分析还是图表展示,都在脑子里。课堂内,讲者津津有味,听者如痴如醉。至今回想起来,他们讲课的姿态还很清晰,我们甚至还传承了他们的"金句"。譬如:祝颂和老师知道我们对"泛函分析"这一章学得比较糊涂,于是他从这门课的体系出发,带我们俯视这一章内容所处的位置,同时把这一章内的概念、定理、推论的逻辑关系一一进行疏理,说得明明白白。这个"处理过程",他用了一句话:"我把这一章给你们唱一遍。"祝先生讲这句话虽距今日已过去一个甲子，但它深深刻在我心里不能忘怀。我在写总结讲课境界的报告时，思考讲课的最高境界是什么？猛然想到祝老师的话，脑海中立即浮想起祝老师在总结这一章时那种忘我、投入的神态，那种进入角色时的如痴如醉，真好像是一位歌唱家在"唱"他的成名曲，讲课的最高境界不就是一个"唱"吗！现在我的报告就是用"念""讲""唱"，来描述教师站讲台的三个境界。直到现在，我还会经常回想和思索：老先生们的这种课才真叫好课呀，而交大何时能够重现这些场景呢？

我们用的教材，都是国内最高要求的版本，或莫斯科大学数学系课本。老师们习惯往深里教，同学们也习惯往深里学，对学不懂的地方，我们从不会埋怨老师，首先在自己身上找原因、想办法。西二楼有几个长明灯制图教室是很叫座的地方，我也常去开夜车。在五年的学习中，从来不敢马虎，总是认认真真地听好课，仔仔细细地记笔记，把老师讲的融会贯通地印在脑海里。

当然，我们也有"走麦城"的经历。周建枢先生教我们"微分几何"，老先生的教学方法很超前，跟现在提倡的启发式差不多，他从不按书教学，考试就更是"无边无涯"。记得我们班那次"微分几何"期末考试，从上午9点一直考到下午2点多，周老师不催我们交卷——估计一切在他预料之中。虽然考试时间可自由拖延，可不会做的题再多时间也无济于事啊。那次不及格的可能有半数，七八十分就很好了，但学生们"死而无怨"。至今我还记得周老先生沙哑的喉咙，讲起话来始终笑嘻嘻、一副慈祥的面孔。

交大"第一考"激发我努力五年

老师教得深，学生学得刻苦，难免有的同学颇感吃力。考试也很令人紧张，但那时的考风纯洁，个个诚实应考，我从没听说过有作弊的，故老师名为监考，其实是为学生服务。

我大学中印象最深的一次考试，是我进西安交大第一学期的第一场考试——"数学分析"期末考。这门课对于我们应用数学专业而言是最重要的基础课，所以专业教研室（相当于现在的系）决定采用面试方式。这对我们一年级新生来说实在太恐怖了！

教研室宣布要先面试两人，有些试点的意图。我不幸被选中。记得是一个早上，教研室面试的老师都来了，连平时难得见到的两位主任——徐桂芳教授、游兆永教授也坐在考官席上。按面试程序我抽了考题，按规定时间准备，然后上台作答。也是天助我也，那次面试没有难倒我，老师提出的质疑也都"对付"过去了，最后得了5分（满分）！

冯博琴大学期间在图书馆北广场拍摄

这次面试对我影响很大，大大端正了我的学习态度，提升了我学习的自信心。在大学五年中，我始终保持拼命学习的劲头，认真对待每一次考试，争取以优异成绩向国家、向父母汇报。可能我学习还不错，当了几年的学习委员。

三、为多些自修时间同学们各显身手

那时候，我们从不满足老师课堂上教的，总要找更多的参考书、习题集来拓展。时间自然不够，真想一天有两个太阳轮流地照耀着我们，可以让我们白天的时间多一点、长一点。于是，同学们便千方百计地想办法多挤一些自修时间，其间也就发生了几件特别值得回味的事情。

彭校长看见学生爬窗

彭康校长是师生心目中十分敬仰的"大领导"。一般每学年，比如开学典礼或中央有重要精神，他有可能来作个大报告，每逢此时，我们学生会十分兴奋。我的印象中,校长作报告从来不拿稿子,但手上的烟一支接一支。同学们觉得校长的报告水平高,内容深刻,因此听完报告之后,一般都要认真讨论。

彭校长经常"微服私访"。记得我们的学长、1956级的陈国良院士(1961年毕业于西安交大无线电系计算机专业)曾给大家讲过这样一个故事。他说:

> 那时的学生都很用功,许多同学早于起床喇叭就起来了。一天早上大约七点来钟,有3个学生来到1200大教室上早自修,但因时间太早了,前后门都没开。怎么办呢?他们发现有一扇窗的窗户可以打开,于是他们3人叠罗汉准备爬窗。此时一位同学突然不使劲了,原来他发现在不远处彭校长在看着他们!这下3个学生吓坏了,心想一定会处分临头。
>
> 事后彭校长是怎么说的呢?他给管理干部们说,学生上早自修进不了教室门,我们后勤部门就应该早一点开教室门,免得学生们爬窗。

学生的一次"爬窗违规",竟然意外地改善了教室管理,谁能想到?!

大学期间与同学在兴庆公园门前合影,左一为冯博琴

劳改窑的起床号声为穷学生报时

我们不否认学习压力大,但有一部分原因也是我们学生"自作自

受"。那时候，为了有更多的时间学习，最现实的办法就是"开源节流"：星期天或者节假日基本上都在教室，学习之外的事如洗衣服、写信、班上活动等都不能"侵占"整块好时间，一般都放在中午或晚饭后进行。

同时，我们还想早一点起床，再挤出一小时半小时。当时一个寝室8个人住，至多一个人有手表，所以，早上天未亮就不知道是几点钟。常有同学闹笑话：他蹑手蹑脚起来，特别是冬天，天黑乎乎的，搞不清楚是几点钟，看周围没动静只好又爬回被窝。

真的把穷学生难住了吗？也是老天帮忙，当时西安交大附近有一座劳改窑，他们六点钟准时有起床号声，正好比学校早上起床的喇叭声早一小时。有同学发现了这一点后，大家就有了时间参考系，早起床的问题解决了。

四、负重越野跑没吓倒学生

对学校争做"三好"、"为祖国健康工作50年"的号召，学生积极响应且身体力行，尽管学习"压力山大"，大部分同学仍会选择下午参加课外活动或早锻炼。当时西安交大的群众性体育活动十分活跃，每学期都会有许多系际或以班级为单位的体育比赛，因此篮球场、排球场常常人满为患，场外围满加油的同学。一方面那些体育比赛很接地气，吸引了本系、本班学生，再则也是场地紧缺，故为了下午有场地，我常常4点多钟就抱个球去"霸占"球场。高校的体育运动应该回归到学生，这才是"开展体育运动，增强人民体质"的初心。

我是体育积极分子，学生时期的体育活动给我留下许多美好记忆。其中一次实在令我"刻骨铭心"，就是大四时学校组织的负重越野比赛。规则是以系为单位组队，比赛以每队最后到达的队员成绩计成绩，也就是说，绝不能让一个队员掉队；每个队员要背一条被子和一支步枪，队员间可以互相帮助，路程是从学校操场门口至大雁塔一个来回。

我所在的数理系是全校最"袖珍"的，共计十几个班，约400名学生，从中选拔能担此重任的男子汉有些难度，没有办法系里就只能"粗暴摊派"，每专业一个年级出一人，我不幸又被选上。3000米我都没跑过，何况万米的负重越野跑！当时我确实背上了思想包袱，但答应了，只好硬着头皮上。

长跑队的训练强度很大，第一个星期练1000米，第二周练2000米，这样练到第五周，我们竟然已经能跑5000米了，但大部分人体力也到了瓶颈。后面还得加距离，还要练背被子、扛枪，我们确实有点怕吃不消，但没有一人退缩说不干了，大家仍坚持着练下去！

虽然后来不知什么原因取消了这项比赛，但2个月的训练经历，对个人而言弥足珍贵，同时也反映了当时学生们都有一股子不怕吃苦、不怕困难、敢于挑战的精神。

第二部分　教书育人，为学生奉献最满意的教学

从1965年毕业留校，自1972年开始从事计算机专业的教学与科研工作以来，我从未曾离开过西安交大的讲台，不论当上教授、升为博导，亦或在校内外为数不少的行政或学术兼职，也不论自己腿部骨折，老伴30年严重的类风湿病、坐轮椅生活不能自理，也不论年过七旬后，还是一直延聘，坚持给本科生上大课。身为教师，站讲台就是我的天职；"学为人师，行为世范"就是我的实践。

三尺讲坛是体现我人生价值的舞台，是我最热爱的地方。我的一切努力都是为了在讲台上的表现，我的一切喜忧都来源于讲台上的效果。教书育人50载，我希望自己奉献给学生的是最好的、最满意的课堂。

一、专注于教学，用一辈子讲好一门课

我上过许多计算机专业本科和研究生的课，其中"编译原理"是计算机专业重要的专业课，我讲了40多年。这门课程既有数学和专业理论，又有繁重的编程实践，常令学生生畏。怎么样讲好这门课本身就是一门学问。

我讲"编译原理"课先后两次在课堂上全程录像：第一次是在本世纪初高等教育出版社推出的"名师名课"系列，我是其中第一部，一共56节课；第二次是学校自己录的放在学校网上的精品课程资源栏目下，对校内外开放。

不断学习，充实和更新自己

我讲编译原理课的目标是：首先把课讲得精彩，使学生在课内基

本掌握课程内容；其次把课件PPT、动画做生动，使学生愿看；再次，利用课堂"互动"，调动学生的学习主动性，使他们愿意学；最后，利用自己开发的小型编译系统，让学生"摸到"编译，使学生能够学会编译。

为了使讲课效果在学生身上最大化，必须全身心地投入，精心设计，仔细推敲、体会课堂上的每一个细节。虽然我讲授计算机系三年级的编译原理课已有40余年，但每年上课前，我都要把平时收集的资料和相关的科研成果认真归纳、梳理，充实进新的讲稿中。因为实践已经充分证明，计算机科学与技术发展的速度甚至可以用"日新月异"来形容，其他学科的内容也在不断变化，随之而来的教学对象、理念、方法、手段必然都在变化，所以必须不断学习，不断充实和更新自己。这种学习不但包含自己本专业知识的学习，也包括其他学科、特别是相邻学科的知识，要把它们充实、融会到自己讲授的课程之中。

我有一个体会：上课是一个无穷无尽的过程，开始讲课的时候胆子很大，随着投入越来越多，上升到一定层次，就会觉得上课并不是那么容易，以前的理解是不够的；等我把起点定在一个新的高度，愈往上走，就愈感到它的艰难、深奥，于是只有不懈地学习、探索、研究，才能再上一个台阶。这时，就懂得了讲授这门课程的方法，会觉得左右逢源，游刃有余，在讲课时就会把课本知识活化，对教材做出生动的阐释，真正做到了给学生一杯水，自己有一桶水。到了这个时候，也就会发现那些用本学科知识很难讲清楚的东西，用其他学科一个很简单的例子就能讲得明明白白。因为，所有学科到了高处都是相通的。

我在业余时间喜欢看孔子、老子、孙子、荀子的著作，也喜欢看京剧和体育竞赛，在任何知识门类中都可以感悟到教书的道理。

全心投入、精心设计

上课是个良心活。一门课程上过一两遍，第三遍就算不怎么备课，课前随便看一下书或讲稿，也就能上了，基本是上次课的克隆。这样马马虎虎也能过去，但效果一定很一般。我讲编译原理课，每次讲课前总还得认真琢磨一番，像排戏似的，先"彩排"一遍。因有些情况不会一成不变，迫使我的讲法要主动适应，如班级学风、技术进步、相关课程教学计划、教学手段方法、教学理念等变化，都会影响我的课堂设计：哪儿宜粗，哪儿要详细，哪儿需要重复，哪儿需要归纳总结，哪儿该用例子解释，哪儿该讨论、提问、启发，甚至板书的布置都需要进行精心设计。

上一次课，就像排一场戏。但是排戏时，导演只要把剧本、演员、观众三者关系处理好，就能取得最好效果。而上课教师就难了，因为教师兼编、导、演于一身，要把讲课效果在学生身上最大化，必须仔细推敲、琢磨课堂上的每一个细节，没有很大的投入，没有精心的设计，就不可能达到最佳的效果。

举个例子：在多媒体教室上课，当然有不少优点，如形象生动、信息量大等，但也有不足，特别是有的教师过于依赖它，甚至可以不花功夫，不备课，照"片"宣科，随意就把一堂课打发了。我从不允许自己这样做。我认为：新的教学手段有减轻重复劳动的功能，但绝不能代替创造性构思。而且，在课堂实践中，我深有体会：多媒体课件要超过"粉笔＋黑板"的效果，教师的投入十分可观，就看自己如何对待。

每个人对站讲台和讲课的理解可能都有一个过程，我认为有"三部（步）曲"和"三个层次"（后来我又总结为"三个境界"）。"三部（步）曲"是指：第一步，初次上课是讲给自己听，说服自己"我已搞懂了上课内容"。第二步，是讲给学生听，千方百计让学生听明白自己讲的东西，说服他们"我说的都对"。许多人也都满足于此，多数教师也就此停步。其实，第三步才是最精彩的，那就是讲给大家听，它的标志是"忘我"，似讲课而非讲课，此时的讲课已经到了出神入化、天人合一的境界了。而讲课"三个层次"的区分是：第一层次是搞懂了这门课，可以上讲台了；第二层次是对这门课的相邻课程也有了较充分的理解，讲课已得心应手；第三层次是能够自觉、自然地在所讲授的课程中渗透人文、哲学思想，加入科学研究方法教育。

在一辈子的教书生涯中，我所追求的，正是上述的第三个境界和第三个层次。

把讲台当成彰显师德的大舞台

"课堂教学"在学校的育人链中是不可缺少的一环，它一方面是实现素质教育的主渠道，另一方面为教师彰显师德提供了舞台，是教师践行"教书育人，为人师表"不可多得的机会。所以，做好课堂教学看似平常，但意义非同寻常。

对学生而言，课堂教学是素质教育的主渠道，因为上课、包括实验课，是他们学习生活的主要方式，四年中约有近一半时间他们处于听课状态。上课作为一种教学手段具有不可替代性和强制性，绝大部分大学生只有通过上课才能达到教学要求。在目前条件下，不论是传授知识、培养能力，还是提高素质，课堂教学都是大学教育中最重要的手段。

冯博琴在上课

对教师而言，大部分教师与学生的接触只限于课堂，因此，应将"教书育人"和"为人师表"作为师德规范，让每一位教师自觉执行，使教师的作风对学生产生教育作用。现在课堂教学的功能已大大扩充，在课堂上除传授知识之外，能力、素质培养已成为教师最为关注的内容。学生通过课堂，可以领略到优秀教师深厚的学术造诣、严谨的治学态度和科学的研究精神、方法、思路。一位优秀的大学教师，他的思想品质、价值取向、为人处事的人格魅力都会深深地陶染着学生，甚至连他的风度、行为举止也会成为学生们学习和模仿的榜样。事实上，我们在教授一门业务课程的同时，备课、上课、批改作业、答疑、评分等教学的各个环节中，也把自己做人、做事、做学问的态度彻底地展现在学生面前，这对正处于世界观、人生观形成期的青年学子来说，确实有着非常深远的影响。

所以，我知道，每当我站在讲台上的时候，我在教育中扮演了一个非常重要的角色，我必须"从自己做起"，把最好的一面展现给我的学生们。

二、驾驭课堂，启发思维

课程不同，班风不同，学生在课堂上并不像我们期望的那样注意力集中、生动活泼。课堂上可能死气沉沉，也可能叽叽喳喳，学生精力不集中，会有看报、吃东西、坐得稀稀拉拉等现象。遇到这种情况，有的老师会视而不见，只管讲自己的，讲到下课，就算完成任务；有的老师在学生太吵的时候，只会说一声"你们别说话啦"，好像是求学生似的。而我遇到这种情况，是绝不会放任不管的。

驾驭课堂，从整顿纪律开始

我首先会理直气壮地整顿课堂纪律，这当然是为了大多数遵守纪律的学生听好课。我上课时，要求学生要看着我，眼对眼，不许一个人讲话、吃东西、看报、扒桌子，随时提醒大家把注意力集中到我身上。必须明确，纪律是上好课的起码条件，抓住学生注意力是教师的基本功。

设计讲课内容，要有"包袱"，提高学习兴趣

要选恰当时机制造"陷阱"，以创造互动的交互场面。互动、启发可以提高学生们的学习兴趣，加深印象，延长兴奋时间，减轻听课的疲劳，也会密切师生关系，产生亲和力。因此，在每节课中，我总要设计1~2个或难或易的有趣问题，一节课总得让学生开心一次。

新的教学理念提倡研究型和探究式的课程教学模式，即以学生为中心、教师为主导的教学模式。学生在教室里不再处于从属地位，而变成"上场队员"，教师也不再是"讲台上的圣人"，而扮演着"场外教练"的角色。我认为这是非常好的模式，每一位教师都可以选部分教学内容，从小班开始做，逐渐积累经验。

把"互动"引进课堂，唤起学生的热情，启发学生的思维

大学的课堂往往过于注重知识的单向传递，导致课堂教学沉闷、单调。这种教学方式直接影响学生的科学质疑精神、思考性格和素质养成。新的课堂教学理念是以教学主导,挖掘教学内容中的活动性因素,让学生在具体的认知活动中获取结论,增长才干。"互动"式教学,就是新的课堂教学理念的一种体现。通过"互动",学生们的课堂热情被唤起,注意力就会高度集中,也是驾驭课堂的一种方法。但是,大学课堂,特别是像计算机基础这样的公共课,往往规模庞大,有些甚至学生人数上百,这无疑给开展"互动"式教学带来了难度。

我采用的办法是:备课时,就设计好开展"互动"要问什么——有深度的题目是基础,老师有了准备,互动才有趣味;上课之前,注意与学生进行几分钟的互动,建立和谐、活跃的氛围,为课堂互动教学奠定基础;在课堂上"互动"时,往往通过本节课的难点、重点、疑点问题,启迪学生的心智,同时要关注学生的回答,回答好的要给予鼓励,回答不尽满意的要给予启发。要注意制造一种宽松的课堂气氛,使师生关系融洽,这样学生的思维就容易被激活,"互动"教学效果就好。

总之,要把"互动"式教学提高到创新人才培养的高度来认识,还要掌握一定的方法和技巧。进行"互动"式教学,教师当好导演是保证,学生积极参与是关键,效果是互动的根本。"互动"式教学用得好,不但能使课堂教学收到事半功倍的效果,而且能在宽松、活跃的课堂气氛中培养学生的团队意识、创新意识和自学能力。

树立"教是为了不教,学是为了会学"的教学理念

教学是"教"与"学"的科学与艺术。"教是为了不教,学是为了会学",这是现代教师应树立的理念,也是教育教学的最终追求。素质是载于知识体系中,是潜移默化传递的,是在知识传递中的弦外之音。教师在教学中不但要讲授知识,更要注重利用开放式、研究性教学模式培养和激发学生的兴趣,引导学生进行主动的研究性学习,教师则可以在"享受教学"的过程中自然绽放教学成果之花。

基于这种教学理念,每次在"编译原理"课程快结束时,我都会要求学生交一份作业,题目是"编译原理的弦外之音"。看学生们能否学到这门课程知识之外的东西。我的良苦用心每每都能得到回应:有不少学生理解了上课时渗透进去的科学研究方法、人文知识,甚至能联系日常生活，说出做事、做人的道理。不妨从一位学生的报告中摘录几句：

……这门课教会我的最重要的知识并不是怎样去做编译器，而是思考问题的方法。

先从大的方面说起吧。

1. 问题的产生与解决（简单到复杂）……
2. 人的思维方式转换为计算机的思维方式……
3. 有条理地思考问题……

另外还有一些小方面的感悟。

1. 折衷问题……
2. 数据结构的灵活应用……
3. 分步解决问题……"

加强口头和书面表达的锻炼

在上课过程中，深入浅出、生动形象地把概念表达清楚是非常重要的，因为，这不但是为了使学生能够听懂课程的内容，也是教师驾驭课堂的需要。解释和口头或书面表述新信息，简化事物以易于被人接受的能力是任何职业都必须的，对于教师来说尤为重要，那种"茶壶里煮饺子""肚子里有货只是倒（道）不出来"的教师是不称职的。

表达能力是一辈子用得上的，教师要善于在教学的各个环节为学生创造锻炼、提高的机会。

三、把握教学内容，提高学术造诣

在长期的教学实践中，我体会到仅仅"全心投入"还不能保证达到"给学生最好的教育"这样的目标，上课的效果仍会受到限制。因为，要讲好一门课，还会受讲授者学术水平的制约。所以，就要不断地提高自己的学术造诣，至少需要掌握并且能讲授相邻的几门课程，还要做过有关的科学研究。

首先，把内容搞深、吃透，自己具有较高的学术水平，才能把课讲得深入浅出，才能把握住何处该详，何处该略，哪里是重点，哪里是难点。教师如果把课讲不清楚，往往与自己学识的"干"和"空"

有关。

其次，要多看几本书，多做题，多实践，扩充自己多领域知识，深入再学习，充实了自己再上讲台。单凭一本书上讲台是不行的。我一直告诫自己要记住：学过的不等于掌握的；懂了不一定彻底通；自己明白了未必能使学生清楚。教书是学问，又是艺术。

最后，要做科研。我觉得，站在高水平学校讲台上的老师，应该在上课时能结合自己的科研工作讲授。这一方面是对课本知识的活化和生动诠释，另一方面科研也是教师业务素质形成过程中不可或缺的经历。一个人科学精神的形成，最直接的方法就是参加科研活动。

四、严格要求，为人师表

很多教师在学生心目中一直留有非常好的形象，那是因为这些老师的严格要求，学了他们教授的某一门课程，学生有所获，甚至受益终身；还有他们良好的师德、一丝不苟的教风和高尚的人品。就像我读大学时曾经教过我的一些老师，就一直在我的心里，让我感激、怀念。

严格要求与严于律己

青少年时期10余年的求学历程是形成完整人格的关键时期，尤其在大学的几年是成长的关键阶段，"困难和挫折"是最好的老师，"敬业和诚信"是修炼的正果。其间所出现的"过关托关系""挫折找父母""失败靠求情"这些学生们成长过程中的噪音，应坚决予以过滤。大部分教师虽然与学生只有课堂上的"一面之交"，但因为讲课受众面最宽，一门课数十小时，时间不可谓不长，且学生大多抱着"崇敬"之情来听课，故教师的一举一动易被视为"规范"，看法、观点容易被接受。因此我在从教中常常告诫自己努力做到两点：一是对学生严格要求，不误人子弟；二是重己德业，为人师表。我用两个方面的例子说明严格要求与严于律己。

我自己严格执行各项规章制度，说一不二。在我担任西安交大计算机教学实验中心主任时，规定不许任何教师考前给学生画重点。一位任课教师违反了这条规定，我得知后就给那位教师和主管教学的主任以每人罚款1000元的处理。

冯博琴在上课

2000年9月,我出差时不慎摔倒,腿部受伤,不能站立。整整一个学期我靠"打的"到学校,学生架我上楼,拄着双拐上课,每周4学时,硬是没落一节课。这段时间上课,不论是课堂秩序、气氛,还是作业、上机、讨论和考试都特别好。事后从院长那儿知道,学生在期中检查座谈会上说:"冯老师的敬业精神特别感人。"作为一名老师,对自己严格要求才能要求学生,即"重其德业,方可为人师表"。

对学生,我喜欢将学生的行为与敬业、诚信挂钩,比如迟到、迟交、抄袭作业,作弊等不良行为都要上这个"纲"。从报效国家及承担家庭责任角度,激发学生的学习责任心。所以,我注重从一点一滴来培养学生的诚信意识和吃苦精神。

上课不许学生迟到,如果迟到了,要么不能进教室,要么就坐在后排的"迟到席"上。我要求学生们:要有严格的概念界线,说什么时候干什么就必须干,作业什么时候完成就必须完成。我的研究生请假或出差,超出一天时间都要严厉批评。我要求他们要学会一天工作10小时,让他们在生活、学习、卫生上订立规章制度,自己管理自己。

我经常告诉学生,勤奋是立身之本,诚信是立德之本。一个人专业基础雄厚,诚信务实,能吃苦,守规则,又有团队精神,不管走到哪里,都会是一个受欢迎的人。

我的苦心没有白费,尽管学生们最初会对我的这种严格有所抵触,但最后都非常敬重和感激我,因为他们走上社会以后都很受单位器重,并得到同事们的好评。

学生送我雅号"四大杀手"和"四大名捕"

当然，在教学实际中还会遇到多种问题：比如要求严了，在期中检查时学生可能给教师打低分；又比如学生不及格就托关系、说情找你"放"人，确实令人难办。

我讲的"编译原理"课，历来被计算机系学生认为是最难过的课之一。但是我相信大多数学生是想学真本事的，他们主流是好的，所以课程内容虽难，但要"有嚼头"是关键，这才能引起越来越多学生的兴趣，课才会越来越兴旺。在学校、学生中树立起课程的品牌至关重要。一个好的品牌课，学生重视，他学不好，也不会怪老师，反而会激发大部分学生更主动努力，以达到要求。因此上我这门课的学生早就从上一级师兄那里打听过，得知不好过，谁也不敢怠慢，这也省了我好多口舌。

有了品牌效应，还必须要严格把关，不可"放水"。我对考试关把得非常严，不合格的绝不放过去。我曾经给我老师的孩子和同班老同学的孩子挂过"红灯"。每年我都会在课程第一节课就声明，要求大家好好学，不要把希望寄托在找关系请人说情上。我明确地告诉学生们，"过关托关系，挫折找父母，失败靠求情"在我这里行不通。我还特别指出：西安交大教职工的孩子更不要为难父母。我这样讲给学生听：你如果平时学习很差，明明是过不去的，但最后过了，同学们一看就知道一定是因为你是交大子弟，托人找了老师。我如果放了你，我怎么面对其他学生呢？连公平都做不到嘛！这样，我有了严格的"口碑"，我的课是没有人来说情的。

可能正因为如此吧，学生送给我"四大杀手"和"四大名捕"的雅号。但学生们对我的课程和我个人却没有什么议论。

其实，我的这种严格的背后有着良苦用心。我这样做是为了学生真正成才，是帮助学生完成家庭不能完成的教育，为了他们日后能够轻松地适应社会。我一直认为：成功的学校教育需要老师和学生共同努力来完成。学生年龄毕竟还小，自控能力不强，知道的道理也不够多。老师有责任让学生严格按照道理去做，不能等学生悟出来了，许多事情已经耽误了。我上课严格，是为了养成他们的规则意识和团队精神，也为了让他们明确，在成长过程中，"困难和挫折"是最好的老师；我考试严格，是为了维护这门课的品牌，也为了让学生学到实实在在的东西。如果一门课程，每个学生都能轻松过关，那么学生在这门课上肯定没有学到多少真东西；如果通过说情让学生过了关，那么就会在他们人生观形成的关键时期，留下一个误区：我可以不经过努力，得到别人经过努力得到的东西。这就是现在社会上的"拼爹"现象，而我以为，这种现象不可以在高等学府出现。

我所理解的"学为人师，行为世范"

"学为人师，行为世范"是北京师范大学的校训，出自著名教育家、古典文献专家、书法家启功教授，也被很多教育工作者视为经典之言。这句话的基本的含义是"所学要为世人之师，所行应为世人之范"。

而我对教师站讲台，"学为人师，行为世范"有着自己的理解和实践。我以为一名教师对学生不仅能够"传道、授业、解惑"，更应该在精神层面上启发学生、感染学生。习近平总书记指出："教师是立教之本、兴教之源，承担着让每个孩子健康成长、办好人民满意教育的重任。"要求学生有理想信念和道德情操，必须自己怀有崇高的理想信念和道德情操；希望学生有扎实的学识和仁爱之心，必须自己先具有扎实的学识和仁爱之心。我为什么钟爱这份基础教学工作，并且投入了绝大部分精力？这一方面当然是学校的指派，我服从安排；另一方面是我认为，在高度信息化时代，任何一个大学生，不论他学的是什么专业，计算机素质与能力都关系到他们未来对社会的贡献，以及个人事业的发展。因此，我觉得做好这份基础教育工作，是在一所几万人高校的规模上进行广义的"教书育人"，是非常有意义的工作。所以，我热爱这项工作，乐于积极主动做好这项工作。

在教书育人过程中，我还有一点体会：严慈相济，也是教育成功的根本。要教育好学生，首先要爱学生，始终对学生怀着一颗慈爱之心，多站在学生的角度与立场思考问题。曾经发生过这么一件事：2010年，我的一位博士生因故学位论文的盲审时间较长，直到学校答辩截止日期的前一天才拿到结果，他觉得已不能参加这批答辩了，只好推迟三个月毕业。我了解了情况后，果断决定号召大家帮他准备答辩事宜，立即安排聘请答辩老师，我自己也加班到深夜填写相关表格，保证了这位博士按时答辩和毕业。其他研究生知道这件事情后，都很感动。有一位研究生还说："冯老师一心为学生着想，是一个既像严父又像慈母的人。"

其实在恰当的时候，在课堂上花两三分钟说上几句有关"理想""道德""诚信"等方面的内容，对学生的思考还是有冲击力的，他们也是能够听得进去的。在一次全校毕业典礼上，我代表教师讲话，将"诚信、敬业、忠孝"六字励志箴言赠给毕业的学生们，还念了两首打油诗，其中一首如下：

> 饮罢谢师宴，辗转夜难眠。
> 平日多训导，恩怨天知道。
> 明日握手别，良药苦口言。
> 敬业不停蹄，诚信立天地。

想不到，我的这种传统观念会在学生中会引起巨大共鸣，五次被掌声打断，使我颇受感动。

五、退休前的最后一课，上了西安交大BBS十大热点新闻

回想起站在课堂上讲课时，下面几十双、上百双眼睛看着我，几百只耳朵竖着听，期望他们的老师讲课内容充实，重点突出，理论联系实际，授课有艺术等。我喜欢讲台下那些年轻的目光发出的共鸣和满意的"信号"，那种渴求知识的目光不容我有半点敷衍和懈怠。我的"编译原理"课是本科生的大班课，70多个学时，每年讲授1～2次，一般听课人数为100～120人，多的时候达到150～180人。对于我来说，教室越大，人越多，我讲起来越有激情。

有些教师上课经常想的是进度：如果讲不完了，就抢进度；时间充裕了，就放慢了。换到学生的角度，说得俗一些，每一节课学生都是缴了学费、"买了票"来听的；讲得严重点，课堂上的时间是学生生命的一部分。观众看一场演出，要求戏要有内容，演员要有艺术功底，演得卖力。我们讲课何尝不是演出，学生有理由要求他所听讲的每一个老师都非常认真地完成教学内容。作为教师，应该千方百计地满足学生这个合理要求，珍惜课堂上的每一分钟，用好分分秒秒，仔细想想上课的时间安排。教师只有认真站好讲台、讲好课，才能对得起广

大家长和学生的信任。所以，我经常提醒自己，对课堂上的一分一秒都要重视、用好，不能随便把时间浪费了。

2009年，原定我要退休（后来又延聘了3年），讲完最后一堂课，站在这即将离开的讲台上，一生的经历象胶片一样一幕幕在眼前闪过，确实有些动情，就说了几句话，将这最后一课戏称为"绝唱"，不想却上了西安交大BBS的十大热点新闻，这里从网上摘录首贴的片断：

……冯老的课固然讲得很好，但最吸引人的是他老人家的那份热情！编译这门课繁复隐晦，但冯老用他富有地方特色的声音讲出来，总是兴奋莫名。这样的热情感染着在座的同学，让人精神为之一振。也正是这热情带着同学们跨过了一个又一个障碍。我想冯老最能教给我的就是这份热情，这份对学科的热爱！

我一直认为：给学生最满意的教育是教师责无旁贷的义务和使命，是我应尽的本分，但组织却给了我很多荣誉。如：2003年9月，国家首次评选"国家级教学名师"，我即获此殊荣，与西安交大同时获奖的陶文铨院士、马知恩教授一起参加了教育部在人民大会堂召开的表彰大会。我把这些奖励当成激励我的动力，更加认真地做好工作，以回报国家和社会。

冯博琴"国家级教学名师奖"证书

2003年9月9日，西安交大三位国家级教学名师在人民大会堂
参加表彰大会后载誉归来
右起：马知恩、陶文铨、冯博琴
（照片来源：西安交大新闻网）

第三部分　积极探索，实施计算机基础教学改革

虽然普通高校的教学工作千头万绪，影响教学质量的因素众说纷纭，但一个专业或一门课程，从教学单位的"业务"角度来看，从何处下手提高教学质量还是有规律可循的。具体到计算机基础教育，它是面向非计算机专业的计算机教学，其教学的基本目标是培养学生具备一定的计算机基础知识，掌握相关的软硬件技术，以及利用计算机解决本专业领域中的问题的能力。达到这个目标的关键是要按照"以人为本，传授知识，培养能力，提高素质，协调发展"的教育理念来组织教学。计算机基础实验教学对于培养学生的能力，有着不可取代的作用。实验教学是整个计算机基础教学的"纲"和"灵魂"，只有它才能使整个计算机基础教学做到"授人以鱼，更要授人以渔"。实验教学对于每个大学生的终身学习和主动应用计算机起着至关重要的作用。可以说实验教学决定了计算机基础教学的成败。

所以，这里我想重点谈谈我在西安交大计算机基础教学相关课程和实验教学方面所做的一些改革。

一、改革实验教学方法与手段，强化能力培养

信息技术的发展为实验教学方法与手段的不断变革提供了基础，使我们的教学从黑板变革到投影仪，进而变革到网络＋多媒体，但更重要的是教学理念的创新变革和教学改革的研究与实践。

我在长期的教学实践中，感受到计算机基础教学中一直存在许多问题，如：教学内容选取脱离各个专业领域应用方向，实用性较差；教学内容更新缓慢，讲授的技术方法往往不是当时的主流技术方法；师生对实验教学的认识不足，考核重知识，轻能力，习惯于纸上谈兵；教学组织过于模仿计算机专业教学，实验教学与理论教学比例不适合计算机基础教学的特征与目标；教学方法手段简单老套，上课和实验照"片"宣科，师生交流、网络化教学、各种不同类型数字资源利用等都有不同程度的减弱；实验教学队伍建设相对偏弱，重使用，轻培养，教师自身素质虽不断提高，但仍远远不能适应计算机基础教学；实验教学环境建设普遍存在重硬件、轻软件和资源等问题。正是这些问题的存在，推动着我不断地思考和改革。

提出并实现了两个转移

1996年，西安交大计算机中心刚筹建时，我们面临许多困难，教师、设备不足，上课任务重。比如C语言课程全校有16个大班，我们只有6名教师。困难把我们"逼"到改革的路上。

一是计算机类课程应由以教师为中心向以学生主动学习为主转移；二是计算机类课程应从课堂面授向学生在实验室操作转移。为了真正实现这两个转移，除了教学体系、教学环境等方面改革外，我系统地总结了计算机基础教学的实践，结合多年的经验，明确提出了"精讲多练、考教分离、机试为主"的教学方法。所谓"精讲"，是要求教师讲出内容的精髓；"多练"，是要使学生练习有目标、有实效；"机试"，则要充分发挥考试指挥棒的导向作用，促使学生不得不下工夫在实验室里做练习和实验，从而提高学生计算机实际应用能力和水平。

根据"精讲多练，考教分离"的原则，我们陆续将计算机基础教学中的所有课程都大幅度压缩课内学时，从课堂面授向学生在实验室

操作转移,大量的课堂课时转到实验室完成。例如C语言课和计算机文化基础课的理论授课时数与实验上机时数比例为1∶3,即讲课安排10学时,上机安排30学时;C++课程是则是1∶1。就是在这时,我们把36学时的C语言课程改为"10学时上课+26学时上机"的方案,同时编写了《精讲多练C语言》教材。

为了实现"机试为主"的考试方法,1996年我们就研制成功了计算机考试系统,实现出题、成卷、考试、阅卷过程的自动化管理。后来逐渐实现了大多数课程对学生知识掌握程度的测评都采取在计算机上进行实测,根据学生解决问题的实际效果进行客观评判,而不是纸上谈兵。由于机考题目是由大量的应用操作题目组成,每道应用操作题目是根据课程的知识点和技能点编制而成,体现某一种计算机技能和方法,如Web服务器建立、数据库应用系统开发、声音和图像信息的处理方法等技能。实践证明,计算机上考试可以比较客观地考核学生动手能力。所以,从那时起西安交大的计算机语言课和大学计算机基础课一直采用上机考试,考操作,考编程。

采取虚实结合方针,开发新型实验平台与系统

在实验教学手段方面,我们采取虚实结合方针,开发了新型实验平台与系统,构建了虚拟与现实结合的实验平台。所谓虚实结合主要指除了建立高品质的实验平台外,还开发了实验环境模拟软件进行辅助教学,克服了传统实验模式的弊端,突出了实验教学的主体内容,使学生把被动式实验行为变为主动式实验行为。例如:在传统的C/S(client/server,客户端/服务器)模式下,每个客户端需要安装近十种软件,学生花费大量精力和时间,疲于记忆各种工具平台的使用命令而偏离了对基本实验内容的学习,老师也不得不增大辅导的工作量,其结果是学生却没有掌握核心实验内容。而我们自主研发的基于B/S(browser/server,浏览器/服务器)模式的"PDM集成实验平台",将程序设计、数据库应用和多媒体应用三门课程实验平台集成在一起,克服了传统的C/S模式下实验方式的上述诸多弊端。

"精讲多练"教学方法的发展

"精讲多练、考教分离、机试为主"的方法是计算机教学领域的首创,一经提出便在国内高校引起强烈反响,很多高校开始效仿并进行相关改革。

后来，随着计算机基础教学改革的深入，我们发展了1996年提出的"精讲多练"教学方法，凝炼和增加了导学式、互动式、研究式、问题式、案例式等教学方法。

"导学式"教学是一种以"导"为主线，"学"为主体，强调学生在教师指导下渐进自主学习的模式，是把教学活动的重心从"教"转移到"学"上，把教师的职能重心从"授"转移到"导"上。"导学式"教学法把教师的主导作用和学生的主体作用结合起来，教师"导"，学生"学"，把讲授、自学、讨论、谈话、练习等各种形式与方法有机地结合起来，以调动学生的学习积极性和主动性，提高学生学习能力、研究能力和思维能力，培养学生的创新精神和实践能力。

案例教学法（case-based teaching，CBT）是根据教学内容的要求，通过对典型案例剖析组织教学的方法。对于计算机这样实践性、应用性强，理论与实践并重的学科，采用这种教学方法往往效果良好。计算机案例教学法是在教学过程中，教师通过精心准备好的案例材料，将计算机课程中的内容分解为若干主题和要素，有针对性地在这些主题中嵌入生动的案例，并通过系统地组织和师生共同分析讨论，引导学生通过独立研究和相互讨论的方式，拓宽学生的思维方式，探索解决问题的各种途径，从而找出最佳的解决方案，提高学生分析问题和解决问题的能力。

基于问题的学习（problem-based learning，PBL）强调把学习设置到复杂的、有意义的问题情境中，以问题作为教学线索，将课程内容有机衔接，使教学过程转化为问题解决的过程，可显著增强学生对课程内容的掌握效果，并提升学生的实践创新能力。PBL也是一种以学生为中心的教学方法。该方法以问题为中心组织教学并作为学习的驱动力，在课程的实施过程中，问题可以激发学生的学习热情，使教学过程充满悬念，使学生的思维接受挑战，学习的主动性和能动性得到提高。问题式方法鼓励学生相互之间或者以小组的形式对问题进行讨论，鼓励学生对学习内容和过程的反思。PBL教学法特别适用于计算机一类实践性要求高的课程教学，该方法现已成为高校教学研究的热点之一。

二、构建"以学生为中心"的分类分层次培养的实验教学体系

与此同时,我带领团队改革课程体系和教学内容,建立了理工类"计算机基础课程知识体系":归纳出知识单元 92 个、知识点 486 个;完善了 6 门计算机基础核心课程的教学基本要求,成为教指委制订新版《计算机基础教学基本要求》的基础。经过多年的计算机基础实验教学的探索与实践,逐步形成了适合西安交通大学计算机实验教学的分类分层次体系与内容。实践表明,这样的体系有利于学生两个能力的培养。实验教学分类分层的主要根据是学科差别和学生特点。

根据学科差别,合理分类教学

虽然西安交大各个学院对大学生计算机应用能力和水平的具体要求差异较大,但仔细分析各个学科的学生今后应用计算机的基本方向,在基础教学这个层面上,还是可以大体划分出类别的。在仔细分析研讨的基础上,我们将全校各专业划分为三大类:人文类、管医类和理工类。每个大类的学院之间都有具体要求。人文类:重点培养学生对信息的综合处理能力和数据库系统应用能力;管医类:要求学生能熟练使用专业软件,重点培养学生对数据库应用系统的开发能力和多媒体信息检索、利用的能力;理工类:重点培养学生具有潜在的应用软件系统的开发能力和多媒体信息处理能力。

针对学生特点,采取分层次培养

根据学生自身水平以及今后发展目标等不同情况,我们规划了分层次培养,即基本型和开放型两个层次的培养方案:基本型培养方案面向一般学生,强调基本概念和基本原理、方法的掌握,目标定位在使绝大部分学生通过学习,能够掌握该课程领域的基本知识和技能;开放型培养方案面向优秀学生,除掌握基本概念、原理和方法,教学方法以开放式项目的开发、研究为驱动,考核采用递交设计、实现报告,现场测评和答辩验收。每个学生可以根据自身发展需要和实际水平,灵活机动地选择、定制合适的实验教学学习方案,切实提高自身计算机水平,提高应用计算机解决问题的能力。

根据分类分层的培养框架,大学计算机基础、程序设计语言、软

件基础、微机原理与接口技术、计算机网络等五门主干课程共开设实验 296 个，其中基本验证型实验 89 个，综合设计型实验 80 个，研究创新型实验 127 个，分别占总数的 30%、27%、43%。例如，国家级精品课程计算机网络共开设基本型实验 5 个，综合型实验 5 个，创新型实验 21 个。

基本型和设计型实验属于第一个培养层次，是所有学生必须掌握的计算机知识和技能；创新型实验属于第二个培养层次，面向学有余力的优秀学生，培养他们的创新精神和动手能力。

三、更新实验教学内容，探索持续发展之路

发展式的实验教学是计算机基础实验教学的特征和规律。计算机学科发展变化日新月异，这一点是其他学科所无法相比的。只有根据不同时期计算机科学和技术的发展，紧紧跟踪新技术、新方法、新理论，不断更新课程教学大纲、教材、实验环境，促进教学内容的重组和体系的更新，使学生学到当前主流技术，才能够真正强化实际应用能力的培养，造就应用型、实用型的计算机人才。

为了及时体现各个时期的主流技术，自 1990 年以来，根据计算机技术的发展和需求变化，我们在实验教学内容、教材、实验平台等方面已进行了三次重大升级换代。下表列出了西安交大根据计算机主流技术变化所创建的实验平台状况。

1990 年以来西安交大实验平台升级换代的状态

时间	操作系统	实验环境	主要功能
1990—1994 年	DOS	微机机房	单机管理
1995—1998 年	Windows、Netware	实验教学平台	局域网管理、有限资源
2001 年至今	Windows、Linux	实验教学大环境	因特网管理、丰富教学资源

下表列出了西安交大第一门计算机课程根据计算机主流技术变化，实验教学内容的三次重大改革。

1990 年以来西安交大第一门计算机课程的重大变革

时间	课程名称	教材名称	课程主要内容
1990—1995 年	计算机基础	《计算机应用基础》	DOS 操作、计算机初步知识
1996—2003 年	计算机文化基础	《计算机文化基础教程》	Windows 操作、Word 编辑排版
2004 年至今	大学计算机基础	《大学计算机基础》	网络、数据库、多媒体

坚持走发展式计算机基础实验教学之路，我们系统地提出并创建了理工类"计算机基础实验教学体系"，对 6 门核心课程共设计了实验单元 56 个、技能点 213 个、实验项目 366 个。

理工类"计算机基础实验教学体系"

领域	实验单元数		
	认知（K）	实践（E）	综合（D）
系统与平台	5	13	3
程序设计	2	14	0
数据分析与数据处理	1	8	3
应用系统开发	0	3	4

在跟踪计算机技术发展改革实验教学中，我们始终贯彻"基础、实用、新型、能力"八字方针。"基础"是指将计算机科学技术中的一些最基本的基础理论、基本应用技术和常用软件工具、平台的基本操作方法纳入课程教学内容。"实用"是指对于非计算机专业学生来说，学习计算机的目的是把计算机作为工具解决专业问题。目前计算机软件工具和平台品种繁多，层出不穷，把它们都纳入课程教学显然是不可能的，因此必须在基础性之上，选取实用的理论知识和基本应用技术。"新型"是指尽可能采用新理论、新技术、新方法、新工具。计算

机技术的显著特点是更新换代频率较高，因此尽可能同步更新教学内容。"能力"是指培养学生应用计算机解决实际问题的能力，这是课程的根本目标。采用多元化的实验教学方法，有师生合作、小组合作研究、独立完成、示教等方式，旨在培养学生自主创新能力。在教学内容取舍和组织方面，都以是否有助于学生能力的提高为标准。

四、以人为本，创建"计算机基础实验教学大环境"

环境建设是推进实验教学改革的基础。在实验教学环境建设与改革的不同阶段，我们提出并用了8年的时间实现了下列三个目标。

1996年，提出机房的建设目标是"为学生提供比较充足、使用方便、高品质机时"，为全面贯彻实施"精讲多练、考教分离、机试为主"的方针提供了坚实基础。

2000年，提出"构建计算机基础实验教学平台"，最早建设了数字化网络资源平台，并大面积应用于本科生实验教学，实现了教学和实验的网络化。

2004年，提出"以人为本，创建计算机基础实验教学大环境，强化学生创新能力培养"。

"计算机基础实验教学大环境"由以下三部分组成。

一是由软硬件及其网络构成的数字化实验教学平台，包括计算机网络平台、开放软件平台和硬件实验平台。我们在国内率先建设了计算机基础教学的网络硬件实验室和多媒体实验室，拓宽了实验范围，为学生能力培养提供了更大的空间。

二是在平台上创建了丰富的资源，包括由网络课件、视频录像、实验工具软件、实验指导、试题库、实验平台、优秀作业、电子教材等构成的多媒体数字资源，还包括教师队伍、实验人员及行政人员等人力资源。资源建设是"大环境"建设的核心，已形成了"更新快、种类全、集成高、应用广"的特色。

三是在"平台"和"资源"上开展设计、实验、答疑、提交报告、测评等教学活动。丰富的教学资源方便学生学习和教师备课；网上答疑系统实现学生不限时间、地点答疑；引入的电子教室实现教学安排、学习、作业布置与提交、评价与反馈、教学调查等教学活动的一体化。

教学活动是构建"大环境"的目的。

这样的"大环境"是开放的、共享的，无处不在的网络学习环境支持"以学生为中心"的教学。学生可以到实验室做实验，也可以通过网络进行模拟实验，学生的心得、问题、答案、作品也可以共享。它不仅为学生施展才能提供了广阔的舞台，也为教师教学研究提供了有利条件，有利于发挥教师主导作用，有利于实现以人为本的个性化实验教学，强化学生解决实际问题能力的培养。由于西安交大网站的资源丰富、对外开放，现已成为国内计算机基础教学知名网站。

五、积极开展创新实验研究，培养学生创新能力

深化实验教学改革的核心是培养学生的实践和创新能力。创新能力的培养需要给学生一个自由的空间。我们在各门课程中都安排了课程设计、大作业和课外实验，由学生自主选题，在教师的指导下主要利用课外时间完成。实验要求学生自己分解任务、安排分工和规划进度等。由于没有标准的答案，学生在实验过程中需要自行查找资料、设计实验方案、交流讨论、探索规律、撰写实验报告。这些活动为学生自主式、合作式、研究式的学习和创新提供了充分空间。

研究创新型实验以延续学生的学习热情、进一步激发学生的创新潜能为目标。实验参考选题具有趣味性、先进性和实用性。例如："微机原理与接口技术"课程的创新实验——电梯调度模拟、压缩/解压缩、温度测量等，与工程、实际应用密切联系；"软件基础"的创新实验——网络编程与应用、数据库应用系统开发、专题网站的创建、多媒体编程与应用等，紧跟现代软件开发技术；"大学计算机基础"课程的视频制作实验，学生可以制作自己的 DV 短片，非常具有挑战性和吸引力，也很能展现学生的创造力。

为肯定学生在实验过程中所做的努力和得到的结果，我们综合其实验报告、实验结果演示、答辩等环节进行评价。为激励学生参与研究创新实验，实验成绩占课程总成绩的比例由 20% 提高到 50%，优秀作品在创新网站上展出，对特别优秀的，经过答辩组老师的评议，其成绩可直接作为该课程的成绩，免予期末考试（人数在 5% 以内）。

为支持学生们的开放创新实验活动，我们创造了良好的实验环境：

专门建立了"学生创新机房",为学生提供自由机时,并且安排精通专门技术的教师担任指导教师。中心还建立了创新活动网站,为优秀作品提供了一个展示平台,也为学生们提供了相互学习的机会。

我们从2001年开始在"软件基础"课程中开展研究创新型实验,目前已扩展到所有课程,累计5000多人次参加,有326件优秀作品在创新网站上展出。

第四部分　创建国内一流的计算机基础教学和研究基地

随着职业生涯的不断丰富和经验的积累,我对所担当的责任有了更深的理解,并形成了自己的职业理想:不仅要为学生奉献他们满意的教学,而且要倾平生所学,帮青年教师上好课;不仅要教学生学好我上的这门课,带研究生做好课题、顺利拿到学位,而且要影响和培养他们做事、做人;不仅要为西安交大教学改革作贡献,而且要为提高全国的计算机基础教学水平而不懈努力。为了实现理想,我和我的同事们不怕辛劳,不惧付出,一路前行,从未放弃,在西安交大创建了国内一流的计算机基础教学和研究基地,并进而影响了全国高校。

建设一流的计算机基础教学和研究基地,其实也是新一轮教学改革。所以,它同所有教学改革的最终目的一样,都是为了提高教学质量,进而提高学生的素质和能力。而决定教学质量最主要的三大要素是教师、课程、实验室,于是我们选取了这个突破口,并制订了恰当的建设目标,确保了基地建设和教改的成功。

一、基地建设和新一轮教学改革指导思想的酝酿和确立

我们通过对国内7所著名高校进行调研,并利用做访问学者的机会,学习研究了国外大学计算机基础教学方面的情况,同时分析学习了CC2001[美国电气与电子工程师协会计算机学组(IEEE-CS)与美国计算机学会(ACM)2001年联合发布的"计算课程2001"(Computing Curricula 2001)]、CC2005("计算课程2005")计算机专业教学体系和课程计划,并对我校计算机教学实验中心10年的工作进行客观总结,得出了以下结论:

1. 新一轮的教改应紧密围绕计算机基础教学的根本任务——"培养学生利用计算机技术解决本专业领域有关问题的能力和注重计算思维的训练。"

2. 参照 ACM/IEEE（美国计算机学会/美国电气与电子工程师协会）的课程设置方式，重新对计算机基础教学体系进行科学的组织和定义。

3. 新的教改不是一门课程或一个方法的改革试验，而应是系统化、立体化、全方位的革新。

4. 教改的核心已经不是简单的量的扩张，而是质的飞跃。新一轮的教改应以教学研究为先导，质量为核心。

最后确定的改革目标是：培植名师-名团队、名课、名实验室，建设国内一流的计算机基础教学和研究基地。

二、从"名师"到"名团队"的飞跃

师资队伍是提高教学质量、实现学生能力培养的关键。我个人虽然在 2003 年获得了首届"国家级教学名师奖"的荣誉，但我一直认为提高学校计算机基础教学质量取决于团队的整体水平，单单依靠我自己是远远不够的。所以，建设一支素质较高、热爱计算机实验教学、相对稳定的师资队伍，是十分重要而关键性的工作。而当时，我们所面临的问题是：计算机科学发展迅速，新技术不断涌现，旧知识的淘汰率高而且快，计算机人才发展空间大，我们的基础性实验教学岗位并不具有吸引人才的优势，人才流失的问题依然存在。因此，我深入研究了教师队伍建设问题，提出了"名师"团队建设的思路，以实现从"名师"到"名团队"的飞跃。经过多年的探索和实践，使我们师资队伍的质量和人数实现了跨越式的发展。

三条措施壮大师资队伍

我们采取了自我孵化、引进、留住骨干这三条措施，壮大了师资队伍。比如：在计算机教学实验中心成立初期，针对计算机人才非常紧缺的现实，我们采取的是"实事求是，千方百计留住人才"的策略，对人才只提"完成教学任务，响应中心指令"的宽松要求，留住了所有骨干；到了在 2004 年之后，师资状况大为好转，我们要求教师必须把主要精力放在学校，完成中心布置的所有任务，包括各种"义务"。

在团队建设中，我特别注意努力处理好"引进与孵化、传承与创新、拔尖与和谐、师德与专长、结构与现状"等五个方面的关系，为教学和实验人员营造良好的工作、学习和发展的空间，为每个愿意通过努力而寻求个人发展和事业有成的教师和实验员提供环境和条件，使中心基本上建成了一支整体结构合理、内部相处融洽、学术氛围浓厚、个人业务精良的教师队伍，中心先后引进了13人，均具有博士、硕士学位或高级职称，没有一人"跳槽"。

思想工作与赏罚分明的激励机制相结合

我在工作中，注意把认真细致的思想工作和赏罚分明的激励机制有机结合，鼓励教师在教学实验岗位上不断进取。中心明确宣布：我们要用好各种政策，把出国进修、国内交流、参与教学科研项目、教材编写、晋升机会、奖金分配等落实到为中心建设作出贡献的人员；不仅考核本职工作，还看在教学工作量规定之外的非量化、工资中不体现的工作，鼓励不仅教学好，而且积极投身实验教学改革的人；奖金的分配改"福利"为"激励"，使之拉开差距，起到激励的作用。近年来，有3人通过在职学习取得博士学位，25人获得各级教学成果奖，获奖及受奖励和表彰的人员占全部实验教学人员的82.1%。

依靠计算机学科的支持，提升师资队伍素质

建立稳定师资队伍的关键是牢固树立"以人为本，教学以教师为本"的教育理念。以教师为本，不仅仅是尊师重教，依靠教师搞好教学，而且要培养教师，不断提升他们的业务水平。建立一支相对稳定的高素质队伍的困扰主要来自从事基础课、偏重实验教学被认为是"低层次"的工作，在学校的各种晋升中处于劣势。提高这些老师自身的"含金量"已刻不容缓，最有效的办法是适当融入到计算机学科中去。我积极为中心的教师们创造进行教学研究的机会，中心参与了计算机系的计算机学科建设，参与了计算机学科"985工程"项目建设，独立承担了一些子项目。这样做，我们的教师就实现了"从教书匠向教学与教学研究双肩挑的角色转换"。科研工作的开展也促进了教学创新，持续地提升了团队的实力。现在，中心有博导、硕导11人，指导的在读博士、硕士研究生60人；8名青年教师通过在本单位读博提高了学历层次，40岁以下的教师均有硕士学历；5名教师获得出国进修机会；这样的举措使得青年教师在中心有一定的发展空间，对稳定队伍起到了重要作用。

从"名师"到"名团队"的飞跃为我们带来惊喜

经过多年的努力，我们实现了从"名师"到"名团队"的飞跃。计算机教学实验中心目前有6位正高级职称教师，这种"阵势"在全国高校同行中十分鲜见。也许有人会把中心取得成果的原因简单归结为师资力量强。诚然，师资是取得成功的关键，但它背后的东西——团队文化，起着更为关键的作用。须知中心的4个正高级职称是最近4年晋升的，我们对因果都这么认为：正是由于有健康、积极的"团队文化"，才使得中心有这么多成果，于是教师们申报职称的材料有较高的含金量，顺利晋升也就不足为怪了。所以把教学团队做强，最重要的是营造"团队文化"。

"团队文化"的营造与中心成长相伴，它的内涵可以归纳为"创新、和谐"。我们认为创新是团队保持活力的关键，和谐是团队加强凝聚力的根本保证。在当前环境中，营造"创新、和谐"的"团队文化"远比争取一个成果困难，但同时，有了它，就会带来更多的惊喜。

从2005年后的五年中，我们的团队承担的教学改革项目有国家级6项、省部级7项、校级18项，"十一五"国家级规划教材11部；在《中国大学教学》上发表了《视站讲台为天职》《高校精品课程建设研究》《迈向计算机基础教学的新高度》等8篇论文，同时在大学计算机课程报告论坛上连续五届应邀作大会报告。通过"传帮带"，中心已有9人成长为教材主编。

三、提出独特的精品课程建设要领，实现了"门门课程是精品"

2003年4月，教育部下发了《关于启动高等学校教学质量与教学改革工程精品课程建设工作的通知》，精品课程建设工作正式启动。2007年教育部、财政部下发了《高等学校本科教学质量与教学改革工程项目管理暂行办法》，对加强"高等学校本科教学质量与教学改革工程"（以下简称"质量工程"）项目管理做出了规定。

1. 完成了主干课程"门门是精品"的目标。精品课程建设是"质量工程"的重要内容之一。当时,教育部计划用五年时间(2003—2007年),建设1500门国家级精品课程。在从2003年开始的"质量工程"建设期间,我们把西安交大主要的6门计算机基础课程都建成了精品课,其中国家级4门,省、校级各1门,覆盖了教育部高等学校计算机科学与技术教学指导委员会提出的6门核心课程。实现了教育部高等学校计算机基础课程教学指导委员会规定的计算机基础主干课程"门门是精品"的要求。

2. 在建设精品课程过程中,我们总结出精品课程建设六要领:精化教学内容是核心、优良实验环境是基础、培养学生动手和创新能力是根本、师资队伍建设是关键、成果已固化到教材是里程碑、课程质量达到一流是标志性成果。

3. 完善充实了教指委"白皮书"(即2006年教育部高教司发布的《关于进一步加强高等学校计算机基础教学的意见暨计算机基础课程教学基本要求》)中理工类"计算机基础课程知识体系",归纳出知识单元92个、知识点486个;完善了6门计算机基础核心课程的教学基本要求。这些工作已成为教指委制订新版"计算机基础课程教学基本要求"的重要参考。

4. 应用现代教育技术,实现立体化教学。制作真正意义上的多媒体课件;积极研讨、实践和总结多媒体上课方法,提出"多媒体上课的六要素和五大忌"。其中"六要素"指:两类人(教师和学生)、四种道具(大屏幕、激光笔、黑板和粉笔)。"五大忌"为:一忌教师"坐而论道,照'片'宣科";二忌学生"只看不记,只听不说";三忌PPT"一览无余,毫无悬念";四忌激光笔"激光乱晃,不知所指";五忌黑板"形同虚设,媒体单一"。

5. 我们原创了一批丰富、有特色的课程网络资源,如"实验百问""优秀作品""实验项目"和"试题库"等。利用现代化的教育信息技术手段将精品课程的相关内容上网并免费开放,以实现优质教学资源共享,以促进高等学校教学质量和人才培养质量的提高,这些资源一直开放,吸引了众多校内外教师和学生访问。截至2012年7月,各课程及门户网站的总点击率超过1178万次,产生了良好的影响。

6. 探索能力主导型的考核机制,即:多元化考核方法,突出对能力的考核；对学习过程的多点跟踪；对程序设计和实践操作类课程，采用直接上机编程或操作的"机考"；建立促进学生积极参与创新活动的激励机制。

7. 建设计算机基础课程系列教材。一切教改的目的都是为了提高学生的素质和能力，只有把改革的结果反映到教材上，通过教材把新的教学思想和教学内容传递给学生，才能真正实现教改的目的。所以我们十分注重教材建设，把我们的教学成果固化到各类教材之中。从2005—2010年的5年中我们已出版50余部教材，其中有11部为"十一五"国家级规划教材。覆盖了计算机基础教学全部主干课程，每门课程都有满足较高和一般要求不同层次的教材。而且教材做到了立体化，分为3个层次：第一层次包括主教材、辅助教材、实验教材，以及体现了实践内容的案例、课堂练习等的纸介质教材；第二层次为数字化文本、多媒体、动画、录像等的数字化资源；第三层次为建设了编者和学生或读者之间的互动平台。据不完全统计，我们编写的教材已被全国35所高等院校采用。

2013年6月1日，西安交大承办了由全国高等学校教学研究中心、全国高等学校教学研究会、教育部计算机类有关教学指导委员会、中国计算机学会教育专业委员会、高等教育出版社及有关高校共同发起的"第九届大学计算机课程报告论坛"的专题论坛——全国计算机教学"协同创新建设精品资源共享课的探索与实践"大会，我在大会作了题为"计算机精品资源共享课建设协同创新机制探索"的报告，介绍了西安交大国家级精品课程建设和转型升级的经验以及开展协同创新探索的做法和体会。

四、以能力培养为核心，创建计算机基础教学和研究基地

高等学校的教学有两个"战场"：一是课堂，二是实验室。计算机基础教学的实验室尤为重要。

西安交大建立了全国第一个计算机教学实验基地

实际上，在我的倡导和奔走下，1996年西安交大就成立了计算机教学实验中心，我担任了中心主任。

计算机教学实验中心融教学、实验、科研于一体，承担起全校的

计算机基础教学和实验任务，成为全国第一个计算机教学实验基地。

中心对计算机基础教学实施"精讲多练、考教分离、机试为主"的教学模式，一些课程的讲课学时大大缩短，上机学时大大增加，考试全部在计算机上进行，给学生实践和思考留下很多机会和空间，也使计算机基础课教师有更多时间精心设计教学，积极投身教改，紧跟学科前沿。这种教学模式，注重培养学生的实践能力和创新能力，在全国起到很好的示范作用。

为了适应时代发展，解决社会普遍存在的计算机课程教学相对落后于技术进步的矛盾，我领导实验中心教师根据各专业大类的21世纪人才培养目标，确定了计算机基础教学的基本要求，适时进行了 DOS 平台-结构化方法、DOS - Windows 混合平台、Windows 平台-面向对象方法，三次重大课程体系和教学内容的改革，在全国起到了领头作用。

以学生为本，将能力培养贯穿整个计算机实验教学始终

在计算机教学实验中心建设中，我们坚持以学生为本，采用多元化的实验教学方法，不断更新实验教学内容，将能力培养贯穿整个计算机实验教学始终；坚持教学、实验和管理"三位一体"，统筹配置、优化资源，努力使"计算机水平较高"成为西安交大学生的特色。教学实验中心建设的着眼点已经从硬件向软件转移，因此教学实验中心自身建设成为关键，其内涵是采取有效手段提高师资队伍的水平、完善中心的管理和运行机制、提高教学实验中心的管理水平和服务质量。

创建了理工类"计算机基础实验教学体系"。我们设计的实验教学体系与知识体系相似，也是4个领域×3个层次的矩阵，但3个层次的命名不同，它们分别是认知、实践、综合；矩阵的元素由若干个实验单元组成，每一实验单元包含3~5个技能点。该体系也成为教指委制订新版"计算机基础课程教学基本要求"的重要参考。西安交大的6门核心课程给予实验充分的重视，专门研究它们应该培养哪些能力。各课程包含的实验单元、技能点、实验项目的数量见下表。

各门核心课程实验教学要求

课程	实验单元	技能点	实验项目
大学计算机基础	12	84	75
计算机程序设计	12	20	88
微机原理与接口技术	10	18	56
计算机网络技术	14	24	52
软件开发技术基础	10	14	22
多媒体技术基础	6	53	73
总计	64	213	366

不断更新实验教学内容和方法。 发展式的实验教学是计算机实验教学的特征和规律。计算机技术的发展推动着教学内容的更新，实验内容方法必然要随之变化。教师科学研究和业务学习是设计实验项目的源泉，我们鼓励教师原创实验，以上366个实验项目约有一半以上是原创性的。实验教学应有与理论教学不同的教学方法，我们总结归纳出示教、独立完成、小组合作、师生共同研究4种实验教学方法，培养学生的自主创新能力。

建设计算机基础教学社区。 2004年，中心提出了"以人为本，创建计算机基础实验教学大环境，强化学生创新能力培养"的目标，并建成了集软硬件平台、教学资源、教学活动为一体的实验教学大环境。在此基础上，我们有机地将真实的教学环境和网络环境相融合，构成了现实与网络融为一体的"社区"型教学平台。

我们中心长期专注于计算机基础教学和研究13年，截至目前已获得国家级教学成果一、二等奖各3项，高等学校国家级教学名师奖，国家级教学团队，国家级实验教学示范中心，4门国家级精品课程、14部国家级规划教材等多项成果与奖励。

五、基地建设和新一轮教学改革成功的经验

无论是创建计算机基础教学和研究基地，还是进行教育改革的探索和实践，都需要很多支持，回顾我和我的同事们所走过的历程，总结经验，我们的成功应该与以下因素有关。

管理体制和运行机制。 西安交大计算机教学实验中心从一成立就明确定位在"教学为主、科研为辅";采取"集教学组织、实验室、管理三位一体"的体制;中心实行主任负责制。这一系列的"规定",营造了一个可以专注于计算机基础教学和研究的小环境,一定程度上起到了"抵御"外界的干扰,使我们能团结起一班人,集中力量做一些教学改革。

学科的支撑作用。 基础课教学最忌脱离学科而游离于专业之外,那样基础教学将很快濒于枯萎。我们与计算机系同属一个学科点,关系十分密切,计算机系一直带着我们提高业务水平,如参与计算机学科建设,帮助我们参加学校"211工程"和"985工程"建设等;中心已毕业了十余名博士,在中心保持50人左右的研究生队伍规模;青年教师培养是中心希望所在,依赖学科我们派出了5名青年教师出国进修,10余名教师提升了学历。

与"教指委"工作结合。 我在2001—2005、2006—2010两届教育部计算机基础课程教学指导委员会中担任一些领导工作,使我有机会听到和学到许多新东西,开阔了思路,可站在更高的角度来分析形势,找准学校研究工作的切入点。同时我又可将西安交大计算机教学实验中心作为教指委工作的试验田,例如教指委制订新版的《计算机基础课程教学基本要求》就是一个成功的范例。

凝炼"创新、和谐"的中心文化。 1996年西安交大计算机教学实验中心成立,我们用了13年的时间来凝炼"创新、和谐"的中心文化。我们体会到"创新"是团队保持活力的关键,"和谐"是团队加强凝聚力的根本保证。我们有一项十分特殊的活动,从建立中心开始一直坚持到今天,那就是每个星期五上午8:30—9:30的中心全员例会。会议的内容十分丰富:上级政策体会,会议精神传达,学校指向讨论,但更多的是中心工作研究——检查、交流、协调、部署。在教务处的支持下(此时不排课),我们开会做到"一人不能少,一分不能迟"。很容易计算出,13年来仅此项我们有多少次教学研究活动:13年×40周/年×1次/周=520次。再粗略计算一下我们中心持续在一个方向——计算机基础教学上的工作量:13年×30人=390年·人。除此以外,我们每周还有一次主任和课程组长例会。由此,我更坚信要在教学上取得一些成绩，必须要有持续的教改活动，教学与科研一样需要我们全身心的投入，长期积累；用科研的脑子，追求完美。

经过 20 余年的建设，西安交大计算机中心成为全国唯一同时拥有国家级教学名师、国家级教学团队、国家级实验教学示范中心的高校，使我们在计算机基础教学和研究领域处于国内领先地位。2007 年教育部首次评选国家级教学团队，西安交大"计算机基础教学团队"榜上有名。2009 年，"培植名师、名课、名实验室，建设国内一流的计算机基础教学和研究基地"项目，获国家级教学成果一等奖；中国计算机学会评奖委员会给出的获奖理由："冯博琴教授……在本校建成国内最优秀的计算机基础课程教学团队，进行了高水平的教学实践，起到了示范带头作用。"这两点表明了我们创建计算机基础教学和研究基地和新一轮教改的目标已经基本达到。

第五部分　不辱使命，做全国计算机基础教学的"发动机"

世界上第一台电子数字式计算机诞生于 1946 年 2 月 15 日美国的宾夕法尼亚大学，以后在短短的几十年间得到迅速发展，到了 20 世纪 80 年代后期，更是进入了一个突飞猛进的阶段。作为高校的一名计算机教师，我必须要跟上行业发展，在教学上不断创新，与时俱进，为自己注入源源不竭的精神动力。不仅如此，为提高全国高校计算机基础教学水平而作出自己的贡献，也是我的理想，我也为此而付出了自己的努力。

在担任了教育部高等学校非计算机专业基础课程教学指导分委员会主任委员和计算机基础课程教学指导委员会副主任委员、全国高等院校计算机基础教学研究会副理事长、陕西省计算机教育学会理事长等职务后，这种理想就成为一种责任，促使我在计算机基础教学领域研究方面孜孜不倦地追求；也使我有了一个更大的活动空间，凭借这个平台，能够把计算机教育的理念辐射到全国高校，为国家培养更多具有信息素养的学生作出贡献。同时，由于西安交大在计算机基础教育方面的不停探索、改革和进取，以及取得的成就，国内与计算机基础教育相关改革的重大事件一般都从我校出发，故被誉为中国高校计算机基础教育改革的"发动机"。当然，作为这些工作的设计者和实施者，我把完成这些工作当成自己的使命。

一、主持制定了教育部计算机基础教学的相关文件

进入 21 世纪，计算机技术发生了翻天覆地的变化，计算机基础教学也已经进入了一个全新的发展阶段，计算机技术已经成为各专业本科培养计划中不可缺少的重要内容，主要标志是：大学计算机基础教学已经摆脱"零起点"教学，社会对学生计算机技能的要求更加深入并呈现多样化，师资队伍逐步完成了新老更替。新的形势对于大学生的计算机知识结构和应用计算机的能力提出了更高的要求，大学计算机基础教育也应该由原来的要求学生掌握基本操作转向对于基本理论知识与技术的理解和运用能力的培养。我担任了教育部教指委分指委主任后，将高校计算机基础教学的改革提上了日程，并根据形势的发展，主持制定了一些文件。这些文件经教育部组织专家评审并广泛征求意见后下发执行，对高等学校的计算机基础教学起到了指导作用。

2006 年，主持完成了《关于进一步加强高等学校计算机基础教学的几点意见暨计算机基础课程教学基本要求》（简称"白皮书"），是年 9 月由教育部高教司发布

2006 年 6 月 24 日，教育部高等教育司邀请国务院学位委员会、教育部科技委、教育部计算机教指委等计算机领域专家以及部分高校计算机教师代表，由李未院士、李国杰院士任组长，组成专家组，对我们编制的《关于进一步加强高等学校计算机基础教学的几点意见暨计算机基础课程教学基本要求》等文件进行审定。评审组认为："白皮书"提出的建议"对新时期高等学校计算机基础教学具有重要指导意义"，并肯定了文件对于计算机基础教育具有针对性和创新性，对规范和发展高校计算机教育意义重大，建议尽快推广试行。

在这份文件中，明确了大学计算机基础课程在高等学校教学中的地位和基本目标，即"大学计算机教育的基本目标是培养学生具备一定的计算机基础知识和基本技能，以及利用计算机解决本专业领域中问题的能力"，并具体提出了进一步加强计算机基础教学的 11 条建议，

例如：确立"4 领域×3 层次"知识结构的总体构架，构建"1＋X"的课程设置方案，课程教学基本要求划分为"一般"和"较高"两个层次，以及设置"大学计算机基础"等 6 门典型核心课程等。

这个文件发布执行后，受到国内高校和计算机行业专家一致好评，被认为"是一项大规模深入的研究工作，对基础教育具有针对性和创新性，对规范和发展我国高校的计算机教育具有重要的指导意义，是我国计算机教育改革的一项重大研究成果"。

2009 年，主持完成了《高等学校计算机基础教学发展战略研究报告暨计算机基础课程教学基本要求》（简称《基本要求》），是年 10 月由教育部发布

《基本要求》继承了"白皮书"中"4 个领域×3 个层次"的计算机基础教学的知识结构，以及"1＋X"的课程设置方案等内容。同时在三个方面做了重要发展：一是充实了上述知识结构的内容，形成了计算机基础教学的知识体系；二是提出和构建了计算机基础教学的实验体系；三是基于知识体系和实验体系，科学地描述了各专业大类核心课程的教学基本要求。

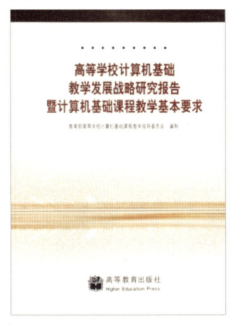

2009 年 10 月《基本要求》由教育部发布

《基本要求》明确了高校计算机基础教学 4 个方面的能力培养目标：对计算机的认知能力；应用计算机解决问题的能力；基于网络的学习能力；依托信息技术的共处能力。该文件的重要性在于：从国家层面将计算机课程定位为基础性课程，把计算机基础教学放在与外语教学、数学教学、物理教学同等重要的地位。

《基本要求》的出台，使计算机基础课程在高校教学中的地位得到进一步肯定，推动了计算机基础课程教学改革更深入、更扎实地向前发展。

2011 年，主持完成了《高等学校计算机基础核心课程教学实施方案》（简称《实施方案》）

《实施方案》是以教育部高等学校计算机基础课程教学指导委员会名义编著的，2011 年由高等教育出版社出版。它对《高等学校计算机基础教学发展战略研究报告暨计算机基础课程教学基本要求》进行了全面解读和诠释，准确地选取了其中的知识点、技能点，较好地解决了课程教学中存在的盲目性、不完整性、交叉性等问题，所有方案都经过实际教学检验是行之有效的。

2011 年 10 月《实施方案》由高等教育出版社出版

《实施方案》中的每个方案都在《基本要求》所制定的"大学计算机基础""程序设计基础""微机原理与接口技术""数据库技术及应用""多媒体技术与应用""计算机网络技术及应用"等 6 门核心课程教学内容基础上,给出了详细的、可操作的课程教学方案,具体包括:课堂教学如何实施、课程知识点如何组织、课程技能点如何组织等。尤其是每个实施方案都列举实际案例,阐述了教学中重点与难点的解决方法与思路。所以,这些实施方案既可模仿,也可参照,具有很好的可操作性。

《实施方案》2011 年 10 月由高等教育出版社出版发行。

主持完成了"计算机基础课程实验项目教学资源建设"项目,并编写出版了"高等学校计算机基础课程经典实验案例集丛书"(9 册)

本项目的意图是集国家精品课程和国家级计算机实验教学示范中心的精华资源,编著"高等学校计算机基础课程经典实验案例集丛书",精心打造一批科学的、权威的、具有指导性的实验项目和案例。针对《基本要求》提出的计算机基础的 6 门核心课程,丛书分为《大学计算机基础经典实验案例集》《C 语言程序设计经典实验案例集》《Visual Basic 程序设计经典实验案例集》《面向对象程序设计经典实验案例集》《计算机网络技术经典实验案例集》《数据库技术(Access)经典实验案例集》《数据库技术(SQL Server)经典实验案例集》《微机原理与接口技术经典实验案例集》和《多媒体技术基础经典实验案例集》9 个分册。

这套丛书的每一分册包括实验项目和典型实验案例。其中的实验项目有"经典项目"和"现代项目"两种类型。"经典项目"均为经过认真凝炼,且具有内容基础性、适用普遍性、实验平台无关性特点,使之成为"经典";"现代项目"则贴近技术进步,强调了应用性、趣味性。设计典型实验案例的目的,是希望用几个接近实际应用的案例把本领域的主要实验单元和技能点串联起来,引导学生学习解决问题的方法,同时展示完整的实验设计以规范和严格实验教学。

"计算机基础课程实验项目教学资源建设"项目的工作量很大。该项目从 2009 年 6 月开始启动,以计算机基础课程教学指导委员会的名义进行,12 所高等院校参加,其基本队伍以"高等学校国家级教学名师奖"获得者、国家级示范实验中心骨干教师为班底。在项目进行过程中,先后召开了三次全体会议。第一次工作会议于 2009 年 6 月 22 日在合肥召开,我作了项目实施方案的报告,就项目的定位、工作依据、组织机构与分工以及进度安排作了详细说明,会后保持同各个项目分册负责人的经常性沟通,以进行协调,统一认识。2010 年 9 月项目的初稿完了,样书于 2010 年 10 月 19 日在全国计算机实验教学示范中心的成果展示会上展出,得到参会领导的赞誉,引起广大教师极大的兴趣。2012 年 4 月,这套丛书由高等教育出版社出版。

本项目填补了国内计算机基础教学的空白,丛书中的 9 个分册经过优选,汇集了国内高水平优秀资源和优秀项目,吸收了国外优秀案例,覆盖了计算机基础实践教学体系中建议的绝大部分内容,均是高校计算机基础教学所迫切需要的,具有一定的权威性,代表了当时国内的最高水平,对我国计算机基础实验教育改革具有引领作用。本项目的成果开放共享,采用滚动机制,不断更新,使其保持活力、具有可持续发展性,紧跟教师教研步伐,反映计算机最新技术的进步,始终代表中国计算机基础教学研究的最高水平。

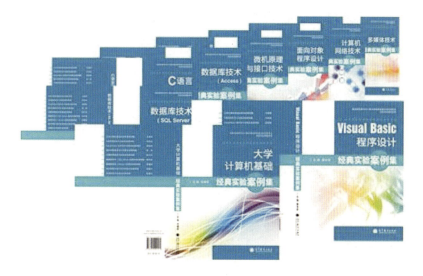

"计算机基础课程实验项目教学资源建设"项目所出版的"高等学校计算机基础课程经典实验案例集丛书"(9 册)

二、推动并主持了"计算机文化基础"升级为"大学计算机"能力培养的改革

我国计算机基础教学已有40多年的发展历史，计算机基础课程始终按经济社会需求不断调整内容，适应了人才培养的需求，成为高校重要的基础课程。在这个过程中，计算机基础课程曾经进行了三次重要的改革。

第一次改革以1997年教育部高教司发布《加强非计算机专业计算机基础教学工作的几点意见》（即"155号文件"）为标志。文件规定：计算机基础教学按照"计算机文化基础—计算机技术基础—计算机应用基础"三个层次的课程体系开展。这在我国计算机基础教学历史上具有里程碑的意义，因为它确立了计算机基础作为大学基础课程的地位，"计算机文化基础"进入各专业的本科培养计划。同时适时地提出了教学手段、方法改革要求和建立计算机基础教育归口领导的教学组织和教学条件建设的建议。无疑，"155号文件"对促进和规范高校计算机基础教学和改革发挥了重要作用。

我担任了教指委分委会主任后，推动和主持了高校计算机基础教学从"文化培养"提升为"能力培养"的改革。

计算机基础课程改革的推动力来自于三个方面：一是外部需求，经济社会对人才计算机能力要求和专业对计算机基础教学的要求不断提高；二是技术层面，计算机技术的迅速发展，计算机的应用领域不断扩张、重要性日益凸显；三是由于中学信息技术教学的开展以及高校交叉学科的兴起，对于计算机基础课程教学内容不断提出新的要求。为适应这种要求，我在2001年担任了教育部高等学校非计算机专业基础课程教学指导分委员会主任委员后便开始酝酿基础教学的新一轮改革。到了2004年，我主持制订的《关于进一步加强高等学校计算机基础教学的意见暨计算机基础课程教学基本要求》（简称"白皮书"）便由教育部高教司下发执行。

在"白皮书"中，我们明确提出了进一步加强计算机基础教学的11条具体建议，除了在前面提到的计算机基础教学"4领域×3层次"的知识结构和总体构架、"1+X"的课程设置方案外，同时在三个方

面做了重要发展：一是充实了上述知识结构的内容，形成了计算机基础教学的知识体系；二是提出和构建了计算机基础教学的实验体系；三是基于知识体系和实验体系，科学地描述了各专业大类核心课程教学的基本要求。

考虑到不同办学层次的高校和专业的实际情况，"白皮书"将教学基本要求分为"一般要求"和"较高要求"两个层次，并将"大学计算机基础"作为第一门课程。此项改革促进了计算机基础教学不断向科学、规范、成熟的方向发展。

在"白皮书"的指导下，全国高校再次掀起了计算机基础教学改革的高潮。各高校从教学内容、方法手段、实验室建设、管理措施等方面进行了有益的探索，按照"白皮书"所设计的知识体系，结合教学实际，对本校计算机基础教学的各方面进行调整、充实和建设，从激发大学生的学习兴趣和学习积极性入手，达到提高大学生的知识素养和利用计算机分析问题、解决问题的实践和创新能力。为适应这次改革，2004年，西安交通大学顶住压力在全国高校第一批把大学第一门计算机课程"计算机文化基础"升级为"大学计算机基础"，并同时由高等教育出版社和清华大学出版社出版了2个层次的教材。

所以，这次改革的实质是将高校的计算机基础教学从"文化培养"提升为"能力培养"，被业界公认为是计算机基础教学的第二次重要改革。"白皮书"也被教育部评审组认为"是一项大规模深入的研究工作，对基础教育具有针对性和创新性，对规范和发展我国高校的计算机教育具有重要的指导意义，是我国计算机教育改革的一项重大研究成果"。

三、倡导"计算思维能力培养"为计算机基础教学的核心任务，并为之鼓与呼

存在决定意识。整个社会计算机应用水平的提高，对高校计算机基础课程的教学内容提出了新的要求，即不能仅仅着眼于软件工具的使用，而应有相对稳定的、体现计算机学科思想和方法的核心内容，同时需要更加突出思维方法的训练。2016年，我担任了教指委副主任委员和全国高等院校计算机基础教学研究会副理事长职务后，愈加感

到：综合考虑思维培养与技能培养的教学目标，构建新的课程内容，再一次成为计算机基础课程教学改革所面临的紧迫任务，并围绕计算思维能力培养进行了广泛的调查研究。

计算思维的提出

在教育部大学计算机基础课程教学指导委员会指导下，我积极推动并筹备了 2010 年 7 月在西安交通大学主办"九校联盟（简称 C9）计算机基础课程研讨会"，会上交流了国内外计算机基础教学的现状和发展趋势，并就以九校联盟为代表的我国高水平研究型大学如何在新形势下提高计算机基础教学的质量、增强计算思维（computational thinking）能力的培养，进行了认真的讨论。会后我负责汇总了大家的共识，起草并在反复征求九校代表的基础上写成《九校联盟（C9）计算机基础教学发展战略联合声明》（简称《联合声明》），并于 2010 年 9 月在《中国大学教学》上正式发表，宣示了九校达成的 4 点共识：（1）计算机基础教学是培养大学生综合素质和创新能力不可或缺的重要环节，是培养复合型创新人才的重要组成部分；（2）旗帜鲜明地把"计算思维能力的培养"作为计算机基础教学的核心任务；（3）进一步确立计算机基础教学的基础地位，加强队伍和机制建设；（4）加强以计算思维能力培养为核心的计算机基础教学课程体系和教学内容的研究。

可见，《联合声明》对增强计算思维能力培养、提高计算机基础教学的质量寄予厚望，它宣示：计算机基础教学进入了计算思维能力培养的新阶段。

什么是计算思维

计算思维的概念于 2006 年被美国卡内基梅隆大学的周以真（Jeannette M. Wing）教授提出来以后，随即在美国得到了极大的重视，它不止在大学的计算机教育中掀起了一番改革，在学术界、产业界亦引发了深刻的变革。

什么是计算思维？周以真教授认为：计算思维是运用计算机科学的基础概念去求解问题、设计系统和理解人类的行为；计算思维的本质是抽象（abstraction）和自动化（automation）。如同所有人都具备是非判断、文字读写和进行算术运算的能力一样，计算思维也是一种本质的、所有人都必须具备的思维能力。有学者认为，计算思维被归纳、提出，可能是近二十年来计算科学和计算机学科中最具有基础性、长期性的重要的学术思想。

人类在认识世界、改造世界过程中表现出了三种基本的思维特征，即：实证思维、逻辑思维和计算思维。以能行性、构造性、模拟性为特征的计算思维方式在现代科学的形成过程中逐步清晰。随着计算机技术的出现及其广泛应用，更进一步强化了计算思维的意义和作用。计算科学已经和理论科学、实验科学并列成为推进社会文明进步和科技发展的三大手段，所以，计算思维也是人类科学思维活动固有的组成部分。

计算机学科是研究计算模型、计算系统的设计以及如何有效地利用计算系统进行信息处理、实现工程应用的学科，涉及基本模型的研究、软件硬件系统的设计以及面向应用的技术研究与工程方法研究。虽然计算机学科研究涉及面广，但其共同特征还是基于特定计算环境的问题求解。所以，计算机基础教学能力培养目标中最主要的两个学科专业能力就应该是：对计算机的认知能力和应用计算机的问题求解能力。计算思维教育着眼于一种思维模式的养成和训练，它是对现有的教育观念和方式新的挑战，不仅仅是传授知识，而是要将知识的传授与能力培养相结合，培养一种科学严谨的学习与思维习惯。计算机基础课程作为大学通识教育的重要组成部分，应该像数学、物理一样成为大学生认识世界、改造世界的三大基本思维方式训练的基础课程，从而在人才的全面素质教育和能力培养中承担起重要的职责。

我在计算思维能力培养方面所做的工作

计算思维能力培养落实到计算机基础教学中，是一件前无古人的开创性工作，难度相当大。所以，这一命题一经提出就引起了许多有识之士和高等学校的兴趣，多所学校和多位专家围绕这一观点开展了大量的研究和实践工作，教育部高等学校计算机基础课程教学指导委员会对这项工作也采取了一系列举措，对这项工作给予了强有力的推动。

我作为这项工作的设计者和实施者之一，在C9高校《联合声明》发布后，在《中国大学教学》等国内顶尖杂志上发表了《计算机基础教学的核心任务是计算思维能力的培养——〈九校联盟（C9）计算机基础教学发展战略联合声明〉解读》《对于计算思维能力培养"落地"问题的探讨》等文章，呼吁和推动在计算机基础教学中将计算思维能力培养落到实处。

2010年11月，陈国良院士在第六届大学计算机课程报告论坛上所作的报告，第一次正式提出了将"计算思维能力培养"作为计算机基础课程教学改革切入点的倡议，计算思维得到了国内计算机基础教育界的广泛重视。

同年，教育部高教司设立了22个以计算思维为切入点的大学计算机课程改革项目，对这项改革起到了引导和推动作用。

西安交大在《联合声明》发表之后，对计算机课程内容进行了大胆的探索和改革。2011年秋，在新生的"大学计算机基础"课程中，我们按理、工、人文三类，实施了三种改革方案，对以计算思维为核心的计算机基础教学进行了大力度、大面积的试点，并在期末进行了问卷调查。调查数据分析表明，学生不但接受融入计算思维之后的教学内容，而且有多于半数的学生能意识到知识背后的思维训练的重要性。应该说，这样的改革，当时也起到了一定的引领作用。

那段时间里，我还应国内一些兄弟高校的邀请，举行了有关计算思维的讲座、报告和演讲。如2011年11月10日，我在华中科技大学作了一场关于"计算思维与大学计算机基础教学"的讲座。结合国内外研究成果，我向与会人员介绍了计算思维产生的背景及发展趋势，并对计算思维的本质进行了剖析，最后，我还结合西安交通大学的相关教改经验，指出了以计算思维为核心进行大学计算机基础教学改革发展的方向。讲座后，我同华中科技大学网络与计算中心全体教师进行了座谈，教师们就以计算思维为核心的大学计算机基础教学改革中遇到的问题与困难和进行了热烈讨论，大家都感到深受启发。

2012年7月，由教育部高等学校计算机基础课程教学指导委员会主办、西安交通大学和高等教育出版社共同承办的第一届"计算思维与大学计算机课程教学改革研讨会"在西安交大召开，会议围绕计算思维与大学计算机课程教学改革的成果进行了展示与交流。

2011年11月10日冯博琴在华中科技大学作题为"计算思维与大学计算机基础教学"的讲座

冯博琴在第一届"计算思维与大学计算机课程教学改革研讨会"上作报告

自此以后,计算思维系列教学研讨会作为教育部高等学校大学计算机课程教学指导委员会举办、在我国高校具有重要影响的教学研讨会之一,每年7月都召开一次:第二届2013年在哈尔滨召开,第三届2014年在济南召开,第四届2015年在大连召开,第五届2016年在青岛召开，第六届2017年在成都召开，第七届2018年在西宁召开。到了2019年7月，会议再次由西安交大与高等教育出版社联合承办，会议的名称为"首届计算思维与赋能教育改革发展论坛暨第八届大学计算机课程教学改革研讨会"。会议规模也有所扩大，参加本次会议的代表包括全国各高校计算机专业负责人、大学计算机基础课程负责人、一线教师，以及出版社和企业等单位代表共计350余人。每次会议，均重点介绍国内有关计算思维研究的最新进展、试点高校计算思维实验教学的改革情况，展示试点高校大学计算机课程的建设情况。由此可见，增强计算思维能力的培养，已成为当前大学计算机基础教学改革的主旋律。

在这次会议上，教育部最近四届计算机基础课程教指委主任欢聚一堂，留下下面这张宝贵的合影。

2019年7月"首届计算思维与赋能教育改革发展论坛暨第八届大学计算机课程教学改革研讨会"在西安交大召开
左起：西安交大副校长郑庆华、陈国良院士、冯博琴教授、合肥工业大学原党委书记李廉

计算思维能力培养真正成为计算机基础教学的核心任务

教指委《关于申报大学计算机课程改革项目的通知》中指出，大

学计算机的教学总体目标要求是"普及计算机文化，培养专业应用能力，训练计算思维能力"。这三句话既描绘了计算机基础教学的目标和完整面貌，又可以看成是三个递进层次。"普及计算机文化"使学生了解信息技术应用对人们生活、工作、学习方式所带来的变化和对经济社会发展所做出的巨大贡献，了解信息技术与自然科学、工程技术、人文社科等相互渗透、交叉融合，促进各学科的发展；"培养专业应用能力"使学生理解和掌握计算科学的基础知识和基本方法，掌握基本的信息技术应用能力，掌握利用计算工具解决专业领域问题的思路和做法；"训练计算思维能力"要求学生掌握运用计算思维解决专业领域问题的思路和做法，是在计算机教学新形势下的科学认识。

三个层次是一个完整的教学设计，有起始点，也有落脚点。各专业可以根据培养目标，科学地制订本专业的计算机课程的教学要求，做到"递进层次，有所侧重，避免偏废"。所以，以计算思维能力培养为核心的计算机基础教学改革，并不意味着需要将现有的计算机基础教学课程体系和教学内容"推倒重来"，而是围绕计算机基础教学的目标，合理地定位计算机基础教学的稳定、核心的教学内容，突出实践能力与思维能力培养，形成计算机基础教学科学的知识体系、稳定的知识结构，让计算机基础教学成为名副其实的传授基本知识、培养应用能力、训练计算思维的大学通识教育课程。

我认为，以计算思维为核心的计算机基础教学研究可以重点在传统计算机基础教学研究的基础上做以下两个方面的工作：一是在教学内容上，突出以"构造"为特征的问题求解方法的培养，通过梳理现有教学内容，进一步体现计算机基础教学的核心；二是在教学方法上，突出实践能力和思维能力的培养，通过教学方法的改革展现计算思维的魅力和基本思想方法。

将计算思维能力培养作为计算机基础教学的核心任务，是一个较为长期的过程，也是需要我们不断探索、努力实践的过程。但是，我们已经高兴地看到：增强计算思维能力的培养，已成为当前大学计算机基础教学改革的主旋律，期待今后的努力，能够在以计算思维能力培养为核心任务的计算机基础教学课程体系、教学内容、实践体系、教材等方面有更加长足的进展，取得更加优异的成就。

我为提高全国高校计算机基础教学水平而做的一些工作和努力，得到了计算机学科同行们的肯定和赞赏。2012年，我被中国计算机学会（CCF）授予"杰出教育贡献奖"[①]，获奖理由是："冯博琴教授在非计算机专业的计算机基础教育上作出了杰出贡献。在他的带领下，研制出1+X课程体系、知识体系与能力构成及其科学描述、教学实施方案等，为全国计算机基础教育奠定了重要基础。同时在本校建成国内最优秀的计算机基础课程教学团队，进行了高水平的教学实践，起到了示范带头作用。"

颁奖仪式于2013年1月26日在北京金茂威斯汀大饭店举行，会议由中国计算机学会杰出教育奖评奖分委员会主席李晓明教授主持，中国计算机学会理事长郑纬民教授为获奖者颁奖。该奖2012年首次评奖，仅有两人获此殊荣，另一位获奖者是南京大学陈道蓄教授。这也是对我的一种肯定和鼓励吧。

2012年，冯博琴被中国计算机学会授予"杰出教育贡献奖"，中国计算机学会理事长郑纬民为冯博琴颁奖

[①] "中国计算机学会杰出贡献奖"是中国计算机学会（简称CCF）2010年设立的奖项，主要授予：对CCF有独特或重大贡献；就重大问题提出独到观点或建议，被CCF采纳并产生良好效果；发起并组织CCF有影响力的新的系列学术会议；推动学会与其他组织合作，促进了CCF的发展；向学会提供大额捐赠或资助；其他独特或重大贡献。"杰出教育贡献奖"是其中一个分奖，于2012年设立。

2012年，冯博琴被中国计算机学会授予"杰出教育贡献奖"后发表获奖感言

四、前沿热点，所思所悟与同行分享

我与我的团队在计算机基础教学实践中，一直以来都致力于追求广、博、精、深的业务知识，努力提高计算机基础教学水平，并力争站在前沿，把握热点，乐于与同行分享自己的所思所悟和宝贵经验，将致力于促进我国高等院校计算机基础教学的繁荣与发展作为自己的使命。

曾经六次在"大学计算机课程报告论坛"作主题报告

"大学计算机课程报告论坛"是由全国高等学校教学研究中心、全国高等学校教学研究会、教育部高等学校计算机科学与技术教学指导委员会、教育部高等学校计算机基础课程教学指导委员会、教育部高等学校文科计算机基础教学指导委员会、中国计算机学会教育专业委员会、高等教育出版社及包括西安交大在内的有关高校等单位联合发起、共同创设的。"大学计算机课程报告论坛"旨在为全国高校从事计算机课程教学的教师提供一个长期稳定的课程教学研讨、交流平台。该论坛不但是国内规模最大、影响最为广泛的计算机教育领域的盛会，吸引了全国29个省、市、自治区高校的计算机专家和教师的踊跃参与，而且是大学计算机课程国际化的交流平台。

"大学计算机课程报告论坛"从2005年到2012年共举办了八届，我有六届应邀在大会上作主题报告，简要情况如下。

2005年11月19日—21日，首届"大学计算机课程报告论坛"在西安举办，由西安交大学承办，主题是"新形势下高等学校计算机基础课程教学改革实践"，来自全国500多所高校的近700多位计算机基础课程教学负责人、教师和相关代表出席了本次论坛。我报告的题目是"计算机基础教学'白皮书'和教学改革研究"。首届"大学计算机基础课程报告论坛"起了首开先河的作用，在全国高校引起了强烈反响，有力地推动了计算机基础课程的新一轮教学改革。

2006年第二届"大学计算机课程报告论坛"在南京举行，由南京大学承办，主题是"信息化进程中的计算机课程教学改革与建设"，全国300多所高校、800多位代表参会。我报告的题目是"以能力培养为核心的计算机基础实验教学的研究与实践"，从多个角度介绍了计算机教育改革中的热点问题。

2007年第三届"大学计算机课程报告论坛"在同济大学隆重举行，主题为"'质量工程'实施进程中的计算机课程改革与建设"。来自全国300多所高校的500多位计算机专家和教师齐聚一堂，共襄盛会。我报告的题目是"抓住'质量工程'机遇，提高计算机基础教学水平"。

2008年第四届"大学计算机课程报告论坛"在武汉举行，由武汉大学承办，主题为"计算机课程教学方法的改革与创新"，400多所高校，近1000位专家学者参加。我报告的题目是"深化计算机基础课程实验教学体系研究，提高学生实践动手能力"。

2009年第五届"大学计算机课程报告论坛"在成都举行，由四川大学承办，主题为"基于信息技术的计算机课程教学改革与创新"。我报告的题目是"以培植'名师、名课、名实验室'为抓手，提升计算机基础教学和研究水平"。

2012年第八届"大学计算机课程报告论坛"在广州举行，由华南师范大学承办，主题是"国家精品课程转型升级的认识与实践"，来自全国高校的500多位计算机专家和教师欢聚一堂，针对如何开展国家精品开放课程建设、共建共享优质教学资源进行了深入的研讨和交流。

我报告的题目是"精品课程转型升级与资源共享课程建设"。

"大学计算机课程报告论坛"至今已走过 15 年的历程（2013 年起更名为"高校计算机课程教学系列报告会"），与会者均为长期工作在计算机教学一线的专家和教师。论坛 15 年始终坚持立足课程，已逐渐成为国内权威的计算机课程教学改革、课程建设、公共研讨的交流平台，为深化教学改革、提高教学质量进程中发挥了持续推进与长期支撑的重要作用，在我国高校计算机教学领域产生了巨大的影响。我在全国"大学计算机课程报告论坛"上所作的 6 场主题报告，是在深入研究国内外计算机科学技术发展状况的基础上，阐述了计算机基础教育的发展趋势、成果、研究工作等重大论题，对会议讨论的主题起到了一定的引领作用。

开展形式多样的交流、学习活动，在大平台上做大文章

高校之间的教育教学研究和交流活动，能够提供大家相互学习、合作的平台，有利于促进社会教育教学资源的开发与利用，对于更新计算机教育教学理念、提升教学水平，以至于推动我国高等教育的发展都具有十分重要的意义。正因为如此，教育主管部门和一些社会组织都为高校之间的交流提供了一些有效途径，各兄弟院校也相互寻求、组织相关活动。诸如：经验交流、师资培训、进修访学、专业研讨、报告讲学、精品课程等多种形式，抓住这些交流、学习活动，在各种高层次的平台上，展现教学研究成果，与同行分享，既可以学习其他高校的经验，也可在发挥示范辐射作用方面产生意想不到的效果。

2007 年到 2011 年的 4 年中，我们与清华大学轮流举办了 3 届"西安交大-清华教学沙龙"，探讨计算机基础教学深层次问题，彼此收获颇丰。

2006 年 7 月，我们主办了教育部计算机骨干教师高级研修班，来自 103 所高校的百余名教师来我校听讲，通过互相交流、学习，介绍了我校计算机基础教学的一些经验。

2010 年 5 月 7 日至 9 日，我们应教育部教师网络培训中心之邀，主讲了"计算机网络"课程，通过网络向遍及国内 20 余省市的培训点 600 余名教师讲授。

我在担任近两届教育部高等学校计算机基础课程教学指导委员会

正、副主任委员期间，充分利用这个国家级的平台为我们提供的机会，一方面使我们可以与国内最优秀的高校和教师研讨、交流，学习兄弟院校的经验，集中最优质资源合作做项目；另一方面我们积极参与相关工作，主持制定《计算机基础课程教学基本要求》《计算机基础课程教学实施方案》《计算机基础经典实验案例集》《高等学校计算机基础实验教学课程建设报告》等一系列重要文件。这些工作，在由何积丰院士主持的教学成果鉴定会上，被认为"首次厘清了计算机基础教学内在规律，从战略研究到教学实践多个环节，提出了鲜明的观点和实用的方法，为高校提供了重要指导性文件""紧密围绕新时期计算机基础教学的现状和发展趋势，通过系统和深入的研究，为我国高校计算机基础教学科学地规划了发展蓝图和实施方案""处于国际领先水平"。这里面每一项内容，都有西安交大计算机教学实验中心每一位教师的辛劳和智慧。

针对热点、重点问题，在顶级教学期刊上发表论文

我还应邀在《中国大学教学》等顶级教学期刊上发表高水平论文15篇，针对热点、重点问题发表见解，介绍西安交大计算机基础教学改革情况，提出思考的问题，与同行分享其经验。其中《培植名师、名课、名实验室，建设国内一流的计算机基础教学和研究基地》《多媒体上课六要素和四大忌》《以能力培养为核心的计算机基础实验教学研究与探索》《计算机基础教育改革的研究与实践》《非计算机专业计算机基础教育"白皮书"与教学改革实践》《浅析"大学计算机基础"课程中的案例设计》《抓住实施"质量工程"机遇，提高高校计算机基础教学水平》《迈向计算机基础教学的新高度》《对于计算思维能力培养"落地"问题的探讨》《计算机精品资源共享课建设与协同创新机制探索》等论文在国内反响很好。

承担国家级规划教材与国家级教研项目

教材是教学成果的结晶，高水平教材对于推动教学改革具有不可替代的作用。从"九五""面向21世纪""十五""十一五"，西安交大都有国家级规划教材入选，我们主编了8部国家级规划教材，其中有理论教材，也有实验教材。所有教材都是为6门精品课程配套。

西安交通大学计算机教学实验中心主编的国家级规划教材

序号	书　名	主编	出版社	备注
1	计算机网络（第3版）	冯博琴、陈文革	高等教育出版社	"十二五"本科国家级规划教材
2	Visual C++与面向对象程序设计教程（第3版）	冯博琴	高等教育出版社	"十一五"国家级规划教材
3	计算机网络（第2版）	冯博琴、陈文革	高等教育出版社	"十一五"国家级规划教材
4	计算机网络实验教程	冯博琴	高等教育出版社	"十一五"国家级规划教材
5	微型计算机硬件技术基础（第2版）	冯博琴、吴宁	高等教育出版社	"十一五"国家级规划教材
6	计算机网络	冯博琴、陈文革、吕军、程向前	高等教育出版社	教育部面向21世纪教材
7	微型计算机硬件技术基础	冯博琴、吴宁	高等教育出版社	"十五"国家级规划教材
8	计算机网络	冯博琴、陈文革	高等教育出版社	"十五"国家级规划教材

西安交大计算机教学实验中心主编的部分国家级规划教材

我们还承担了国家质量工程等多项国家级项目,充分展现了西安交大计算机教育教学方面的实力,具体如下。

1. 理工类专业大学计算机系列课程建设,教育部高教司项目,2012年到2014年。

2. 计算机基础教学知识体系优化,教育部教指委重点项目,2009年到2010年。

3. 计算机基础实验体系,教育部教指委重点项目,2009年到2010年。

4. 融入计算思维的"大学计算机"与"程序设计"实施方案在西安交通大学的试点研究,教育部教指委重点项目,2011年到2013年。

5. 计算机基础课程实践教学体系与支撑环境的研究与实践,陕西省重点教改项目,2007年到2009年。

6. 陕西省计算机基础教学的研究和共享平台建设,陕西省重点攻关教改项目,2009年到2011年。

7. 以计算思维为核心的计算机基础教学改革研究与实践(11BG01),陕西省重点攻关教改项目,2011年到2013年。

获得多项教学成果奖

从1989年以来,在陕西省7次教学成果评选中,我5次得奖,均为第一申报人,包括:特等奖1项、一等奖2项、二等奖2项。在5次国家级教学成果评选中,我获得一等奖3项,二等奖4项,具体见下表。

获得的国家级教学成果奖

序号	获奖项目名称	级别和等次	获奖人(位次)	获奖时间
1	高等学校试题库通用软件系统的研制与推广	国家级一等	冯博琴(5)	1997年
2	计算机基础教育改革的研究与实践	国家级一等	冯博琴(1)	1997年
3	加强和促进陕西省普通高校计算机基础教育课程建设的研究——计算机等级考试的探索和实践	国家级二等	冯博琴(1)	1997年

续表

序号	获奖项目名称	级别和等次	获奖人（位次）	获奖时间
4	计算机系列课程教学内容和课程体系改革研究与实践	国家级二等	冯博琴（2）	2001年
5	不断开拓进取，全面深入推进计算机基础教学改革	国家级二等	冯博琴（1）	2005年
6	培植"名师、名课、名实验室"，建设国内一流的计算机基础教学和研究基地	国家级一等	冯博琴（1）	2009年
7	基于能力培养的大学计算机基础课程改革总体规划与体系建设	国家级二等	冯博琴（3）	2014年

下面是部分获奖证书。

冯博琴的部分获奖证书

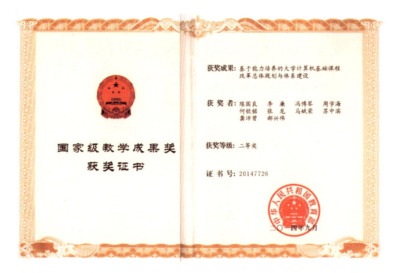

冯博琴的部分获奖证书（续）

第六部分　牢记使命薪火相传，言传身教助力青年教师成长

2011年7月，西安交通大学教师教学发展中心（Teachers Teaching Development Center）成立，我被聘担任了兼职副主任。教师教学发展中心是一个协调学校相关教学资源的服务性行政机构，中心的根本任务是"教学服务、教师发展"，服务宗旨是"培训、研究、评估、咨询"，为教师的教学培训和职业生涯发展提供一个互相交流、互相促进的服务平台。

实际上，我在做西安交大计算机教学实验中心主任时就非常重视教师队伍建设，尤其重视对青年教师的培养，当然那时主要是考虑本单位的工作与发展，有一定的局限性。而当了学校的教师教学发展中心副主任后，在我的肩上就增加了"帮助后学"的担子，工作的对象和范围也有了很大的扩展，从我们自己的实验中心扩展到全校的教师，后来又逐渐扩展到省内、国内的其他高校。我把助力青年教师的成长看成自己的使命，以自己50余年从教的经历言传身教，让更多的青年教师快速成长起来，让每一位受教的学生都能真正学有所获，就是我最大的心愿。

一、关心青年教师，教学"传帮带"

在 1996 年西安交大计算机实验中心成立后，我经常在思考的一个问题就是：我能为提高青年教师教学水平做些什么？可以告诉他们一些什么"办法"？因为我终究会退休，离开我所热爱的工作岗位，但是我希望通过"传帮带"，使青年教师尽快地成长起来，接好班，因为他们才是西安交大的未来，是学校真正的希望。建一流的大学，一定要把师资队伍的建设放在首位，打造一支一流的、特别能战斗的教学队伍是成功的关键。那时，我就有了长期的打算和安排，这也是我当时提出"名师"团队建设思路，并竭尽全力打造一支素质高、热爱计算机实验教学"名团队"的初衷。

我在 2003 年获得首届"国家级教学名师奖"，到了 2006 年我们中心又有一位老师被评为省级教学名师，对一个 30 多人的计算机实验中心而言也算得上师资队伍较强了。但是，我总想两个人能上几个班的课、教多少学生？单凭我们俩的教学不可能有整个西安交大计算机基础教学的高质量，所以充分发挥名师的"传帮带"作用，提高团队的整体水平至关紧要。我的体会是，名师的"传帮带"，可以解析成"教练＋导师"的模式，即：像教练那样指导中青年教师怎样高标准地做好教学的每一个环节，规范其教学过程；像博士生导师那样指导大家开展教学研究，从教学中发现有研究价值的问题开始，到提出可行的解决问题的方法，再进行教学实践、评估效果、多次优化、推广应用、总结提高等，把用科学精神、态度、方法进行教学研究的薪火传递下去。

经过多年的不懈努力，我实现了自己的目标，在西安交大打造了一支计算机基础教学的"名团队"。在中国计算机学会（CCF）授予我计算机"杰出教育贡献奖"时所给出的获奖理由中有这样一句话，"在本校建成了国内最优秀的计算机基础教学团队"，就是对我最大的肯定和褒奖。

随着形势的发展和时间的推移，我对青年教师成长的关注和重视，已不再局限于自己所在的单位和专业了。这一点，我在担任西安交大教师教学发展中心副主任后做了很多工作。作为老教师，只要是有关青年教师教学的事，我都会优先安排，欣然承担。比如学校每学期的新教师培训，总能听到我的报告；青年教师授课培训、竞赛等，甚至听课，我都会挤出时间参加，诚心诚意地与他们交流，解答他们的问题和疑惑。在我退休前夕的2012年，西安交通大学计算机国家级实验教学中心开过一次中心成立15周年的总结会，当时我交出了这样一份成绩单：中心成立后，有4位老师晋升教授、4位晋升教授级高工，这在基础教学单位是绝无仅有的。

二、针对课堂教学存在的问题，凝炼主题报告

当我看到在多媒体课堂上，尤其是青年教师讲课的质量堪忧，似乎不得要领，课堂上缺乏生气，学生听课无热情、少兴趣，老师照样满堂灌，研究生做助教不入门，教学辅助效果差等现象的存在时，我感到：教师没有发挥好主导作用，已经严重影响了第一课堂的教学质量。经过思考和深入研究，结合自己多年的教学实践，我总结了"多媒体上课六要素五大忌""我做助教""对课堂互动的一点认识""怎样上好一堂课""视站讲台为天职""站讲台的责任和艺术""大学教学入门之我见"等主题报告，在校内开设讲座，许多青年教师都听过我的这些报告。这里简要介绍一下"多媒体上课的六要素和五大忌""对课堂互动的一点认识""我做助教"三个专题报告的主要内容。

"多媒体上课的六要素和五大忌"

在报告中，我总结了教师应用现代教学技术的情况，指出了多媒体教室上课的"六要素"和"五大忌"。"六要素"是指两类人——教师和学生，四种道具——屏幕、激光笔、黑板和粉笔。使用多媒体的根本目的是为了更好地表达讲课内容，提高教学效果，当然它也可以减轻教师的重复劳动，所以许多老师从怕它，到接受它、喜欢它，直到离不开它。甚至有的青年老师说："如果没有了多媒体课件，就不知怎么上课了。"但是奇怪的是，有些人们越是依赖它、喜欢用它，批评的声音反而越加强烈。这是为什么呢？我经过仔细分析认为，这是因为：有的老师滥用现代教学手段，过度地依赖和使用多媒体课件；既不注意多媒体课件的属性，也缺乏对"六要素"属性的研究；没有协

调好多媒体教室"六个要素"的关系，不注意扬长避短，而犯了"五大忌"。这"五忌"是：

教师：坐而论道、照"片"宣科。

学生：只看不记、只听不言。

屏幕：一览无余、毫无悬念。

激光笔：激光乱晃、不知所指。

黑板：形同虚设、媒体单一。

毫无疑问，恰当地使用多媒体对教学会产生不可替代的效果，应大力培养和提高教师运用多媒体授课的能力。但我同样认为：有志于教学的教师，应该具有只用黑板也能上好课的本领，这是当教师的基本功，就像话剧演员必须练朗诵一样。用好黑板可以给讲课带来方便，少了许多翻PPT的麻烦，学生也可以对黑板上重要公式、讲课难点等多看几眼，加强了记忆，有利于提高讲课效果。根据多媒体课堂教学存在的问题，我给出了几点建议：一是教师不仅要学习多媒体课件的制作，更重要的，是必须学习和研究如何使用它，使听课者"舒服"。因为视觉舒服是课件制作者的功劳；但只有听觉舒服，才能入学生的脑，所以讲课者讲得好，课件用得妙，才是我们追求的高要求。二是教师要把握多媒体课堂讲课节奏，以利于学生思考和课后复习。有的课，学生听课时觉得还可以，但课后抓瞎，因为老师深邃的思路，精彩的分析、方法归纳等既不在书上，也可能不在课件上。"传授知识"的任务往往在PPT上可以体现，而提高学生能力和素质常常是在教师的"不经意之间"，在口头叙述中。三是教师要引导甚至要求学生记笔记。现在学生不记笔记的现象十分普遍，上课笔头懒、手懒，带动了脑子也懒。很难设想，我们培养的大学生毕业后连记笔记的本事都没有。教师可以为学生做笔记提供怎样的帮助，也是要研究的课题。关于多媒体教学如何引导学生记笔记，前面我已经讲了自己的做法。

实际上，我在第三届全国计算机课程报告论坛上所作的题为"抓住实施'质量工程'机遇，提高计算机基础教学水平"的主题报告，在"科学运用信息技术，提高教学效果"中，就阐述了我对运用多媒体课件的认识，引起较大的反响。直到现在，国内各高校还都在研讨如何提高讲课质量、科学运用多媒体课件这个至关重要的问题。

"对课堂互动的一点认识"

我也曾多次作报告或者在相关会议上作主题发言。2011年12月27日，西安交大教师教学发展中心、教务处联合举办了"互动式"课堂教学专题研讨会，西安交大数理化、计算机、电工电子、力学等专业的一线教师和教师教学发展中心四位专家组成员共50余人参加会议。我作了题为"对课堂'互动'的一点认识"的主题发言。在发言中，我引入了互动教学的诸多实例，并就互动教学的具体组织和困难解决与到场教师展开了热烈的讨论。我的发言有四个部分的内容："互动"教学的现状、应重视"互动"教学、"互动"的方法、"互动"教学遇到的困难。在讲完前三个问题后，就有数学、物理、力学等专业的教师踊跃发言，计8人次；讲完第四个问题后，又有数学、化学、物理、电气学院等12人次发言。发言中，教师们踊跃提出互动教学中遇到的问题，如：什么题目可以互动？参与互动的学生一般并不多，而且总是一些好学生，怎么办？要在一个教学大班搞互动，教学进度如何保证？学生提出的问题，老师吃不准怎么办？教师们在发言中，还提出了一些自己在开展互动教学的"招数"，开阔了大家的思路，给了与会者很多启发。

"我做助教"

这是一个专题报告，我把重点放在引导研究生做助教，首先做好从学生到教师的角色转变方面，因为助教是教师的后备力量，所以我特别希望担任助教的研究生们努力做好主讲教师的助手、学生的兄长、沟通教师与学生之间的桥梁；告诫他们虚心向主讲教师学习，尽职敬业，做一名优秀的助教；介绍教学各个环节容易缺位的情况，及工作的规范。在2012年3月3日西安交通大学举办的首届研究生助教培训班上，我即以"我做助教"为题，结合自己的经历和体会，向有志于助教工作的研究生们谈了自己怎样完成从学生到教师的角色转换。告诉他们，老师教一门课，有4个环节：一是上课（备课、讲课、听课）；二是课后（答疑、布置作业、批改作业、习题课）；三是实践环节（实验课、改实验报告）；四是评测（小测验/批改、考试出题、改卷、整理文档）。针对有的助教提出"担任小课老师，是否值得花时间"的问题，我回答：任课教师分为大课和小课，小课老师同样要关心学生成长，热爱学生，尊重学生，公平公正对待学生，严格要求学生；要因材施教，循循善诱，形成相互激励、教学相长的师生关系，促进学生全面发展。不论大课还是小课，都值得或者说必须花费时间和精力，因为对于研究生助教来说，它们都是一份工作，可能拿学分，或可能有报酬；都可以学习做事、做学问；都是为培养人才做奉献，是自己心灵的提升。而怎样做才称得上是合格的好助教呢？我则以切身体会，告诉年轻的同志：首先，自己迫切需要提高本门课水平；第二，批改作业要认真，要认识课程作业在知识传授、能力培养、素质提高中的作用，改作业时，不能简单对照，首先青年教师自己要认真做，要注意哪些地方容易错，有哪些不同解法，要给学生提供信息，指出错在哪里，正确的思路、结果，还要关注学风并且提供给任课老师，包括不交作业、抄袭作业的信息、课程的反馈与完成情况；第三，实验环节，要指导和帮助学弟，就要自己先做透，搞清楚实验中常见的错误和难点、重点，要熟悉教学基本要求，改实验报告要到位；第四，要明确怎样的习题课才对学生有帮助，学生希望听什么样的习题课；第五，课程学习的最后环节是评测，包括出题、改卷、考核标准，改卷要认真、公平、公正，记录文档要仔细，要登记各次作业、实验等教学环节评分。

"我做助教"曾经多次应邀在校内外作报告，均受到好评。

应该说，我在每次的讲座或者报告中，都会围绕主题进行详细的讲解，并同与会者进行"互动"，回答他们提出的各种问题，使报告和讲座生动活泼、精彩纷呈，获得肯定和赞许。下面的一组照片是2014年4月16日在西安交大医学部举办的"如何上好一堂课"专题讲座的情况。参加这次讲座的除了医学部部分教师外，还有南方医科大学的访问代表等，近百人参加。

2014年4月16日,冯博琴在西安交大医学部举办的
"如何上好一堂课"专题讲座上

三、应邀赴省内外高校讲学,为培养青年教师而奔走

我所凝炼总结的各类专题报告,都是自己数十年从教心得,没有一点生搬硬套。报告中所举的例子、反映的情况,就是教师身边的故事和现实,切合实际。所以,每次报告都能引起与会者的极大共鸣。20余年来,除了上述介绍的在西安交大校内所作的报告外,我曾经多次受邀为全国会议、教育部、陕西省举办的各类教师培训班、讲座作报告或者讲学,仅"多媒体上课的六要素和五大忌"一个专题,就曾5次为陕西省的教师培训班作报告。其他各类报告也应邀在国防科技大学、西北工业大学、西安电子科技大学等"985""211"高校,已至少作过50余场报告,好评如潮。

2004年5月21日下午,西安电子科技大学为当年新入职的教师进行岗位培训,我受邀在培训班作了题为"以站讲台为天职"的讲座。这个报告融合了我几十年的实践和对教师站讲台及"学为人师,行为世范"等教育理念的理解。报告包括的主要内容有:讲台——彰显师德大舞台;站好讲台的前提——全心投入、精心设计;站好讲台的关键——把握内容和深厚的内功;站好讲台出好效果——驾驭课堂、启发思维;在讲台上留下口碑——严格要求、为人师表。这个报告首先从自觉加强师德修养、模范遵守职业道德规范、以身作则、言传身教、为人师表开讲,接着介绍课堂取得良好效果的体会及"招数",最后语重心长地谈了教师要以站好讲台为天职,办好人民满意的教育,把孩子们教好,实现老百姓"望子成龙"的愿望。因为报告是我自身的体会，切合实际，引起了与会教师极大共鸣。西安电子科技大学的两位副校长曹天顺、李汝峰教授到场听取了讲座。

2004年5月21日冯博琴在西安电子科技大学为新入职的教师作题为"以站讲台为天职"的讲座

2012年8月23日上午，西安外事学院特邀我作"师德教育"专题讲座。讲座围绕"以站讲台为天职""如何用好多媒体教学设施""课堂互动"等三个方面进行，该校的450余名教职工倾听了讲座。我以自己多年的教学经验为例，在现场和教师进行互动，讲授了师德的真谛：教师要以人为本、传授知识、提高素质、培养发展；在注意让学生"乐学、会学、学会"的同时自身一定要做到严格要求，树立为人师表的榜样。我还现场分享了自己的教学视频。报告结束后，外事学院人事处董宇龙处长说："冯博琴教授的师德专题讲座是我校'师德

2012年8月23日，冯博琴（站立者）在西安外事学院"师德建设年"系列讲座中作报告

建设年'中浓重的一笔。"

2014年1月9日,受西安财经学院(现西安财经大学)邀请,为该校信息学院全体教师作了以"精品课程转型升级与资源共享课程建设之浅见"为题的课程建设专题报告会。在报告中,我结合教育部计算机科学与技术教学指导委员会、非计算机专业计算机课程教学指导分委员会和省教育厅最新文件精神及政策导向趋势,详细介绍了精品课程转型升级与资源共享课程的建设理念、建设思路、建设内容、协同创新以及慕课(MOOC)的发展等内容。报告会后,我与部分参会教师进行了座谈,详细解答了他们提出的问题。事后,该校在新闻报道中指出:冯教授的报告理念新颖、内容丰富,使参会教师深受启发,对西安财经学院的课程建设、教学团队建设工作起到了深刻全面、积极有效的指导作用。

2014年1月9日冯博琴(左排站立者)在西安财经学院作课程建设专题报告

2014年9月26日,我受西安邮电大学之邀为该校教学督导组成员、各教学单位的负责人、教研室主任以及200余名教师作了题为"大学教学入门之我见"的主题报告。西安邮电大学副校长、教师发展中心主任苏华全程参加报告会,并对报告给予了高度评价。2016年4月29日我又为西安邮电大学第十二期青年教师授课技能培训班作了同样题目的报告。

2014年9月26日冯博琴在西安邮电大学作题为
"大学教学入门之我见"的主题报告

2014年12月4日下午,我应邀为西安外国语大学作了题为"从教改立项,说到成果凝炼"的专题讲座。西安外国语大学姜亚军副校长、教务处李雪茹处长及各学院院长、主管教学副院长、教研室主任、部分中青年教师等参加了讲座,讲座由姜亚军副校长主持。我主要从教改项目与科研项目的关系、教改项目的边界、如何谋划教改项目、如何凝炼教学成果、如何展现成果亮点等几个方面,结合自己几十年来在教改立项和教学成果奖申报方面取得的心得和经验,对申报教改项目和教学成果奖进行讲解并详细解答了教师们提出的问题。会后,该校老师反映"报告深刻全面,对项目申报确有积极有效的指导"。我到西安外国语大学参加学术活动或作报告也不止一次,比如:2017年9月在该校65年校庆时就参加了他们举办的相关活动并作了讲座。

2014年12月4日冯博琴在西安外国语大学作题为
"从教改立项,说到成果凝炼"专题讲座

2015年4月9日下午，由陕西省教育厅组织举办，全省高校参与的"陕西高校教学名师风采讲堂"活动拉开序幕，首场活动在西安交大开讲，我以"布尔表达式的语义分析"为题，开启了"风采讲堂"的序幕。我从自身50多年的从教经历出发，围绕示范课的知识点，旁征博引，循循善诱，穿插教学理念、方法和手段，就如何讲好计算机类基础课程，作了经典示范，受到听课教师的一致好评。讲授结束后，听课教师纷纷上前，与我交流和探讨。2015年11月18日下午，我应邀再次做客"陕西高校教学名师风采讲堂"，作了题为"教学设计与创新"的学术报告。

　　"风采讲堂"活动的主题是"教学名师引领、提高育人水平"，聘请高校国家级、省级教学名师，采取请进来与走出去相结合、集中讲授与专题讲授相结合、理念熏陶与技术提高相结合等多样形式，通过讲授示范课、讲座、研讨、交流等多种方式，传授先进教育教学理念，启迪教学改革思路，研讨教学方法与内容创新，通过名师引领提升高校教师教育教学整体水平。该活动从2015年开始到"十三五"期间，每年一届，每届在7月和10月左右分两个阶段进行，100%覆盖陕西全省高校。

2015年4月9日冯博琴在首场"陕西高校教学名师风采讲堂"作报告

2015年10月27日下午,我应陕西科技大学电气与信息工程学院、教师发展中心的邀请作了题为"教学设计与创新——以'布尔表达式的语义分析'一课为例"的学术报告。我在讲授"布尔表达式的语义分析"一课时,结合多媒体和黑板板书,在关键点设置问题和陷阱,通过课堂提问等方式,在提高听讲者注意力的同时充分与参会教师和学生进行互动。事后,陕科大的教师反映:此次报告内容丰富,受益颇多,为今后如何讲好课、提高课堂教学质量起到了很好的示范学习作用。

2015年10月27日冯博琴在陕西科技大学作"布尔表达式的语义分析"学术报告

2016年4月22日、5月6日,陕西国际商贸学院举办讲师培训班,我受邀分别作了题为"'站讲台的责任和艺术'三部曲之一——视站讲台为天职""〈站讲台的责任和艺术〉三部曲之二——如何在多媒体课堂上好课"的专题报告,围绕专题进行了详细讲解,80余名讲师参加了培训。实际上,从2014年开始,我就多次应邀为陕西国际商贸学院作专题报告或者开办讲座,比如2014年8月20日,我就在该院作了题为"师德与教学艺术之浅见"专题讲座。

2016年12月,西安理工大学为提升教师教学技能,稳步提高课堂教学质量,开展了名师引领、专家点评的"教师教学能力提升月"系列活动。我就教改项目申报问题,为该校作了题为"浅谈教改项目申报和成果凝炼"的专题报告。

2017年11月1日下午,在西北工业大学举办的"新时期教学方式及人才培养研讨会"上,我受邀为该校的青年教师作题为"视站讲台为天职"的报告。根据该校要求,我重点围绕"加强师德修养""模

2016年5月6日冯博琴为陕西国际商贸学院讲师培训班讲课

范遵守职业道德规范""以身作则""言传身教""为人师表和教学技巧"等方面进行详细讲解,尤其指出了教师教学绝不仅仅只能停留在讲解课本知识的层次,教师更应该多去关注知识背后所带给学生的能力与思想上的提升。对于教学技巧,我说明了:教学不仅是一门技术,更是一门艺术,教师对于课堂环节的设计应该尤为用心,能够把控课堂节奏对于教学效果将会有有效的提升。我还结合自己的体会介绍了课堂取得良好效果的体会及"招数"。报告结束后,西工大航空学院院长杨智春教授进行了总结发言,杨院长说:"冯博琴教授的讲座生动有趣、富含创新精神,聆听讲座,受益匪浅,对广大青年教师提高业务能力和教学水平十分有益。"

2017年11月1日,冯博琴在西北工业大学为"新时期教学方式及人才培养研讨会"作报告,与会者聚精会神听讲

2019年3月28日下午，应西安财经大学邀请，我作了题为"从教改立项说到成果凝炼"的报告会，该校各学院教学副院长、教学秘书、骨干教师等150余人参加报告会。我围绕教改项目建设和教学成果两大主题，从教改项目与科研项目的比较、教改项目的边界、教改项目的谋划、教学成果的凝炼、成果亮点的展现等五个层面，阐述了从教改立项到成果凝炼的经验与心得。我重点讲解了教改项目申请的三要素："做什么""怎么做""什么结果"，即首先要清楚项目的国内外研究现状、趋势及研究内容，其次要对研究过程进行周密设计，最后要明确项目的主要特色、预期成果和推广价值。我还结合自身成果申报和评审的丰富经验，从成果的命名、凝炼、成果亮点等各个方面详细说明了整个教学成果凝炼过程中需注意的问题及技巧。该校教务处处长王浩鸣在总结讲话中强调，报告"对我校教师深入认识教学改革研究，提高教学改革项目水平，有效凝炼教学成果具有积极的指导作用"。同样的报告，4月28日还在长安大学汽车学院讲过。

西安电子科技大学举行了2019年度新入职教师教学基本技能系列培训，5月16日，我受邀以"回归本分，以站好讲台为天职"为题作为该系列培训的第二讲上课。该校在该培训班的新闻报道中评价：专

2019年3月28日冯博琴在西安财经大学作题为"从教改立项说到成果凝炼"报告

家们"深入浅出、旁征博引的精彩报告,为青年教师培养良好的师德修养与教学规范,掌握教学基本技能,提高教学设计能力、课堂教学组织与管理能力,为今后职业发展奠定了良好基础"。

2019年5月冯博琴在西安电子科技大学新入职教师教学基本技能系列培训班讲课

实际上,近几年,我受邀到很多高校作报告或者举办讲座,比如2019年6月我在西北大学举办的"教学名师讲堂"活动中,以"回归本分,以站好讲台为天职"为主题,讲授了作为一名高校教师的使命与担当。每次参加这些活动,我都把它看成是一名大学教师应尽的责任,事先都根据需要和主题认真准备,站到讲台上就充满激情,一方面是感染听众,另一方面也是展现西安交大教师的风貌。所以,我从不敢马虎。

四、担任研究生教育教学质量专家督导组组长

退休之后,我仍然承担本科生教育教学质量专家督导组的工作。到了2017年4月学校决定单独成立研究生教育教学质量专家督导组,并下发了专门文件,任命我为督导组组长。4月25日下午,学校召开了西安交通大学研究生教育教学质量专家督导组成立大会。郑庆华副校长出席会议并为督导专家颁发聘任证书。这是学校首次成立针对研究生

教育和教学的专家督导组,由 22 个学院的 37 位专家组成。会上提出:督导组首要工作是促进教风学风建设,提高研究生教育改革和发展质量,制定符合国情、遵循研究生教育规律的质量保障和监督体系。

2017 年 4 月 25 日冯博琴在研究生教育教学质量专家督导组成立大会上发言

说实话,对于担任研究生教育教学质量专家督导组组长开始我是有些犹豫的,不敢接受这个职务,主要是觉得有些力不从心。因为老伴患有 30 多年的类风湿病,生活不能自理,需要我的照顾。后来考虑到有曾任研究生院副院长的陈天宁教授担任督导组副组长的合作,还有督导组同事们的理解,才决定承担这项工作。

在研究生督导组刚刚成立时,我们在规范制度、管理办法、组建队伍、开展工作等方面,给研究生院提出了不少建议。督导组同事们的日常工作内容,主要是听重点课程、考察研究生培养过程各个环节是否规范严谨,将意见反馈给学院和教师。在督导专家们的听课单上,教师、学生、屏幕、课堂、黑板是关注的重点。刚介入这项工作时,我经常思考的一个问题是:课堂对研究生是不是同样重要?担心自己年纪大了,怕我的一些观点过时。我注意到,教育部很多会议都在强调课堂的重要性,我慢慢坚定了自己的想法。我认为:在大学里老师教课、学生学习是天经地义的事情,第一课堂质量同样是研究生培养的基本质量保障,培养过程的督导是对导师培养职责的重要补充。尽管研究生的科研面窄而深,但只有掌握了基础知识,才能更好地开展科研工作。这样理清了认识,就更加坚定了做好研究生教育教学质量督导工作的决心和信心。这里记录几次研究生督导工作的会议，从中可见督导组成立三年来的工作轨迹。

2018年7月22日，研究生院组织召开2017—2018学年第二学期教育教学质量督导工作总结会。与会专家认为，督导工作对于提升研究生教学质量起到了重要的推动的作用，研究生课堂教学秩序逐步规范，授课效果有一定提高。同时，根据部分研究生的课程教学中存在的问题，建议学校组织督导专家研究适合研究生的教学方法，提出研究生理论课、实践课的"好课"标准。而什么是研究生的"好课"，也是我这几年一直在思考的问题。我认为：对研究生而言，他们面对的学科多，每节课人数比较少，因此研究生的课堂需要百花齐放，更提倡包容开放的课堂环境。

2018年9月，研究生院组织召开了2018—2019学年第一学期研究生教育教学质量专家督导组组长会议。这次会议讨论了《西安交通大学研究生教育教学质量专家督导组管理办法》。我同与会的督导专家分别发表意见，对《管理办法》进行了充分研讨，并确定了定时、定人的督导专家意见反馈机制和研究生教育教学督导月报制度。

2019年7月18日，学校召开2019年春季学期研究生教育教学质量专家督导组全体会议。会议对创新港研究生教育教学质量专家督导工作进行了专门研讨。我认为：创新港肩负的历史使命，对督导组的工作提出了更高的要求：怎么做到更好、更合理的工作安排，是督导组未来工作的重点。我在会上提出：创新港与现有校区有一定距离，督导组应该考虑改变原有的督导组织模式，安排好创新港的督导力量，创建新的督导工作和保障机制，确保做好创新港督导工作。除此之外，我还建议：创新港启用初期周边配套尚在建设中，要充分考虑师生联系不紧密的问题，加强创新港文化建设。

2019年3月10日下午，研究生院召开了2019—2020学年春季督导组组长会议。会议回顾了研究生督导组自2017年4月成立以来的主要工作。到去年3月，督导组已有41位成员；按照理、机、电、文、医五个小组开展工作；在进行随堂听课的同时，积极参与研究生培养各环节工作，为研究生教学质量提升作出了很大贡献；特别是面对突如其来的新型冠状病毒肺炎疫情，在学校决定推迟开学并实施研究生线上教学的情况下,组织督导组的老师们尽快熟悉线上教学第三方平台,迅速适应并积极投入线上听课中,为学校研究生线上课程教学质量把关诊脉,为改进研究生线上教学贡献智慧和力量。同时我就研究生在线教学中存在的问题提出了改善建议。会后的疫情期间,督导组充分发挥作用,积极参与到在线授课质量检查与督导工作中。开课前督导按照学科分组分别对参与试讲的公共课和在直播教室试讲课程的授课情况进行在线检查;开课过程中,督导专家及时跟进,深入网络课堂在线听课,了解授课质量、课堂互动、资源利用、平台使用等情况,监控教学运行状态,及时收集师生在线上教学中遇到的各类实际问题,反馈在线教学情况,提出课程设计、课堂组织等方面的建设性意见和建议。针对目前在线授课形式,督导们相应调整了工作重心,将重点放在了对课程资源上传完成程度,线上教学授课清晰、流畅程度,课件图文质量,和学生互动效果等方面的检查,参与了教学和管理全过程。截至2019年3月9日,20位督导专家反馈了121份书面意见,涉及10门公共课,58门院管课。经过对督导反馈的评价单统计,10门被评价的公共课中6门获得全优评价,58门被评价的院管课中26门获得全优评价。

学校召开2019—2020学年春季学期研究生督导组组长会议
(左图前排右三为冯博琴)

在研究生督导组工作期间,我还做了一些与青年教师成长有关的事情,如:2018年,能源与动力工程学院的苏光辉教授要申报研究生教育教学成果奖,在答辩材料递交前夕,左右思索总有些放心不下,觉得成果奖的"本子"还需要完善。于是,我会同陈花玲教授、别朝红教授等评审团队成员连夜听取苏光辉的答辩汇报,反复雕琢答辩材料,并逐一修改,最后该项目顺利获得研究生教育教学成果二等奖。

五、"冯博琴名师工作室"成立及工作

2017年10月19日下午,西安交通大学首批名师工作室授牌仪式在钱学森图书馆星空报告厅举行。西安交通大学校长王树国,省教育厅副厅长高晶华,西安交大党委常务副书记王小力、副校长郑庆华,省教育厅教师工作处处长罗侃淳,吉林大学教授张汉壮以及各兄弟院校,学校各学院、相关职能部门的领导、各类后备教师及教师代表等参加活动。仪式由教师教学发展中心常务副主任鲍崇高主持。陶文铨、马知恩、冯博琴、罗先觉四位国家级教学名师出席授牌仪式。王树国校长在授牌仪式上讲话,他说:"交大拥有一批爱学生的老师,他们尽管卓有成就,但依然长期投身于教学一线,勤勉耕耘,教书育人。""名师工作室是学校奔向一流大学的具体举措,希望通过工作室的筹办,能够把立德树人的具体措施落在实处。""我们要把人才培养这杆红旗扛到底,能够成为国家在人才培养中的示范与样本。而这最终受益的就是我们的孩子们,也是学校赖以生存的根本所在。"王树国校长的讲话使我深受感动的同时,也深感责任的重大。我应该把西安交大人一代又一代承继下来的优良传统传递下去,这是我义不容辞的责任。

王树国校长为"冯博琴名师工作室"授牌

2017年11月23日,"冯博琴名师工作室"启动,界定了工作室的定位、特色及工作规划,并表示将配合学院通过这一平台带动学院的教学工作。工作室将借助于内外合力,以"专业引领、互学共进、

共同发展"为宗旨,打造成为西安交大计算机基础教学改革资源的共享园;工作室将遵循优秀教师的成长规律,以教育科研为先导,以课堂教学为主阵地,以网络为平台,融实践性、研究性于一体,进行计算机基础教学研究与探索,有效促进教师专业水平的提高,使之成为"研修的平台、成长的驿站、辐射的中心"。工作室在电信学院(现电信学部)和学校教师教学发展中心的支持下,围绕着帮助青年教师深入了解教书育人的内涵,提高课堂教学质量,做好教学"传帮带"等开展了卓有成效的工作,促进了教师队伍整体发展。下面提供几次"冯博琴名师工作室"的活动情况和照片。

2018年11月16日上午,"冯博琴名师工作室"与计算机教学实验中心和计算机教学实验中心党支部联合组织召开了教学交流暨教学法研讨会。由三位新担任授课任务的青年教师分别试讲了C#程序设计的文本文件读写、高级程序设计的贪心算法、大学计算机基础的数据分析课程。几位授课经验丰富的老师作为评委,对三位青年教师进行点评指导。我做了总结点评,并就如何提高授课水平,围绕讲课三意境"念""讲""唱"作了报告,特别强调了青年教师要做到"德高""学高""艺高"。

2018年11月16日教学交流暨教学法研讨会,冯博琴(左排右一)在作报告

2019年11月15日上午,在西安交大计算机教学实验中心602会议室,由电信学部、"冯博琴名师工作室"联合组织召开了主题为"课堂的大忌和上课的境界"的名师工作室开放日活动,20多位老师参加。

2019年11月15日名师工作室开放日活动,冯博琴(左排右一)在作报告

2019年12月4日下午,为帮助教师们了解2019年线下、线上线下混合式、社会实践国家级一流本科课程认定工作的背景,更好地理解申报文件、及时解答申报中的疑问,由教务处、电信学部、教师教

2019年12月4日名师工作室开放日活动,冯博琴在作报告

学发展中心和"冯博琴名师工作室"在仲英楼B座102报告厅共同组织了工作室开放日活动，170余人参加。

我作了题为"申报一流课程十问"的报告。对《教育部关于一流本科课程建设的实施意见》进行了全方位解读，并结合自己多年来教学和评审的经验提炼了十个具体的问题，对每个问题都给出了明确的答案，还重点解答了大家较为关心的说课环节、教学设计样例和视频实录这三方面问题，并给出了指导性建议，取得了良好效果。

2021年1月23日，西安交大召开2020年度教学工作会议。会议表彰了2020年度人才培养工作突出贡献单位和个人，我是受表彰者之一，获得了"西安交通大学2020年度人才培养工作突出贡献个人"称号。

冯博琴（前排左二）荣获"西安交通大学2020年度人才培养工作突出贡献个人"称号

结语：学生捐赠设立"冯博琴伯乐奖"

2020年的教师节，有一件让我非常感动的事情，我想讲述一下并作为这篇回忆录的结语。

吴振海，是我的一名硕士研究生，1999年毕业于计算机软件与理论专业，现任华勤技术有限公司董事、高级副总裁，勤奋、努力，在自己的事业里创造出一片广阔的天地。在事业发展的同时，吴振海和他所在的华勤公司，以自己力所能及的方式，持续回馈社会、服务国家。在2020年西安交大举办"科创月"活动之际，吴振海回到阔别已久的母校，看到母校日新月异的发展，看到老师们熟悉的脸庞，他备受鼓舞，十分开心，决定向学校捐赠100万元，设立"冯博琴伯乐奖"，用于奖励为西安交大计算机学科人才引进作出突出贡献的优秀教师，西安交大电信学部计算机学院在中国西部科技创新港举办了"冯博琴伯乐奖"捐赠仪式。

西安交大教育基金会副理事长、秘书长赵卫滨与华勤技术有限公司董事、高级副总裁吴振海签订捐赠协议

在捐赠仪式上，吴振海表达了捐赠的初衷是饮水思源，他说："在校时科学系统的训练为我在工作中解决问题建立了良好的基础，感谢冯博琴老师严谨治学的态度，对学生的严格要求，以及对家庭的责任感为我带来的积极影响。""'伯乐奖'的设立是为奖励发现人才、引进人才的'伯乐'，同时也激励更多的'准伯乐'为学院的发展添砖加瓦。""也将冯老师严谨治学、诲人不倦的精神品质发扬光大，鼓励更

冯博琴为吴振海颁发捐赠铭牌

多的交大年轻人将榜样的力量继续传递,让饮水思源的优秀品质像春雨滋润过的种子一样,在西安交大人心中生根发芽、茁壮生长。"

吴振海的这些话,让我在感动的同时,也回想到自己从成为一名大学教师时起,就肩负的那份沉甸甸责任,正是这种责任促使我在这50多年的教师生涯中,不敢有一丝一毫的懈怠,"春蚕到死丝方尽,蜡炬成灰泪始干",说的就是这样的一种精神吧。所以,我在捐赠仪式上首先感谢吴振海感恩导师、感恩母校、回馈社会、回报国家培养,设立"伯乐奖"的意愿,又特别表达了一名老教师对计算机学院、对与会者的希望:希望大家把优秀人才推荐到计算机学院;希望学院的青年教师努力把学问做好,争取获奖;希望青年教师以"雄关漫道真如铁,而今迈步从头越"的精神去拼搏、奋斗,希望西安交大和计算机学院再创辉煌。

补 记

冯博琴教授在教育战线上已经辛勤耕耘了近半个世纪,整理者在搜集冯老师的资料时,看到了很多有关他的事迹,近年来也有些关于

冯老师的公开报道和资料,读者可参考下面一些资料:

1. 交大学人:冯博琴教授. 西安交大学风建设专题网,2014-04-24.

2. 张黛微. 为了心中神圣的责任——记优秀共产党员、国家级教学名师冯博琴.

3. 冯博琴:诚信 敬业 忠孝,交大新闻网【七十年七十人】栏目,2019-08-27.

4. 以热爱学生、教书育人为核心,以"学为人师、行为世范"——候选人主要事迹简介,百度文库＞教育专区＞教学研究＞教学反思/汇报,2014-10-08.

5. 敢为西迁献余热,老骥伏枥歌永年——记研究生教育教学督导冯博琴教授. 交大新闻网,2020-03-20.

此外,在整理文稿过程中还参阅和引用了一些网媒对冯博琴教授相关活动的报道。

这里,对上述文章的作者和媒体一并致以真诚的感谢。

整理者:祝玉琴 2021年3月于西安

附录:冯博琴公开发表的部分论文

1. 卫颜俊,冯博琴,伍卫国. 基于多项式一致逼近的多阈值图像分割算法 [J]. 通信学报,2016,37(10):56-64.

2. 薛咏,冯博琴,武艳芳. ABox推理计算实体相似度 [J]. 西安交通大学学报,2015,49(9):70-76.

3. 冯博琴,郑庆华. 计算机精品资源共享课建设与协同创新模式探索 [J]. 中国大学教学,2013(8):8-11,16.

4. 冯博琴. 用研究与实践的创新成果,破解"增强计算思维能力培养"的难题——为《大学计算机——计算思维导论》作序 [J]. 工业和信息化教育,2013(6):3,2.

5. 吴宁,冯博琴. 对国家精品课程转型升级与资源共享建设的认识与实践 [J]. 中国大学教学,2012(12):6-9.

6. 冯博琴. 对于计算思维能力培养"落地"问题的探讨 [J]. 中国大学教

学，2012（9）：6-9．

7. 赵金伟，冯博琴，闫桂荣．泛化的统一切比雪夫多项式核函数［J］．西安交通大学学报，2012，46（8）：43-48．

8. 赵金伟，冯博琴，闫桂荣．基于正交多项式核函数方法［J］．计算机技术与发展，2012，22（5）：177-184．

9. 孙鹤立，黄健斌，冯博琴，赵志勤，刘均．查询依赖的有序多超平面排序学习模型［J］．软件学报，2011，22（11）：2773-2781．

10. 冯博琴．打造教学团队核心竞争力［J］．中国大学教学，2011（9）：13-16．

11. 刘洋，周清雷，冯博琴．粒度计算中混合属性约简的权重模糊粗糙集模型［J］．西安交通大学学报，2011，45（10）：43-47．

12. 薛咏，冯博琴，刘卫涛．扩展主题图本体融合策略与算法［J］．西安交通大学学报，2011，45（10）：13-18．

13. 李波，冯博琴，韩丽娜．研究生计算机教学问题探讨——面向研究型大学非计算机专业［J］．计算机教育，2011（1）：41-46．

14. 茅琴娇，冯博琴，李燕，潘善亮．一种基于概念格的用户兴趣预测方法［J］．山东大学学报（工学版），2010，40（5）：159-163．

15. 宋少龙，赵银亮，冯博琴，韦远，王旭昊．支持推测多线程的扩展多核模拟器Prophet＋［J］．西安交通大学学报，2010，44（10）：13-17，35．

16. 何钦铭，陆汉权，冯博琴．计算机基础教学的核心任务是计算思维能力的培养——《九校联盟（C9）计算机基础教学发展战略联合声明》解读［J］．中国大学学报，2010（9）：5-9．

17. 孙鹤立，冯博琴，黄健斌，赵英良，刘均．序关系优化的多超平面排序学习模型［J］．模式识别与人工智能，2010，23（3）：327-334．

18. 薛咏，冯博琴．MANET主机安全自配置协议研究［J］．微电子学与计算机，2010，27（5）：31-34．

19. 夏秦，王志文，邹华峰，冯博琴．面向信息系统的生存性恢复机制［J］．西安交通大学学报，2010，44（4）：18-22．

20. 冯博琴．培植名师、名课、名实验室 建设国内一流的计算机基础教学和研究基地［J］．中国大学教学，2010（3）：25-27，57．

21. 鲁慧民，冯博琴，李旭．面向多源知识融合的扩展主题图相似性算法［J］．西安交通大学学报，2010，44（2）：20-24．

22. 李燕，冯博琴，鲁晓锋．Web日志挖掘中的数据预处理技术［J］．计算机工程，2009，25（2）：202-206．

23. 周红芳,冯博琴,岳辉,吕林涛. 基于语义模型的 Web 挖掘算法研究 [J]. 哈尔滨工业大学学报,2009,41 (11):212-214.

24. 魏瑞轩,冯博琴,胡明朗. 无人机半物理飞行仿真试验平台设计 [J]. 飞行力学,2009,27 (5):75-78.

25. 夏秦,冯博琴,陈文革,顾刚. 浅析"大学计算机基础"课程中的案例设计 [J]. 中国大学教学,2009 (9):41-44.

26. 鲁慧民,冯博琴,赵英良,郑庆华,刘均. 一种基于扩展主题图的分布式知识融合 [J]. 吉林大学学报 (理学版),2009,47 (3):543-547.

27. 鲁慧民,冯博琴,赵英良. 主题图融合技术研究综述 [J]. 计算机科学,2009,36 (4):38-41.

28. 冯博琴,张龙. 迈向计算机基础教学的新高度 [J]. 中国大学教学,2009 (4):8-11.

29. 张云,冯博琴. 利用标签的层次化搜索结果聚类方法 [J]. 西安交通大学学报,2009,43 (4):18-21,38.

30. 鲁慧民,冯博琴,宋擒豹. 频繁子图挖掘研究综述 [J]. 微电子学与计算机,2009,32 (10):193-196,封四.

31. 鲁慧民,冯博琴. 基于数据挖掘的电网故障关联性分析与研究 [J]. 微电子学与计算机,2008,25 (12):110-113.

32. 冯博琴. 高校精品课程建设研究 [J]. 中国大学教学,2008 (10):9-10.

33. 冯博琴,赵英良,顾刚. 狠抓能力培养,提高实验教学水平 [J]. 计算机教育,2008 (19):9-11.

34. MAO Q J,FENG B Q,PAN S L (茅琴娇,冯博琴,潘善亮). Latent semantic analysis for query interfaces of deep web sites (Deep web 站点查询界面的潜在语义分析) [J]. Journal of Southeast University [东南大学学报 (英文版)],2008,24 (3):312-314.

35. 陈国良,冯博琴,张龙. 抓住实施"质量工程"机遇 提高高校计算机基础教育水平 [J]. 中国大学教学,2008 (4):7-10.

36. 冯博琴. 多媒体上课六要素和四大忌 [J]. 中国大学教学,2008 (2):4-5.

37. 崔舒宁,朱丹军,冯博琴,昂正全. 结合受控词汇表的生物基因本体标注与分类 [J]. 西安交通大学学报,2008,42 (2):171-174.

38. 张云,冯博琴,麻首强,刘连梦. 蚁群-遗传融合的文本聚类算法 [J]. 西安交通大学学报,2007,41 (10):1146-1150.

39. 周红芳，冯博琴．基于模糊集的主题提取和层次发现算法［J］．计算机工程，2007，33（18）：40－41，44．

40. 刘宏杰，冯博琴，李文捷，吕焕通．粗糙集属性约简判别分析方法及其应用［J］．西安交通大学学报，2007，41（8）：939－943．

41. 崔尚森，冯博琴，张白一．一种前缀长度二分查找的改进算法［J］．计算机工程，2007，33（15）：70－71，85．

42. 祝鸣，冯博琴，傅向华，周江卫．业务流程与数据模型的关联元模型研究［C］//2007中国控制与决策学术年会论文集，2007，941－949．

43. 傅向华，冯博琴，王小民，王志强．一种基于数据访问流的数据库索引优化方法［J］．计算机工程，2007，33（12）：99－101．

44. 周江卫，冯博琴，刘洋．一种新的快速求核算法［J］．西安交通大学学报，2007，41（6）：688－691．

45. 刘洋，冯博琴，周江卫．一种改进的基于差别矩阵的属性约简算法［J］．微电子学与计算机，2007，24（5）：133－137．

46. 高海昌，冯博琴，李远杰，曾明．基于扩展ORD图的类间集成测试顺序改进算法［J］．小型微型计算机系统，2007，28（4）：725－728．

47. 周江卫，冯博琴，刘洋．粗糙集高效遗传约简算法［J］．西安交通大学学报，2007，41（4）：444－447．

48. 崔舒宁，昂正全，朱丹军，冯博琴．基于模糊积分融合方法的智能元搜索引擎系统［J］．计算机应用，2007，27（3）：577－579．

49. 刘洋，冯博琴，周江卫．基于差别矩阵的增量式属性约简完备算法［J］．西安交通大学学报，2007，41（2）：158－162．

50. 陈宁，冯博琴，基于命题逻辑的组件约束检测［J］．西安交通大学学报，2007，41（2）：172－175．

51. L高海昌，冯博琴，卫鹏，何杭军．Linux下可执行文件的动态内存检测设计与实现［J］．计算机工程，2007，41（2）：172－175．

52. 冯博琴，顾刚，赵英良．以能力培养为核心的计算机基础实验教学研究与探索［J］．中国大学教学，2006（12）：4－6，14．

53. 叶茂，冯博琴，朱利，黄震芳．基于马氏链的图形用户界面软件统计测试技术［J］．仪器仪表学报，2006，27（6）增刊：75－76．

54. 叶茂，冯博琴，朱利，朱彦军．基于小波的Web测试流量生成［J］．仪器仪表学报，2006，27（6S）：447－448．

55. 叶茂，冯博琴，朱利．面向使用的GUI软件关键测试路径选择策略［J］．武汉大学学报（理学版），2006，52（5）：618－621．

56. 高海昌, 冯博琴, 曾明, 贺晓红. 基于 Markov 链路径使用模型的软件统计测试 [J]. 计算机工程, 2006, 32 (19): 20-22.

57. 高海昌, 冯博琴, 何杭军, 朱利. Linux 平台下基于源代码插装的动态内存检测 [J]. 小型微型计算机系统, 2006, 27 (9): 1647-1651.

58. 崔尚森, 冯博琴, 赵祥模. 基于构件的软件生产过程模型 [J]. 长安大学学报 (自然科学版), 2006, 26 (5): 108-111.

59. 叶茂, 高海昌, 冯博琴, 朱利. 基于窗口导航有向图的 GUI 测试覆盖准则 [J]. 西安交通大学学报, 2006, 41 (4): 476-480.

60. 郭斌, 高海昌, 冯博琴, 卫鹏, 朱利. 基于自适应 SAGA 的测试数据自动生成 [J]. 微电子学与计算机, 2006, 23 (8): 10-14.

61. 高海昌, 冯博琴, 朱利, 郭斌. 改进的遗传算法在测试数据自动生成中的应用 [J]. 系统工程与电子技术, 2006, 28 (7): 1077-1081.

62. 吕军, 冯博琴, 李波. 基于遗传算法的属性约简 [J]. 微电子学与计算机, 2006, 23 (7): 150-153.

63. 高海昌, 冯博琴, 侯芸. 测试数据自动生成的研究进展 [J]. 2006 中国控制与决策学术年会论文集, 2006, 460-466.

64. 陈宁, 冯博琴. 基于系统论的业务模型实现的自动化技术的研究 [J]. 2006 中国控制与决策学术年会论文集 [J]. 2006, 639-642.

65. 高海昌, 冯博琴, 侯芸, 朱利. 自适应变异的混合粒子群优化策略及其应用 [J]. 西安交通大学学报, 2006, 40 (6): 663-666.

66. 罗建军, 管涛, 冯博琴. 一种基于加权特征的可能模糊聚类方法 [J]. 计算机应用研究, 2006 (6): 52-54.

67. 张明龙, 冯博琴, 刘芳. 一个具有高可用性的动态容错 VoD 系统 [J]. 计算机工程, 2006, 62 (10): 86-88.

68. 傅向华, 冯博琴. 主题驱动的 P2P 分布式信息搜索机制研究 [J]. 小型微型计算机系统, 2006, 27 (4): 609-613.

69. 高海昌, 冯博琴, 朱利. 智能优化算法求解 TSP 问题 [J]. 控制与决策, 2006, 21 (3): 241-247, 252.

70. 傅向华, 冯博琴. 一种支持复杂查询的有组织 P2P 搜索方法 [J]. 小型微型计算机系统, 2006, 27 (3): 401-406.

71. 薛涛, 冯博琴, 李波, 董剑. 基于内容的发布订阅系统中快速匹配算法的研究 [J]. 小型微型计算机系统, 2006, 27 (3): 529-533.

72. 何明, 冯博琴, 马兆丰, 傅向华. 一种基于高斯混合模型的无监督粗糙聚类方法 [J]. 哈尔滨工业大学学报, 2006, 38 (2): 256-259, 322.

73. 薛涛,冯博琴,李波. 使用发布订阅中间件支持移动计算 [J]. 小型微型计算机系统,2006,27 (2):260-263.

74. 高海昌,刘晓洪,冯博琴,朱利. 面向上下文无关语言的信息提取模块化设计 [J]. 计算机工程,2006,32 (4):49-51,54.

75. 吕军,冯博琴,李波. 遗传算法进化中积木块的识别和利用研究 [J]. 西安交通大学学报,2006,40 (2):133-137.

76. 张明龙,冯博琴,王雪平. 并发多媒体服务系统超载模型分析 [J]. 西安交通大学学报,2006,40 (2):161-164.

77. 崔舒宁,冯博琴. 融合搜索引擎结果集的模糊积分算法 [J]. 西安交通大学学报,2006,40 (2):175-178.

78. 薛涛,冯博琴. 使用 Gossip 算法实现可靠的基于内容的发布订阅系统 [J]. 小型微型计算机系统,2006,27 (1):185-189.

79. 张明龙,赵巍,冯博琴,刘芳. 主动网络中的分层组播拥塞控制策略 [J]. 微电子学与计算机,2005,22 (11):10-13.

80. 饶元,冯博琴,李尊朝. ALBC4WS:一种基于软件体系结构生命周期的动态服务合成框架 [J]. 计算机研究与发展,2005,42 (12):2063-2069.

81. 吕军,冯博琴,李波. 多约束条件车辆路径问题的二阶段遗传退火算法 [J]. 西安交通大学学报,2005,39 (12):1299-1302.

82. 傅向华,冯博琴,马兆丰,何明. 基于主题划分的有组织 P2P 搜索算法 [J]. 西安交通大学学报,2005,39 (12):1327-1330.

83. 傅向华,冯博琴,马兆丰,何明. 基于查询扩展的 Web 链接主题提取算法 [J]. 小型微型计算机系统,2005,26 (11):1951-1954.

84. 张明龙,冯博琴,刘芳. 区分服务的动态队列管理策略 [J]. 计算机工程与应用,2005 (30):117-118,174.

85. 薛亮,冯博琴,管涛. 网络跨库检索中基于 Ontology 的数据抽取与合并 [J]. 小型微型计算机系统,2005,26 (10):1807-1809.

86. 傅向华,冯博琴. 基于 Hilbert 空间填充曲线的 P2P 多维潜在语义查询 [J]. 西安交通大学学报,2005,39 (10):1064-1067,1071.

87. 崔尚森,冯博琴. 散列索引多分支 Trie 树快速路由查找算法 [J]. 计算机应用与软件,2005,22 (9):115-117.

88. 饶元,冯博琴,李尊朝. 基于 Web Services 的服务合成技术研究综述 [J]. 系统工程与电子技术,2005,27 (8):1481-1489.

89. 霍华,冯博琴,赵深深. 基于多查询数据融合和正相关反馈的检索算法 [J]. 西安交通大学学报,2005,39 (8):820-823.

90. 管涛，毛坚桓，冯博琴. 基于广义 Choquet 模糊积分的语言特征对象近似识别/分类 [J]. 小型微型计算机系统，2005，26（7）：1278-1280.

91. 吕军，冯博琴，李波. 免疫遗传算法及其应用研究 [J]. 微电子学与计算机，2005，22（6）：221-224.

92. 王自强，冯博琴. 最长前缀匹配查找的索引分离 Trie 树结构及其算法 [J]. 计算机工程与应用，2005（20）：131-134.

93. 王自强，冯博琴. Web 数据中频繁模式树的挖掘 [J]. 控制理论与应用，2005，22（3）：429-433.

94. 何明，冯博琴，马兆丰，傅向华. 一种不确定性条件下的自适应知识学习方法 [J]. 小型微型计算机系统，2005，26（6）：965-967.

95. 霍华，冯博琴. 基于压缩稀疏矩阵矢量相乘的文本相似度计算 [J]. 小型微型计算机系统，2005，26（6）：988-990.

96. 韩冰，冯博琴，傅向华，马兆丰. 基于平衡策略的 SMO 改进算法 [J]. 计算机工程，2005，31（12）：10-12，107.

97. 刘晓洪，高海昌，贺晓红，冯博琴，朱利. 白盒测试工具函数信息提取模块设计与实现 [J]. 微电子学与计算机，2005，22（5）：166-169.

98. 管涛，薛亮，冯博琴. 模糊信息系统上的粗糙约简 [J]. 西安交通大学学报，2005，39（6）：574-577，632.

99. 傅向华，冯博琴，马兆丰，韩冰. 基于核方法的 Web 挖掘研究 [J]. 小型微型计算机系统，2005，26（5）：727-731.

100. 毛坚桓，叶茂，朱利，冯博琴. Linux 环境下基于 gtk 的录制/回放工具的设计和实现 [J]. 微电子学与计算机，2005，22（4）：140-143.

101. 傅向华，冯博琴，马兆丰，韩冰. 一种异构神经网络集成协同构造算法 [J]. 小型微型计算机系统，2005，26（4）：641-645.

102. 何明，冯博琴，马兆丰，傅向华. 一种基于遗传算法的 Rough 集多知识抽取方法 [J]. 小型微型计算机系统，2005，26（4）：651-654.

103. 何明，冯博琴，马兆丰，傅向华. 基于熵和信息粒度的粗糙集聚类算法 [J]. 西安交通大学学报，2005，39（4）：343-346.

104. 霍华，冯博琴. 基于混合模型的多搜索引擎融合 [J]. 西安交通大学学报，2005，39（4）：356-359.

105. 何明，冯博琴，马兆丰，傅向华. 一种基于 Rough 集理论的属性约简启发式算法 [J]. 小型微型计算机系统，2005，26（3）：356-359.

106. 饶元，冯博琴. 基于 Web Service 的分布式松耦合环境下的可编程网络模型 [J]. 小型微型计算机系统，2005，26（3）：528-531.

107. 高海昌，贺晓红，冯博琴，朱利. 软件结构测试自动化关键技术研究 [J]. 微电子学与计算机，2005，22（2）：25-28.

108. 贺晓红，高海昌，刘晓宏，冯博琴；朱利. Linux 平台下软件的静态测试技术研究与实现 [J]. 微电子学与计算机，2005，22（2）：39-42，45.

109. 王自强，冯博琴. Web 信息查询优化的遗传算法 [J]. 控制与决策，2005，20（2）：187-190.

110. 薛涛，冯博琴. 内容发布订阅系统路由算法和自配置策略研究 [J]. 软件学报，2005，16（2）：251-259.

111. 王自强，冯博琴. 分类规则挖掘的免疫算法 [J]. 西安交通大学学报，2005，39（2）：111-114.

112. 傅向华，马兆丰，何明，冯博琴. 一种个性化的主题提取和层次发现算法 [J]. 西安交通大学学报，2005，39（2）：119-122.

113. 霍华，冯博琴. 一种基于微分流型的 Web 检索算法 [J]. 西安交通大学学报，2005，39（2）：130-133，145.

114. 饶元，陆淑敏，李尊朝，冯博琴. XBSIA：一种基于 XML 的安全技术集成框架 [J]. 微电子学与计算机，2005，21（12）：81-84，94.

115. 何明，冯博琴，马兆丰，傅向华. 一种基于粗糙集的粗糙神经网络构造方法 [J]. 西安交通大学学报，2004，38（12）：1240-1246.

116. 管涛，冯博琴. Choquet 模糊积分的粗糙性及信息融合 [J]. 西安交通大学学报，2004，38（12）：1251-1255.

117. 薛涛，冯博琴. 消息联盟系统中保持消息因果序协议的研究 [J]. 计算机工程，2004，30（23）：15-16，36.

118. 饶元，冯博琴. 面向 Web 服务的动态电子商务集成框架 [J]. 计算机集成制造系统，2004，10（11）：1455-1458.

119. 冯博琴. 以站好讲台为天职 [J]. 中国大学教学，2004（11）：16-18.

120. 管涛，冯博琴. 模糊目标信息系统上的知识约简方法 [J]. 软件学报，2004，15（10）：1470-1478.

121. 饶元，冯博琴. 基于 WebService 开放系统结构的软件重用 [J]. 计算机工程，2004，30（20）：72-74.

122. 饶元，冯博琴. 基于本体的 XML 知识表示方法研究 [J]. 微电子学与计算机，2004，21（9）：26-29.

123. 王自强，冯博琴. 车间流程的免疫调度算法 [J]. 西安交通大学学报，2004，38（10）：1031-1034.

124. 饶元，冯博琴，李尊朝，韩金仓. 基于角色作业任务的网络教学模型研究与实现［J］．西安交通大学学报，2004，38（10）：1057－1060．

125．赵亮，冯博琴．组卷要求的可满足性检查［J］．计算机工程与应用，2004（27）：222－224，232．

126．冯博琴．计算机基础教育新阶段的教学改革研究［J］．中国大学教学，2004（9）：7－10．

127．傅向华，冯博琴，马兆丰，何明．增量构造负相关异构神经网络集成的方法［J］．西安交通大学学报，2004，38（8）：796－799．

128．王自强，冯博琴．个性化推荐系统中遗漏值处理方法的研究［J］．西安交通大学学报，2004，38（8）：808－810，850．

129．王自强，冯博琴．频繁项集的简洁表示方法研究［J］．系统工程理论与实践，2004（7）：74－81．

130．李瑜，冯博琴，马兆丰，黄治国．基于XML的倒排索引算法的设计与实现［J］．微电子学与计算机，2004，21（6）：27－30．

131．何明，冯博琴，傅向华．基于Rough集潜在语义索引的Web文档分类［J］．计算机工程，2004，30（13）：3－5．

132．王自强，冯博琴，刘楚达．分布式决策中处理冲突的研究［J］．小型微型计算机系统，2004，25（6）：1036－1039．

133．何明，冯博琴，马兆丰，傅向华．基于增量式遗传算法的粗糙集分类规则挖掘［J］．西安交通大学学报，2004，38（6）：579－582．

134．傅向华，冯博琴，马兆丰，何明．可在线增量自学习的聚焦爬行方法［J］．西安交通大学学报，2004，38（6）：599－602．

135．何明，冯博琴，马兆丰，傅向华．一种改进的Rough集属性约简启发式遗传算法［J］．西安石油大学学报（自然科学版），2004，19（3）：80－85．

136．饶元，冯博琴．新网络体系结构：Web Services研究综述［J］．计算机科学，2004，31（5）：1－4．

137．马兆丰，冯博琴．基于支撑向量机的自适应信息推荐算法［J］．小型微型计算机系统，2004，25（3）：384－387．

138．薛涛，冯博琴．数字图书馆中基于内容的事件通知服务的设计与实现［J］．小型微型计算机系统，2004，25（3）：455－458．

139．管涛，冯博琴．模糊目标信息系统上的逻辑及决策规则［J］．西安交通大学学报，2004，38（2）：140－143．

140．马兆丰，冯博琴，宋擒豹，王浩鸣．基于动态许可证的信任版权安全认证协议［J］．软件学报，2004，15（1）：131－140．

141．饶元，冯博琴．基于状态的入侵检测系统研究［J］．信息技术，2003，

27（12）：50-53.

142. 饶元，冯博琴. 数据仓库的存储优化设计［J］. 计算机工程与应用，2003（36）：197-200.

143. 马兆丰，冯博琴. 基于主从许可证的多级信任版权分布式安全认证协议［J］. 西安交通大学学报，2003，37（12）：1238-1242.

144. 王自强，冯博琴. 移动 Agent 系统中的数据完整性分析［J］. 系统工程与科学技术，2003，27（12）：50-53.

145. 王自强，冯博琴. 多 Agent 系统中含糊性的处理方法［J］. 中国工程科学，2003，5（9）：72-76.

146. 马兆丰，宋擒豹，刘丹莹，冯博琴. 一种基于 IDEA 和 ECC 算法的数字化防伪认证新方案的研究与实现［J］. 小型微型计算机系统，2003，24（9）：1707-1710.

147. 管涛，罗建军，冯博琴. 基于粗糙集的 Web 用户的识别与规则提取［J］. 计算机工程与应用，2003（25）：114-115，167.

148. 王自强，冯博琴. 智能制造系统的多 Agent 模型研究［J］. 中国机械工程，2003，14（16）：1390-1393.

149. 薛亮，冯博琴. 基于 H.323 协议的 IP 电话系统［J］. 计算机工程，2003，29（15）：156-157.

150. 朱丹军，冯博琴，张柯. 基于工作流的业务过程建模研究［J］. 计算机工程与应用，2003（19）：111-114.

151. 马兆丰，王浩鸣，冯博琴. 多层分布计算范型中数据库应用服务级性能优化策略及仿真［J］. 西安交通大学学报，2003，37（6）：586-590.

152. 管涛，罗建军，冯博琴. 基于用户浏览时间的模式聚类算法［J］. 计算机工程与应用，2003（15）：104-106.

153. 王自强，冯博琴. 基于多 Agent 的智能钻井决策支持系统的研究［J］. 计算机工程，2003，29（10）：32-33.

154. 王浩鸣，冯博琴. 传统工作流管理系统在电子商务应用中的改进［J］. 计算机工程，2003，29（9）：10-12.

155. 王自强，冯博琴. 基于 XML 的 EDI 的研究与实现［J］. 计算机工程与应用，2003（13）：187-189.

156. 王自强，冯博琴. 基于参数化 Petri 网的主动数据库的行为研究［J］. 计算机工程，2003，30（2）：66-68.

157. 王自强，冯博琴. 基于 CORBA 和 MIDAS 的钻井液管理系统的开发［J］. 计算机工程，2003，29（3）：142-143，191.

158. 马兆丰，冯博琴，宋擒豹，刘丹莹．面向认证的传统商品数字化防伪机制研究［J］．计算机工程，2003，29（1）：14－16，37．

159. 王自强，冯博琴．一种基于移动 Agent 的个人移动模型［J］．计算机应用，2002，22（10）：46－47．

160. 朱丹军，冯博琴，龚曙文．实时网络通信系统的分析和设计［J］．工业控制计算机，2002，15（9）：21－23．

161. 王刚，刘路放，冯博琴．商业软件的多版本自动控制研究［J］．计算机工程，2002，28（8）：198－200．

162. 罗建军，冯博琴，刘路放．非计算机专业程序设计语言的教学改革［J］．高等工程教育研究，2002（4）：82－84．

163. 王刚，刘路放，冯博琴，薛亮．基于 Web 的受限调查通用平台研究［J］．小型微型计算机系统，2002，23（7）：824－826．

164. 薛涛，冯博琴，罗建军．一个基于 CORBA 的 CSCW 系统 DECCW 的研究与实现［J］．计算机工程与应用，2002（13）：111－112，172．

165. 田东平，冯博琴，蔡建中．跨院系组建基础课教学与实验中心［J］．中国高等教育，2002（12）：37－38．

166. 王刚，刘路放，冯博琴．Web 调查平台的可信度研究［J］．计算机工程，2001，28（5）：133－134，138．

167. 薛亮，刘路放，冯博琴．使用注册表和网卡实现软件保护［J］．计算机工程，2001，27（12）：149－150，167．

168. 薛亮，刘路放，冯博琴．VC＋＋环境下的多文档模板应用程序开发［J］．计算机工程，2001，27（8）：83－85．

169. 王刚，刘路放，冯博琴．基于 C/S 模型的公共机房用户信息采集系统［J］．计算机工程与应用，2001（14）：145－147．

170. 冯博琴，朱丹军．基于 PC 的 DCS 操作站的研究与设计［J］．西安交通大学学报，2001，35（4）：351－354．

171. 冯博琴，朱丹军．DCS 操作站核心设计技术的研究［J］．工业控制计算机，2001，14（2）：45－48．

172. 冯博琴，刘路放．突破难点再上台阶--计算机基础教育的研究和实践［J］．西安交通大学学报（社会科学版）2000，20（S）：74－77．

173. 田东平，冯博琴，蔡建中．建设跨院系的基础课教学与实验中心［J］．中国大学教学，2000（8）：15－16．

174. 刘路放，冯博琴，谢友柏．随机生成候选因子集的逐步回归原型匹配算法［J］．西安交通大学学报，200，34（7）：87－90．

175. 刘路放,冯博琴,谢友柏. 符号回归的枚举原型算法及其匹配算法研究[J]. 西安交通大学学报,2000,34(3):1-4,12.

176. 刘路放,冯博琴. 关于逐步回归算法的一个修正[J]. 西安交通大学学报,1999,33(7):5-7,78.

177. 刘路放,赫孝良,冯博琴,谢友柏. 数据驱动的定量规律发现技术研究[J]. 西安交通大学学报,1999,33(5):1-4,9.

178. 冯博琴,徐景民,李波. 计算机时间同步问题的研究[J]. 西安交通大学学报,1999,33(5):104-105,110.

179. 冯博琴,刘路放,赵仲孟,顾刚,刘志强. 计算机基础教育改革的研究与实践[J]. 高等工程教育研究,1998(1):11-14.

180. 马西奎,张为民,李能贵,冯博琴,邓建国. 浅论电工电子系列课程CAI课件的研制[J]. 电工教学,1997(9):52-54.

181. 冯博琴. 信息社会与计算机教育[J]. 计算机文汇,1995(6):1.

182. 冯博琴,严子敏,张萍. 引入计算机技术,提高教学管理与决策科学水平[J]. 高等工程教育研究,1993(3):43-46.

183. 冯博琴,马民虎,刘弢,潘宇鹏. 法律专家系统CESALEC的设计与实现[J]. 西安交通大学学报,1991,25(2):91-96.

184. 冯博琴,唐融安,姚静涛,齐勇. TP词汇处理系统和MSAE语料库的设计与实现[J]. 西安交通大学学报,1985,19(3):99-107.

185. 唐照民,张言羊,冯博琴,齐勇,魏恒义. 滚动轴承的自动设计——微型计算机在机械设计中的已用[J]. 西安交通大学学报,1983,17(4):91-100.

186. 冯博琴,刘正捷. ABL_2血气分析程序系统的结构剖析[J]. 工业仪表与自动化装置,1982(6):18-23.

187. 冯博琴,齐勇,魏恒义,唐照民,张言羊. 人机对话滚动轴承设计[J]. 机械强度,1982(4):27-31.

往事琐记
——宋余九小传

宋余九
（祝玉琴协助整理）

简 历

1930 年 7 月出生，辽宁省海城人，汉族。

1939 年 1 月至 1942 年 12 月　海城县庙沟村小学，读初小。

1943 年 1 月至 1944 年 12 月　海城县牌楼屯高小，读高小。

1945 年 1 月至 1948 年 12 月　海城中学，读初中。

1949 年 2 月至 1949 年 12 月　鞍山新华中学，读高中。

1949 年 8 月　加入新民主主义青年团。

1949 年 12 月至 1950 年秋　鞍山工专，读高中。

1950 年秋至 1953 年秋　东北工学院冶金系，读大学。

1953 年秋至 1955 年秋　哈尔滨工业大学，读研究生。

1955 年 7 月　交通大学金相教研室，任助教。

1956 年 6 月　加入中国共产党。

1957 年 9 月随校西迁后，一直在西安交通大学工作，其间：1959 年晋升讲师，1979 年晋升副教授，1981 年 1 月至 1982 年 2 月在日本东京大学作访问学者，1986 年晋升教授。

1994 年 9 月退休。

40 多年来，宋余九主要从事金属材料及热处理、金属腐蚀与防护、金属基复合材料方面的教学与科研工作：为本科生、研究生讲授过的专业课及专业基础课有金属学、金属热处理、金属热处理炉及热处理车间设备、金属材料、金属学及热处理、金属力学性能等；指导了几十名硕士生、博士生及访问学者；先后承担国家及省、市级科研项目 8 个，获国家及省、部级科技奖 13 项；在国内外发表学术论文 120 余篇，主编出版专业著作 5 部。从 1992 年 10 月起享受国务院政府特殊津贴。

宋余九曾担任的党政职务主要有：西安交通大学金相教研室党支部书记，教研室副主任、主任，金属材料及强度研究所副所长，强度与断裂研究室主任等。曾兼任的社会职务主要有：中国科学院科学基金评审员、中国机械工程学会热处理学会第二届常务理事、中国机械工程学会材料学会高温委员会委员、陕西省机械工程学会热处理学会第一届理事长、中国船舶工业公司第十二研究所技术顾问、机械电子工业部第二〇四研究所冷挤压工艺顾问、陕西工学院机械系金属材料及热处理专业教授、西安北方光电有限公司技术经济论证专家。

宋余九退休后仍继续做了很多本专业的业务工作，在83岁高龄的耄耋之年，仍受中国机械工程学会热处理学会聘请，担任了《热处理手册》第4版第4卷修订本的主编，高质量地完成了该书的修订工作。

宋余九的业绩被英国剑桥大学国际传记中心1996年第24卷和《海城市历史人物介绍》收录，还被国内出版的一些名人传刊登。

第一部分　中小学在社会变迁中度过

辽宁省海城县既是我的家乡，也是我的出生地。海城位于辽东半岛腹地，北靠钢都鞍山和省会沈阳，南邻港口城市营口，东接煤铁之城本溪及边境城市丹东，西与盘锦市隔河相望。现在，海城是鞍山市下属的一个县级市。在这里我完成了小学和中学的学业，经历了抗日战争的胜利和解放前后的社会变迁。

一、日本侵略者侵占了我的家乡

就在我出生第二年（1931年），驻扎在东北的日本关东军以"南满铁路事件"为借口，制造了震惊中外的"九一八"事变，并很快侵占中国东北三省，我的家乡海城沦陷了。

随着我年龄的增长，特别是抗日战争胜利和家乡解放后，经过学习和新政府的宣传，知道了很多日本侵略者在东北地区和海城的无耻行径。实际上，因为海城是辽南的重镇，地处沈大线的要冲，是日军北窥沈阳，西出锦州、山海关的必经之地，所以日军在这里修筑工事，守备严密，奴役我们的人民，掠夺我们的矿场、文物和大豆、高粱，将这些东北人民的财富窃为己有。在这段灾难的岁月里，我的家乡海城的人民和全东北人民一样，在日本帝国主义的奴役和殖民统治下，被当作下等人、亡国奴，过着十分贫困、暗无天日的生活，长达14年之久。

二、在村办小学接受启蒙教育

我的祖籍是山东，清朝时期兴起"闯关东"，祖先带领家人来到辽宁省海城县牌楼屯庙沟村居住。这里是山区，父母是普通农民，靠耕种几亩土地养活全家老小。解放后我家被划为中农。

1939年1月，我8周岁时，进入庙沟村初小读书。那时是春季开学，因为学校距家较远（约2公里），所以孩子们上学都比较晚。我读书的初小是村办的，教师都是本村或附近的人，学习的课程以识字为主，还学习一些算术、图画等。由于庙沟村地处山区，交通不便，比较闭塞，对外联系少，所以小学时期对国家大事、世界大事都不了解。

四年的时间很快过去，初小毕业后，我便到距家约4公里的牌楼屯小学读高小，两年后毕业，考入海城中学。

三、中学经历了抗战胜利和家乡解放

1945年2月，我进入海城中学读初中。这时我才知道了抗日战争和第二次世界大战。6—8月间，我们每天看到的都是日本侵略者的飞机飞来飞去，因为以前没见过这种情形，所以很紧张，提心吊胆地过了几个月。到了8月15日，日本天皇宣布无条件投降。不久，驻扎在海城的日本军队和日本人狼狈撤离，中国人无限高兴，痛骂日本鬼子。

抗战胜利后，海城县成立了中国共产党领导的人民政府。但因为海城是解放战争时期的游击区，先后数次解放，最后于1947年10月完全解放，早于东北全境解放。由于战争的影响，这段时间海城中学的教学很不正常，经常停课。

1949年1月，我进入鞍山新华中学读高中。

新华中学的前身是创建于1923年的鞍山中学堂。1946年抗日爱国将领孙立人将军在此创办了私立东北清华中学。1948年2月鞍山解放，东北清华中学与其他几所私立中学和省立鞍山工科职业学校联合组成新华中学。

1949年，根据鞍山市委决定，新华中学专科部独立为鞍山工业专科学校，简称鞍山工专，由东北工业部直属。实际上，这是国家为恢复鞍钢等冶金企业专门成立的学校。我们也随之进入鞍山工专继续学习高中课程。1950年鞍山工专并入东北工学院，成立鞍山分院。经过入学考试，1950年初我被东北工学院冶金系录取。

四、解放后提高了政治思想觉悟，加入了青年团

解放后，受到中国共产党的教育，我的政治思想觉悟大大提高，

从一个无知的孩子逐渐成长为懂得革命道理的青年。

虽然东北是老解放区，但是我们党的政权建立的时间较短，我们与隐藏的反动势力斗争还很激烈。所以在我们读高中阶段，共产党大力号召青年学生学习马列主义，进行阶级观点和社会主义思想教育，使广大青年学生树立坚定的革命立场，转变政治上敌我不分的观念，深刻认识到封建主义、帝国主义和官僚资本主义的实质，彻底与它们划清界限。

对于劳动人民家庭出身的我来说，接受这些教育有着良好的思想基础。通过学习政治理论，参加各种运动，我感受到党和政府对我们年轻人的期望与关怀，从而增强了社会主义觉悟，对辩证唯物主义世界观和共产主义的道德品质有了比较深刻的认识，立志努力学习，要求进步，将来为国家作贡献。我向团组织递交了申请，要求加入新民主主义青年团。1949年8月我被批准为新民主主义青年团团员，这是我思想进步的一个台阶。

第二部分　我的大学与研究生阶段

1950年我考入东北工学院（简称东工，即现在的东北大学）冶金系学习，1953年7月毕业后，被选送到哈尔滨工业大学金属学及热处理专业读研究生。在这5年中，我系统地学习了冶金科学与金属材料加工等与钢铁有关的先进理论与技术，为以后的教学与科研工作打下了坚实的基础。

一、在东北工学院学习期间曾为志愿军献血

东北工学院与东北大学有着很深的渊源。东北大学始建于1923年4月，著名爱国将领张学良将军在1928年8月至1937年1月曾任校长。"九一八"事变后，东北大学被迫迁往北平、开封、西安、四川三台等地。1949年3月，在东北大学工学院、理学院的基础上成立了沈阳工学院。1950年8月，沈阳工学院、抚顺矿专和鞍山工专合并组成了东北工学院（1993年3月8日，复名为东北大学）。

在当时，东北工学院的所在地还属于郊区，周围的建筑很少，占

地广阔的东工校园非常显眼。一进入东工院内，就看到冶金学馆、建筑学馆、采矿学馆和机电学馆四座高大的建筑围着一个大操场，每个学馆之间的距离都很远，感觉特别宏伟、特别宽敞，走一圈需要好大一会儿工夫。东北工学院是我国老牌的冶金院校之一，当时是冶金部的直属高校，是新中国培养金属冶炼工业科学技术人才的摇篮，在我国的工业史上曾经有着光辉的一页。

我被分配到冶金系轧钢专业。我们所学习的课程除了大学基础课外，专业课主要有炼钢学、轧钢学、钢铁热处理、金相学、冶金炉等。当时东工的师资力量还是非常雄厚的，教师中既有原东北大学的教授，也有从全国各地招聘的专家学者，有的是高等学府的名师，有的是生产单位的技术专家。特别是1952年全国高校院系调整时，哈尔滨工业大学的采矿和冶金两个系并入东工后，师资力量更为强大。新中国成立之初，在教育资源匮乏的情况下，这样的举措不但为东工的发展提供了持久的动力，也给我们这些青年学生提供了学好知识的有力后援。所以，我在东工的三年打下的学业基础非常扎实。

在东北工学院读书期间，有一件发生在"抗美援朝运动"中的事情至今还深刻地保留在我的记忆里。

1950年10月，应朝鲜政府的请求，中国人民志愿军赴朝作战，并得到了全国人民的坚决支持。为配合抗美援朝，各行各业普遍开展了爱国主义教育，激发了广大民众的爱国积极性。人们满腔热忱地给志愿军以人力、物力、财力的支持，甚至捐献了飞机、大炮，青年中也掀起了参军参战的热潮。在这种形势下，我们在校的大学生也充分认识到"抗美援朝，保家卫国"的重要意义，积极地要为抗美援朝贡献力量。当时，由于抗美援朝前线的战斗非常激烈，志愿军战士负伤的很多，部分志愿军伤员被运送回国内治疗，受到了无微不至的关怀和照顾，还有很多人志愿献血救治"我们最可爱的人"。我就是其中的一名志愿献血者，献血量为300毫升。至今，我还保留着由东北军区后勤卫生部第一医管局政治部1951年5月31日颁发给我的"献血证"。献血证的背景是"抗美援朝 保家卫国"八个大字，这总能让我回忆起那段难忘的岁月。

1951年东北军区后勤卫生部第一医管局政治部颁发给宋余九的"献血证"

1953年7月，我从东北工学院毕业了。

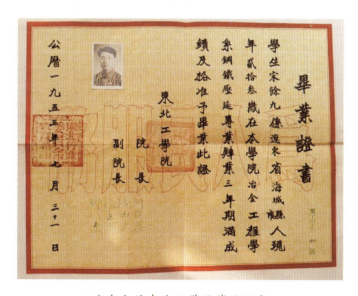

宋余九的东北工学院毕业证书

二、在哈尔滨工业大学读研

从东北工学院毕业后，我被选送到哈尔滨工业大学金属学及热处理专业读研究生，1953年9月入学。

金属学及热处理专业是新中国建立后我国创办的新专业

在旧中国，大学是通才培养，不设专业。在新中国成立前，我们没有专门的金属学及热处理专业（或称金相热处理，金属学、热处理及热处理车间设备）。新中国成立初期，发展以机械制造业为中心的各种门类的工业是首要任务，而机械制造加工的对象主要是金属材料。"金属学"和"金属热处理"的研究对象就是金属材料的成分、组织和性能及其变化规律，是确保机械产品内在质量的关键性工艺手段，它对于从事机器制造、机床刀具、汽轮机、锅炉、水泵等冷加工专业，特别是从事铸造、锻压、焊接和热处理等热加工专业的工程技术人员，是必不可少的一门学问。旧中国既没有留下这方面的专业人才，高校也没有培养这方面专业人才的教学计划、教学大纲、教科书和实验设备，基本处于空白状态。所以在新中国成立后到20世纪50年代的多次院系调整中，陆续组建了中南矿冶学院、东北工学院、北京钢铁学院等一批老牌的冶金类院校。不但如此，我国政府还同苏联签署协议，由苏联专家到我国的高等院校传授高等工业技术、教育制度和办学经验，并援助创建一批我国不曾有过的新专业。这样，首批苏联专家来到哈工大。金相热处理专业就是首批苏联援建的专业之一，1952年在哈尔滨工业大学开设。

跟随苏联教授学习专业课

实际上，1952年开始的我国高等院校教学体制改革，其中的一个主要内容就是将通才培养改为专业培养，在系下面设置专业教研室。哈工大也是这项改革的试点单位，聘请的苏联教授主要负责讲授专业课和专业基础课，为全国高等院校培养研究生和专业课教师。

我于1953年秋季进入哈工大金属学及热处理专业，那时苏联专家已经在这里工作一年了。这个专业研究生班1953年是首次开办，不公开招生。学生由两部分人组成：一部分是大学毕业后由所在学校直接选送来读研的，我就属于这种情况；另一部分是高教部分配给一些高等院校部分名额，由高校选派已经工作的青年教师，来学习专业知识和苏联的办学方法。研究生班共计20人左右，其中1953年的本科毕业生约10人，另外的10余人就是高校选派的青年教师。当时，也有消息说我们这个班主要是为高校培养师资。交通大学也选派了多名青年教师到哈工大读研究生，和我相同专业的有涂铭旌和戚九皋。没有想到的是，后来我们成了同事。

研究生班为三年制，一年半的时间是上课，学习专业课和专业基础课，最后一学期做毕业论文，并要经答辩通过。当时给我们授课的苏联教授有：罗斯莫伊采夫（Pocmobцeв）、普洛霍基纳（Плохокина）、扎米特宁（Замятнин）和索洛季欣（Солодихин）等。罗斯莫伊采夫教授讲授金属学及有色金属材料学，普洛霍基纳教授是位女士，她擅长X射线金相学，扎米特宁教授是金属热处理专家，索洛季欣教授讲授热处理车间设备课程。我们的教学计划、课程设置、教学大纲及实验课都按照专家的规定，都是必须完成的。虽然苏联教授配有翻译，但是主要负责课程安排和各方面联系，上课是以我们自己听讲为主的。所以，对我们这些研究生的俄语程度要求很高，必须要"四会"，即会看、会写、会听、会说。这对我们这一批研究生提高俄语水平有很大的促进。

专家为研究生集体授课，毕业论文分别指导。我的毕业论文指导教师是罗斯莫伊采夫教授，论文题目是"机床零件热处理及热处理车间设计"。在读研期间，我学习了金属学热处理专业的全部专业知识，为以后工作打下坚实基础。

1955年7月，我们这些全国第一批由苏联专家指导的金属材料与热处理专业的研究生毕业了，我由高教部统一分配到地处上海的交通大学任教，成为一名高等学校的教师。

宋余九的哈尔滨工业大学研究生毕业证书

第三部分　从繁华都市到八百里秦川

1955年8月，我到达上海，到交通大学报到，被分配到机械制造系金相热处理教研室，开始了在高等学校的教书历程。

一、刚刚参加工作就承担了讲课任务

交通大学金相热处理教研室成立于1952年全国院系调整后。那时，根据高教部规定，高校施行专业教育体制，热处理专业招收二年制专修科。1953年第一次招收了金属热处理专业四年制本科学生，1954年的新生入学后学制从四年制改为五年制。我工作时，教研室刚刚成立3年，教研室主任是周志宏教授，学生既有五年制本科生，还有二年制专科生，本科生每届招收30余名，专科生60名左右。而教研室教师人数少，仅有20名左右，除了承担本专业的教学任务外，还要承担外专业的讲课工作，教学任务十分繁重。

我是按专业教育体制培养的研究生，因此必须要承担教学任务。所以，报到后教研室即安排我给当时的金属热处理专业专修科二年级学生讲授"热处理炉及热处理车间设备"课程。

在西迁前的两年时间里，我的工作量一直非常饱满。专修科二年级的课程结束不久就到了寒假，我又带领本专业第一届本科四年级学生到地处长春的中国第一汽车厂热处理车间进行毕业实习，并在第二学期开学后指导四年级学生做毕业设计。

到了1956年暑期开学，也就是工作后的第三个学期，我又给外专业的学生讲授"金属学热处理"课程。

二、向西而行，完成设备仪器搬迁和教学任务

实际上，在1955年我被分配到交通大学工作后，就知道学校要西迁了，但这并没有影响我们的工作积极性，相反，我们金相教研组的大部分老师，为了支援西部地区的经济建设都拥护西迁。我作为1956年加入中国共产党的新党员，同大家一样，对个人和家庭并没有太多的考虑，只是认为：首先，作为党员自己应该响应国家号召，自觉支持西迁；第二，我是国家培养的第一批研究生，学成之后，理应服从

国家安排，不负国家培养。所以，在积极工作的同时我做好了西迁的准备。

按照迁校的统一部署，机械制造系从1956年开始陆续西迁，我们金相教研室的搬迁从1957年上半年开始准备，要求利用暑期完成，秋季开学后必须按时开出本专业和外专业三年级本科生的金属学课程实验。时间紧迫、任务繁重。但是教研室的同事们没有人叫苦或者提出异议，除了保质、保量地完成教学任务外，大家都按照领导的安排有条不紊地投入到搬迁的准备中。

当时，金相教研室分配给我的任务是负责第一批运往西安的实验仪器设备的包装和搬迁工作，并负责到西安后的实验室管理。第一批要搬迁的仪器设备数量较多，光是显微镜就有近百架，还有金相制样设备、热处理炉等。我带领几位实验员方莲华、席俊秀、马似如等一起准备金相显微镜和热处理设备包装箱，以及拆卸设备等事情。金相显微镜是精密仪器，大部分是进口的，特别是其中的一台德国进口的大型卧式显微镜的显微硬度计极易受到振动而影响精度。当时的搬迁与现在不同，没有集装箱等现代手段，为确保其安全无损地运送到西安，对所需的包装木箱都需要提出设计要求，以保证设备在包装、装箱、运输和拆卸过程中绝对不被损坏。这项工作必须认真、细致，不能出现差错。我们这些毫无经验的年轻人克服了各种困难，细心地给每一件仪器设备打包、装箱，进行防震处理，以保万无一失。为保证那台极易受到振动、德国进口的大型卧式显微镜的显微硬度计不受损坏，我还将它带上我的硬卧车厢，一直放在自己的身边严加保护，使之安全运抵西安。

1957年暑期开学前夕，实验室第一批搬迁的各种仪器设备陆续到达西安。当时金相教研室被安排在西二楼东部，一楼的不少房间堆满了氧化铝粉，二楼的房间也由于施工刚刚结束，垃圾随处可见。我们将西二楼金相实验室内的建筑垃圾清理干净，安装好仪器设备，做好了教学实验的准备，为圆满完成迁校后的教学任务提供了保证。

现在回忆起来，有一点感受特别深，就是我们在建立实验室的同时，承担的教学任务非常繁重。因为金相教研室迁来西安的教师人数较少，大约是在上海时金相教研室总人数的一半左右，我们除了本专业的教学工作外，还要给外专业讲授金属学等课程，教学工作的压力很大，特别是外专业的课程，不但学生人数多，而且上课时间集中。我们教研室的几位教师都处于满负荷甚至是超负荷状态，不少老师都是夜里12点后才能休息。在这种形势下，我到西安后不久，便开始授课了。先后为本专业本科生讲授了金属学、金属热处理、金属材料等专业课程，还给外专业开设了金属学热处理基础课。

那时，工作之所以繁忙，还因为除了上课之外，还有很多其他事情也是必须要做的。比如：全校师生都要有一定时间参加建校和修建兴庆公园等义务劳动。记得校园内的很多树木都是师生们在老师傅的指导下栽种的，兴庆宫公园里的兴庆湖也是当年交大的师生用铁锹一点一点挖出来的。在暑假和寒假，老师们要带领本专业的学生去工厂生产实习或毕业实习，指导学生的毕业设计或毕业论文。

应该说，金相教研室的同志们就是全凭这种奉献精神，与全校上下师生员工一起努力，积极热情、毫无怨言地工作，圆满完成了所承担的任务，为金相实验室的第二批搬迁打下了良好基础。

三、"小家"服从"大家"，同爱人带着女儿一起西迁

我爱人刘静华与我在同一个教研室工作。1957年暑期西迁时，我们的女儿年仅一岁。现在回忆起西迁时的情景，依然记忆犹新。

当时，为适应国家建设的需要，改变高等教育布局不合理的现状，支持西部社会经济发展，党中央、国务院作出交通大学西迁的决定。为了祖国的建设，我们拥护并积极响应党和国家的号召，带着一岁的女儿来到西安。1957年8月的西安，校园和周围环境还比较荒凉，校园内的建设正在如火如荼地进行，各类建筑支架看起来很是壮观。已经建好的几座教学楼和一些教职工宿舍、家属楼，迎接着一批批从上海迁来的教职员工和学生。但是总体看来，各类设施还比较简陋，校园和家属区的耕地和荒丘比比皆是，学校周边到城里只有一趟公共汽车，还是刚刚开通不久的。生活和气候条件与上海相比更显艰苦，习惯了大上海那种繁华与方便的老师们确实都面临着很多困难。但那个时候，大家看到更多的是西部地区的建设需要交通大学，西部也为学校未来的发展提供了广阔的空间；心里想的是条件

都是人创造的，没有条件自己创造条件，自己个人辛苦一些，困难总能够克服。我们一家人就以这种乐观、积极的态度，开始了在西安的生活和工作。

当时，还有两点使我们深受感动：一是学校把后勤工作安排得非常好，不但井井有条，而且周到细致，凡是能做到的，都全力给予了安排，尽可能地减低教职工个人和家庭的困难；二是陕西省和西安市政府对迁到祖国西部这片黄土地的交通大学很照顾，给予了一些特供等政策，能考虑的都考虑了。于是我们一家同迁来的交通大学师生员工一样，在西安扎下根来，从来没有想过要离开我们所热爱的学校和事业，一辈子身体力行地为教学、科研工作奉献着自己的精力和热情，也亲眼目睹了交通大学这棵大树迁到西安后扎根散叶、开花结果，见证西安交大的发展与辉煌，也因而对学校的一砖一瓦都有着深厚的感情。

1957年迁到西安后宋余九一家三口在交大一村合影

第四部分　在西安交大成长与奋斗

从 1955 年参加工作到交通大学西迁，到 1994 年退休，再到 20 多年后的现在，四五十年的教书岁月，90 年的生命历程，算不上有多么曲折、复杂，但也从没有放松对专业知识的探索与追求。在多年的工作中，我做了自己应该做的一切，没有辜负大学教师的职责，组织上给过我很多荣誉：1985 年被评为"西安交通大学先进工作者"，2001 年被评为"西安交通大学老有所为先进个人"，2013 年获得中国机械工程学会热处理学会"特别贡献奖"……

一、本科生与研究生教学均获得好评

高校教师的教学工作除了上课和与之相联系的教材编写以外，还有指导毕业设计与毕业论文，带领学生到工厂企业进行生产实习和毕业实习，指导研究生等几个主要方面。从登上大学讲坛开始，在 40 余年的教学生涯中，我先后为本科生、研究生讲授过金属学、金属热处理、金属热处理炉及热处理车间设备、金属材料、金属学及热处理、金属力学性能等六门专业课及专业基础课。

本科教学效果良好

我给本科生开设的六门课程都是反复讲授的，多的曾经讲过十余遍以上。在长期的教学工作中，我针对不同课程的特点，不断改进教学方法，提高教学水平，受到了听课学生的普遍好评，以金属学及热处理课程为例。

金属学及热处理课程的授课对象是机械类学生，尤其是冶金与材料类和金属切削、机械控制等各专业的重要技术基础课，它着重阐述金属与合金的化学成分、组织、结构与性能之间的关系及其变化规律，讲述其在材料生产技术中的应用。所以，这门课程还兼有一般基础课性质，对后续的一些专业课程起到理论支撑作用。该课程的特点是理论性、实践性和综合性较强，而且基本术语多、知识点多、图片多、工艺方法多，概念抽象又比较难理解。针对金属学及热处理课程的特点，我抓住三个环节：

一是备课。每次上课前先进行调研，编写讲义和备课过程中，在保留成熟理论的基础上，增加国内外所出现的新理论、新知识，淘汰陈旧的概念和过时的知识，使教材与时俱进。

二是讲课。在讲课过程中，我坚持由浅入深、深广适中、循序渐进的原则，注意理论联系实际，阐述新理论、新工艺、新材料和各种现象的本质，便于教学和学生理解。同时采用启发式、讨论式教学，以调动学生的学习积极性，激发学生的主观能动性。通过在课堂内开展教学讨论，使学生成为教学活动中的主体，改变了过分依赖教师讲解的现象，学会了独立思考。在学生讨论的基础上，我再针对学生讨论过程中的问题进行讲解或者加以总结，使同学们获得了提高。这种教学方法，受到了本科学生的普遍欢迎。

三是复习与思考。为了使学生学会总结归纳所学知识，并训练学生分析问题和解决问题的能力，每节课后都会安排一定数量的复习和思考题。这些思考题不一定是教科书中的，有一些就是同学们在课堂讨论中提出来的。过后，我也会采用不同的方法来检验学生们复习与思考的效果。

这样三个环节基本保证了学生们在学习金属学及热处理课程后，能够较为全面系统地掌握金属与合金的晶体结构、金属与合金塑性变形与再结晶、金属固态相变等基本理论，了解改进材料性能的基本工艺、方法和常用的金属材料与新型金属材料等知识。

研究生教学受到好评

从1979年开始，根据学校的相关规定，我转为以科研为主，后来就成为专职科研编制了，但仍然承担为本专业和相关专业研究生讲课的任务。我先后开设的课程主要有金属学、金属塑性变形与回复再结晶、金属晶界与强度、应力腐蚀与腐蚀疲劳、复合材料等，这些课程也都讲授了多年。

由于本科生与研究生是两个不同的教学层次，所以其教学方法也不尽相同。本科教育从根本上说属于高等教育的基础，学的知识比较宽泛，且深度比较浅。研究生教育则是有一定深度的教育，学习的内容比本科阶段层次更深，也更具专业性。研究生阶段的培养是为了拓展他们的视野，改变他们思考的方式，而思维与创新意识的培养是其中的重点。所以,我在给研究生讲授专业课的过程中,除了广泛收集国内外资料,了解本专业的前沿科学技术和发展趋势外,还经常将自己的科研成果融入教学中,及时更新教学内容,并注意从层次性、前沿性、实践性与科研性等方面进行课程内容的设计。在教学上,除传统的授课方式外,我注重创新,经常采用参与式和研讨式相结合的教学方法,更加注重培养研究生主动学习和运用所学知识独立分析、发现、解决本专业学术与实际问题的能力,这样就使研究生具备了从事科研的基本素质,为他们以后进行课题研究和毕业论文的写作打下了良好的基础。所以,我的课程得到了研究生的良好评价。

讲义与教材

实际上,我从上世纪60年代就开始编写讲义了。比如,在1964年就编写了《金属学》讲义。1972年,为给"工农兵学员"上课,再次编写了适合他们使用的《金属学》讲义。到了80年代,就开始陆续出版教材与专著了。

下面是我主编、出版的8部专业著作及教材:

1.《金属的晶界与强度》,本专业研究生教材,西安交通大学出版社,1987年,主编。

2.《金属材料的设计·选用·预测》,机械工业出版社,1998年,主编。该书为机械工业出版社高水平著作出版基金资助项目,是根据我多年从事金属材料教学和科研工作积累的资料而编写的。它以材料的设计、选用、预测为思路,汇集了国内外相关的新成果,较深入地分析了材料成分、组织结构与性能间的关系,为按产品的使用性能进行材料的定量设计和选用提供优化方案和预测思路。可供从事金属材料工作的科技人员及有关专业的硕士生、博士生参考。

3.《金属热加工实用手册》,机械工业出版社,1996年,总主编。该书(以下简称《实用手册》)是机械工业出版社组织西安交通大学、太原工业大学等高校的十余名专家、教授编写的,150余万字,我被聘为总主编。出版这部《实用手册》的目的是为了满足中小型企业热加工工程技术人员的需求,现场工作的技术人员可利用书中提供的资料解决生产中遇到的实际问题,弥补中小型企业及乡镇企业技术力量不足的缺陷,提高其技术水平。同时,对于将热加工各专业合并在一起的大中专学校的师生也有很重要的参考作用。《实用手册》作为一部实用性很强的工具书，其问世后，对培养一专多能的工程技术人才，产生了积极的作用。

4.《热处理手册》，第二版第四卷，机械工业出版社，1992年，主编。1992年，我被中国机械工程学会热处理专业学会聘请为《热处理手册》第2版第4卷的主编，主持了该书的修订工作，并由机械工业出版社出版。后来，又承担了《热处理手册》第3版、第4版及第4版修订本的主编和修订工作。在担任第4版第4卷修订本的主编时，我已经到了83岁高龄的耄耋之年，虽然精力和体力都大不如以前，但是为完成新版《热处理手册》的编辑工作仍然不遗余力，认真对待，一字一句地校改，为保证书籍的质量而尽职尽责，完成了任务。

5.《热处理手册》，第3版第4卷，机械工业出版社，2006年，主编。

6.《热处理手册》，第4版第4卷，机械工业出版社，2008年，主编。

7.《热处理手册》，第4版第4卷修订本，机械工业出版社，2013年，主编。

8.《复合材料学》，本专业研究生教材（试用本），西安交通大学出版社，2000年，主编。

下图为出版的部分教材与专著。

宋余九编、著的部分教材与专著

二、为国家培养了近30名研究生

改革开放后国家大力抓经济建设，大量培养建设人才。1978年学校开始招收研究生，后来逐渐增加了招生的数量。在我任金属材料强度研究所副所长、金相教研室主任期间，还主管研究生工作。

我从1978年开始招收研究生，至退休前共计指导硕士研究生23名、博士研究生4名、访问学者3名。我指导的研究生都参加我的科研课题工作，做出了良好的实验结果，写出优秀的学位论文。

我的研究生毕业后在工作岗位上也做出优异成绩。这里仅举几位作为例子。

魏建锋，1988年7月毕业于西安交大材料科学与工程专业后，考取我的硕士研究生。在校期间学习刻苦，成绩优秀。1991年暑期按时毕业被分配到西北工业大学材料科学与工程系任教并攻读了博士学位，1996年12月又到我校从事博士后研究及教学工作，1999年调陕西省科委（科技厅）工作，担任过综合计划处处长等职务，后来还担任过陕西省知识产权局局长、党组书记，汉中市委常委、市政府党组副书记、常务副市长、市委副书记，杨凌示范区党工委副书记、管委会常务副主任，陕西省委副秘书长、省委军民融合办常务副主任等职务，2019年4月调任渭南市，任市委书记，2021年3月任陕西省副省长（编者注：魏建锋2021年1月任湖南省委常委、政法委书记）。魏建锋至今与我保持联系。

权高峰，1983年毕业于西安交通大学机械系金相专业，考取我的硕士研究生，1986年获硕士学位并留校任教。1994年权高峰报考涂铭旌教授的博士研究生，因为涂教授已调到四川工作，因此权高峰的博士论文由我指导。权高峰1996年晋升副教授。1999年出国，先后在德国勃兰登堡工业大学和德国GKSS研究中心担任研究教授、研究员，进行镁合金、铝合金、铝基复合材料等方面的研究。2006年作为引进人才到大连交通大学任教授、博士生导师、研究所所长等职，2012年又被引进到西南交通大学任教授、博士生导师和交通运输装备轻量化研究所所长，承担过多项教育部、铁道总公司、四川省和成都市科技计划项目和企业合作项目。

卢锦堂，1970年毕业于清华大学金属材料专业，是"文革"后考入我校金属材料专业的首届研究生（我和刘静华教授共同指导），1981年7月被分配到华南工学院（现华南理工大学）金属材料专业任教，

1997年9月晋升教授，后被聘为博士生导师。卢锦堂曾经担任华南理工大学材料学院材料科学与工程研究中心金属材料研究室主任、中国腐蚀与防护学会热浸镀专业委员会副主任委员和热浸镀专业委员会副理事长、广东省腐蚀防护与表面工程学会副理事长等职务。他长期从事金属材料的科研和教学工作，以及金属表面保护涂层、热浸镀技术等方面的研究。曾经主持过国家火炬项目、省部级项目的研究，在国内外学术期刊上发表论文百余篇，著有《热浸镀技术与应用》一书。

20世纪80年代初期与指导的研究生在饮水思源碑前合影

三、承担的主要科研项目与获奖情况

从我走上大学讲台开始，就非常关注并经常阅读科技文献，这样才能及时了解本专业的前沿知识。后来，我开始注意结合自己讲授的课程进行科学研究。因为在实际教学中，我越来越深刻地体会到教学与科研密切相关，而且科研水平的提高，会促进教学水平的提高。比如：我的科学研究经历和成果可以为自己讲授的专业课程提供丰富的前沿知识和成果案例，这些案例会成为诠释课程中某些基本概念的宝贵资料。所以在晋升副教授以前，我就进行过"铸钢组织的破碎机理""钢感应热处理后组织与机械性能""浅层高浓度碳氮共渗""低淬钢成分、组织与机械性能"等课题的研究。这些工作即使在"文革"期间也没有停止，并取得了一定成果，为改革开放后的科研工作打下了坚实的基础。

承担的科研项目

1979年，经教育部批准，金属材料及强度室升格为研究所，周惠久教授任所长，我任副所长。这时，我也从教学岗位转为以科学研究为主的岗位。回顾一下，我先后承担了"低淬透性钢及低淬透性钢系列研究""中低碳钢复相组织研究""无公害快速气体碳氮共渗研究"等7项国家及省部级科研项目，在课题组师生共同努力下按要求完成研究任务，有的项目还取得了良好的研究结果和重大的技术经济效益，简述如下。

1. 低淬透性钢及低淬透性钢系列研究，冶金部、农机部攻关项目，课题负责人。

该项目系1969年由农机部和冶金部共同组织，包括我校金相教研室在内的全国二十几家单位共同参与。我校主要研究齿轮用低淬透性钢热处理及其力学性能。参加该项目教师还有马宝钿、马胜利。该项目经过5年时间于1974年结束，经过鉴定，取得满意结果。新钢种55DTi、60DTi、60D、70DTi被列入国家标准，并应用到农机齿轮和煤矿机械齿轮中。当时，该研究填补了我国低淬透性钢的空白，1980年通过了由冶金部、农机部和煤炭部联合组织的鉴定，并列入了国家标准。

2. 提高纺织机钢令质量与寿命研究（无公害快速气体碳氮共渗研究），国家教委重点项目，课题负责人。

1977年国家经委在昆明召开全国热处理经验交流会期间，纺织部技术局一位领导找我，希望我校对纺纱机钢令热处理进行研究，我表示同意。1977年下半年我们组织了课题组，参加课题研究的人员有化学课教师蔡哲雄、热处理实验员程秀良和金相专业毕业班的学生，我担任课题组长。

课题组成立后，我们对相关情况进行了调研。钢令是细纱机上的关键零件，棉纱经过在钢令导轨圈上高速运动的钢丝圈（锭速16000 r/min左右，线速40 m/s左右）导向而绕到纱管上。由于钢丝圈的运动，钢令导轨的内跑道处于高速下重复性磨损和接触疲劳状态。钢令剥落和磨损后，细纱断头率随即显著增加。因此，钢令的寿命问题一直是纺织工业亟待解决的问题。而且生产钢令的传统工艺是用剧毒的进口氰化钠进行液体盐浴氰化热处理。陕西第二纺织机械厂是当时全国纺纱机钢令生产的重点企业之一，由于长期处于恶劣的劳动条件下，而且生产的钢令质量差、寿命短,已经成为制约企业发展的老大难问题。所以,陕西第二纺织机械厂愿意同我们协作,共同开展试验研究,并委派技术员张自谦、郑维春参与工作。

经过多年努力,研究取得了令人满意的丰硕成果,陕西第二纺织机械厂生产的钢令寿命大大提高,达到了日本生产的同类产品寿命。这项成果还被推广应用到天津自行车厂生产的套中轴上。

下面的4幅图片是"提高纺织机钢令质量与寿命研究"课题的相关总结资料。

"提高纺纱机钢令质量与寿命研究"课题总结资料

3. 钢中复相组织的强度与断裂研究,国家"六五""七五"大型自然科学基金项目,也是国家科委的重点研究项目。课题负责人是刘静华,我和沈莲、刘彦庆等为参加人。我们重点研究了钢中典型复相组织的形变与断裂机理,取得了大量具有独创性的结果,在国内处于领先地位,受到国内外同行专家的好评。

4. 海洋石油平台用钢的强度与断裂研究,国家教委重点项目,课题负责人。

1988年前后,中国石油总公司召开会议,研究提高海洋石油平台用钢的使用寿命。我参加了会议,并承担了平台用钢腐蚀疲劳性能研究,参加该项目研究的主要是我的几名研究生。经过几年实验,我们在钢的腐蚀疲劳及应力腐蚀方面取得了大量实验数据,为我国开发海洋石油用金属材料提供了依据。围绕该研究,我们发表了多篇学术论文。

5. "石油钻杆腐蚀疲劳研究",中国石油天然气总公司攻关项目,课题负责人。

1991年，中国石油天然气总公司提出研究提高石油钻机、钻杆寿命，并邀请石油管材研究所、西安交通大学、四川石油管理局参加，主要是对E75、G105两种钻杆用钢进行试验研究。具体分工：我校负责实验室试样试验研究；管材所负责钻杆实物试验；四川石油管理局负责钻杆现场试验。我是交大的课题组组长，参加研究工作的老师有马宝钿、马胜利及我指导的研究生。1996年完成了全部试验项目，取得良好的结果和重大经济效益，年经济效益亿元以上。

6. 金属基复合材料研究，国家自然科学基金项目，课题负责人。

1988年，我开始研究金属基复合材料，并向国家科委申请自然科学基金，得到批准。1990年及1991年又连续申请自然科学基金均获得批准。我们主要做Al基和Ti基复合材料研究。我担任课题组长，参加课题组的老师有权高峰、柴东朗、谢志高和我指导的硕士生、博士生。大约于1994年完成全部计划并发表多篇学术论文。

7. 25MnTiBR齿轮用钢研究，冶金部、农机部重大攻关项目，课题负责人。

1973年，我校与洛阳拖拉机厂、大冶钢厂协作研究25MnTiBR齿轮用渗碳钢，我带领3名青年教师（这3名教师已经调离西安）及我指导的72届、73届毕业生开展工作，于1975年完成研究任务，通过鉴定并取得满意结果。

科研项目获奖或取得经济效益情况

在我所承担和参与的科研项目中，先后获得14项国家和省部级科技奖，一些项目取得重大经济效益，列举如下。

1. 25MnTiBR齿轮用新钢种研究，1978年获全国科学大会奖，第一完成人。

2. 低淬透性钢系列研究，1979年获陕西省科技一等奖和全国科学大会奖，第一完成人。应用低淬钢加工机械零件可使材料成本降低三分之一左右，生产率提高2倍以上，大量节约我国的稀有金属合金。应用这项技术，我们还同上海拖拉机厂协作研制成功低淬透性钢齿轮，年经济效益达200万元，这在当时属于非常大的收益。

3. 低淬透性钢的研究，1981年获农业机械部重大科技成果二等奖，第一完成人。

4. 提高纺纱机钢令质量与寿命研究（无公害快速气体碳氮共渗研究），曾经多次获奖，并在实际应用中取得了良好的经济效益，我为第一完成人。获奖主要有：与陕西第二纺织机械厂合作研制成功的纺纱机钢令，每年获经济效益逾 1000 万元以上，1983 年获陕西省科技二等奖；1984 年，与天津第二自行车零件厂协作，用无公害快速气体碳氮共渗法提高了自行车中轴的质量与寿命，当年即取得 120 万元的经济效益，该课题通过了天津市经委组织的鉴定，并以"提高自行车套中轴寿命研究"为题，获天津市一轻局科技二等奖；1987 年以"无公害快速气体碳氮共渗研究"为题，获国家教委科技进步二等奖；1989 年"无公害快速气体碳氮共渗研究"，获全国第三届发明大会铜牌奖。在 1983 年国家教委会公布的年度经济效益百万元的 90 例研究成果，"无公害快速气体碳氮共渗研究"项目名列其中。

5. 中低碳钢复相组织的强度与断裂研究，1988 年获国家教委科技进步二等奖。1989 年 5 月国家科委授予国家科技成果证书，主要参加者。

6. 发挥材料强度潜力的理论研究，1987 年获国家自然科学三等奖（集体奖），主要参加者。

7. 低合金钢腐蚀疲劳裂纹扩展机理及断裂机制图的研究，1995 年获北京市科技进步二等奖，课题负责人。

8. 疲劳断裂机制图的系统研究，1993 年国家教委科技进步二等奖，主要参与者。

9. 石油钻杆腐蚀疲劳寿命及适用性评价方法研究，2005 年获陕西省科技二等奖，课题负责人。产品应用后年经济效益亿元以上。

10. 长城牌自行车套中轴，1984 年获天津市优质产品证书，项目协作者。

11. 《热处理手册》（第 2 版），1997 年获机械部科技三等奖，主要参加者。

下面是部分获奖证书。

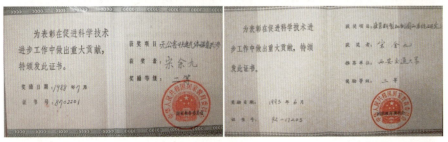

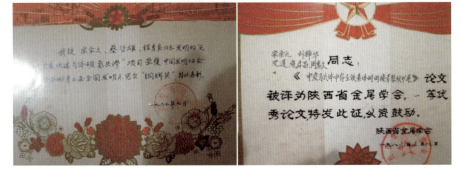

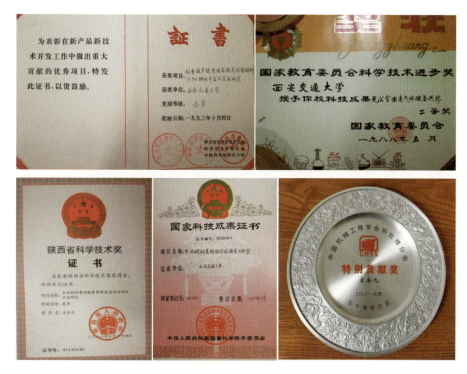

部分获奖证书照片（续）

公开发表的学术论文 120 余篇

经过多年的科研工作，我在国内外专业期刊及学术会议上发表学术论文 120 余篇，附录给出了其中一部分论文的题目。

四、参加学术交流，在全国性学术会议上发言

追溯起来，交通大学金相热处理教研室成立于 1952 年全国院系调整后，1956 年主体部分迁至西安。在金属材料学家、力学性能及热处理学家周惠久教授（1980 年当选中国科学院学部委员，1992 年入称院士）的带领下，西安交大金相热处理教研室历来重视科学研究工作，在金属材料强度及金属材料热处理方面科研成果突出。1963 年学校向高教部及国家科委申报成立金属材料强度研究室，得到批准，并被列为国家重点实验室。1988 年，金属材料及热处理专业被评为全国首批重点学科。本专业一直为全国金属材料及热处理专业教学指导委员会主任单位，同时也是首批硕士、博士学位授予单位和全国首批设立博士后流动站的单位。在这样的大环境中，校、系和教研室的同事们一方面以求真务实的精神搞科研，一方面积极参加国内外高水平学术会

议，分享科研进展，促进学科交流。我也在其中发挥了自己的作用。加之我从1979开始，先后担任了陕西省机械工程学会热处理学会理事长、中国机械工程学会热处理学会常务理事等职务，对学术交流也做了一些推动性的工作。

1976年1月，一机部在北京召开全国金属材料热处理科技交流大会，邀请全国在金属材料热处理方面有较高科技水平、取得重要科技成果的单位出席大会。西安交通大学金相研究室及金属材料强度研究室应邀参加大会，是高校的唯一代表。我代表金相研究室及金属材料强度研究室参加大会，并在大会上发言，题目是"积极开展热处理研究，提高机械产品质量"，受到热烈欢迎，得到较高评价。

1977年6月国家经委在昆明召开全国热处理经验交流大会，西安交通大学金相教研室及金属材料强度研究室应邀参加大会，我作为西安交大的代表，在大会以"加强基础理论研究，提高热处理技术水平"为题发言受到与会代表的关注。

左图：全国金属材料热处理科技交流大会发言材料
右图：全国热处理经验交流大会发言材料

改革开放以来，国家大力抓科学技术，提高科技水平。1978年3月在北京召开了全国科学大会。我校党委副书记陈吾愚和金属材料及强度研究室主任周惠久教授出席大会。在这次大会上，金属材料及强度研究室被授予先进集体，西安交大获37项科技奖，其中金属材料及强度研究室和金相教研室获奖8项。

1983年11月,全国热处理学会在上海组织召开了国际热处理联合会的第三届国际材料热处理大会,这是改革开放初期少有的在国内召开的国际正式学术年会。出席会议的有22个国家的正式代表200余名,其中我国的正式代表约100名,另有旁听代表150名列席了会议。

这次大会上不仅有热处理方面的理论研究,而且有热处理设备、生产实践、工艺流程、节能、质量管理等多方面的内容。大会上共宣读了70篇论文,其中我国16篇,另外还有42篇论文以小字报形式展出,基本上反映了当时世界上热处理技术发展的趋向。我作为正式代表参加大会,宣读了《中碳马氏体-铁素体双相钢疲劳裂纹扩展》(英文稿)论文。我校周惠久教授参加了大会。

1983年参加第三届国际材料热处理大会,照片为参会的交通大学校友合影

五、努力做好党务与行政工作

在几十年的经历中,除了完成教学、科研任务外,我还担任一些党务和行政工作,主要有:1964年起担任金相、强度党支部书记和金相教研室副主任,1972年起担任金相教研室主任,1979年被学校任命为金属材料及强度研究所副所长,1984年初又担任了强度与断裂研究室主任。实际上,有很多高校教师不太喜欢兼任教学、科研以外的行政与事务性工作,怕影响了自己的主业。但我是一名1956年就加入了中国共产党的老党员,只要是组织和上级安排、布置的工作,不管做

什么，都会投入精力，积极努力地去做好。

"大炼钢铁"与"社教"的插曲

1958年"大跃进"，全国掀起"大炼钢铁"运动。西安交大机械系改名为机械冶金系，学校安排机械冶金系吴之凤、林品光、于修德和我等几名教师带领金相专业、铸工专业和钢铁冶金专业三年级学生约200人于1958年8月到陕南商洛专区商县、丹凤、山阳、洛南等县参加"大炼钢铁"运动。我任队长，吴之凤教授任总顾问，历时半年，1959年初返校。在师生及工人师傅共同努力下，炼出大量生铁，受到时任陕西省委书记的表扬。

现在回想和反思当年的"大跃进"和"大炼钢铁"运动，心情还是很复杂的。那时为了实现"超英赶美"的目标，在全国掀起了轰轰烈烈的"大炼钢铁"运动，一方面我们为全国人民不怕困难、艰苦奋斗的精神所感动，另一方面，也不得不看到，"大炼钢铁"运动是得不偿失的。因为事物的发展都有其客观规律，不能揠苗助长，急于求成，即使心愿和目标都是好的，采取了不科学的方法也同样达不到目的。

1963年至1966年上半年，按照中共中央的文件，在全国城乡开展了"社会主义教育运动"（简称"社教运动"，又称"四清运动"）。到了1964年按照高教部的指示，全国理工科大学师生都要参加一期（约26周）农村"社会主义教育运动"。这样，在1965年8月西安交大派出了420名机械系三年级学生及164名教师、干部去陕北洛川县参加农村"四清运动"。由机械系主任陶钟为队长，我是当时的金相教研室党支部书记，被任命为副队长。

在洛川"社教运动"期间，我被分配在老庙公社沟头大队任社教工作组长。社教工作队员与贫下中农同吃同住，受到一次艰苦奋斗精神的教育。

1966年3月社教工作结束后返校。不久，"文化大革命"就开始了，学校的教学、科研工作等全部停止。

1972年学校开始招收"工农兵学员"，4月第一届"工农兵学员"入学。8月初，学校决定机械系、电机系、无线电系的学生步行"拉练"去延安。当时，机械系党总支书记程润田任营教导员，系主任史维祥任营长。金属学热处理专业组成了一个连队，由我任连指导员，蔺全洲任连长。9月10日左右返校。去延安拉练，受到了一次深刻的革命传统教育，看到了革命圣地延安为新中国诞生作出的伟大贡献。因为是徒步去延安，师生们受到一次最好的长征精神教育。

担任金属材料及强度研究所副所长

我在1979年到1983年曾经担任金属材料及强度研究所副所长，在此期间主要是协助所长周惠久教授开展各项工作，贯彻落实党的方针政策，团结同事，共同完成出人才、出成果两大任务。

担任教研室和研究室主任努力搞好教学和科研工作

我1964年开始担任过金相教研室副主任，一直到"文革"期间的1972年，又担任了主任；1984年初，我担任了强度与断裂研究室主任。在担任室主任期间，负责日常教学、科研管理工作，主要有：贯彻落实各级党组织和行政方面下达的工作计划与任务；布置与安排教师与实验室人员的工作；制订与检查教学工作、科研计划及实验工作；听取与了解研究生及本科生对教学、科研和实验室工作意见。

1984年材料强度研究室被评为学校先进集体，我个人被评为先进工作者。

第五部分　怀念我的夫人刘静华

我同刘静华是老乡，我们一起在东北工学院读书，并且是同班同学。我们两人又一同被推荐到哈尔滨工业大学读研究生，是同一个专业的同学。

刘静华是一位知识女性，她一生从事材料科学与工程专业的教学与科研工作，也取得了良好的成绩。更为难能可贵的是，她在完成自己繁重的本职工作的同时，还承担了家庭生活的重任。在工作、生活等各个方面都给予我极大的支持；在教育两个女儿方面也主要是她的付出，她给了孩子

老年时期的刘静华

们全部的爱。

我与刘静华相濡以沫走过了60多年，不论是顺境和逆境都携手同行。但不幸的是，她于2019年5月20日因病逝世，永远离开了我和孩子们。我们思恋她、怀念她。所以，在这篇回忆录中，我简要地写写刘静华的情况，表达我对她深深的思念之情。

一、刘静华的事迹被收入《中国当代妇女儿童事业成就大典》

刘静华出生于1932年7月，辽宁省鞍山市人。1950年考入东北工学院（现东北大学）冶金系，在读大学期间，于1952年加入中国新民主主义青年团。1953年7月东北工学院毕业后，被选送到哈尔滨工业大学金属学及热处理专业读研究生。

1955年初，刘静华的研究生导师Cologuhan教授被高教部调去北京钢铁学院（现北京科技大学），因此，学校安排他指导的研究生去北京钢铁学院继续学习，这样，刘静华也随之到了北京。在北钢学习一年后，她于1956年初毕业，被高教部分配到交通大学工作，1957年随校迁到西安。从此，一直在西安交大教书育人。曾经获得"西安交通大学青年积极分子""西安交通大学优秀教师"等荣誉称号；1984年任材料系金属学教研室主任，1986年晋升为教授，同年6月至12月，在日本庆应大学作访问学者；1993年10月起享受国务院政府特殊津贴，1994年9月退休。在职期间，刘静华曾经担任陕西省金属学会金属材料及热处理分会理事长和《陕西冶金》杂志编辑。在学会工作中，她积极组织有关学术活动、讲座、培训班及年会等，受到上级学会的好评。

刘静华为本科生、研究生讲授过的主要课程有热处理车间设备与设计、金属热处理、金属学热处理原理、热加工原理、固态相变等，出版《钢铁热处理》等专著（教材）3部，在国内外刊物上发表论文60余篇，培养了20余名硕士研究生，承担过国家"六五""七五"自然科学基金等科研项目，曾经以第一完成人身份获国家教委科技进步二等奖等奖项。

刘静华担任过的社会职务有陕西省科技工作者联合会顾问、陕西省金属学会常务理事等。由于她在担任上述职务期间积极参与工作，发挥了良好作用，曾于1987年被陕西省科协评为先进个人，1988年、1994年两次被评为陕西省金属学会先进个人。1991年5月又当选为陕西省科协代表，参加了中国科协第四届全国代表大会，受到国家领导人接见，参加了国家领导与全体代表的合影。

刘静华的事迹被收录到当代世界出版社出版的《中国当代妇女儿童事业成就大典》中。另外，刘静华的传记还被刊登在英国剑桥大学出版的《国际传记辞典》1996年第24版。

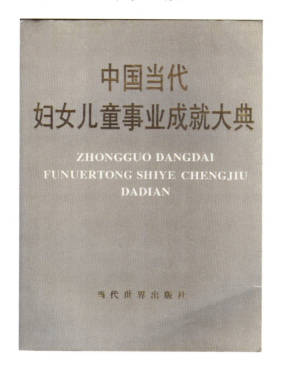

《中国当代妇女儿童事业成就大典》收入刘静华的事迹

二、坚持"启发式"教学方法，受到本科生和研究生的拥戴

刘静华是晚于我一个学期，即1956年3月到地处上海的交通大学报到的，也被分配到金相教研室工作。

为本科生讲授多门课程

刘静华到了教研室以后，便接受了从1956年9月开始给金属学及热处理专业本科生讲授"热处理车间设备与设计"课程的任务。一年后的 1957 年 8 月末，我们一起带着大女儿到西安。由于当时金相教研室教师人数少，而教学任务却很是繁重，所以刘静华被安排为本专业学生讲授金属热处理、热处理车间设备与设计等专业课；同时，还为外专业讲授金属学热处理、热加工原理课程。在多年教学过程中，刘静华一直注意探讨一种使学生爱学习、会学习和主动学习的方法。通过实践，她摸索出"启发式"教学方法。在备课中，她常会根据教学大纲和教学内容的要求设计一些问题，上课中间适时地把这些问题抛出来，引导同学们思考。这样不但活跃了课堂气氛，更为重要的是使学生们感到了自己的不足，从而激发了强烈的求知欲，使课堂教学从被动的"灌输"式变为主动的"汲取"式，提高了学生们学习的主动性和积极性。这样的方法受到同学们的欢迎，所以不论是本专业还是外专业的学生都愿意听她讲课。

在本科生教学中，为了带领学生外出实习，作为一位两个孩子的母亲，特别是在孩子小时候，刘静华确实是克服了自身和家庭的很多困难，在暑假期间带领本专业学生去工厂参加生产实习、寒假期间带领毕业班学生去工厂参加毕业实习，并完成了指导毕业班学生毕业设计或毕业论文的任务。

指导 20 余名硕士研究生

1978 年，刘静华开始招收硕士研究生，在职期间共计招收 20 余名。在她的悉心指导下，这些研究生均按时毕业并获得硕士学位。

刘静华认为，能够考上硕士研究生，都具备了较系统的知识结构，并且具有了相当的自学能力，因此在教育上与本科生有很大的区别，老师的工作重点应该放在"指导"上。通过老师的"指导"，研究生掌握了学习前沿知识的思维和解决实际问题的方式、方法，进一步激发了科研能力和创新能力。因此，在指导研究生的过程中，她将对本科生的"启发式"教学，发展成"启发-互动式"。从接触研究生开始，她就仔细分析并根据每个学生的不同特点，坚持因材施教，尽最大可能发掘学生的潜力。刘静华的研究生大都结合所承担的课题作为研究方向，所以提高对研究方向的总体设计与关键问题的判读能力，了解该研究的前沿理论和实际应用水平是非常关键的。为此，刘静华经常了解学生们对选题的想法，与他们一起寻求科研思路，重视实践，培

刘静华（左三）同部分研究生在一起

养他们的动手能力。

刘静华除了关心研究生们的学业外，在生活方面也给予他的很多关心和体贴，像对待自己的孩子一样和蔼亲切，对于他们的困难尽量帮助解决。因此，在研究生中，她的口碑非常好，每年研究生选导师的时候，报考她的人数总是比较多。

研究生毕业后成就突出

在刘静华的精心指导下，她的硕士研究生的不论课程学习或学位论文撰写都很努力、认真，成绩优秀。一些研究生毕业后在工作岗位上表现突出，甚至成为国内外各行业的精英。

柴东朗是刘静华的硕士研究生，一直在西安交大任教，后来又攻读了在职博士并晋升为教授。柴东朗在教学和科研工作中成就斐然，曾经为本科生、研究生开设 10 余门专业课和专业基础课；主持过国家自然科学基金、国家重点基础研究发展计划和军工"十五"规划等项目的研究，获省部级科研及教学奖励多项。柴东朗教授带领的团队研制的新型镁锂合金，是世界上最轻的金属结构材料，已成功应用于我国首颗全球二氧化碳监测科学实验卫星中的高分辨率微纳卫星上，受到高度评价，国内一些报纸，包括《人民日报》《文汇报》《西安晚报》

等予以报导。柴东朗还曾经担任材料学院副院长、材料学院分党委书记。

刘文星毕业后担任外企领导，成绩突出，受到良好评价。刘静华的一些研究生毕业后仍然对学校十分关心，一直与她保持着长期的联系，例如在美国的刘彦庆、在德国的周压西等，他们回国探亲时都要专程来西安看望我们。她和她的研究生们深厚的师生情谊有时候甚至很令我感动。

三、刘静华的科研工作与获奖情况

应该说，刘静华在科研方面也做了许多工作，但我只能回忆起她所承担的主要项目，权且简要记载如下。

1. 钢中复相组织的强度与断裂研究，国家"六五""七五"大型自然科学基金项目，课题负责人。

在工程实际中大量零部件使用中低碳钢，钢中的组织状态经过热处理予以改变，使之达到要求的实用性能，保证设备安全正常运行。20世纪80年代初期，以刘静华为首的课题组，先后以"钢中复相组织的强度与断裂研究"为题，向国家经委申请了"六五""七五"大型自然科学基金项目，得到批准。刘静华担任了该项目组组长，参加课题组的人员还有沈莲、柴东朗、刘彦庆、宋余九等。在刘静华的带领下，课题组成员共同努力，圆满完成研究任务。1988年、1989年该项目以"中低碳钢复相组织的强度与断裂"为题，分别向国家教委、国家经委申报科技奖均获批准：1988年7月获国家教委科技进步二等奖，1989年5月国家科委授予"国家科技成果证书"，刘静华为第一完成人。

2. "起重葫芦链条用高强度新型材料TC901钢丝开发与应用研究"，陕西省科技项目，课题负责人。

手拉葫芦是起重机行业量大且使用广的起重工具，其中圆环链条是葫芦的主要承载件，也是生产技术难度高的零件，对整个葫芦产品的质量、使用寿命及安全可靠性起着至关重要的作用。1985年前，国内起重行业使用的手拉葫芦链条用材料是20Mn2钢，不能用于起重重载，更不能用于出口产品。

20世纪80年代初，在陕西省科委、经委、冶金厅联合主持下，邀请陕西钢厂、西安交大、南京起重机厂共同合作研制新型 Tc901 链条钢，代替原用钢种，为我国手拉葫芦创优、出口开拓了广阔前景。在该项目中，刘静华担任西安交大课题组负责人，参加者有柴东朗、倪建国和刘静华指导的研究生。经过大家几年的努力，研究取得满意成果。1990 年 12 月，陕西省科委、经委、冶金厅组织鉴定，给予了很高评价："本课题开发研制的 Tc901 高强度链条钢丝符合我国合金资源特点，且强度水平达到 T（9）级，综合性能优于西德王牌链条钢，完全可取代 20Mn2、23MnNiCrMo64 等材料制造出口葫芦链条，为我国手拉葫芦链条材料填补了空白。""该钢种采用我国富有的合金资源，生产成本低廉、性能优越，深受国内链条行业欢迎，该链条的扩大生产将为我国节约大量外汇，使高强度链条生产适合于国内，并可进一步打开出口手拉葫芦的国际市场，因而具有明显的社会经济效益。"

"起重葫芦链条用高强度新型材料 TC901 钢开发与应用研究"1991 年被评为陕西省优质产品三等奖，1993 年获陕西省经委、中科院西安分院、陕西省教委授予科技三等奖，刘静华为第一完成人。

3. 马氏体形态与裂纹萌生及扩展研究，是刘静华自选的科研项目，作为研究生学位论文选题，课题负责人。

该项研究具有较高的学术价值，受到学术界同行的重视，发表学术论文数篇，1980 年获陕西省高教局科技一等奖，发表的多篇论文被评为优秀论文，刘静华为第一完成人。

起重葫芦链条用高强度新型材料 C901 钢丝开发与应用研究鉴定书

4. 球墨铸铁的组织与性能研究，国家教委项目，主要参与者。1985 年该项目被国家教委授予科技二等奖。

以上研究项目都取得良好的研究成果和显著的经济效益，在生产实际中得到应用，先后获得部、省级科技奖。

以下是刘静华的部分获奖证书。

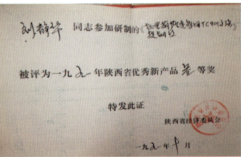

刘静华部分课题项目获奖证书照片

1996年百年校庆时，刘静华同几位老先生合影
左起：王小同、周惠久、刘静华、王笑天

四、刘静华的专业著作和发表的学术论文

刘静华主编与合作专著3部,分别简述如下。

1.《钢铁热处理》,刘静华担任主编。 1981年5月由陕西科学技术出版社出版。全书共分为三编:第一编为钢铁材料基本知识,第二编为热处理基本原理;第三编为热处理工艺。全书约70万字,可作为热处理专业学生的教学参考书,出版后受到广泛欢迎。

2.《金属热加工实用手册》 是西安交通大学和太原工业大学共同编写的,1996年由机械工业出版社出版。全书共3篇15章,约150万字,第一篇为热加工工艺,第二篇为热加工设备,第三篇为热加工缺陷及质量分析。刘静华承担第二篇第9章热处理设备的编写任务,约10余万字。这是一本实用性很强的工具书,叙述深入浅出、通俗易懂,文字简明扼要。现场的技术人员利用书中提供的实例和资料就能够解决生产中的实际问题。

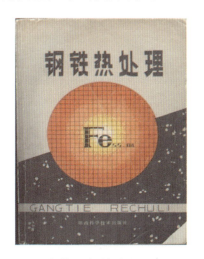

专著《钢铁热处理》

参编的《金属热加工实用手册》

3.《热处理炉》,1963年由中国工业出版社出版,合作编写。

刘静华在国内外刊物上正式发表约60余篇论文,有的论文获得很高的评价,列举的部分篇目见附录。

下面是论文的部分获奖证书。

刘静华部分论文获奖证书照片

五、永远怀念老伴

刘静华走上工作岗位直到退休的60余年时间，都是在西安交通大学度过的。60年中她从一名普通青年教师成长为大学教授，为国家培养出大批人才，个人也取得一些成绩。不论是大学生上门采访，还是学院领导到家里看望，每每说起这些，刘静华均表示，这都是党和国家培养教育的结果，也是她自己应尽的责任。

宋余九、刘静华夫妇与母亲和两个女儿（拍摄于20世纪70年代初）

而在我的心里，刘静华不但是一位称职的好老师，更是一位好妻子、好母亲。作为一名知识女性，她在忙于事业和工作的同时，还有家庭，要相夫教子，她都要尽力做到最好。在交通大学西迁过程中，她给予了我坚定不移的支持，义无反顾地抱着刚刚一岁的女儿同我一起来到西安，一边照料孩子，一边投入到繁忙的工作中。后来，我们有了小女儿，家务事更多了，她却从来没有因为家里和孩子的事情耽误了工作和事业。

由于工作安排，我还要承担很多出差任务，有时候一走就是差不多半年的时间。比如在1958年的"大炼钢铁"运动和1965年到1966年的"社会主义教育运动"中，我分别在陕南的商洛地区和陕北的洛川地区各待了半年左右的时间。虽然这期间偶尔会回到西安，但总是来去匆匆，奔波劳碌，忙得根本顾不了家里。还有要带学生外出进行生产或者毕业实习，有时候也需要很长时间。每当遇到这种情况，都是刘静华一个人在家支撑、打理一切，不但完成了自己的教学等任务，还要帮助我打点好一切。在"文化大革命"期间，我们两人同甘共苦、互相扶持，走过了那段风风雨雨，迎来事业与家庭生活的新开端。对于两个女儿的教育，刘静华一直坚持身教大于言教的理念，她认为只要我们为父母者自己踏实认真地做事情，自然而然就会使下一代耳濡目染。日常生活和孩子的教育主要是她在承担责任，她从不让我操心。对两个女儿的学习，她采取的方法是耐心引导，从不疾言厉色，所以两姐妹自小就很自律，学习努力，均考取了西安交通大学，虽然没有继承我们的专业，但是毕业后都在自己的岗位上辛勤工作，为国家奉献力量。

2015年刘静华在家里接受学生访谈

刘静华心胸开阔，对人对事并不苛求。退休后随着年龄的增长，她参加学校和学院的活动虽然越来越少，但仍然关心学校的发展和学院的工作。每次学生们到家里看望我们，她都殷切地希望青年学子们能够勤奋、扎实地走好每一步，踏踏实实做学问，并告诉他们西安交大今天的一切是前辈们奋斗的结果，来之不易，要发扬西迁精神，将西安交通大学建成国家和世界的一流大学。

回想起来,我的家庭之所以能够和睦幸福,都是因为我有一个好夫人、好老伴。我永远怀念她,孩子们也永远怀念她们亲爱的妈妈。

大学生到家里看望宋余九与刘静华夫妇

宋余九夫妇同史维祥校长和夫人蔡祖端在一起

左起:宋余九、史维祥、蔡祖端、刘静华

结语:我的人生理念

从我走上工作岗位,成为一名大学教师开始,我就秉承"踏踏实实做人，认认真真做事"的人生理念，努力把事情做好，绝不半途而废，为实现最后目标而积极进取、坚持不懈。这种理念伴随我走过了大半生的岁月，不论在工作、科研中遇到困难时，我以此来激励自己，克服困难，向目标迈进。在学习外语的过程中，我也坚持这样的理念，所以我除了比较好地掌握英、俄、日三门外语外，还自学了德语。我的学生们有人知道我会几门外语，经常会好奇地问我是如何同时掌握这么多门外语的。我会告诉他们：一是我本身比较喜欢外语；二是多学一门外语就等于多长一只眼睛，可多了解外国的科技发展情况。其实，我之所以能学会、学好几门外语，也因为我为了目标而坚持。比如，我在哈工大读研究生的时候，因为导师是苏联的教授，要求我们对俄语必须做到听、说、读、写四会，这"四会"就是我的目标，为了达到这个目标，重要的是多做练习，并与人交流，所以我就抽时间经常去俄国人开的商店跟他们聊天，提高自己的语言表达能力。

即使在"文革"期间，虽然我也受到了"冲击"，但我还是坚持利用空闲时间自学日语，在"干校"劳动时，利用看守麦田的时间也在学。1981年到日本去做访问学者，学习日语就更主动和刻苦了，所以日语掌握得还可以，听、说、读、写都还算精通。那时日本学者来讲学，经常是我做翻译。比如，1985年至1995年期间，日本庆应大学教授国尾武（被我校聘为名誉教授）来校讲学和进行学术交流，我是作为翻译全程陪同。1985年至1987年期间，日本京都大学教授田村今男来校讲学及去鞍山钢铁公司讲学，我也是翻译及全程陪同。

学外语是这样，搞科研也是这样，在做项目的时候也不可能一帆风顺，但干一行爱一行，甘于寂寞，安心科研，有不落于人后、勇争上游的自强心态，就一定可以在自身的研究领域绽放异彩。坚持就会成功，就会有收获。

时间过得真快，交通大学西迁已有60余年，我常常回顾交通大学西迁的那段岁月，感慨万千。26岁时我来到西安，现在已经到了90岁的鲐背之年。当时在土丘上建起的大学，现在已成为国内知名大学。西安交通大学已培养出几十万名毕业生，他们在全国各地及世界多地辛勤工作，受到良好评价。金相教研室从当时不足十名教师已发展成材料学院。自西迁以来，1963年国家批准成立了金属材料及强度研究

宋余九（右一）同史维祥校长（左一）、国尾武教授、蒋德明校长（右二）在一起

学生志愿者到家里看望　　　　　校友志愿者到家里看望

室，1983年成立了材料工程系，1995年国家重点实验室建成，并向国内外学者开放，现在又成为国家建设的一流学科。有先进的教学、科研仪器设备，宽阔的工作、学习环境，每年都取得良好的科研成果。

2017年，西安交通大学的15位老教授给习近平总书记写了一封信，我也是这15位教授之一。在信中，我们讲述交通大学响应党和国家建设大西北的号召，从黄浦江畔迁到渭水之滨，扎根黄土地，开启建设西部科技高地和一流大学的故事。我没有想到的是，总书记收到我们的信后作出重要指示："向当年响应国家号召、献身大西北建设的交大西迁老同志们致以崇高的敬意，祝大家健康长寿，晚年幸福。也希望西安交大师生传承好西迁精神，为西部发展、国家建设奉献智慧和力量。"不但如此，总书记还在2018年的元旦贺词中再次重提这件

2017年12月20日宋余九应邀参加材料学院举办的座谈会，回顾西迁历史

事情，为西安交大的西迁精神点赞。总书记对我们的殷切期望，深深地激励了交通大学西迁的师生员工，决心用建好一流大学和一流学科、办好党和人民满意的高等教育的实际行动，来回报总书记的期待和国家嘱托。

还有更让我激动的事情，2020年4月22日习近平总书记亲自来到西安交大考察，参观西迁博物馆，听取西迁历史、西迁以来的发展情况汇报，还会见了14位西迁老教授代表，我也参加了这次会见。在西迁博物馆的一层大厅里，我们见到了总书记。下午5点左右，总书记走进西迁博物馆，大家热烈鼓掌，总书记向我们老同志抱拳问候，并说："向当年响应国家号召献身大西北建设的交大老同志们致以崇高的敬意。"总书记还亲切地祝愿我们身体安康、家庭幸福。总书记对交通大学西迁以来的成就给予的充分肯定、对西迁精神给予的高度赞扬、对我们这些经历了西迁的老人的关怀之情，都令我十分感动。

2020年9月10日是教师节，也是西安交大的"西迁纪念日"。当日下午，学校在中国西部科技创新港举行了庆祝大会，我作为西迁老教师代表参加了这次大会，并在会上发言。这是我第一次到创新港，体验了西安交大以更加开放的国际视野和发展理念，加快"双一流"高校建设的决心和实践，看到了西安交大的快速发展，心中的兴奋之情难以表述。

宋余九（右）作为西迁老教师代表参加2020年西安交大教师节纪念大会
右为时任西安交大党委书记张迈曾

我是一名普通教师，在西安交大工作60余年，深感光荣。感激党和政府的培养和教育，如有来世我还愿献身祖国的教育事业。也衷心祝愿西安交大继续弘扬西迁精神，再创辉煌。

附录：宋余九和刘静华公开发表的部分论文

一、宋余九公开发表的部分论文

1. 李鹤林，宋余九，赵文轸. 钻杆用钢腐蚀疲劳试验研究［J］. 石油管材与仪器，2016（2）：22-27，34.

2. 武涛，柴东朗，宋余九. 粉末冶金制备颗粒增强5020铝基复合材料的压力加工工艺研究［J］. 热加工工艺，2005（6）：65-67.

3. 权高峰，柴东朗，宋余九，涂铭旌. 增强体种类及含量对金属基复合材料力学性能的影响［J］. 复合材料学报，1999，16（2）：62-66.

4. 贾玉玺，赵振铎，赵国群，郭成，宋余九. 挤压加工对SiCp/Al复合材料显微组织的影响［J］. 山东工业大学学报，1998，28（5）：431-435.

5. 郭成，程羽，易树请，贾玉玺，宋余九. SiC颗粒增强金属基复合材料成形性能研究［J］. 塑料工程学报，1997，4（4）：1-8.

6. 陈尚平，解念锁，苏建璋，权高峰，宋余九. 非连续增强铝合金复合材

料的力学性能 [J]. 材料科学与工程, 1997, 15 (4): 72-74, 63.

7. 姚红宇, 宋余九, 涂铭旌. 非连续增强铝合金复合材料的环境行为 [J]. 腐蚀科学与防护技术, 1997, 9 (1): 56-60.

8. 姚红宇, 花迎春, 宋余九, 涂铭旌. 颗粒增强 SiC_p/2024 铝合金复合材料的应力腐蚀断裂行为 [J]. 中国腐蚀与防护学报, 1996, 16 (2): 206-210.

9. 姚红宇, 宋余九, 涂铭旌. SiC_p/2024 铝合金复合材料在拉伸过程中的力学-化学效应 [J]. 材料科学与工程, 1996, 14 (2): 63-64.

10. 姚红宇, 涂铭旌, 宋余九, 马宗跃. SiC_p/2024 铝合金复合材料的氢脆敏感性研究 [J]. 复合材料学报, 1996, 13 (2): 33-37.

11. 权高峰, 柴东朗, 宋余九. 氧化铝短纤维增强铝基复合材料的组织与性能 [J]. 金属热处理学报, 1995, 16 (4): 65-67.

12. 陈尚平, 苏建璋, 张天成, 权高峰, 宋余九. SiC 颗粒增强铝合金复合材料的研制 [J]. 热加工工艺, 1995 (6): 17-18.

13. 权高峰, 柴东朗, 宋余九, 涂铭旌. 金属基复合材料基体中原位组织与性能研究 [J]. 兵器材料科学与工程, 1995, 18 (5): 3-9.

14. 权高峰, 柴东朗, 宋余九, 涂铭旌. 复合材料中增强粒子与基体中微观应力和残余应力分析 [J]. 复合材料学报, 1995, 12 (3): 70-75.

15. 权高峰, 宋余九, 涂铭旌. 金属基复合材料断裂应变研究 [J]. 西安交通大学学报, 1995, 29 (8): 84-89.

16. 权高峰, 柴东朗, 宋余九, 涂铭旌, 颗粒增强复合材料中微观热应力和残余应力分析 [J]. 应用力学学报, 1995, 12 (2): 125-133.

17. 魏建锋, 宋余九. 热压制备的颗粒增强铝基复合材料的磨损特性 [J]. 热加工工艺, 1994 (11): 3-5.

18. 魏建锋, 宋余九. 热压制备的 Al_2O_3 颗粒增强铝基复合材料的研究 [J]. 有色金属, 1994, 46 (4): 73-77.

19. 权高峰, 柴东朗, 王秀苓, 宋余九, 涂铭旌. 复合材料中启裂的微观力学分析与实验观察 [J]. 材料研究学报, 1994, 8 (5): 460-466.

20. 姚红宇, 宋余九, 花迎春, 涂铭旌. SiC_p/Al 复合材料的界面优先溶解 [J]. 材料研究学报, 1994, 8 (5): 467-472.

21. 魏建锋, 宋余九. 颗粒增强纯铝基复合材料的增强机制 [J]. 稀有金属材料与工程, 1994, 23 (3): 17-22.

22. 权高峰, 罗兴宏, 柴东朗, 宋余九, 涂铭旌. 非连续体增强铝基复合材料热机械处理工艺与性能研究 [J]. 材料工程, 1994 (5): 7-10.

23. 姚红宇, 宋余九, 涂铭旌. 点蚀萌生的突变数学模型 [J]. 腐蚀科学与防护技术,1994,6(1):68-72.

24. 周曼娜,宋余九,魏建锋. 颗粒增强纯铝基复合材料的磨损特性[J]. 西安工业学院学报,1994,14(1):1-6.

25. 魏建锋,宋余九. Al_2O_3 颗粒增强纯铝基复合材料二次加工变形性能的研究[J]. 热加工工艺,1994(1):10-13.

26. 周曼娜,魏建锋,权高峰,宋余九. Al_2O_3 颗粒增强纯铝基复合材料的研究[J]. 复合材料学报,1993,10(3):51-57.

27. 姚红宇,宋余九,涂铭旌,对非连续体增强铝基复合材料的腐蚀、应力腐蚀断裂与氢脆研究的评述[J]. 材料科学与工程,1993,11(3):60-63.

28. 周曼娜,宋余九,二次热压变形对 Al_2O_3 颗粒增强纯铝基复合材料组织和性能的影响[J]. 西安工业大学学报,1993,13(3):163-168.

29. 韩光炜,宋余九,涂铭旌. 氢对步冷前后 $2\frac{1}{4}$Cr-1Mo 压力容器钢韧脆转变行为的影响[J]. 西安交通大学学报,1993,27(1):109-116.

30. 权高峰,宋余九. 应力场中氢扩散的试验研究:Ⅰ. 拉-压对称应力场[J]. 中国腐蚀与防护学报,1993,13(1):68-72.

31. 权高峰,宋余九,涂铭旌. 硼酸铝晶须增强铝复合材料的磨损性能[J]. 汽车工艺与材料,1993(1):32-35.

32. 韩光炜,宋余九,涂铭旌. 氢对 $2\frac{1}{4}$Cr-1Mo 钢缺口静弯试样裂纹萌生与扩展的影响[J]. 理化检验-物理分册,1992,28(4):19-21.

33. 周曼娜,魏建锋,权高峰,宋余九. SiC 颗粒增强纯铝基复合材料的研究[J]. 西安工业大学学报,1992,12(2):1-7.

34. 韩光炜,宋余九. 腐蚀疲劳过程中裂尖阳极溶解对裂纹扩展的作用[J]. 中国腐蚀与防护学报,1991,11(4):297-308.

35. 邢志强,宋余九,涂铭旌. 15Mn 钢动态阳极溶解电流及其在腐蚀疲劳中的作用[J]. 中国腐蚀与防护学报,1990,10(4):378-382.

36. 刘彦庆,宋余九. 几种表面涂层组织和耐蚀性研究[J]. 西安交通大学学报,1990,24(6):129-130,142.

37. 宋余九,张晓东. 中碳高强度钢腐蚀疲劳研究[J]. 金属科学与工艺,1990,9(8):31-37.

38. 刘彦庆,王永泰,雷家荣,胡志忠,李成劳,宋余九. 单体支柱腐蚀破坏的研究[J]. 煤矿机械,1989(11):4-6.

39. 邢志强,宋余九. 15Mn 钢在 3.5% 氯化钠水溶液中的腐蚀疲劳[J]. 中国腐蚀与防护学报,1989,9(3):184-191.

40. 浩宏奇，宋余九．低合金高强度钢在盐雾介质中的疲劳裂纹开展行为[J]．金属学报，1989，25（1）：70-72．

41. 黄淑菊，张平生，权高峰，宋余九．应力比及载荷频率对腐蚀疲劳断口形貌的影响[J]．中国腐蚀与防护学报，1988，8（4）：43-49．

42. 权高峰，黄淑菊，宋余九．载荷频率对低碳马氏体钢腐蚀疲劳的影响[J]．中国腐蚀与防护学报，1988，8（3）：207-215．

43. 邢志强，黄淑菊，宋余九，涂铭旌．低碳钢的组织对腐蚀疲劳的影响[J]．金属学报，1988，24（6）：476-481．

44. 刘彦庆，刘静华，沈莲，宋余九，铁素体形态对40Cr钢马氏体铁素体复相组织机械性能的影响[J]．金属热处理，1987（9）：9-15．

45. 宋余九，齐民．低碳钢的组织与氢致断裂研究[J]．金属学报，1987，23（3）：205-210．

46. 黄淑菊，邓春枝，宋余九．析出铁素体对中碳回火马氏体裂纹扩展的影响[J]．金属热处理学报，1986，7（1）：77-79．

47. 宋余九．铁素体耐热钢组织与室温性能[J]．冶金分析（冶金物理测试分册），1984（6）：1-4．

48. 宋余九．10Cr2MoVNb系耐热钢的蠕变持久强度与组织研究[J]．机械工程材料，1983（5）：27-30．

49. 宋余九．八十年代的金属热处理[J]．金属热处理，1983（1）：4．

50. 宋余九，芦锦堂，刘静华，沈莲，姚启昌．马氏体贝氏体复合组织的强度与韧性[J]．金属热处理学报，1982，3（1）：11-27．

51. 宋余九，沈莲，姚启昌，刘静华．中碳钢马氏体中存在铁素体时的强度与韧性[J]．西安交通大学学报，1981，15（2）：145-160．

二、刘静华公开发表的部分论文

1. 柴东朗，刘静华，沈亚鹏．模糊分析方法在复相材料组织及性能设计上的应用[J]．西安交通大学学报，1997，31（3）：114-119．

2. 陈尚平，解念锁，郭丛盛，刘静华．研制提高普通低碳钢性能的热机械处理工艺[J]．陕西工学院学报（自然科学版）1996，12（1）：62-68．

3. 胡志忠，马明亮，刘彦庆，刘静华．（F+M+A）三相钢低周疲劳的扫描电镜动态研究[J]．金属学报，1994，30（10）：469-476．

4. 陈尚平，刘静华．预冷拔变形对普通碳素钢15双相钢组织和性能的影响[J]．陕西工学院学报，1993，9（1）：48-53．

5. 刘彦庆，刘静华．双相钢低周疲劳断裂机理的研究[C]//西北五省区第四届热处理学术交流会论文集（上），1990年10月，金属热处理学报，1991，

12 (4): 1-8.

6. 王朝霞, 柴东朗, 刘静华. 复相组织动载下的开裂行为及力学分析 [J]. 金属学报, 1991, 27 (5): 355-360.

7. 柴东朗, 刘静华. 微观应力计算 [C] //西北五省区第四届热处理学术交流会论文集 (下), 1990 (10): 406-412.

8. 柴东朗, 刘静华. 复相材料中微观组织开裂的力学分析 [J]. 材料科学进展, 1990, 4 (4): 328-331.

9. 刘耀中, 刘彦庆, 刘静华. 15MnB 钢强韧化新工艺及其机理研究 [J]. 西安交通大学学报, 1990, 24 (3): 115-121.

10. 刘彦庆, 刘静华, 沈莲. 铁素体形态对复相组织机械性能影响的微观机理 [J]. 西安交通大学学报, 1989, 23 (6): 1-9.

11. 柳永宁, 刘静华. 电镜膜面氧化及对组织分析的影响 [J]. 理化检验-物理分册, 1988, 24 (2): 13-16, 60.

12. 柴东朗, 刘静华. 复相材料中微观组织的等强度设计及断裂分析 [J]. 应用力学学报, 1987, 4 (, 3): 47-56, 135.

13. 刘彦庆, 刘静华, 沈莲, 宋余九. 铁素体形态对 40Cr 钢马氏体铁素体复相组织机械性能的影响 [J]. 金属热处理, 1987 (9): 9-15.

14. 柳永宁, 刘静华, 淬火双相钢经时效后的组织与性能 [J]. 金属热处理学报, 1987, 8 (2): 63-73.

15. 周亚西, 刘彦庆, 刘静华. 双相钢组织与性能关系的回归分析 [J]. 西安交通大学学报, 1986, 20 (2): 111-118.

16. 宋余九, 芦锦堂, 刘静华, 沈莲, 姚启昌. 马氏体贝氏体复合组织的强度与韧性 [J]. 金属热处理学报, 1982, 3 (1): 11-27.

17. 宋余九, 沈莲, 姚启昌, 刘静华. 中碳钢马氏体中存在铁素体时的强度与韧性 [J]. 西安交通大学学报, 1981, 15 (2): 145-160.

18. 刘静华, 黄淑菊. 中碳钢的马氏体形态与疲劳裂纹萌生及扩展关系 [J]. 材料热处理学报, 1980, 1 (1): 35-47.

其中，一些论文还被相关学会评为优秀论文，譬如：

《中碳马氏体中存在铁素体时的疲劳裂纹扩展》，1988 年被中国金属学会评为 1985—1987 年优秀论文。

《复相材料中微观组织的断裂分析及优化设计》，1991 年被中国金属学会评为 1987—1989 年度优秀论文。

《复相合金微观组织的优化设计》，1991 年被陕西省科协和省人事厅评为自然科学二等奖优秀论文。

岁月流转　情怀依旧
——王世昕小传

王世昕
（祝玉琴协助整理）

简　历

王世昕，男，汉族，1936年农历八月二十三日出生于上海。由于日本侵占上海，1940年随家迁到江苏省嘉定县黄渡区杨陵乡蔡家桥村。1958年，嘉定县由江苏省划归上海市，1992年，撤县设区。

1943—1947年，在嘉定县庄池、杨陵、宅北等小学完成了初小阶段的学习。

1947—1949年，在嘉定县疁城小学读高小。

1949—1952年，在安亭中学读初中。

1952—1955年，在嘉定中学读高中。

1955年8月，进交通大学机械系读书，先后担任班长和团支部书记。其间：

1956年8月，随校西迁到西安。

1958年3月，加入中国共产党。

1960年8月，毕业留西安交大理论力学教研室，任助教。

1962年9月，被调到应用力学专业任政治辅导员；先后兼任系团工委书记、校团委常委、系党总支委员等职，全面负责系学生工作。

1965年9月至1966年4月，在临潼县晏寨公社砖房大队参加"社会主义教育运动"。

1968年任系"革委会"委员。

1970年11月至1972年9月，在学校人防工程参加劳动，任连指导员。

1972年9月，随应用力学专业调入动力系，工作到1983年8月，其间：

1972年9月至1973年8月，动力系风机专业助教，辅导数学、力学。

1973年9月至1978年8月，动力系政工组，副组长。

1978年9月至1981年8月，动力系，系党总支副书记。

1981年9月至1983年8月，动力系，系党总支书记、校纪委委员等职。

1983年9月，任西安交大党委组织部副部长，主持工作。

1984年12月，任西安交大党委组织部部长。

1988年6月，经党代会选举任西安交大纪律检查委员会书记（1988年7月27日由中共国家教育委员会党组任命）、监察委员会主任。

1989年，被评为副研究员。

1990年3月1日至7月15日，中共中央党校学习结业。

1992年3月8日，经党代会选举任西安交大党委副书记（1992年5月11日经陕西省委同意，由中共陕西省委教育工委批复任命）。

1993年，经省人事厅批准聘为研究员。

1993年11月11日西安交大老龄工作委员会成立，任主任。

1996年12月，退居二线，任西安交大校务委员会副主任兼成教职教管委会主任。

1999年3月，退休。

1997年4月到2016年12月，任西安交通大学老年大学（陕西老年大学一分校）校长。

曾担任的社会职务还有：1962年曾当选为共青团陕西省代表大会代表，1993年4月当选为陕西省第七届政协委员，1993年8月任西北地区第一届高校党建研究会会长，2016年12月任西安交通大学老年大学名誉校长。

曾经获得的部分荣誉称号

1991年5月29日，被中共陕西省纪律检查委员会授予"全省优秀纪检干部"称号。

1996年，国务院授予"为发展我国高等教育事业做出突出贡献"证书，并发给政府特殊津贴。

1997年，荣获民政部、劳动部、全国总工会、共青团中央、全国妇联、中共老龄协会等六部委授予的"老有所为奉献奖"，并获颁证书和奖章。

1998年3月16日，获得陕西省"重视老龄工作功勋奖"，并获颁证书和奖章。

2009年9月，被中共陕西省委老干部工作局评为"陕西省老年教育工作先进个人"。

2009年10月，被中国老年教育协会评为"全国先进老年教育工作者"，并获颁证书及奖章。

2012年8月，中共陕西省委组织部、老干部工作局授予"陕西省老干部发挥作用先进个人"称号。

2003年、2007年、2011年、2016年被中共西安交通大学委员会授予"优秀共产党员"称号，在职期间还多次获得西安交大授予"先进工作者"称号。

2016年12月，辞去西安交通大学老年大学校长时，被西安交通大学继续教育学院和离退休工作处授予"老年教学杰出贡献奖"。

2019年5月，获得中国老年大学协会高校老年大学工作委员会二届二次会议暨高校第三年龄大学联盟普通高校工作委员会一届四次会议首届"老年教育突出贡献奖"。

第一部分 青春与理想

我出生在旧中国，成长在红旗下，13岁以前生活在国民政府统治时期。1949年5月13日，中国人民解放军解放了我的家乡嘉定，这时我正小学毕业，还是一个无知的少年，带着期盼和新奇迈步进入新社会。看到了新中国建立后国家经济建设的发展和人民生活水平的不断提高；也经历了各种政治运动，在磨炼中，我逐渐成长。

一、初中立志，把一生献给祖国

1949年暑期，我从嘉定县疁城小学毕业，考入安亭中学，开始了初中阶段的学习。

1949年10月1日，中华人民共和国成立，一个新的时代开始，一个全新的社会呈现在我们的面前。在中国共产党的领导下，全国人民建立各级政权，医治战争创伤，恢复国民经济。经过"土地改革""镇压反革命""三反""五反""抗美援朝"等运动和"统购统销"等政策的实施，消灭了封建地主阶级，基本肃清了国内的反革命残余势力，清除了社会上各种污泥浊水，社会治安大大改善，使我国有了一个相对稳定的和平环境来搞建设，人民生活有了保障，真正地当家作了主人。这一切使全国人民清楚看到了中国共产党领导的国家是真正为人民服务的，是真正带领人民走向自由幸福的道路。那时候，虽然我只是一名刚刚步入初中的大孩子，但是在新中国建立后，党组织对青少年思想品德教育抓得非常紧，学校除了文化教育、思想政治教育外，还经常组织师生参加一些社会活动和生产劳动（如割麦、插秧、挖地、种菜等），特别是结合当时的国内外形势，学校还介绍给我们阅读了大量苏联卫国战争时期根据英雄们的事迹所写的著名小说，如《卓娅和舒拉的故事》《这里的黎明静悄悄》《青年近卫军》等，使我们从中汲取了向英雄那样为保卫祖国不怕牺牲，为建设祖国勤奋学习、积极劳动的正能量。那时，围绕着"建设祖国""保卫祖国"两大主题的宣传教育在青少年中可以说是深入人心，在引导青少年养成良好的道德品质和树立正确的人生观和世界观方面起到了不可估量的作用。我自己正是在接受这些思想教育的过程中，日益增加了热爱祖国、热爱中国共产党的情怀，且随着时间的推移这种情感愈加深厚，并立志把自己的一生献给祖国。

这期间，"抗美援朝运动"给我留下了深刻的印象。

1950年7月，以美国为首的"联合国军"武装干涉朝鲜半岛，打到鸭绿江边，中国人民掀起了抗美援朝运动。中央政府成立了"反对美国侵略台湾朝鲜运动委员会"，10月中国人民志愿军赴朝参战，一场轰轰烈烈的抗美援朝爱国运动在全国展开。抗美援朝运动的开展，使我们认识到：国家贫穷就会受别人的欺负，只有国家强大了才可能保障人民幸福生活。学校组织的爱国主义教育活动和抗美援朝的英雄人物事迹介绍，更加深深地震撼了我的心灵，使我的人生观和世界观又一次发生了强烈的变化，认识到人活着就应为人类解放作出贡献，把一生献给祖国，献给人类的解放事业，才是最有价值、最光荣的行为。当时，在全国迅速掀起了踊跃参军、参战、捐献支前的热潮。在这样的热潮中，广大青少年积极参加"中国青年号""中国学生号""中国儿童号"飞机的爱国捐款活动等消息也不时传来，让人们在深受感动的同时也跃跃欲试。在这情况下，党组织的号召自然变成我们热血青年的实际行动。所以，在为抗美援朝捐献飞机时，我也在学校积极带头，率先捐出了自己半年多时间节省下来的生活费用。1951年，我还两次报名参加志愿军，要求上前线参战，第一次因年龄太小（当时未满15岁），没能如愿。第二次报名审查通过，但在身体检查时发现我感染了血吸虫病，又被淘汰。为此，我一直十分遗憾，没有能够参加志愿军到抗美援朝前线。但在人生观、世界观方面受到了洗礼，这也是收获。

应该说，初中的三年，是我快速成长的三年。1950年加入了少先队，1951年3月，我加入了新民主主义青年团，这年暑假又被学校推选到县城参加青年学园学习，随后到农村见习了土地改革，接受阶级教育，懂得劳动创造世界这一人生哲理。

这时我已近16岁，该年龄正处于从少年向青年转变，思想意识正处于从幼稚向树立正确人生观、世界观转变的时期。

二、高考选择了将要西迁的交通大学

1952年暑期，我从安亭中学毕业，被学校选入嘉定县中学（后称嘉定县第一中学），开始了我的高中生活。

高中阶段，正是我国经济建设开始实施第一个五年计划，急需建设人才，学校的教学氛围大大增强。这一阶段我们最关心的是如何学好本领和报考大学。由于国家集中精力建设，很少有社会因素干扰教学，又因嘉定中学是一所省级重点中学，十分重视教学质量，十分重视思想教育。教师教学水平又很高，尤其是数理化老师教学内容、方法都十分讲究，因此高中阶段使我学到了最扎实的基础知识，为高考和大学学习打下了很好的基础。

1954年国家决定从高中生中选送一些人去苏联学习，我被初选为留苏预备生，后因选拔名额很少而被淘汰，但这对我是很大的鼓励，立志要更加努力学习。

在整个高中阶段，因我愿意帮助同学，班主任让我担任了三角几何课的科代表和班级生活委员，在社会工作中得到了一些锻炼。

1955年初，我们进入高中三年级下学期，高考填报哪一所大学的事情就被提到了日程。

到祖国最需要、最艰苦的地方去是我们的青春梦想

中学阶段，我们在学习文化知识的同时，更多的是接受了很多联

王世昕（右）与哥哥、小姐姐拍摄于嘉定县第一中学

（哥哥与小姐姐在高中阶段也就读于该校）

系实际又较为深刻的爱国主义教育。听得最多的是：祖国的利益、党和人民的利益高于一切；有志青年要为改变"一穷二白"的落后面貌、保卫和建设祖国而奉献自己的青春年华；青年人要学习为祖国献身的英雄模范，如朝鲜战争中的黄继光、邱少云等英雄事迹。特别是苏联很多描写卫国战争时期英雄人物的励志小说，在青年人中广为流传，如：奥斯特洛夫斯基在《钢铁是怎样炼成的》小说中，以他自己为原型塑造了保尔·柯察金的英雄形象。作为一名坚强的布尔什维克战士，在艰苦的条件下奋不顾身地战斗，直到瘫痪在床上，还在顽强地著书立说，他的一段怎样对待人生才是最有意义的名言，我们这一代人至今都不能忘怀，那就是"人的一生应当这样度过：当回忆往事的时候，他不会因为虚度年华而悔恨，也不会因为碌碌无为而羞愧；在临死的时候，他能够说：'我的整个生命和全部精力，都已经献给了世界上最壮丽的事业——为人类的解放而斗争。'"。青年人的人生价值——为保卫、建设美好的祖国奉献自己的青春年华，成为当时社会的主流和我们这一代人的青春之梦。

在这种大环境下，我们的思想水平在不断提高、升华。高中毕业时，我们发自内心提出了"青年人志在四方"，青年人要"到工厂去，到农村去，到祖国最需要的地方去，到祖国最艰苦的地方去"，"祖国需要，我们青年人不去谁去？"等口号。

填报高考志愿选择了准备西迁的交通大学

我和很多同学高考志愿，就是以这种"到祖国最需要、最艰苦的地方去"的思想为指导而选择和填写的。

当时，我在填写志愿时想报考北京地质学院，一是想到搞地质是国家需要且是最艰苦的工作，符合国家对青年人的要求。二是因为受到了《勘探队员之歌》的影响，我特别喜欢歌曲中"我们有火焰般的热情/战胜了一切疲劳和寒冷/背起了我们的行装/攀上了层层的山峰/我们满怀无限的希望/为祖国寻找出富饶的矿藏"这段歌词，经常哼唱，心想着将来要到大山之中为祖国寻找和开发宝藏。

正在思考和酝酿之中，我的班主任牛老师知道了我的想法，特意来找我。牛老师说："青年人要到艰苦地方去奋斗，是正确的选择，但不一定非学地质。交通大学是一所全国最著名的理工科大学，现在要迁到西北去，那里也很艰苦的，按你的情况可报考这所高校。"牛老师还介绍了很多交通大学的情况，诸如：交大拥有很多国内外著名的教师，师资力量很强，专业设置齐全等等。最后，牛老师还简要地讲述了交大西迁的原因和背景，使我了解了交大西迁一是为了国民经济建设、开发大西北，二是当时蒋介石扬言要反攻大陆，国家为了对重点企业和高校进行保护。这两个原因，使交通大学被列入了内迁名单之中。

牛老师的话，使我感到讲得很有道理，经过再三考虑，我接受了他的建议，坚定地报考了交通大学并被录取。入学后，因有些专业如造船等要留在上海，又让我们进行了第二次志愿选择，我一心要到艰苦的地方去，又考虑到国家当时最需要的是机械制造方面的人才，仍然选报了要西迁的机械系机械制造工艺金属切削机床及刀具专业。

在后来的漫长岁月里，曾经不止一次地有人问我：当年交通大学西迁时，你们这些人是真正自觉自愿来西安的吗？而我每次都会告诉他们：如果你了解我们这一代年轻人对待理想的渴求和付之行动的热情，你就能理解在当时"祖国的需要就是我们的志愿"这句话，在今天一些人的眼里可能只是一句虚假、太空、太大的口号，而在那个年代却是年轻人思想的真实写照，是我们完全发自内心的选择。事实也证明当年我们的选择是正确的。因为西安交大今天已经结出了丰硕的成果，为西北、为国家建设作出了重要贡献。而每一项成果就是在我们浇灌过汗水的土地上生长、成熟的，我们自豪，无怨无悔。

现在回忆起来，那时我们这一届还在高中念三年级的学生，在已知道交通大学要西迁的情况下，又报考了交大，我以为其主要原因是客观通过主观起了作用。当时的客观情况是，我们国家刚从贫穷落后的旧中国解放出来，人民群众长期盼望祖国繁荣富强的意愿已经具有了实现的可能性，特别是我们党和政府及时提出了国民经济建设的第一个五年计划，苏联又决定帮助我们建设156项工程，这些工程大部分建在西北、西南地区。而西北高校很少，人才的奇缺成了当时最迫切需要解决的问题。从主观方面看，新中国成立后的政治宣传和思想教育工作非常成功，使得人民群众自觉参加祖国建设的热情日益高涨，特别是我们这一代年轻人，不但接受先进思想很快，而且大多数人都希望到实践中经受考验，以行动证实自己的决心，真心把个人的幸福和追求与一个伟大的目标联系在一起，要为祖国奉献自己的一生。当然，按照当时对西北那种荒凉状态的传说，一个从未出过远门的学生要从繁华的上海到漫天黄土风沙的西安上学，不少家长不放心，对我们有所阻挠。但是，社会大潮与个人坚定的意志，使得家庭问题就比较容易解决了。

在当今，一名大学毕业生志愿到艰苦的地方去工作，到边远山区支教，就会受到社会媒体的格外重视，广泛宣扬，而在我们那个年代却是习以为常的事情。

登上西行的列车

入学后，我们在交通大学分部徐家汇徐虹路校园（原立信会计学校旧址）里读了一年书。到了1956年8月的一天下午，我们这一届约1500名学生同部分教师一起，从上海徐家汇车站，按班集合，准备向西而行。

当时，我父亲和母亲都舍不得我走，一直想来送我。我怕他们看到那种离别的场面伤心，加之父亲工作又忙，所以我坚决不让他们到车站送我。毕竟有很多同学是第一次离家到这样远的地方，还是有相当多的家长到火车站送行。列车即将开启时，同学们与家长依依惜别时难分难舍的情景，至今还历历在目。拥抱、痛哭、相互叮咛。列车就要开了，有的家长还抱着自己的孩子舍不得放开。但是同时大家也都清楚，我们正在兑现自己"听从祖国召唤，到艰苦的地方去"的诺言，便毅然决然地踏上了西行的长龙。列车开了，很多家长还高喊"不要忘了来信""要注意冷热""要吃饱啊"等等嘱咐，一片可以理解的深情。

因为我们乘坐的专列是加班列车，经常要停，让正点列车通过，所以前进的速度比较慢。沿途可以看到高楼大厦逐渐成了遍地平房，又逐渐成了茅草房，最后就很少见到房屋，却见到了不少窑洞。我们当时还不知窑洞的用途，为此还引起过争论，到西安后问了一些人才知道，窑洞就是农民的住房，因为建造的成本较低，而且冬暖夏凉，所以，窑洞就成了西北农村的主要居住形式。另外，也看到田地的变化，南方8月份原野上还是一片绿色，越往西北行进，车窗外的景象渐渐就变成一片土黄色了，平地也逐渐被连绵的黄土山丘所取代。

火车走走停停，从上海出发，整整经过了60多小时，终于到达了西安。虽然还不知道迎接我们的将是一片什么样的校园和一种什么样的生活和学习条件，却因为终于到达了目的地，大家也都很高兴。

三、虽艰苦却丰富多彩的学习生活

想象中，西安是个大城市，至少应该有一些高楼和大型商场，但见到的不仅没有高楼，当时的西安火车站也仅是约200平方米左右的平房，街道两旁的房屋也都很老旧，房顶的瓦片上长满了荒草，街道很狭窄，地上随时可见的痰迹甚至大小便，商店基本上都像南方小镇上的"摊头"。学校用大轿车把我们接到校园的北门口，就让大家下车了，我们看到学校大门是用竹片搭起的临时牌楼。接我们的老师解释说：因工期紧张，道路来不及修好，车开不进去了，让我们自己背上行李走到宿舍。于是，我们带了行李各自向宿舍的方向走去。

一个完全陌生的环境，各种考验迎面而来

8月份的西安，正值雨季，我们到时刚下过雨，从北门口到学生第一宿舍的道路有五六百米，一路泥泞前行，泥水溅衣。沿路见到了很多在建的教室，外部大多已建起，内部正在装修，为准时开学而赶进度。到处可见建筑垃圾，同时可以感受到校园比上海校园的面积大

很多，建筑也比较宏伟。进了寝室后，发现电灯很暗，但电灯泡标识是60瓦，总务科的同志解释，这是电压太低导致的。但不管怎样，我们在西安校园里的学习生活由此开始了。

应该说，我们这届学生是从全国招生的，有些同学来自偏远或者贫困地区，但相当大部分同学来自沿海发达地区，或者本身就是上海人。从繁华的大城市到了大西北，都是第一次，特别是从父母身边到远离亲人、较长时间分别也是第一次，从吃惯了大米到要以面食和杂粮为主也大都是第一次。"艰苦"两个字从概念成为现实，能否经受考验，就这样真实地摆在我们每个人的面前。

当我们走进宿舍的时候，从一些粗糙的墙缝中发现，虽然墙柱子是钢筋水泥的，但墙壁是由竹片编成，表面涂上掺了草的泥再刷白的，可能是国家经济困难，为节省费用，又要快速建成的原因，才做了这样的处理。可惜这样处理的墙壁冬不防冷，夏不隔热。在西安，冬天很冷又没有取暖设备，使我们这些从南方来的人很不习惯。更有同学对此估计不足，带的被子很薄，尤其是福建的同学，不但没有棉衣，除了带了一条薄被外只有一张夏天用的席子，很难过冬。学校发现后，给这些同学及时补助棉衣和棉被等取暖物品，才使他们平安地度过了冬天。

安排好住宿，同学们急于要给家里发电报、通电话，才发现打电话、发电报都要上街去，而且要排很长的队，还经常打不通。这种情况持续了半年之久，同学们将当时的生活条件归纳为三不：电灯不明（因电压不稳而忽亮忽暗，且经常发黄）；电话不行（校内没有专用长途电话和邮局，打电话、寄信都需要到西安市东关或钟楼去解决）；道路不平（所有道路都在修建，很多地方都是临时铺设的土路）。当时，学校周围还没有公共汽车，要外出一趟上街并不容易。上街买东西、寄信、打电话、看电影、去火车站都要步行，少则四五里路，多则十几里路。

我们刚到西安时，校园内虽然已经有了很多建筑，但是更多地方还是一片片野地，学校周边更是荒芜而凄凉，白天可见野兔，晚上还可听到狼的叫声。同年级有一位同学告诉我们，他一天晚上从公路学院走回校就曾经遇到一条狼，那狼竟然一直跟着他到了学校，这位同学很害怕，快步跑回寝室把门关上，狼还用爪子敲门，很久才走开。同学们听了晚上再也不敢出门了。

因学校原是一大片坟地，大规模的基建，挖出来的死人骨头满地都是，开始时同学们看见那些骨头特别是头颅骨都很害怕，见多了也就无所谓了，有的同学还拿着玩。建筑工人挖土时也常常会挖出文物，就会有考古学家来鉴定、收藏。现在的钱学森图书馆南边是一条东西向的大沟，深约十多米、南北向宽20多米、东西向长100多米。从教室到宿舍、食堂一般都要通过它。因为沟很深，为此建了一座竹桥。走上去会晃动，从桥上向下看会感到害怕，不少人、尤其是女同学必须有人陪护才敢过桥，但也锻炼了大家的胆量。

这张照片是我和同班同学林茂津，拍摄于到西安后的第一个冬天。从照片可以看出，学校的北大门是木片搭起的临时门楼，人行道只是简易的土路，路牙是用砖头围起来的。学校北门的对面就是兴庆宫公园，当时刚刚开始建设。

王世昕与同学林茂津（右）拍摄于到西安后的第一个冬天

政府照顾，学校重视后勤服务和文化生活建设

刚到西安，除了气候与环境方面的问题，生活习惯等也有很多的不适应。

我们迁到西安的师生多数是南方人，来西安后碰到的另一较大困难就是膳食上的不适应。西安面食多，口味偏重于咸、酸、辣，少大米，缺鱼虾。时间长了，大家很馋，特想吃一些南方风味的饭菜。学校对此比较重视，从南方运来了大米、鱼虾。陕西省和西安市政府对交大师生也很关心，做了很多努力，尽可能对交大师生给予照顾，有一段时间还把苏联专家吃的大米也拿来给我们吃。食堂里那些彭康校长从南方招来的厨师也想方设法变换花样，尽量做出南方人能够接受的饭菜。同学们十分感动，有些同学说："国家有困难，我们不能要求太高，要适应生活。"后来多数同学逐渐适应。特别是常去陕西农村劳动后，看到农民的生活条件十分艰苦，深感我们生活在福中不知福，不再有人反映不习惯了。随着时间的推移，一些基本的生活设施逐渐完善，比如：我们到了西安的第二年学校引进了邮局、商店，建起了澡堂。这些措施，使教职工和学生的生活逐渐稳定下来。

在文化生活方面，西安同上海的差别也很大。在上海，市内文体活动很多，学校里经常有文体表演。每周在文治堂放映一二次电影，学生自己的文工团也很活跃。来到西安后的一段时期，尽管彭康校长很重视学生的文体活动，但因基础条件太差，校园内的很多设施还没有来得及修建，无法举办大型活动，都要用大轿车送师生去城里的大会堂举行。我们来到西安后的第一个开学典礼就是借用了当时西安市最好的大会堂——西安人民大厦举行的。西安市内的文化活动也很少，更谈不上请校外的文艺团体来校表演了。为了丰富师生员工的文化生活，学校想了很多办法。如：很短的时间里，就在学生东区第9宿舍的东边开辟了一个露天电影场，冬天零下七八度时也在这里看电影。还充分利用学生食堂开展各种活动，周六晚上，都会举办较大型的交谊舞会，由学生文工团管弦乐队伴奏。每当节日，彭康校长空闲时都会来同我们一起跳交谊舞。特别是每年的新年舞会，彭校长总是要到第二年"零"时宣布新的一年开始，并作了新年祝词后才离开。教工和学生文工团也自编自演了很多有意义的节目，在餐厅演出；各种社团组织和运动队，逐渐恢复并活跃起来；为了使大家更多了解西安的历史和文化，学校还组织师生去临潼游览骊山、参观兵谏亭和华清池，记得我还在那儿洗了第一次温泉澡。

直到1957年，学校才建起一个能容纳约4000余人开会的草棚礼堂，但师生看电影大部分还是在露天广场。草棚礼堂的座位是长条木凳，一条长板凳上可以挤着坐七八个人。有了草棚大礼堂后，这里就成了举行如开学典礼、迎新晚会、报告会、音乐会等大型集会，以及学生文工团活动、演出的地方。可以说，那时重大的会议和活动都是在这座草棚大礼堂举行的，因此草棚大礼堂成了交通大学那个时期的

机切 55 班的部分同学在西安交大校园里
后排左起：陈文石、林元德、程曾武、孙锡炎，
前排左起：杜俊淇、王世昕、方建国

标志性"建筑"，是经历了西迁那段历史的西安交大人心中永远的记忆。

第一次观看秦腔

回忆初到西安时的情形，总能想到第一次观看秦腔时的趣事。记得那是一天晚上，学校用大轿车送我们师生到城里北大街的五四剧场看戏，虽然不知道剧种和剧名，但是同学们都很高兴，因为已经长时间没有观看过大型文艺演出了。结果当天演出的是西部特有的传统戏剧秦腔。那次演出因为是给来自上海的交大师生观看的，之后知道水平也很高，但是交大的大部分师生听惯了唱腔华丽婉转、念白儒雅细腻的昆曲和妮妮动听、轻柔舒缓的评弹、越剧，面对粗犷、剽悍，表演极其夸张的秦腔，大家却不会欣赏，特别是老生出场时那一声大吼，把不少同学吓得离开了剧场，场面十分尴尬，带队的学校领导在演员面前也感到有些难堪。后来，每当回想这件事都会感到内疚，人家给我们表演精彩的节目，我们都不太礼貌，离开了会场，太不尊重人家了。之后知道毛泽东主席对秦腔评价很高，说是我国历史最久的优秀传统剧种。这几年听惯了，也领会了毛主席的评价，才认识到自己的无知。

不因困难而屈服，创造条件保证教学

万事开头难。我们的新学校在一片荒野之上拔地而起的时候，面临着很多困难。这些困难涉及各方面，但是全校师生并没有因此而屈服，大家面对现实努力创造条件，一步一个脚印地走过来了。

基建、总务、后勤部门的同志们特别辛苦，千方百计为师生创造良好的工作生活条件。他们提前来到西安为每一老师及家属安排好了房间，并放置了床铺、桌凳、过冬用的煤炉和煤等，保证了老师的正常生活，并按时开学。现在的很多教学、科研、实验条件都是在迁校初期师生员工共同打下的良好基础，又通过他们后来长期辛勤劳动建成的。没有道路，师生们一起义务劳动，筑起了简易的人行道。没有树、草，师生们协助绿化工人共同劳动，植树种草，现在东三楼前高大的梧桐树就是我同动力系一年级新生进校时一起栽种的。

现在，每当我们漫步在校园里，回想过去的艰苦岁月，都深感今天美丽的校园、舒适的生活环境、优越的教学、科研、学习条件，都曾留下过我们青春的足迹。就连学校对面的兴庆公园里那些漂亮的假山、湖泊和树木，也都是当年我们师生同西安市民一起经过多年开挖建造起来的，今天公园里或许还能找到师生们很多劳动成果的痕迹。

四、坚持交通大学传统，严教严管重视实践

我们这一届学生到了西安后就开始读二年级了，还有1956年直接在西安入学的一年级新生，在校的学生人数就达到了3900多人。但是由于开学前的准备工作与各项安排都十分细致，开学后马上就走上了正轨，不但没有因为迁校而推迟开学，也没有因为迁校而少开课程，而且在管理与学生的培养上仍然坚持了交通大学的传统和作风。

重视教学，严于管理

"门槛高、基础厚、要求严"是交通大学一贯的传统，贯穿在本科

教学的始终。曾任西安交大副校长的张鸿教授是这一传统最早的概括者，后来又经总结，加上了"重实践"。这十二个字，形成了西安交大独具特色的优良传统。"门槛高"自不必说，我在读书期间，对"基础厚"和"要求严"都有较深刻的体会。我们的学制是五年制，基础课和基础技术课共学了三年半，就足以见证交大对基础知识的重视。这里，我想谈谈对"要求严"的一些感受。

交通大学的"要求严"不仅是对学生，同样是对老师的。彭康校长和张鸿副校长都非常重视师资队伍建设，他们既注重发挥老教授的作用，也对青年教师进行精心培养。那时，一些优秀的教师都要上讲台开课，我当时就有一个感觉：给我们上课的都是最好的老师。我学的专业是机械制造，曾经给我们上数学课的老师有从德国回来的博士、一级教授朱公谨老师和徐桂芳教授等，上物理课的是赵富鑫教授，专业课程有顾崇衔教授等。除了教授、副教授外，能够上讲台的青年教师教学质量同样很高。因为当时的交大对青年教师的要求很严格，不仅对讲课内容、方法，甚至板书都有明确要求。青年教师在讲课前，要预讲很多次，直到预讲通过了，方能上讲台。辅导教师必须随大班听课，习题课教案也必须事先听取讲课教师的意见，征得同意才能上课。所以，当时给我们讲课的陶钟、乐兑谦、董树信、赵卓贤、卢烈英、马知恩、卢振荣、陈人亨等老师，也都水平很高。后来他们陆续晋升为副教授、教授，成为西安交大各学科和专业的骨干，马知恩老师还获得了国家级"教学名师"的称号。老师严谨、认真的教学作风和以身作则的敬业精神，为我们树立了榜样，使我们较快地适应了新的校园生活，养成了认真、努力的学习风气。

对学生的严格要求则体现在各个方面，几乎所有老师讲第一堂课时都要对我们强调"在学校里必须养成认真、刻苦学习的作风，才能在毕业后认真、严格对待每一项工作"，并要求我们努力做到。我体会较深的是学习纪律和考试制度这两点。就学习纪律来说，主要是：平时必须按规定听课，交作业，不能迟到早退，学习期间不能违法乱纪，否则经教育无效都要受到处分，还曾规定不能恋爱、结婚。考试就更加严格了，特别是对待理工科专业，学生考进学校的成绩较高，入学后的课程学习任务也较重，考试要求也较高，达不到60分就是不及格，差一分甚至0.5分也不行。作弊是绝对不允许的，如果发现作弊一般都要开除，4门课不及格即作退学处理。而且那时候的考题也比较难，有一次一个班考数学，30人仅有5人及格，后来分析原因，确实是试题过难了些。最后，系领导同任课老师商量，才以原分数开平方再乘以10作为考试成绩，这样减少了不及格率。但也使学生们认识到了在学习上绝不能自满，要更加努力、刻苦。

重视实践，学以致用

"重实践"也是交通大学的优良传统之一。在我大学五年学习中，上了一系列的实践课程。

大学一、二年级时，学校每周安排一个下午在校内的工厂实习，主要是学习机床操作、典型零件加工，如加工圆柱、平面、螺纹等；学翻砂、浇铸各种铸件；学焊接平板、铁杆；学锻压，学用大榔头打铁，学操作锻压机锻压成形件等等。每次实习先由老师傅讲课，再由他示范操作，最后由我们动手制作，再由老师傅根据我们的工作态度和加工成品是否符合要求进行打分。如不合格就要重新加工，直到合格为止。这种经常性的实习，使我们能够把课堂上学习的理论知识在实践中应用，更重要的是培养了大家的动手能力。实习也有安全问题。一次，因我没有认真听取师傅的教导，不注意把打磨铸件的砂轮打到了自己的腿上，把裤子、腿部都打破了，出了不少血，幸好及时赶到医务室做了清洗、包扎，没出大问题，但让我受到了一次印象极深的安全教育。

除了在校内工厂实习，我们还必须到校外的大工厂去实习。

大学二年级暑假我们到了宝鸡桥梁厂进行认识实习，这次实习时间较短，仅10天左右，学习了一辆架子车的制造工艺，初步了解了机械制造是干什么的。

大学三年级的暑假，我们到洛阳拖拉机厂进行课程设计实习。洛阳拖拉机厂是国家"一五"时期苏联帮助建设的156个重点项目之一，是中国大型机械制造企业，机器设备较先进。我们主要到工艺科和设计科学习，同时参观了全厂几个主要车间，为学习机制工艺和设计等专业课程增加了感性认识。

大学最后一年的五年级，我们班有10位同学在洛阳轴承厂进行毕

1957年王世昕与同学们在洛阳拖拉机厂实习
前排左起：熊则男、丁蘋倩、张世宏、孙锡炎、蔡浩楚
后排左起：范敬宗、×××（原51班同学）、王世昕、王轼铮、戴子臣

业设计，主要任务是设计一台"滑珠轴承外轮精度检验机"。我们在赵卓贤老师和2名工厂技术员的指导帮助下，日以继夜地计算、设计、绘图，终于绘制出了一台检验机。这台检验机尽管最后不一定正式使用，但对我们每一个学生通过这一设计过程，学到了较深入全面的设计知识，为今后到工作岗位上工作打下了较厚实的基础。

严师出高徒。严格的管理和高水平的教学，使西安交大保持和发扬了"要求严""基础厚""重实践"的优良传统，为国家和社会培养出一批又一批品学兼优的人才。包括我们这个年龄段的人，所具有的那种认真负责和对事业的执着追求的精神，都得益于当年在学生时期受到的严格教育和培养。

交通大学西迁后，经历了很短的时间就快速进入了平稳过渡的发展状态，而且坚持了自己一贯的优良传统和大格局，这不但说明了交通大学的师生员工是中国知识分子在和平年代爱国主义的典范，也预示着交通大学成功西迁后必将在祖国西部扎根、开花，并结出累累果实。

1960年7月在洛阳轴承厂毕业实习结束后拍摄，前排中间是赵卓贤老师
中排左起：洛轴的工人、熊则男、丁蘋倩、裘华璞、范敬宗、胡景涛
后排左起：王世昕、陆士一、杜俊淇、工人、郭敦霖、乐秀成

五、做又红又专、德智体全面发展的大学生

1956年，中国共产党的第八次代表大会宣告完成了从新民主主义到社会主义的过渡，标志着我国开始进入全面建设社会主义的新时期。随着大规模社会主义建设高潮的到来，中国教育也从新民主主义教育转向探索社会主义教育发展的道路。

关于大学培养目标和"红与专"的讨论

1957年10月毛泽东主席向全国知识分子和青年学生发出了"又红又专"的号召。自此至1958年初，如何处理"红与专"关系，成为广大知识分子特别是青年学生辩论的一个主题。1958年毛泽东主席在视察天津大学时，又明确指出"教育必须为无产阶级政治服务，必须同生产劳动相结合"。同年，中共中央、国务院发布了《关于教育工作的指示》，提出"党的教育工作方针，是教育为无产阶级的政治服务，教育与生产劳动相结合""教育的目的，是培养有社会主义觉悟的有文化的劳动者"，学生要德智体全面发展。这样，在高校关于"红与专"

的讨论又同大学的培养目标结合在一起了。当时，社会上具有代表性的观点主要有"先专后红""多专少红""红专分工"等。在我们同学中也基本如此：有的认为人的精力是有限的，又红又专不可能，只能先红后专，或先专后红；还有人说"'专'才是重要的，'学好数理化，走遍天下都不怕'"；又有人认为，知识分子是一个阶层，是为统治阶级服务的，所以在社会主义阶段只专不红是不可能的，等等。

关于大学培养目标和"红与专"的讨论一直持续到1965年。不论是我在做学生时，或者留校工作后，在"红与专"的争论过程中，针对当时的情况，很多中央领导在讲话中都谈到了这个问题，纠正了一些不正确观点。还有一些科学家也结合自己的经历在很多场合讲述对"红与专"的体会，给了我们很多启发。

时任国务院副总理兼外交部长陈毅元帅担任外交学院首任院长后，在学校作报告时多次讲过"红与专"的问题，有一次他还举了一个非常生动的例子："一个飞行员政治觉悟很高，立场也很坚定，但一起飞就被打下来；另一个飞行员技术很精，飞得很好，但一起飞就往台湾跑。这两种飞行员我们都不需要，需要的既要忠于祖国，又要驾驶技术优秀的飞行员。"陈毅副总理的讲话传达后，同学们深受启发。

1964年11月胡耀邦同志来陕西担任西北局第二书记、陕西省委第一书记，1965年1月9日胡耀邦到西安交大视察工作，在原学生活动中心（西区学生食堂二楼）作过报告，他在讲到"红与专"问题时说"红就是红，专就是专"，并全面阐述了红与专的辩证统一关系，指出"红与专结合起来才能为国家和民族作出贡献"，使学生们受到了深刻的教育。

我印象最深的是著名核能专家钱三强同志来西安交大，在草棚大礼堂里给师生们作的报告。他结合理工科大学的实际，十分形象地对"红与专"的关系作了一个比喻。他说：我们培养出的人在社会主义建设中的作用可用一个标量来表示，它的大小是由两个矢量之标量积决定的，这两个矢量就是红与专。如果一个人根本不愿为社会主义建设服务，他再大的才能也不可能发挥出来，则他的两个矢量之标量积为零；相反，没有一点科技才能，就是有再高的思想觉悟，也不可能为社会主义作贡献，他的两个矢量之标量积也为零。所以，新中国对科技人员的要求必须是又红又专。这一深刻的比喻,让我们永远不会忘记。

"红与专"的讨论自 1958 年起逐渐深入,直至 1965 年 7 月《中国青年报》发表了一篇社论,对"红与专"关系的讨论作了总结。现在回忆当时开展的这场讨论,对新中国的青年学生在思想上树立起"又红又专"的人生价值观具有极为重要的意义。

积极进取,努力做到德、智、体全面发展

1960 年我毕业留校工作,"红与专"的讨论仍在进行,我们这些青年教师也与同学们一起经历了后来的"红专"讨论的深入发展。

"红与专"的讨论,使同学们明确了自己的成长目标,大家以"德、智、体全面发展"而自我鞭策,努力使自己成为有社会主义觉悟、有文化的劳动者,严格要求自己,认真学习,积极进取,很多同学取得了良好的成绩。我在任政治辅导员和团工委书记期间,就有这样一批同学,如:物理 11 班的女同学郁珊华,她是校学生会文娱部长,社会工作非常繁忙,为了组织各种演出,经常工作到深夜,但她体育锻炼和学习一点也不放松。体育活动方面,每次女子短距离赛跑,总是名列学校的榜首。她学习上十分刻苦,经常先把工作安排好再学习,学习成绩始终保持了班上的第一名,在上学期间他还加入了共产党。力学 21 班的张宇伦是系学生会主席,工作认真负责,有条不紊,十分注重全面发展,坚持体育锻炼,学习成绩经常名列前茅。

这样的学生还有很多,他们到了工作岗位后,仍然保持着严格要求自己的思想作风,发挥了非常积极的作用,后来,他们中的多数人成为各条战线上的业务、管理骨干,有的还成长为党政部门的领导。

第二部分 特殊年代的经历与反思

我们这代人不但经历了新中国建立这一最重大的历史变革,更经历了 70 余年我国建设社会主义所走过的道路。这期间,中国共产党领导全国人民不断探索,历经曲折,取得了巨大成就。同时在探索过程中,也犯过错误。而我们每一个共产党员也跟随经历了这一过程,那是一段段无法磨灭的记忆,都在我后来的人生道路上留下了深深的印迹,有艰辛,有波折,有反思,更有执着。

一、交通大学迁校的争论与思考

1957年2月，我们迁到西安刚过半年，毛泽东主席发表了《关于正确处理人民内部矛盾的问题》的讲话。这篇讲话，对人民内部矛盾的处理，提出了一系列的方针。其中，对科学文化工作提出了要实行"百花齐放，百家争鸣"的方针。接着，又开展了整风运动。一时间全国各地的文化、艺术界掀起了大鸣、大放、大字报、大辩论（简称"四大"）运动，而交通大学的师生在当时"四大"中争论的主要问题是"迁校"。因迁校问题涉及每个人的利益，争论比较激烈，争论的焦点就是迁校方针是否正确。不赞成迁校师生的观点，概括起来有：1955年因蒋介石要反攻大陆，沿海形势十分紧张，到了1957年蒋介石放弃了进攻大陆的计划，形势已趋向稳和；西北地区工业基地尚未建成，学校迁来无法结合科研和教学，不少专业学生的实习仍然要到南方和东北才能完成；学生毕业后由国家分配工作，同学校建在何处没有关系等等。结论是交通大学西迁没有必要。赞成学校继续西迁的观点主要是：从国家经济建设总的布局看，西北地区是中国的大后方，开发大西北是国家的战略需要，但工农业十分落后，沿海地区则是我国的前沿，工业企业、科研机构和高等院校过于集中，不安全，又很不平衡；从经济、文化、科技以及整个国民经济的全面发展出发，部分高校、科研机构和工厂企业西迁是正确的，是合理布局和合理配置资源的需要；西北地区工业、科技、文教落后，才需要加强这些地区的建设和各方面人才的培养；虽然台海形势暂时缓和，但敌人亡我之心不死，不可能永远太平，从战略考虑，一些重点学校、企业西迁仍是必要的。

关于迁校的争论在上海、西安两地师生中十分激烈，影响很大，各大报纸不断报导争论的情况，引起全国人民的关注和教育部、国务院的重视。当时迁校工作已进行一大半，争论已影响到搬迁。为此，高教部部长杨秀峰、副部长刘皑风，专程分别到上海和西安两地，了解交通大学师生对迁校问题的意见后，由周恩来总理亲自召集西安、上海两地的教职工代表听取意见，并发表了重要讲话。讲话的主要精神是：要坚持国家加强西北地区建设的总计划、总目标，坚持西迁方针，但可适当合理调整具体迁校计划，把暂不是西北地区重点建设的专业，如运输起重及车辆专业可以留在上海。对周恩来总理的指示，彭康校长在党内外做了全面的传达和解释，得到了多数师生的支持和拥护。调整后的迁校方案坚持了交通大学主体西迁的方针，除了老弱病及有特殊困难的教职工外，有70%的教职工，59届和60届全体学生以及全部图书、档案和专业设备按计划迁到了西安。

在这场迁校问题争论中，我作为学生，因报考大学时就为建设落后的西北而来，听了反对迁校的一些说法总认为理由很不充分。彭康校长传达周总理对交大西迁的谈话精神后，我和同学们很快就安下心上课了。

赞成与不赞成迁校的争论，对于广大师生原本是认识和观点上的不一致，是人民内部不同意见的争论。但在毛泽东主席的《关于正确处理人民内部矛盾的问题》一文发表后，提倡"百花齐放，百家争鸣"，后来在党内开展的"整风运动"又转向了全社会"反击右派分子进攻"的斗争，不赞成迁校被上纲上线成了"反对党的方针政策"，有部分师生被划成了敌我矛盾，有的戴上了"右派"的帽子，少数言语激烈的师生还成了"极右分子"，坐了牢狱，受到了极不公平的对待。这样做对党的知识分子政策造成了极大的损害，给党的信誉也造成了不好的影响。幸好"文化大革命"结束后，我党纠正了极"左"路线的错误，平反了冤假错案，使这些受害者得到了昭雪。

在"反右"运动中，我作为班级团支部书记也犯了错误，主要是组织批判了一位来自福建的同学。虽然在当时的形势下，有其客观原因，但我作为组织者，伤害了这位同学，负有重要责任，感到十分内疚，应该检讨和反省。所以，在中央决定给"右派"平反后，我立即上报学校，为这位同学进行了平反，并及时转告了他本人，也为我自己当年的做法表示了歉意，得到了他的谅解。

二、"大跃进"与"大炼钢铁"

1957年的"反右"运动刚结束，1958年又掀起了"大跃进"的热潮，一时间"捷报"满天飞，一些地方报道农业亩产上万斤，钢铁产量也越报越高，直至翻几番。为适应当时的形势，学校除了经常组织师生去农村和工厂劳动外,也组织参加了"大炼钢铁"活动。

我们机械系学生,由老师带领去延安地区炼钢铁,我们班同学到黄龙、宜川等地,同当地农民一起"炼铁"。由于我们不懂如何炼铁,老师就让我们一边看书一边干。我们先是按照图纸搭建了小型土高炉,然后就去找铁矿石;不知道什么是铁矿石,就将有铁锈色的石头当成矿石搬了回来;没有煤炭,只能用木材为燃料;没有鼓风机,就用人力推拉大风箱为炼铁炉吹氧气。从开始准备到正式"炼铁",花了三四个月时间,生活十分艰苦,常以开水窝窝头充饥。当时正是冬天,天气极为寒冷,每天拉风箱八九个小时,累得筋疲力尽。结果,并没有见到一点铁,仅是一堆废渣,真是劳民伤财。

现在比较清楚了,这些做法违反科学和社会发展规律,给国家的财物、人力造成极大损失。教训极为深刻。由此使我更加深刻认识了社会主义建设必须遵循客观规律,尊重科学,必须学好科技知识,学

1958年大炼钢铁时与机切55班同学们在延安劳动

前排左起:×××、林元德、魏顺根、杜俊淇、×××、程曾武、胡景涛、郭敦霖

站立者左起:陆士一、秦懋堂、×××、韩志超、王世昕、蔡浩楚、×××、陈文石、李耀凯、方建国、张生娣、季秀漪、乐秀诚、邓山水

好科学管理。盲目、无知的操劳,考虑问题出发点再好,其结果只能带来对事业的破坏。

三、从留校工作到十年"文革"

1959年7月,国务院正式批准交通大学西安和上海部分分别独立成为西安交通大学和上海交通大学。1960年暑期,我大学毕业了。留在西安交通大学理论力学教研室任助教,开始了我的职业生涯。

当了政治辅导员

20世纪50年代后期,为了吸取苏联演变为"修正主义"的教训,中共中央决定要加强高校学生的思想政治工作,重新建立了政治辅导制度。1961年,中共中央批准了《教育部直属高等学校暂行工作条例(草案)》(简称《高教六十条》),正式提出在高校一、二年级设置专职政治辅导员,可从专职党政干部、政治理论课教师和其他青年教师中挑选有一定政治工作经验的人担任。因为我在读书期间入了党,又一直做一些共青团工作,也算有点政治工作经验,所以1962年上半年我被抽调到应用力学专业当了政治辅导员,并先后兼任数理力学系团工委书记、西安交大团委常委、数理力学系党总支委员等职,全面负责学生工作,主要职责是进行全系学生的思想政治和道德品质教育。

那时的学生工作,除了教学由系教务干部管理之外,几乎其他有关学生的思想品德教育、矛盾处理、违纪违法等都属于政治辅导员的工作范围。记得1964年物理41班一位杨姓华侨学生放在床头的银行存折、金首饰等被窃,向我反映后,我在向保卫处报告的同时立即进行分析、调查,从银行查存折使用的情况和中间人证明入手,经历曲折,查实了是杨同寝室的一位同学所为,交由保卫处进一步核实后,由学校对该同学做出了开除学籍的处理。通过这件事情,也对同学们进行了道德品行方面的教育。

除了日常管理工作外,辅导员还要对学生进行思想和时事政治等方面的教育,其中的"学雷锋"活动值得一记。1963年3月,解放军战士雷锋的模范事迹在媒体上报道,接着登载出了毛泽东、刘少奇、周恩来、朱德、邓小平等党和国家领导人的题词,号召大家向雷锋同志学习，由此一场全国性的学雷锋活动特别是在各级各类学校中蓬勃开展了起来。我们数理力学系在校团委领导下也迅速开展了"学雷锋、树新风、创三好"教育活动，组织了互帮互学、关心集体、爱护公共财物以及各种公益活动等。通过这些活动，增强了学生热爱集体、乐于助人的思想观念。对这些活动中涌现出的一批表现优秀的学生，及时进行了表扬，还组织发展了一批团员和党员，为广大学生树立了榜样。这次活动取得显著效果，对促进学校社会主义、共产主义道德风尚的建立起到了良好作用。在总结数理力学系开展这一活动的基础上，我写了一篇文章，题目是《以雷锋为榜样，进行共产主义思想教育是一种好途径》，在1963年陕西省召开的全省高校党委书记、宣传部长、团委书记会议上代表交大团委发言，介绍了开展学雷锋活动的情况和我们的一些体会。

1965年8月西安交大根据上级安排决定组织师生参加陕西省的农村"社会主义教育运动"（简称"社教运动"）。我们系分派到临潼县，由解放军总参谋部领导干部、地方干部和我们师生组成"社教"工作小组。我们在农村整整8个月和农民同吃、同住、同劳动，得到的收获是：受到了劳动锻炼，增加了同农民的思想感情交流，同村贫协主席等贫困农民建立了较为密切的关系。

三年困难时期过后，国民经济得以恢复，教育部下发的《高教六十条》，对高等教育发展提出了"稳步发展、巩固提高"的总体要求，高等教育从建国初期学习苏联，转向探索适合我国国情的教育规律的阶段，逐步走上了以教学科研为中心培养人才的正确轨道，中国高等教育重新进入了遵循客观规律的发展时期。我们的学生工作也围绕学校的中心任务，按照党委的部署有针对性地开展各项思想政治教育活动。一切都在按部就班地进行。但是到了1966年，一场史无前例的"文化大革命"运动在全国范围内轰轰烈烈地开展起来了。开始时，我们对这场运动都盲目地倾注了热情，却没有想到，在长达10年的过程中，国家与我们每个人都走过了一段起伏跌宕的路程。

我从1962年到应用力学专业当政治辅导员开始做学生工作。为及时了解学生情况，我与学生同住一个寝室。1966年6月"文革"开始，一部分学生把矛头指向了我这个管理学生的主要负责人。但我自信自己没有反党反社会主义言行,没有腐化的思想行为,更没有违法乱纪。我告诉自己:不能悲观,更不能自暴自弃;要自信,更要相信组织。

在人防工程中任连指导员

1970年11月,学校决定调我帮助武装部建设人防工程,在校园的学生区和家属区修建防空洞。当时,专门成立了一个连队,由教职工组成,我任连指导员,徐通模任连长。

修建防空洞需要大量的砖,当时各单位都在建防空洞,买不到砖头,需要自己生产。于是,我们在校办工厂的帮助下制造了一台制砖机,开始生产砖坯。我们修复了建校时建造的破窑,由劳改窑的犯人教我们学会了罐窑烧砖技术,经多次失败,终于把自制的土坯烧成了砖头。为了提高出砖效率和砖的质量,我们又自建了轮窑,使出砖量大大增加,满足了修建防空洞对砖头源源不断的需求。最终,在学生区和家属区建起了数千米防空洞通道。这项工作我差不多干了两年,到1972年9月才由别人接替。

现在看来,这些防空通道在现代化战争中用处不大,做了些无用功。但从当时讲,尽管没有用上,确实可以成为师生防御空袭的避难所。

被任命为动力系政工组副组长

在人防工程完成后,在随力学专业调到动力系时,我向组织提出希望回教研室搞业务工作。获得同意后,我回到动力系,被安排到风机专业当助教,辅导工农兵学员数学和力学约一年。1973年9月,又因工作需要,我被学校组织部任命为动力系政工组副组长,负责全系的学生工作。那段时期,我曾随师生一起下厂实习、劳动,平时的工作主要是组织学生学习时事政治。

1976年10月,历时10年的"文革"终于结束了,我正好进入了40岁的不惑之年。"文革"带给我们这一代人的既是劫难和蹉跎,也是对我们理想和信念的考验与磨炼,悲喜交集增强了我对人生的理解和承受能力,使我更了解了生活的艰辛,更懂得了毛泽东主席所说要"实事求是"和"艰苦奋斗"的意义。所以,我不但在"文革"中没有沉沦,相反,在后来的工作与生活中,我会不时回想起这段经历。不是为了回味那些恩恩怨怨，而是提醒自己永远不可忘记对信仰的坚守和要发扬艰苦奋斗的作风。

第三部分　努力做好党务工作

"文革"后，教育战线拨乱反正，高校恢复招生。学校的教学、科研和管理工作均步入正轨。我虽然希望去搞业务工作，但是党组织需要我继续做学生工作，我还是服从需要，尽心尽责去做好工作。1978年9月，我被学校党委任命为动力系党总支副书记，主管学生工作；1981年9月，又担任了动力系党总支书记，负责全系党务及思想政治工作；1983年9月，我奉调学校党委组织部，任副部长，主持组织部工作，到1984年12月任部长；1988年7月27日由中共国家教育委员会党组任命为西安交大纪律检查委员会书记兼监察委员会主任；1992年5月11日经中共陕西省委同意，由省教育委员会党组批复任命为西安交大党委副书记，主管组织部、统战、保卫、安全和离退休干部工作。这样，从党总支到学校党委，加上早期的学生工作，我在党务工作的不同岗位上整整工作了30多个年头，直到1996年11月，我满60岁退居二线。

一、完成平反冤假错案和清查清理工作，维护学校稳定

"文革"期间民主制度遭到破坏，国家法制被践踏，公民的民主权利受到严重侵犯，大批干部和群众蒙受不白之冤，造成了大量的冤假错案。"文革"结束后，社会上要求平反各种冤假错案的呼声越来越高，这不仅是受迫害者及其亲人的急切企盼，广大干部群众也希望中央早日采取措施纠正错误。为纠正"文革"的错误，1978年12月，党的十一届三中全会明确提出了加强社会主义民主和法制建设的任务，1979中央部署了平反各种冤假错案的工作。西安交大党委也坚决落实中央精神，具体落实了这项工作。所以我担任动力系党总支书记开始，到1987年上半年担任党委组织部副部长、部长期间的一项主要工作之一就是平反冤假错案。

西安交大党办、组织部部分工作人员
前排左起：陈清亮、毕镐钧、王世昕、温培雄
后排左起：郭水贤、滕平、田宏、王丽华、吴凤兰

在平反冤假错案中，我会同人事处、保卫处等部门一起进行工作。我们坚持"凡属冤案，予以昭雪；凡属假案，予以平反；凡属错案，予以纠正"的原则，经过调查核实是受害人的，都做出了平反结论，并代表学校党组织登门道歉、听取意见和要求，做好补救工作，安抚好生活。

其中，1982年9月我被调到学校参加对"文革"中造反派的一些问题进行清查清理工作，任务是弄清西安交大"文革"中一些主要事件中人与事的真实情况。清查清理中，我们发现因西安交大"文革"中是没有形成长期对立的两个（或几个）派别，社会上两大派别斗争激烈时我校早已成了一派，所以相对别的学校较文明，没有发生严重的打砸抢事件，仅有个别人有较严重的错误，经批评教育给予了必要的处分。

在平反冤假错案和清查清理工作中，我们共清理档案2100余份，平反、纠偏590多人，清退了"文革"中抄家的物品涉及200多人。

二、组织明确了我的家庭成分

在全国平反冤假错案的大形势下，我的家庭成分也得到了组织上明确的认定。

我出身于知识分子家庭。我的父亲王家焕，毕业于上海圣约翰大学文学专业，解放后在中央燃料工业部上海办事处（解放前为淮南煤矿上海办事处）工作，任股长。父亲的政治态度明确，拥护中国共产党，工作踏实积极，曾经荣获"先进工作者"称号，是党外积极分子。我的母亲朱翠芬，虽然只有初小文化，是位家庭妇女，但是她相夫教子，给了我们姊弟5人无私的爱和良好的教育。

在"文革"前，我们兄弟姐妹填写家庭成分时都填为"地主"。主要是解放前我家祖辈留下来40多亩土地，因父亲是个孝子，不愿把祖上留下的土地卖掉当败家子，就将土地交家乡的农民来种，而地租的收取从不强求，能交多少就收多少。而且相当长的一段时间，又是别人收的租。我们家庭生活主要不是依靠地租，一直主要是由父亲在淮南煤矿上海办事处工作的收入供给。那时，父亲的工资较高，除了负担家庭生活，还供养我们5个子女上学。虽然土改时分走了近30亩土地，仍然将母亲定为地主。其实我们对自己的家庭成分也有过疑惑，但因为那时候并没有对我们带来重大政治影响，我们兄弟姐妹3人进入大学读书，3人参了军，5人都加入了中国共产党。大姐王世明，是中国人民银行上海分行的注册会计师；哥哥王世昭，是中国人民解放军第二炮兵技术学院（现火箭军工程大学）教授；小姐王皓晞，是上海汽车拖拉机厂质量总监；弟弟王世暄，在四川德阳市任建材局局长（正处级），于2000年离世。所以对于家庭成分我们也只是疑惑而不很重视。但这才使得在"文革"等运动中，我的家人遭受冲击和不公正待遇，父亲自尽，母亲、大姐和我本人被关过"牛棚"、挨过批斗。

1980年的一天，西安交大人事处王敏颐处长（后任西北纺织工学院党委书记）专门告诉我："你家解放前后家庭生活来源主要靠你父亲工资收入，你的家庭成分应是职员，不是地主。"这是组织正式认定了我的家庭成分。尽管"极左"时代已过去，家庭成分已不被重视，有

王世昕同哥哥和两个姐姐在一起，左起：大哥、大姐、王世昕、小姐

个结论也是安慰。

写到我的家庭，顺便说一下我的小家。爱人陆丽娜，中共党员，退休前是西安交大计算机系教授，曾任系主任；退休后继续在西安交通大学城市学院计算机系任教并担任系主任。大女儿王合，在美国德州大学安德森癌症中心工作，副教授。小女儿王梅，在陕西嘉惠碧海科技有限公司任财务总监。小女婿伍卫国，党员，是西安交大计算机系教授，博导。

王世昕与夫人陆丽娜

两个女儿小时候

左：一家人拍摄于西安交大校园内；右：1972年两个女儿拍摄于西安兴庆公园

三、纪检、监察工作，对人的处理要慎之又慎

1988年7月27日，我被国家教委党组任命为西安交大纪律检查委员会书记、监察委员会主任。学校纪委在学校党委和省纪委双重领导下进行工作，接受中央纪委驻教育部纪检组的指导和监督；学校的监察机构在校长领导下负责校内行政监察工作，监察业务接受国家教委监察局的直接领导。纪监委的基本的日常工作是在学校党政统一部署下开展反腐倡廉、党内纪律教育和培训，具体包括理想信念、廉洁从政、作风与廉政纪律等方面。当时党员和干部尤其是领导干部思想政治上要求自己比较严，一般都能筑牢思想道德和党纪国法两道防线。对待党员和干部工作中存在的党风和廉政方面的问题，我们坚持抓早抓小、防微杜渐，加强日常监管，抓苗头、管小节、纠小错，使党员干部知道敬畏、心存戒惧，及时纠正思想作风、工作作风和生活作风等方面存在的问题，防止党员干部走上违法犯罪的道路。纪检监察部门的另一项重要职能和中心工作，就是查处违纪、违法案件。以惩治腐败和端正党风政风，遏制腐败行为，打击腐败分子。

纪委书记和监委主任是一个特殊的职位，在干部和群众的眼里，是代表党的公平、公正、严明、廉洁的形象。所以，走上这个岗位后，使我更加重视自己的行为，坚持以身作则，遵纪守法、为政清廉，不利用职权为自己和亲友谋取私利，以对党和人民高度负责的精神，认

王世昕任西安交大纪委书记时与工作人员在一起
前排左起：×××、顾方博、项新时、赵冬菊、朱艳梅
后排左起：王世昕、储公望、王书占

真办事、实事求是、不徇私情，公平公正地执政执纪。对于违纪者无论职务高低，都要深入调查，以事实为根据，以党纪法规为准绳，按规定处理。

1991年，在查实物资处一名干部变卖公家物资后，对具体工作人员给予开除公职、移送司法机关处理；对负有领导责任的处负责人给予了严重警告处分，调离岗位，并以此案件为例对物资处全体干部进行了法纪教育。

有一年，学校有3名校级干部先后被他人举报，经仔细查证，搞清了事实：其中两人为误解，将情况向举报者和有关群众做了解释，消除了误会，保护了干部。另一名领导的情况是：其孩子在西安交大上学，因参与赌博，举报者怀疑此领导有包庇孩子错误的行为。经我们调查证实，这位领导得知此事后即对爱人说：必须按公安部门的规定办，不要干预他们执法。当时，学校公安处就按规定处理了，让该领导的爱人交了罚款，孩子也做了检讨。对于这一处理，学校公安处还受到了上级领导的表扬，赞赏地说："你们交大公安处秉公执法，竟敢处理自己上级领导的孩子，一般单位做不到。"这件事情的处理结果给社会带来了好的影响,也证明了交大领导作风的正派。情况了解清楚后,我们也向举报者做了说明,提高了领导干部的威望。

在纪监委工作的 4 年多时间,由于"文革"前"左"的路线的教训,使我在处理人的问题上取得了更多的经验,我深刻认识到在处理人的问题时必须十分慎重,既要认真听取被告人的申述,又要听取多方面的意见,尊重事实,秉公办事,尽量防止产生冤假错案。同时,也必须保护揭发人的合法权益,才能取得群众的信任,使群众敢于监督、揭露一切阴暗的问题,以有效加大反腐败斗争的威慑力,增强基层群众对反腐败斗争的信心,准确处理腐败和违法违纪分子,保证党的纯洁性。

1990 年 3 月省纪委和学校党委推荐我去中央党校学习,并在学习期间担任了党支部书记。通过三个月政治理论学习,学到了不少政治理论和社会知识,听到了不少中央部门领导分析国内外形势和应对措施的报告,使我更加坚定了对党的信念,对工作有了更多的理论指导。1990 年 7 月,我在中央党校的学习结束,举行结业典礼时,时任中央政治局常委、全国人大常委会委员长乔石等中央领导同志接见了全体学员并合影留念。

在学校党政的领导和上级纪检、监察部门的指导下,学校纪监委全体同志恪尽职守,努力工作,1991 年西安交大纪委、监委被陕西省委、省政府表彰为"党风廉政建设先进集体",我本人被陕西省纪委表彰为"优秀纪检干部"。

当时的中共西安交大党委常委集体合影

左图,前排左起:徐通模、孙国基、蒋德明、潘季、王世昕

后排左起:毕镐钧、张光强、王文生、王明志

右图,左起:王文生、王建华、蒋德明、束鹏程、潘季、王世昕、郑南宁

四、做好党的组织与干部工作

1983年3月—1988年5月我任西安交大党委组织部副部长、部长,在校党委领导下进行党的组织建设、党员队伍建设和干部队伍建设等工作。1992年5月,我当选为西安交大党委副书记,又主管党委组织部工作。

我先后9年负责党的组织和干部工作。让我分管党的组织和干部工作,使我感到担子很重,责任很大。我认识到党的组织建设成败会直接影响到党的方针政策能否正确贯彻的重大问题。党的方针政策决定后,"干部就是决定的因素",为此我为自己工作定了三点原则,同时要求工作人员也必须做到:认真执行党的组织和干部工作的方针政策,深入实际,尽可能全面了解干部,正确使用干部,积极慎重发展新党员;大公无私,公平公正合理地选用干部;廉洁奉公,防止私情干扰工作。

在工作中,由于我始终坚持了这三条工作原则,我自己和我分管的组织和干部工作部门都没有出现过违反原则的问题,更没有出现徇私舞弊、贪赃枉法和拉帮结派等违规违法行为。没有被举报、被调查的情况。所发展的党员和选拔的干部,多数群众较为满意,所做的工作得到了党委和多数党员、干部的肯定。对此我也为自己能忠于职守,没有给组织添乱感到欣慰。

组织工作

这9年,在组织建设方面,我们加强了党员教育,主要是通过严格组织生活,有计划、有要求地安排了党性教育,党章、党规教育,党员修养教育,优秀党员事迹的教育以及每年一到二次请专家或领导宣讲国内外形势的形势政策教育,还组织过几次参观延安等革命教育基地,进行革命传统教育等方面的党内思想教育,使广大党员牢记自己党员的身份与使命,永远保持革命的本色。

组织建设的另一重要工作是加强了以学生为主的组织发展工作。我们首先对党外积极分子加强了培养教育,通过各级党组织在建立党外积极分子队伍基础上,制定党课教育计划;由党组织领导亲自给积极分子讲党课;由党员分工负责落实培养积极分子任务,党支部负责从实践中考察。

对于发展新党员,我们提出了"要严肃认真考察,积极慎重发展,确保党员质量"的基本要求和原则。

在1985—1988年我担任组织部长期间,学生党员人数增加较快,全校共发展了460余名学生党员,相比前几年,年平均增长12.5%,群众对党员质量普遍反映较满意,认为他们确实是"学生中的德才兼备的优秀分子"。

教职工中的党组织建设也被重视起来。1985年2月,中共中央办公厅转发中央组织部《关于大量吸收优秀知识分子入党的报告》(以下简称《报告》)。《报告》要求各级党委高度重视党员队伍文化科学水平偏低的状况,把决心为社会主义现代化建设事业和共产主义事业献身的优秀知识分子大量吸收到党内来。为了贯彻中央精神,我们在党员干部中传达学习了《报告》精神,清除了对发展知识分子入党工作中"左"的思想影响,又重点做了一些支部的工作,在统一思想的基础上,吸收了一批(约60余人)高级知识分子入党。物理教研室70多岁的老教授殷大钧,1927年加入了共产党,后因一些主客观原因脱了党,脱党后曾寻找党组织,没有找到。解放后他的政治表现始终很积极,多次请求恢复党籍,教学和科研成绩也很出色,群众反映都很好。经严格审查,未发现他在脱党期间有对党不利的行为,经请示党委,批准他重新加入了党组织。

一批有觉悟、有才干、有影响的知识分子加入了我们党,不仅是他们本人得到了政治上的信任和肯定,他们的行动也对青年一代知识分子起到了很好的榜样作用。

干部工作

干部工作主要是做好培养、教育和选拔、使用干部。培养、教育干部工作是为了提高干部的理论水平和执行政策的能力。为此,每年我们都要:选一批干部上省委党校学习;组织全体党总支书记同校级领导一起参加每周一个上午的方针政策学习;组织部分干部轮流参加组织部组织的马列主义、毛泽东思想理论培训班培训以及专题学习(如学习中央文件、学习心理学等);等等。通过学习,使干部更好地担当起所负责的工作。

选拔、使用干部是干部工作中最重要又繁重的工作，又是十分认真细致慎重的工作，工作量很大。全校十多个党总支每两年要改选换届，系行政领导每三年要进行换届；十多个校行政处、部级干部要根据情况随时调整充实。中央、省、市级领导机关经常要我们输送干部。每年考察、选用干部一百多人。在工作中，我们以党性为原则，按照规定的程序选拔干部，深入到群众中考察干部的思想作风等方面的表现，坚持德才标准，尤其重视其思想意识、道德作风，任人唯贤、公道正派，选择优秀人才上岗担任合适职务。在工作中经常遇到一些我的同学或原在系里工作时的学生为想当某一干部来求情，我都以好言相劝，严格以干部条件考察程序选用干部。在我任组织部长及主管干部工作期间，先后选任的干部中有近10人担任了副省级以上的干部，还有10余名担任了厅局级干部，上百名担任了系、部、处级干部，至今尚未发现一个犯重大错误的，他们中很多人仍在为党和国家作贡献。

为掌握第一手资料，总结经验教训，使组织和干部工作健康稳定发展，我尽力安排时间深入到基层，进行调查研究，并撰写调研报告、考察资料等文稿。曾写过《在高级知识分子中发展党员的几点体会》《关于我校党政分工和实行教代会制的情况和体会》《我校系党总支实行保证监督作用的情况和改进意见》《落实党的知识分子政策，做好归侨留学人员的安排使用工作》和《党内情况调查》等。这些调研报告或文稿，曾在陕西省委组织部、科教部召开的相关会议上发言交流，并被收入到会议文集中。另外，在这期间我还承担了中共中央组织部的研究课题"关于干部选拔工作的社会调查和改进方案设计"，并担任课题组副组长，同省委组织部干部一起到宝鸡等地进行调研，最后写成报告，提交中组部参考。

为了增进高校组织干部部门工作交流学习，加强党建工作，1993年8月在西北大学和兰州中医学院主管党建工作的党委书记倡议下，这两所学校同我校一起成立了"西北地区高校党建研究会"并在我校举行了成立大会，会上选举我任第一任会长，并确定了每年暑假举行一次研讨会。之后由我负责召开了两次会议，1996年，因党委换届，我退居二线，会长职务另选他人。这两次研讨会因各校发言有所准备，普遍感到效果较好。

五、"弹好钢琴"，做好分管工作

在担任西安交大党委副书记期间，除了党的组织和干部工作外，还有统战工作、保卫工作、离退休工作和国家安全工作也由我分管。毛主席在《党委会的工作方法》中说到党委的同志要学会"弹钢琴"。我感到要同时做好几个部门的工作，首先要分清工作的主次，在全力抓好主要工作的同时，要全面安排好其他工作，合理分配工作时间和精力，该亲自参与的工作要亲自参与、亲自过问，最重要的是充分发挥各职能部门的作用，充分调动中层干部的积极性，各司其职、各负其责。这样，自己分管的部门才能均衡发展，优质高效。由于我校职能部门和中层领导干部是一支比较强的干部队伍，一般都能积极努力地做好本部门的工作，并力争在各自的岗位创优，所以在那段时间，我主要是明确他们每年的工作计划和要求，经常下去帮助他们解决工作中的困难和问题。分管部门的工作一般都能取得良好的成绩。因此，我也非常感谢职能部门领导的支持和配合。

统战工作

统一战线是党的"三大法宝"之一，在历史上曾为党的工作起过极其重要的作用。做好统战工作对推进党领导的多党合作、政治协商事业，发扬民主、提高党的执政能力都具有十分重要的意义。高校是知识分子集中地，高校统战工作是党的统战工作的重要组成部分和传统阵地，是实现高等教育协调持续发展、构建和谐校园加强学校建设的重要条件。根据中共中央统战部和国家教育主管部门的有关文件精神，高校统战工作的主要对象是：民主党派成员、无党派人士、党外知识分子、少数民族人士、宗教界人士、非公有制经济人士、港澳台同胞、国外侨胞及其眷属等。

我校民主党派队伍较大，有中国国民党革命委员会（简称"民革"）、中国民主同盟（简称"民盟"）、中国民主建国会（简称"民建"）、中国民主促进会（简称"民进"）、中国农工民主党（简称"农工"）、中国致公党（简称"致公"）、九三学社（简称"九三"）等民主党派的基层组织和侨联、归国留学人员联谊会（简称留联）等涉及统战对象的群众组织。同时，我校还荟萃了大量中高级知识分子和党外人士，他们当中不乏有较大影响的党外代表性人士，如各级人大代表、政协委员和两院院士、学科带头人、业务骨干等。他们是教学、科研和管理等方面的一支重要力量。

王世昕（右）同民盟西安交大总支负责人、统战部人员在一起
前排右二：许晋源，曾任民盟西安交大总支主委
前排右三：蔡颐年，曾任民盟西安交大总支主委
后排右一：钱立伦，曾任民盟西安交大总支常务副主委

为做好统战工作，我坚持定期向学校党委常委会汇报统战工作，提出政策性意见和建议，在加强对民主党派组织的政治领导的同时，支持和帮助民主党派搞好自身建设。比如：民盟在西安交大的基层组织一直是支部，1989年，民盟成立了西安交大总支部，下设3个支部，盟员为71人。到了1993年，民盟西安交大总支进行了换届工作，选举许晋源为主委，副主委有钱立伦（常务）、冯全科、卢秉恒和王晓莉，盟员也发展到86人。民革由于人数较少，在西安交大的基层组织一直是一个小组，给开展活动带来了一些限制。随着人数的增加，我们积极争取，于1996年6月成立了民革交大支部。支部成立以后在调动成员的积极性，教育和鼓励成员做好本职工作，积极开展为学校工作献计献策等活动起到很好的作用。

在支持民主党派、高级知识分子和党外人士发挥作用方面，我还积极鼓励、并支持他们参政议政，关心学校发展；定期向民主党派和

王世昕（右二）同九三学社交大委员会负责人、统战部人员在一起
前排右三：何金茂；右四：蒋咏秋。后排右一：陈瀚；右二：诸文俊。四人均曾任九三学社主委

党外人士通报学校的重要工作情况，认真听取他们对学校建设与发展的意见和建议。如：九三学社基本上每年都在广泛收集资料的基础上为学校提出一到两个提案，帮助学校改进工作；会同有关部门有计划地培养、选拔、推荐有代表性、有工作能力的民主党派和党外人士到领导岗位上工作，做好各级人大代表、政协委员的推荐与协调工作。九三学社西安交大委员会主委陈瀚教授具有较高的学术和思想水平，我们不仅向省委统战部推荐他任省政协委员，而且推荐他出任了陕西社会主义学院领导。他在担任该学院副院长后工作十分出色，受到了省委统战部的表扬。

  为了有针对性地开展工作，我深入到民主党派、高级知识分子和党外人士中进行调查研究、了解情况，帮助他们解决工作中的实际问题和困难。如在调查中，发现民主党派除了缴纳党费外，没有更多的经济来源，影响了工作的开展。为解决这个问题，在我多次建议下学校党委把民主党派每年的活动经费列入学校经费预算中。我还为九三学社创造条件，通过合法劳动获得了一些经济收益，为民主党派每年有计划、有目的地开展必要而丰富的活动打下了一定的经济基础，也为他们每年争取获"先进基层组织"称号创造了条件。

王世昕（右二）同西安交大侨联委员会主席邱昌容（右一）等在一起

离退休工作

我担任党委副书记的同时还兼任了西安交大老龄工作委员会主任、离退休工作领导小组组长等涉老职务。为使校内各有关部门和离退休人员原工作单位能够重视离退休人员的工作，认识到离退休教职工工作是学校工作的重要组成部分，我经常向党委会汇报离退休工作并与主管校长协调，使离退休工作列入学校每年的党政工作日程；针对部分同志特别是中层干部对老龄工作的重要意义认识不足的情况，我同离退休处有关领导一起撰写了《做好离退休教职工工作是我校各级领导应尽的责任》一文，发表在《西安交大教育研究》上，强调做好离退休工作的重要意义；我每学期召开一到两次座谈会，请有关部门负责人参加，听取老同志的意见，研究改进和解决的办法；在我的建议下，学校制定了每两年召开一次由各有关部门领导以及离退休人员原工作单位领导参加的离退休工作会议制度，我任职期间学校共召开了2次离退休工作会议，肯定成绩、总结经验，分析问题和困难，提出工作方向，在会上表彰离退休工作先进单位，对学校的离退休工作产生了一定的推动作用。

为离退休教职工发挥作用创造条件。我积极支持老同志从事关心下一代活动,并兼任西安交大关心下一代工作委员会副主任,将其纳入学校整个德育工作的轨道。每逢重大节日和重要纪念日,我都召集关工委的老同志和宣传部、团委、学生处等相关部门共商开展教育活动的形式和方法,组织老同志对青年学生进行爱国主义、集体主义、社会主义和革命传统、人生观、价值观等教育。还曾组织了一些大型活动:1993年11—12月,举办了"纪念毛泽东诞辰100周年系列活动";1995年8—9月,举办了"纪念世界反法西斯战争和中国抗日战争胜利50周年"系列庆祝活动;1996年1—4月,为纪念交通大学建校100周年,举办了"交大百年奋斗史系列讲座"(共9讲),听众达4000余人……这些活动不但在学校内部产生了良好反响,而且在陕西省内高校都有一定影响。1995年底,为纪念交通大学建校100周年、迁校40周年,我与离退休办公室等有关部门商定,组织了一批离退休老同志、老校友撰写回忆文章,并汇集成《交大春秋》一书。为使这部书能交付印刷,我又筹集经费,使这本回忆录于1996年3月正式出版。

由于各部门的精心组织、协调和离退休老同志的积极参与,学校的关心下一代工作取得了一些成绩。1995年,西安交大关工委先后荣获全国教育系统,全国、陕西省三个关心下一代工作先进集体称号,分别受到了国家教委、中国关工委和陕西省关工委的表彰。

王世昕在西安交大关工委
成立大会上讲话(1992年)

1996年组织出版的
《交大春秋》一书

为给离退休教职工开展各项集体活动创造较好的条件，我到一些效益好的学院和公司为老同志争取赞助，仅从1993年到1996年就获得赞助经费40多万元，修建了门球场、购买了健身设备和钢琴、二胡等各种乐器。考虑到离退休工作处、统战部和老年大学都没有一个较好环境和活动场所，在我的努力争取下，得到了时任校党委书记潘季、校长蒋德明和基建处处长张锋的支持而兴建起来的现在3村的活动中心。建成后学校又拨款近20万元，用于购买各种活动设备和装饰。后来，统战部和老年大学搬走后，这栋小楼就专供离退休工作处管理和使用了，为离退休教职工开展各种丰富多彩的活动提供了较好的环境。现在看起来，这座活动中心确实是太小了，但是在当时还是发挥了很大的作用。

关怀老同志是我应尽的职责。负责离退休工作后，我定期到该部门，与他们商讨工作。对离退休教职工家庭生活中的一些特殊困难，如住房、子女调动、医药费报销等问题，一起研究如何合理解决。离退休老同志生病住院，只要我知道了一般都要到医院看望。一天深夜我接到一位离休干部病危的电话，立即同有关部门的负责人，一起骑自行车赶到医院，因抢救无效，这位老同志不幸逝世，我们连夜安排了后事处理。还有一位老教授突然病倒在家中，得知这消息后迅速来到老教授的家，马上请来了校医院的医生进行救护，并找来救护车将老教授送到西京医院抢救，终于使这位老同志转危为安。

在学校党政的支持下，全面落实离退休教职工的各项待遇，稳定了离退休教职工队伍，实现了"老有所养、老有所医、老有所为、老有所教、老有所学、老有所乐"的总目标，我也为之做出了些努力。我校的离退休办公室在1993年和1995年曾先后被评为陕西省、陕西省教育系统、国家教委老干部工作先进集体，西安市退休工作先进集体。我个人也荣获了民政部、劳动部、全国总工会、共青团中央、全国妇联、中国老龄协会等六个部门和组织联合评选的"全国重视老龄工作功勋奖"。

保卫部（处）与国家安全工作

高校保卫工作是维护学校稳定和校园正常的教学、科研、生活秩序，为教育事业的发展创造一个良好的环境的部门。在业务上，保卫

1992年参加全国部分高校保卫工作研讨会
王世昕（前排右一）、保卫处副处长唐余璜（二排左四）一同参会

处同时接受驻地公安机关的指导和监督。

在履行学校党委对保卫部（处）的领导职责方面，我主要抓了贯彻落实国家有关法律、法规、规章方面的工作，包括：审定保卫工作制度，定期检查各项保卫措施的落实情况，研究、解决保卫工作中的问题等。督促保卫部做好动态信息工作，及时处置各种不安定事端和突发事件，协助国家安全机关、公安机关制止危害国家安全的行为。在我任职期间，配合国家安全部门查破了一起间谍案。对一些重大、重要活动（如：中央领导来校视察等）的安全保卫工作都亲自过问，并认真检查，消除各种治安隐患，保证了活动的顺利进行。

1996年11月西安交大党委换届，我年满60岁退居二线，任校务委员会副主任兼成教职教管委会主任，负责整顿校内乱办班问题，通过整顿逐渐恢复了正常教学秩序。

1999年3月，我办理了退休手续，彻底离开了学校的领导岗位，但在退休前（1997年）我已接受了老年大学的工作。

第四部分　为创办西安交大老年大学奉献二十年

1997年7月，西安交大分管离退休工作的副校长刘志刚同志代表学校党政领导约我谈话，告诉我：经学校研究，让我接任由西安交通大学、西北纺织工学院（现西安工程大学）、西安工业学院（现西安工业大学）、陕西机械学院（现西安理工大学）四校联办的陕西老年大学一分校校长职务。当时，我知道一分校没什么办学条件，没有经费来源，没有场地，没有明确的领导，要办好学校极为艰难，因此没有人愿意来干这项工作，要我负责此工作思想上很为难。但因刘副校长一再表示学校领导一定会尽力支持我的工作，又想到了很多老同志的期盼，我答应了学校的这一安排，从此在老年大学当了20年校长。

一、老年大学的成立与前十年的经验教训

虽然答应了担任老年大学的校长，但怎么去当这个校长，能不能当好这个三无（无经费、无场地、无领导）学校校长？我心里并没有底气。

陕西老年大学及一分校顺应社会潮流而成立

20世纪80年代，随着我国老龄社会的到来，老年人希望提升自己的生活质量的要求日益迫切，中国老年大学迅猛兴起。1983年9月，我国第一所老年大学在山东省省会济南市成立，其创办名字就叫"山东省红十字会大学"。这一新生事物一出现，立即引起了国内外的广泛关注。《人民日报》等新闻媒体冠以《我国第一所老年大学在山东创办》的醒目标题做了报道。此后，全国掀起兴办老年大学的热潮。陕西老年大学及其一分校就是在这种社会潮流下相继成立的。1986年，陕西省第一所老年大学——陕西老年大学成立。1987年西安东郊四所高校在离退休教职工强烈要求下，经这几所高校主管离退休工作部门的校领导协商决定联合兴办一所老年大学。在陕西老年大学领导的支持和帮助下，联合召开会议，商定校名为"陕西老年大学一分校"，并商定了办学的具体方式和方法。后来，地处金花北路的西北电力设计院、测控中心等单位也相继参加过联办。正因为老年大学是

新生事物，前无"古人"的经验，后又没有国家的统一方针政策，社会上兴办方式方法各不相同，由基层组织、群众组织甚至是个人兴办都有。因此，相当长的一段时期老年大学的生存与发展始终处于百花齐放、各显神通、自生自灭的状态。自然，老年大学的教学管理也各不相同，尤其多数老年大学的办学条件（经费、房屋、设备等等）都要经办人自己解决。所以，要搞好老年大学很艰难，需要勇气和"摸着石头过河"的精神，在实践中不断总结经验，才能推进这项事业的发展。

我同一分校的渊源

1992年我担任交大党委副书记，主管离退休工作，这时一分校已成立五年，西安交大由王则茂副校长参与一分校领导，经常有不少问题和困难需要解决，来同我商量，要我帮助，从此开始同一分校结下了渊缘。

1994年，一分校又轮到西安交大主办时，其他几所院校都表示，老年大学的校舍问题很难解决，希望这次交大接手后能够一直在交大办学。当时交大也没有教室，王则茂副校长从大局出发，协调学校财务部门出经费租借了西安老年大学的教室，一分校便由交大连续主办了两年。之后还是轮流不下去，校舍问题成了制约一分校存在的瓶颈。到了1996年3月，校务会议慎重讨论了一分校的去向问题，有一位院校领导提出校舍问题难以解决就此停办的意见，但其他院校领导认为，从社会发展的需求出发老年大学还是很有必要，应该坚持办下去。会议提出了一个探试性的办法，请总校领导同西安交大领导商量，可否帮助解决校舍问题。总校张克忍校长出面找了潘季书记和我，提出了这一请求。潘季同志从老年教育的重要性考虑，并同校长蒋德明商量，接受了这个请求，并要我负责落实。因考虑我主管的离退休处、统战部和老年大学都没有办公与活动场所。我同有关部门协商，决定在三村新建一座活动中心，解决这三部门的用房问题。1997年8月，三村活动中心（现离退休处办公场所）建成，老年大学一分校开学时有了一间60多平方米的教室和一间18平方米的办公室。从此，一分校的校址就固定在交大，执行校长由交大承担，有了较稳定的领导和教学环境。

可能因为我同老年大学有着这样的联系，学校领导想到我已退居二线，就让我担任一分校的校长。接受了这一任务后。1997年5月9日，刘志刚副校长就在一分校校务会议上宣布了我任一分校校长的决定，是年9月我正式上任。

总结老年大学前十年的经验教训

应该说，在我国老年教育事业刚刚兴起之时，四所高校领导一起敢于决定建立老年大学一分校，满足了离退休教职工的需求，功不可没。有了它的建立，才有了现在这所可以使数千名老年人得到继续教育的学校。更为重要的是，老年大学经过了10年的运行，积累了很多经验和教训。认真总结这些经验教训，可以为今后的工作提供不可多得的现实教材。

一分校的管理模式从成立起十年没有改变。成立之初四所联办院校领导商量决定一分校领导体制实行校务委员会领导下的校长负责制，校务委员会由四院校选派一名在职副校级领导组成。校务委员的成员每年轮流担任执行校长，执行校长全面负责学校管理和教学工作，包括安排校址。执行校长下设一名常务副校长和一名教务长，常务副校长负责日常全面工作，教务长主管教学；下设校务办公室，并聘请3名工作人员。这一领导班子全面承担分校的行政管理以及教务工作，负责招生和安排教师上课。教学与课程设置以老年人的特点和需要为主，聘请有一定经验并愿意为老年大学工作的教师进行教学活动；办学经费除了收取学员少量学费外，四所联办院校每年给予一些赞助费，每校每年2000元，每年共8000元。教室由当年负责办学的高校自行解决，免费使用。建立了一些必要的制度，如财务制度，设置了会计、出纳岗位，由中国工商银行监督。

这一办学方式延续了10年，积累了一些办学经验。但也存在一些致命的问题。

首先，由于分校领导和校址频繁变动，使学校始终很不稳定，始终没有长期打算，无法建设与发展。给教师和学员都带来极大不便，学校规模也无法扩大，学员人数始终停留在200人以内；轮流办学，轮到办学的院校的执行校长，不但要承担教学、管理中的问题，还要想方设法落实临时校舍，加之各院校领导的变动，工作无法有效衔接，直接造成有的联办单位领导感到厌烦，进而要求退出。

第二，没有可靠的上级领导和监督。学校名称为"陕西老年大学一分校"，原以为总校是一分校的领导，头两年总校确实也每年给一分校2000元的经费资助，并来分校视察工作，但是到了第三年就不再资助，也不来管分校了。原因是陕西省财政没有这笔开支。这样，总校就明确了与分校的关系仅是教学指导关系，后来总校连教学也不再管理。一分校没有了领导，也没有了监督。同总校的关系仅是名义上的分校，成了独立运行的单位。

第三，一分校成立后，没有聘请有管理学校和管理教学经验的干部进行管理，因此，学校始终没有认真研究老年大学的性质和主要任务。教学仅以学员需要而定，所开的课程以书画为主，一般每年只能开设五六门课程，其安排和内容、进度、深浅、计划，都随学员的意愿。教学很不正规，其结果是：老师随心所欲地教，学员为兴趣而学，为享乐、为养老生活添加点兴趣，甚至是为了交友而来校报名，致使有的班级逐渐演变成交朋友的组织，类似于俱乐部、养老院和联谊会。

这些问题的存在，加上校舍等物质条件和办学经费的匮乏，一分校始终处于衰落的状态，面临办不下去的危险。我到任一分校校长时，上一届领导移交给我的仅是：4名工作人员、一份任课教师名单、四五千元人民币。没有任何教学设备，更重要的是没有上级领导和监督。这一切都是摆在我面前必须要解决的难题。好在我在担任主管离退休工作的副书记期间已为它准备好了交大三村活动中心的教室和办公室各一间。在客观分析了一分校的问题后，我感受到：老年大学作为一项新生事物，总体来讲，出现问题在所难免。在曲折中成长、成熟，是事物发展的规律，重要的是我们要认真总结经验教训，把我们今后工作做好。

我接任一分校校长后，成了执行校长。长期以来学校主要领导以及分校的校址、校舍不稳定的情况自然解决了，摆在面前的主要工作是需要解决领导体制、办学经费和教学条件（场地等）问题。

在解决这些问题前，我首先想到的是必须建立一个既有艰苦奋斗精神，又有办学经验，有事业心的同心同德的领导班子。为此，我请来了原交大职教学院副院长牛宝田同志担任副校长，请西安工业学院的原教务处处长詹立人同志任教务长。他们俩同我一起组成了一分校领导班子。他们俩在和我同事的十多年中始终顾大局识大体，团结合作，爱校如家，勤奋工作，无私奉献，为一分校发展作出了重大贡献，我十分感激他们俩对我无微不至的关心和帮助。

二、建立健全领导体制和监督机制

1990年我在中央党校学习时，得到的重要收获之一是明确了一个理论："不受领导和监督的单位和个人必然走向腐败。"为此在我接任一分校校长后，立即认识到一分校没有上级领导是个重大问题，无论如何一定要解决这一领导体制问题。为此，我重点做了两个方面的工作。

首先，尽力争取有一个挂靠单位。老年大学一分校的教育对象就是老年人，同离退休工作部门工作对象是一致的。尤其是一分校后期四院校领导参加校务会议越来越少，经常都由离退休处处长代表参加了。校务委员会实际由四院校离退休处处长组成。一分校挂靠在离退休处，接受离退休处的指导有了可能。经多次同交大主管离退休工作的校领导徐宗本副校长商量后得到同意，又经郑南宁校长批准，2008年交大一分校就正式挂靠在离退休处。平时，经常可以向他们请示汇报工作，接受他们的领导和监督。

第二，请求西安交大负责管理一分校。自1997年我担任一分校校长后，校舍问题都由交大解决了，这情况下就有联办单位提出一分校干脆由交大领导管理为好，但校务会议多次涉及这一问题时，思想并不统一。主要问题是西安交大领导管理后是否还继续"联办"？艰难地维持到2010年左右，由于其他联办单位很难参与管理，又不想再出资赞助等原因，有的联办单位相继提出退出"联办"组织。因"联办"是共同决定的，西安交大不能独自决定。我还是以继续联办为方向做了他们的工作，但西安理工大学和西北电力设计院还是退出了。之后逐渐地除了交大以外的另外两个联办院校对一分校不很重视，甚至连校务会议也开不起来了。面对这种情况，2014年12月20日，再一次召开校务会议，严肃认真地讨论了一分校的去向问题。经多方分析，达成了一致意见。认为"一分校停止联办，请西安交大管理"为最佳方案。因一分校自从交大任执行校长后,交大对一分校有较多投入(包括很多赞助费都是交大一些单位出的),一分校原本移交给交大时又没有什么资产,因此会上一致认为一分校现有资产应全归交大所有,没有异议。在这"归顺"西安交大管理的外部条件已成熟的情况下,我们分别给总校和交大党政领导写报告请求"归顺于交大"。终于在2016年9月19日,经陕西老年大学总校同意,西安交大党政领导正式召开了七个有关院、处领导会议。由副校长郑庆华主持,党委常务副书记王小力宣布:交大思源老年大学即日起归属西安交大继续教育学院管理。校名改为"西安交通大学老年大学",同时保留"陕西老年大学一分校"的校名。

经过20年的努力争取,陕西老年大学一分校终于正式成为西安交通大学的一个下属单位继续教育学院管理的一个单位。一分校的主要职能,包括教学、行政、财务等,均将在继续教育学院领导、监督下开展工作。因涉及主要管理人员与学员都是交大离退休处管理的离退休教职工,党组织领导关系暂定仍由离退休处党委管理。一直悬而未定的一分校领导体制经过20年的努力争取,终于解决,不仅保证了一分校健康、快速、高水平地发展,更重要的是使"民办"一分校逐步走向"公办",发生了重大转折,在西安交大老年大学的历史上也将具有重要的意义。

三、千方百计筹集办学资金以保证老年大学的建设与发展

要办成一项事业,没有经费的支持是不可能的。由于老年大学是一个没有任何政府资助的单位。老年大学的学员学费很低,学习一门课程,当时每学期只缴纳25元学费,同时,受到校舍的限制,招生人数少,学校经济效益很低,加上联办的4个单位每年共给8000元的赞助费,只能勉强维持授课教师的课时费(教师的课时费也很低,每学时35元)。到了2010年,联办单位的赞助费提高到每年共给16000元,2013年又增加到24000元,经费仍然处于捉襟见肘的境况。办学经费十分紧张的现实摆在面前,经校长办公会议研究,认识到必须改变筹集办学资金的思路,提出了"坚持'自力更生为主,积极争取外来援助'的工作方针。暂时的办法采取争取外援,长远的方针采取自

力更生，挖掘潜力，创造条件办学。

争取外援，解决眼前困难

在 2001 年到 2009 年间，一分校面临经济困难束缚了发展的手脚，为此我们不以争取外援为耻到校内单位（如财务处、继续教育学院）、企业（如西安思源学院，南洋酒店）和部分教师（如王尚锦、金志浩等教授）求助，共得到了赞助费约 31 万元。其中主要是得到了西安思源学院院长周延波的大力赞助。周院长十分赞同发展老年教育事业，积极主动给予了支持。2002 年，周延波院长同我们签署了赞助协议。自 2003 年起到 2009 年，共给一分校赞助费 26 万元。原定继续赞助数年，2010 年因思源学院经济上遇到了困难，在我们主动提出停止继续赞助协议后才不再赞助。

思源学院在一分校经济最困难时给予的这些资助，对一分校的建设起到了十分关键的作用，大大改善了一分校的教学环境（如装修教室、安装空调等），增添了教学设备（如购买了 3 台钢琴和 10 多台电子琴等），为学校提高教学质量打下了基础。我们十分感激思源学院周延波院长。为此，我们征得陕西老年大学的同意，一分校曾 10 年（2007—2017 年）冠名为"交大思源老年大学"，以此表达对思源学院的感激之情。

自力更生，挖掘潜力，扩大招生

老年大学不以赚钱为目的，但学校建设和运行必须有资金，为此我们自 2008 年起千方百计想方设法自力更生积累资金。由于我们认识到，办学要靠学生规模，规模出效益，于是我们挖掘潜力的首先一条渠道就是扩大招生。因生源主要靠学校的教学质量，因此我们首先在选聘优秀教师上课、加强教学管理、提高教学质量上下功夫。自 1997 年到 2007 年的 10 年间，我们先后聘请 31 名教师，其中 23 名具有高级职称，其他均为中级职称。教学质量有了保证，自然就吸引越来越多的学生来一分校上学。其次是加强宣传。一分校成立初不重视对外宣传，在外界没有多少人知道。为此，我们引导师生要热爱一分校，为一分校做好宣传工作，同时通过广泛张贴招生简章等方式让更多老年人知道一分校，逐渐东至临潼西至三桥都有人来报名。再以每班在学人数超过规定数即奖励的办法，增强了老师帮助学校招生的积极性。

陕西老年大学一分校领导与西安思源学院院长周延波合影
左起：詹立人、王世昕、周延波、牛保田

这样，学校生源日益增加，2007年与1997年相比，年招生人数增加了一倍。2016年比1997年增加了15倍，学校规模达到了3200人，经济效益得到了很大提高。

实施"以少养老""以闲养老""以外养内"等方针

为了筹集办学经费，我们还采取了一些因地制宜、立竿见影的方法。2004年起，我们利用晚上、假日和老年学员不上课的空闲教室举办了围棋、书法、绘画、唱歌、钢琴、拼音识字等少儿兴趣课程，既为培养少年儿童的多种兴趣出了力，也为学校挣了钱，即"以少养老"。

一分校原来只针对联办单位的老年人招生，常常因为报名人数少开不了班，联办单位的老人有意见，为满足这部分学员的需求，学校开始对社会招生。既为社会上想继续学习而找不到学校的老年人解决了困难、为陕西老龄事业作了贡献，也为筹集办学资金创造了机会，此为"以外养内"。

我们还利用教室空闲时间对外出租，以租金补充办学经费，即为

"以闲养老"。

"以少养老""以外养内""以闲养老"办法的实施，使一分校每年立即增加 30 万～40 万元人民币，教师的课酬提高了，职工的生活待遇也得到了改善。

通过以上措施，一分校的经济收入逐步提高，经济运行走上了良性循环的发展轨道，为学校发展提供了重要的支持。随着学校发展，学生规模扩大，办学经费较为充裕后，这些办法（除了对外招生）目前已被淘汰了。

关于对外招生问题由于我们坚定认为面向社会招生这一方针不仅可以解决联办单位自身老年人的求学问题，也是对陕西人民作贡献，于是加大了对外招生的力度，当时引起了不少交大离退休教职工的不满，认为这一做法侵占了交大的资产。这对我们的压力还是很大的，幸亏时任交大党委书记张迈曾同志及时指出："交大老年大学没有要交大一分钱，解决了离退休教职工上学问题，又为陕西人民作了贡献，这是好事。"对老年大学作了明确的肯定，使我们更加坚定了一分校在保证交大离退休教职工上学的前提下，招收校外老人的方针。

四、积极努力争取，不断扩大办学场所

校舍是办学的必要条件，随着一分校发展，单靠三村活动中心的一间教室已远不能满足需要。2004 年我向学校提交了请求增加一分校办学场所的报告。当时，正值西安交大一村教工餐厅改造，经多次与有关部门协商并得到了时任党委副书记、开发办主任张迈曾同志的批准，在教工餐厅一楼分到了四间教室和两间办公室，总面积约 350 平方米。

时间到了 2010 年，一分校因其管理、教学的规范稳定，在西安市的名声越来越大了，不但联办单位离退休教职工入学的人数逐渐增加，社会上的老年人前来报名的也非常踊跃，开学时已经成了一座难求。校舍的限制，又成了办学的难题。经我们在家属区巡视调查，发现了二村 8 舍家属楼的一楼原设计为自行车棚，一直没有启用。便向学校报告，希望改造为老年大学教室。在我们的一再请求下，得到了时任学校党委常务副书记王小力同志的协调并批准，又拨给了我们二村 8

舍 3 间教室和 1 间办公室，总面积约 300 平方米。

办学要有条件，但条件是要靠我们去创造，去争取才能得来的。我总认为"没条件也要争取条件、创造条件去做好该做的工作"，这才是我们干部应有的本色。

一分校经过了 20 多年的努力，我们仅仅解决了最基本的办学条件，还有很多问题需要解决。就拿校舍来说，现有教室分处五个地方：除了交大一村、二村两处外，还借用离退处和学校体育教研室各一处用于上舞蹈和形体训练课，借用教工食堂上烹饪课。现有教室又很不正规，五个教室中间都有柱子或隔墙，两个教室通风和采光都很不好，有的教室房顶很低比较压抑。虽然简陋的教室比没有教室好多了，但仍影响着学员的健康和一分校的形象，更影响一分校现代化教学事业的发展。因此在我离任前两次给交大领导写报告，希望学校提供一个能够容纳 4000 学生，建筑面积约 1200 平方米的场地。到目前虽未解决，但交大领导已答应安排。这些问题只能待一分校后继领导继续争取解决了。

五、明确了老年大学的性质、任务，建立了课程学制

老年大学属于什么性质的单位？这是老年大学必须明确的重要问题。但是，在相当长一段时间内，很多老年大学的兴办者并不很清楚，包括我们一分校。

在现实中，不少人认为老年大学是老有所养、老有所乐的场所。因此，有些老年大学办成了类同俱乐部、养老院、联谊会的机构，因此导致了：有的学员自进入学校后，认为自己进了一个团体，可以永远不毕业；学校安排课程很随意，学生要求教什么就教什么；学生上学也很随意，主要为了打发时间和交友。其实，从上层看，对老年大学的性质也不十分清楚，把老年大学划归文化部管理，老年大学不成了文艺团体？

那么，老年大学终究属于什么性质的单位？我们一分校曾在教职工中认真组织讨论了这一问题。参考国内外资料，分析中国老年人的实际情况之后，使我们逐渐清楚了老年大学的本质属性。从国外情况了解到，多数国家早已认识到对老年人进行教育的必要性，将其归入

国家教育的一个重要组成部分，称为"第三年龄①教育"。目前，我国也已进入老龄社会，人们也越来越认识到享受教育是老年人的权利，也是政府的义务。同时要使社会稳定，使老年人发挥正能量减少负能量，必须对老年人加强教育。老年人本身也越来越感到自己要适应社会发展，就要接受新事物，就应当继续学习，更新自己的知识，才能享受美好生活。老年大学就是在这种主客观需要中产生的，成为老年教育的重要阵地。因此老年大学自然应是"教书育人"的单位，是学校。老年大学的这一性质自然决定了老年大学的任务是要塑造德智体全面发展的老年人。

根据老年大学的性质、任务和老年人的特点，结合一分校的实际情况，经我们校务会议讨论，将一分校规范为"应用基础知识、技能教学为主，非学历教学、公益性，培养德智体全面发展的老年人的学校"。在这里，强调以"应用基础知识、技能教学为主"，是根据老年人的特点和需要明确了不以理论教育为主，以提高学员的实践能力为主进行教学；"非学历教学"，也是为适合老年人的年龄实际和需要；"公益性"，是指办学指导思想不以盈利为目的。

明确了一分校的性质和任务，它为规范一分校办学方针、设置课程、制订教学大纲和教学计划等建立了原则依据和指导思想。

性质和任务确定后，我们在教学上实施了课程学制，不是专业学制，即以所学课程规范教学目的和要求，按教学内容、方法以及学时来安排教学计划，完成这一课程教学计划学生即结业。以课程制订教学计划的教学制度，要求教师对所教的每一门课程必须提前提交教学计划，明确教学目的、要求和教学方法，改变了过去教学无计划、无目的、无要求，而无法检查质量的状况。使师生都能明确教学课程的目的、要求、方法和内容，更加重视教学的责任。

为适应课程学制的实施，我们在教师和学生管理方面做了两个方

---

① "第三年龄"是一个舶来词，最初是来自于法国，现已成为西方国家在社会及教育政策制度领域的一个重要名词。西方人习惯于将人生划分为四个相继的年龄期：儿童及青少年期；职业及谋生期；退休期；依赖期。"第三年龄"指的是退休期。"第三年龄"之所以受重视，是因为从退休后的生存时间上看，大约占据了人生的三分之一左右。在这一时间段里，一个人若能处于良好的状态，就能有效地减少生活中的不适，提高生活的质量，缩短第四阶段即依赖期的期限。——资料来自百度百科

面的工作,一是以课程建立了教研组组织。先后成立了声乐、舞蹈、书画及综合四个教研组,教研组开展了教学经验交流、彼此听课交流等活动,促进了教学质量提高,增进了教师之间的感情。二是在学员中以课程实行班长责任制。其目的是使班长明确自己的责任,以德、智、体全面要求自己,起好模范带头做用,做好班级的工作,发挥好学校与学员间的沟通、协调作用,保证课程的教学计划顺利完成。

六、建立了一系列规章制度,树立了良好校风

为了加强管理,规范师生员工的作风和行为,一分校自 2001 年起逐步建立了一系列规章制度,2014 年又根据学校建设与发展,对已定的规章制度进行了修改补充。所定的规章制度有:

对管理干部制定了:《管理干部手则》《管理人员岗位职责》《财务管理规定》《资产管理意见》《档案管理制度》《教学安全及防范制度》《教职工聘任制度》等。

对教师制定了:《教师工作手则》《关于调课与请假的规定》《严禁教职工违规收取学生、家长礼品、礼金等行为的规定》《教学研究组工作条例》等。

对学员制定了:《学生手则》《学生课堂纪律》《学籍管理规定》《关于转班、插班的规定》等。

多种规章制度的制定和实施,使一分校逐步走上了规范化管理道路。

为树立良好的校风,我们还制定了"校训",确定了《校歌》。通过校内外广泛征集、专家论证和校长会议确定,陕西老年大学一分校的校训为:"尚学、崇实、康健、有为"。《校歌》经过专家会议讨论确定采用武汉一学者写的词,请音乐学院副教授刘阳谱了曲。

在校风的培养方面,我们还采用了一些具体措施,如:在校园和教室内张贴"温馨提示",指引师生员工遵守公共道德;新生入学后,由学校领导亲自到班参加开学典礼,并宣讲校史、校风、校纪,要求学生在学期间明确学习目的,摆正自己的位置,从严要求自己,全面提高素质,争当优秀学员;加强对班长的管理,每学期召开一到两次班长会议,对班长进行培训,强调班长职责,表彰优秀班长,帮

助他们提高素质，带好班级，做学员的表率。班长的责任心和优秀表现，带动了广大学员，使多数班级形成了团结、互帮、积极进步的好风气。

2016年，交大思源老年大学召开教师工作会议，王世昕（主席台，左）做工作报告

七、建立了社团组织

为了使我们的学员在学校学到知识技能，结业后巩固提高，在社会生活中发辉正能量，我们积极支持已结业学员组织各种社团，开展活动。

自1994年起，一分校先后组织了书画院、合唱团、舞蹈队、摄影协会、英语会话学社、志愿者服务队等6个群众团体，分校不仅帮助他们组织起来，加强对他们的领导，而且给予一些经费和服务的支持。

这些社团组织成立后，积极开展各种活动，还主动邀请老师给予指导、培训，水平进一步得到提高。他们在参加省内外的比赛活动中，几乎都获得了奖项，尤其合唱团多次参加省上和全国比赛，均获得了较高级别的奖项，为一分校、为西安交大争得了荣誉，为弘扬了先进文化做出了贡献。

八、通过创建老年大学的经历，对艰苦奋斗、无私奉献有了更深的体会

在一分校工作了20多年，最深刻的一点体会就是：老年教育事业十分重要，是社会主义建设中不可缺少的一部分。从事老年教育工作一定要有艰苦奋斗的敬业理念和勇于担当的奉献精神。

回忆我接任校长，到老年大学工作时，面对种种困难，4名工作人员情绪低落，甚至出现了不想再干下去的想法。多年从事党务工作的经验，使我认识到，要解决办学中的困难和问题，除了建立起坚强的领导班子外，首先必须解决工作人员的思想问题，使他们树立起自信和艰苦奋斗的理念。为此，我同工作人员谈心，做思想工作。告诉他们：万事开头难，而我们已有十年经验，只要我们认真总结经验教训，面对困难和问题，师生员工发扬团结一致、艰苦奋斗精神，一起想办法解决，一分校就一定能够走出困境，发展壮大。同时。我组织大家一起学习《老年人权益保障法》等国家政策和法规文件，并向大家介绍国内外老年教育的有关资料和成功经验，讨论老年教育的发展前途，使大家逐步了解到：老年教育在世界多国早已被列为国民教育的重要部门，随着中国社会的发展和老龄化社会的到来，特别是随着老年人生活水平的提高，美好的精神生活必将成为老年人的重要需求，老年教育也必将成为重要的教育事业，老年大学也必将成为提高老年人精神生活水平的不可缺少、不可替代的主要渠道，有了这些认识，极大地鼓舞了大家为老年人服务，为老年教育事业作贡献的信心和决心。

与此同时，我组织工作人员认真分析我们面临的困难和问题，集思广益寻找解决办法。这样，既开阔了思路，使大家看到了一分校的光明前景，又使大家认识到老年大学是开创性的事业，只要我们不惧困难，艰苦奋斗，就能开辟出一条成功之路。有了较统一的思想认识和克服困难的斗志，大家干起工作就有了劲头。在这段时间里，开始五年我没有拿一分钱报酬，过年时还要自己拿出钱来买东西，慰问职工。我们工作人员的报酬都很低，每月只有150元左右补贴。大家外出办事经常骑自己的自行车完成任务，努力给学校省每一分钱，但始

终毫无怨言。大家团结一致,以实际行动阐释了不计报酬、勇于担当、无私奉献精神。这些精神逐渐成为一分校的优良传统,为学校后来的发展打下了坚实的精神基础。

工作人员的敬业和奉献,感动了授课的教师。尽管那时侯每节课的课时费仅有 25 元,但一些高校著名的教授和业内著名的学者、专家都来校上过课,如书画家、文学家曹伯庸,中国美术家协会会员、美院教授王履祥,老新闻工作者、主任编辑、书法家叶浓,中国书法家协会顾问、西安交大教授、中国书协编辑出版委员会主任钟明善,陕西省书协主席、被称为西北书坛泰斗的书画家刘自椟,著名牡丹画作画家关维扬等。这些老师都是"大家",但他们不但不计报酬,而且授课认真,对一些没有书画基础的学员充满耐心,看到学员的进步给予由衷地赞扬。是他们陪同一分校走过了那段艰难的时期,面对这些令人尊敬的老师,我们有什么理由不努力工作呢?令人惋惜的是王履祥教授和叶浓先生已经在 2013 年和 2019 年先后病逝而离开了我们。我和一分校的工作人员、学员,永远怀念他们。

2017 年春季陕西老年大学一分校教学工作会议后与全体教师合影
前排左五为王世昕

实践告诉我,工作人员的敬业和奉献是办好老年大学的基本保障,授课老师的认真负责是办好老年大学的重要条件,老年教育事业的发展离不开他们辛勤的工作。他们的精神和境界给了我很大的激励和鞭策。因此我经常告诫自己：我当老年大学校长，是一份责任、一种担当，也是工作需要、组织安排。担任校长之职应思谋校长之责，有苦有累，都是我心甘情愿做的事。只想为老年教育的发展尽力，为后来者留下尽可能多的物质条件和精神财富，以不辱没组织的信任和校长这个头衔。

在老年大学的工作之余，我喜欢参加群众活动，协助群众组织开展工作，先后参加了书画学会、合唱团、太极拳协会等，书画作品曾多次在校内外参展。2009年，我同几位热爱合唱的教职工一起，组织成立了交大老年合唱团，并担任团长达十余年。为了保证合唱团的正常活动，我带领大家千方百计筹集资金，邀请国家一级指挥冯长路老师任指挥，坚持训练、练唱许多首中国和苏联革命歌曲。老年合唱团不单单为了活跃晚年生活，而且经常参加学校的合唱比赛和各种纪念活动演出，或者与各学院大学生举办联合演出，为活跃校园文化、传播正能量作出了老同志的贡献。此外，我们还到其他高校进行交流演出，并多次参加省内外的合唱比赛，获得了一些奖项，展示了西安交大离退休教职工的风采，为学校争得了荣誉。组织、参与这些社团，不但为弘扬先进文化作出了自己的努力，而且通过打太极拳、歌唱、学习书法和绘画等活动，陶冶了自己的情操，提升了晚年生活的质量。下面的几张照片是我参与相关活动的记录。

王世昕参加合唱团和太极拳活动

左图左起：胡志忠、刘光硕、王世昕、刘元生、童伟雄、陈义

右图：王世昕与姚承范（右）教授一起打太极拳

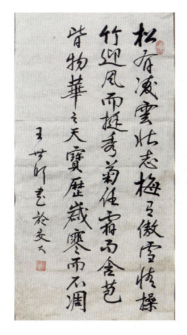 

王世昕的书画习作

我一直认为，这一切都是自己该做的，但是各级组织却给了我很多荣誉。2009年，我先后被中共陕西省委老干部工作局评为"陕西省老年教育工作先进个人"，被中国老年教育协会评为"全国先进老年教育工作者"；2012年，被陕西省委组织部、老干部工作局授予"陕西省老干部发挥作用工作先进个人"称号；还曾多次被评为"西安交通大学优秀共产党员"。所有的荣誉对我都是鞭策和鼓励。

2017年，我已81岁，在一再请求下学校领导终于同意我离开了陕西老年大学一分校校长的领导岗位。离岗时，西安交大继续教育学院和离退休工作处共同聘任我为陕西老年大学一分校名誉校长，并颁发了证书；原主管老年大学的离退处给我颁发了"老年教育杰出贡献奖"的奖牌。2019年5月，中国老年大学协会高校老年大学工作委员会授予我首届"老年教育突出贡献奖"并发给了证书。

我将会永远支持帮助西安交大老年大学继续发展壮大。

2012年王世昕（左）与西安交大朱均教授荣获
"陕西省老干部发挥作用工作先进个人"称号

尾　记

　　进入牛年，我就迈进了85岁的门坎。回想1960年大学毕业留校任教，后转为管理干部，至1999年3月退休，我在学校工作了40个年头，之后任老年大学校长20年，前后58年（有2年重叠期）。概括我的一生工作，似乎仅做了两件事：最主要的一件事是思想政治工作（包括学生和教职工的思想政治工作；党的思想、组织和纪检工作）；另一件事是建起了一所较为正规的老年大学。前一件事是在党委领导下，为传播党的思想政治理论和主张，为进行党性教育，正确选用干部等工作尽了自己应尽的责任。后一件事在退休后，为交大建了一所老年大学，为交大和陕西老年人上学提供了必要的条件，为发扬西迁精神，支援西部建设作了一点贡献。

　　如果要对自己的经历作一自我评说，那就是：我坚信马列主义，坚信党的领导。在"文革"等特殊年代及一些运动中，我的家庭曾经受到过很大的冲击和不公正待遇，甚至父亲因此自尽。母亲、大姐和我本人被关过"牛棚"、挨过批斗，但我没有动摇过对中国共产党、对马克思主义的信念和信仰。我坚信我们党终会总结经验教训，拨正航向，坚信运动总会过去，运动最后总会对我的问题做出公正的结论，因此能坚定地活下来。但是在一些政治运动中，由于自己认识水平低，在错误的路线下有些问题没有辨清是非，做了些错事。这些人生中的教训，使我更深刻地认识到要学好马克思主义，要不断总结工作中的经验教训，在以后更加谨慎地处理问题，使工作做得更完善，使群众少受伤害，为党做更多有益的工作。

我待人比较诚恳、宽厚，愿意帮助人；我尤其同情遭遇了困难和生活贫困的人家，并力所能及地给予资助。1964年春节前，我送人去西安火车站，遇到一位老妇人背着一个小孩，因没有钱吃饭，又不能购买火车票回兰州，恳求大家的帮助。我了解到她的钱被偷了，需要13元钱买车票，我当即就将口袋里14元5毛钱全部给了她，自己没有钱乘公交车回家，直接从车站走回学校。1966年，我在临潼县晏寨公社砖房大队参加"社会主义教育运动"时，认识了村里的贫协主席管学仁，知道他家有4个小孩，家庭经济很困难，我就经常送给他一些钱物，接济他们家的生活，每年春节都请他和孩子们来我家过年，直到他81岁去世。为此，他和他家人总说，每次来西安宁愿来我家里而不愿意去他在西安的亲戚家。对于犯过错误的人，我也以"惩前毖后"的态度对待。"文革"中，有些辅导员曾经整过我，"文革"后我分管干部工作，对这部分人该提拔照样提拔，不记私仇。即使对待犯了罪的人，也抱着治病救人的态度，帮他重新做人。

我办事比较认真努力，有事业心，凡是组织交给我的任务，都能把它当作自己的事，认真去做，努力去完成，这一点即使在退休后也没有改变。譬如，学校领导动员我担任老年大学校长，明知这是一项艰难的工作，当时没有人愿意当这个校长，我还是承担了下来。我同牛保田、詹立人等几位同志立下决心、艰苦奋斗，一定要把老年大学办好，为离退休人员老有所学开辟一方天地。经过20年的奋斗，我和全体教职工一起，终于把这个"三无"的学校建成了具有三千多名学生、开设了25门课程的名副其实的老年大学。2014年5月，在全国高校老年大学发展联盟成立时，我校被选任为联盟的副理事长单位。2015年在全国第三年龄大学联盟成立大会上，我代表全国高校老年大

王世昕夫妇同"社教运动"中认识的贫协主席夫妇（中间两人）合影

学工作者在会议上作了办学经验介绍，在国内具有一定影响。经过长期努力，西安交大老年大学终于在 2016 年正式成为由西安交大领导，职业继续教育学院管理下的老年大学，使西安交大老年大学结束了长达 30 年没有一个上级领导的局面，为进一步发展老年教育事业作了贡献。

我比较注重实事求是。在听到社会上的一些传言时，我总是要弄清楚真实情况是什么？从不听之任之或者随意进行判断。1988 年起我担任学校纪委书记，尤其在处理人的问题时，注意慎之又慎，经常对工作人员强调，给人下结论不可草率从事，必须认真听取被处理人的申诉，必须取得足够的证据，同时还要考虑发生问题的环境、屡犯还是初犯等因素，尽可能使问题处理得恰如其分。因此，在"文革"后，我担任学校纪委领导期间从未出现过冤、假、错案。

我比较重视个人修养。在校工作 40 年中，尤其最后 10 年在党委负责干部工作，工作中我注意按原则、按规定办事；有些干部把正常的提拔、调爱等工作视为人情关系，送东西给我，我一律劝其拿回去，有些干部不愿拿走，我会严肃地告诉他：我会把送来的东西交到他单位去，他就不得不拿回去。我坚守着一条：不义之财不能收，也不应收。

在工作中我从没有向组织提出过个人利益的要求，即使在调爱问题上，也是当时陈吾愚校长知道我们俩工作单位相隔较远后，从工作上考虑，让人事处把我爱人调来学校工作。为此我非常感激领导的关心。

自己一生共工作了58年，在人类历史的长河中只是弹指一挥间。但是，一个甲子的风云，西安交大经历了再度艰苦创业、创新发展的伟大历程。我们这些当年随校西迁时的青年大学生，如今都已两鬓苍苍，还没有来得及感慨，一切就已经老去。那些流逝的岁月，充满了我们的追求与希望。在这半个多世纪的经历中，我力所能及地做了一些有益社会的工作，也做了一些错事。总体来讲，我的一生无论做对做错都献给了西安交大，虽没有作出多大贡献，但自认为发挥的正能量要比负能量多一些，这一辈子活得还是有意义的。

我能为社会发挥一些正能量，主要是因为有党的教育和培养，有同志们，也包括家庭的支持和帮助。

党的教育使我懂得了人活着为什么。1949年解放时我才13岁，正是形成人生观和世界观时期，1950年暑假组织送我到县青年学园学习社会发展史，学习革命英雄事迹。工作后又多次让我参加各种培训班（如省团校、中央党校等）学习社会主义理论，使我逐步树立了无产阶级世界观和人生观。与此同时，党组织又多次让我去农村、工厂劳动，从劳动中体会人生价值，培养艰苦奋斗的精神，还安排我到各种岗位上磨炼、考验，提高自己的工作能力，才使我成长为一名为人民服务的干部。

人民群众是真正的英雄。在我近60年的工作生涯中，主要是负责党群工作。在工作中处理重大问题都要靠领导集体，靠干部、骨干队伍以及广大群众的支持和帮助才能成功，使我深深理解了"人民群众才是人类历史的创造者"，并以此付之实践。我仅是人民群众中的一分子，所有我的工作成绩都是依靠群众共同努力的结果。

家庭也是我做好工作的重要条件。我爱人很支持我的工作，从不给我工作添乱，平时能将群众对我工作中的意见及时反映给我，并提出一些建议。我的两个女儿也很争气，从小自理能力较强，为人善良，尤其大女儿学习、家务自主能力更强些。她们姊妹两人成人后工作都有所成就，生活也安定幸福，不需要我们操心。小女婿伍卫国是我校计算机系教师，工作努力，乐于助人。他为了支持我的工作，专门派他的研究生免费帮我们开发了我校老年大学招生报名管理系统（目前在使用）。家里有什么事情，子女们都能主动关心并予以解决，因此我从没有因家庭问题而影响工作。

所以我深切感激党，感激所有帮助、支持过我的同志、朋友及家人，真诚地感谢他们对我的关爱。

2020年4月22日，习近平总书记在西安考察调研，走进西安交通大学西迁博物馆，参观交通大学西迁的创业历程和辉煌成就展，亲切会见了西迁老教授的代表。总书记说："当年党中央的良苦用心，把这样一个最好的学校从上海迁到这里，是为了整个中华民族，新中国的发展，教育布局、工业布局，拉动西部的发展，做出了这样的战略部署。"总书记对西迁精神给予高度肯定并赋予了新的内涵："我们交大人体现出来的西迁精神，核心是爱国主义，精髓是听党指挥跟党走，真正是与党和国家、民族和人民同呼吸、共命运。"这是对交大人的巨大鼓励，表达了总书记对于西安交大的关怀和期望。我作为一名"西迁人"，倍受鼓舞，深感荣幸。

王世昕、陆丽娜夫妇与大女儿王合和外孙女王艾瑞

王世昕的小女儿王梅和女婿伍卫国及外孙伍柏欣

虽然，现在社会工作不需要我做了，但余生之年还是要洁身自好，保持共产党员本色，保持西安交大西迁人的荣誉，力所能及地为社会发展继续发挥正能量。愿西安交大发扬西迁精神，再创辉煌，愿祖国永远繁荣昌盛。

在这篇回忆录结束时，我借用新华社、央视新闻《习近平总书记考察调研西安交通大学》的报道中的这张照片和注释："西安交通大学校园里，有一条著名的梧桐大道。这些梧桐树是60多年前西迁时从南方运来栽种的。这是部分西迁老教授行走在梧桐大道上"。（来源：交大新闻网，日期：2020-04-23）

西安交大部分西迁老同志行走在校园内的梧桐大道上

照片左起：王世昕、屠善洁、马志瀛、金志浩、杨锦武、胡奈赛、英明、吴百诗、张肇民、王永兰、潘季、莫珲、朱继洲、周龙保、郑善维

初稿于 2018 年 12 月；定稿于 2021 年 1 月

附录：机切 55 班学生分配单位表

我们机切专业原来 12 个班，合并了几个班。因国家建设急需人才，有些同学 1958 年提前毕业分配。后来调入我班的还有机切 51 班、54 班的同学，他们同我们班一起上课，但因不住在一起，来往很少，这些同学其姓名和分配去向不很清楚，现主要将我原来班的同学毕业分配情况列表如下。

表中序号 1—27 的同学按其姓名在本文中出现的先后次序排列，不重复；序号 28—37 的同学未在本文中出现。

西安交通大学 1955 级机切 55 班同学分配单位

序号	姓名	分配单位
1	林茂津	广西（具体单位不详）
2	王世昕	西安交通大学
3	陈文石	新疆巴州农机厂

续表

序号	姓名	分配单位
4	林元德	西安机器制造学校
5	程曾武	中国科学院兰州化学物理研究所
6	孙锡炎	中国科学院西安光机所（西安 80 号信箱）
7	杜俊淇	江苏常州林业机械厂
8	方建国	贵州工学院机电教研组（原 54 班学生）
9	熊则男	西安公路学院（现长安大学）（原 54 班学生）
10	丁蘋倩	青海省西宁市工业局
11	戴子臣	青海省西宁市工业局
12	张世宏	北京核工业部第一研究所
13	蔡浩楚	西安邮电器材厂（原 54 班学生）
14	范敬宗	新疆工业交通学校（原 51 班学生）
15	王轼铮	在校继续读研究生，毕业后分配到北京国家审计署（原 51 班学生）
16	裘华璞	去向不明（原 54 班学生）
17	胡景涛	北京航空学院（现北京航空航天大学）
18	陆士一	新疆库尔勒农机厂
19	郭敦霖	河南洛阳一机部六局轴承工厂设计处
20	乐秀成	中国人民解放军总政治部
21	魏顺根	中国科学院西安光机所（西安 80 号信箱）
22	秦懋堂	兰州铁道学院（现兰州交通大学）
23	林志超	中国科学院物理研究所
24	李耀凯	中国科学院西安光机所（西安 80 号信箱）
25	张生娣	贵州凯里航天部长青机械厂
26	季秀漪	陕西省机械局机械研究所
27	邓山水	中国人民解放军总政治部
28	叶毅敏	中国科学院西安光机所（西安 80 号信箱）
29	卢培权	中国人民解放军总政治部

续表

序号	姓名	分配单位
30	奚福根	北京 73 号信箱
31	陈远铸	北京 73 号信箱
32	黄金榜	青海工学院
33	高传意	铁道部
34	杨廷良	贵州农业机械厂
35	胡章墦	兰州水泵厂
36	郭德赛	宁夏工业学校
37	张绍清	兰州机械厂

　　以上是我所在班即机切 55 班同学 1960 年毕业分配的情况，也是我校这一届学生毕业分配情况的缩影，约有三分之二的同学承担起了建设大西北的神圣职责，以实际行动表明了我们交大不辱西迁使命，兑现了交大西迁的坚定承诺，同时也是我们这一代年轻人不辱自己为"到艰苦地方去""到祖国最需要的地方去"建设祖国的庄严誓言。

在周惠久学术思想指引下研究材料强度的历程
——朱金华小传

朱金华

(祝玉琴协助整理)

简　历

朱金华，男，1941年3月出生于江苏扬州，汉族。

1946年9月至1952年7月，杭州两觅小学，读小学。

1952年9月至1955年7月，杭州中山中学，读初中。

1955年9月至1958年7月，杭州第一中学，读高中。

1958年9月至1963年7月，西安交通大学，读大学。

1963年7月毕业，留校在西安交通大学机械系金相专业，助教。

1978年12月，晋升讲师（因"文革"而滞后）。

1981年3月至1983年9月，意大利欧洲共同体联合研究中心，进修。

1984年12月，晋升副教授。

1983年3月，西安交通大学材料科学与工程系成立，随金相专业转入材料系。

1989年3月至12月，英国伯明翰大学，高级访问学者。

1990年12月，晋升教授。

1991年，被聘为博士研究生导师。

2006年9月，退休。

朱金华教授的主要研究方向：不同服役条件下材料的强韧性合理配合理论，兼具高强度与高塑性的合金材料设计，材料表面大变形获得纳米结构形成机制及特异耐磨性，高应变率及低温下材料力学行为变异规律及应用，材料抗冲蚀、气蚀、冲击磨损规律及合金设计，难熔金属力学性能特征等。

朱金华教授为专职科研人员，也曾为本科生、研究生开设过金属玻璃等课程。

朱金华教授曾担任的主要职务有：西安交通大学金属材料及强度研究所新材料与多次冲击研究室主任、金属材料强度国家重点实验室主任等。

前　言

我的经历很简单，从进入小学开始接受启蒙教育，一路顺利读完中学，又于1958年9月考入国内外著名的交通大学西安部分，完成了高等教育后，留在西安交通大学工作。应该说我又是非常幸运的，因为在大学五年级做毕业论文时，我国材料强度研究的泰斗周惠久教授（1980年当选中国科学院学部委员，1992年后改称院士）就是我的指导老师，毕业后正是由于周先生的青睐，留学校工作后继续在先生的指导、带领下从事小能量多次冲击抗力规律和发挥金属材料强度潜力的研究，直到我2006年9月退休。在与周先生近40年的相处中，深感他人格的魅力与学问的渊博。在他的带领下，我曾先后担任新材料与多次冲击研究室主任、金属材料及强度国家重点实验室主任，承担了8项国家自然科学基金项目，参加了两项国家级基础研究项目及多项部级科研项目，在材料强度研究中取得了一定成绩。

回想起来，周惠久院士离开我们已经20多年了。2017年底，学校几个部门联合发出了《关于征集"交大人物小传"和校史资料的通知》。我的同事、材料学院资深教授邓增杰先生就此鼓动我写一篇有关周惠久院士的学术思想及其成果的纪念文章，我觉得有难度，本人还不可能对周先生的学术思想作全面的归纳与总结，怕以点盖面或以偏概全。所以，经过思考，就以自己的体会从学术层面谈谈我在周惠久院士学术思想指引下从事材料强度研究的历程与体会，或许这对后来者会有些参考价值与借鉴。

完成这篇文字，首先是纪念我的恩师周惠久院士，其次也算是完成了回忆录的写作任务。

上 篇
早期材料多次冲击抗力研究的三个规律及应用成果

实际上，材料多次冲击抗力的研究早在20世纪50年代就开始了。我在大学五年级的毕业论文，就是围绕小能量多次冲击抗力规律研究进行的，毕业论文题目是"多次冲击加载下裂纹的萌生与扩展研究"。我很幸运，当时的指导老师就是周惠久教授及黄明志老师。1963年，我毕业时，以大学考试课程"全优"、毕业论文"特优"的成绩留校工作，成为机械系金属材料及强度研究室的一员，继续在周先生的指导下从事多次冲击抗力规律研究。从此，我就在材料领域中耕耘、成长、收获，也从中体会到一项科研成果成长的不易。

一、材料多次冲击抗力理论的产生

在20世纪50年代及其以前，设计和制造各种机械时沿用的理论普遍认为：承受冲击载荷的零件要求材料具有较高的冲击韧性，且冲击韧度是根据一次冲击确定的，即：要看以多大力量，才能一下子把材料冲击断裂。而金属材料通常具有"韧度高，强度就比较低"的特性，所以如果既要韧度高，又要有高的承载能力，这些零部件就必须选用"冲击韧度"高的材料，结果只好牺牲强度加大零部件尺寸，多用些钢铁。

那段时间，周惠久教授围绕文献和我国实际，重点进行了两个方面的调研。在查阅了大量的苏联科技书籍后，周先生发现苏联学术界这种过于强调材料塑性韧性作用的倾向更甚，限制了材料强度潜力的发挥；到工厂实地考察时他又发现，按照苏联的设计图纸和技术条件，制造出来的不少产品都粗大笨重而寿命不长。这种情况对于提高我国机械设计制造的水平非常不利，但当时的国外还没有人对多次冲击抗力问题作过系统的研究和论述。于是，周先生决心通过试验研究来解决这个问题。

矗立在材料学院大门前的周惠久塑像

1958年，周惠久教授举家西迁西安后，在艰苦的科研条件下，周先生与他的助手黄明志老师带领学生，克服了重重困难，因陋就简，研制出一台凸轮落锤式多次冲击试验机，并在这台试验机上取得了第一批数据。后来，又对试验机进行了多次改进，研制了第二代、第三代多冲试验机，系统地进行了从多冲抗力观点论钢的回火和从多冲抗力观点论钢的渗碳实验，积累了大量的数据，发现了新的规律。

周先生在带领团队进行攻关实验的同时，继续深入调研，发现除了各种装甲车或一些军事设施，在炮弹打击下，受很大的冲力而容易一次被打穿外，绝大部分机械和零部件，都是在较小力量下经过千万次冲击才断裂的。例如各种枪支上的枪机撞针、凿岩机的活塞、铆钉枪上的铆钉窝、锻锤的锤杆、锻模以及空气压缩机的阀片等，都是如此。从1962年到1965年，周先生在《中国机械工程学报》《中国科学》（英文版）上连续发表了5篇论文，总结并阐述了金属材料多次冲击抗力的基本规律，指出了盲目追求塑性韧性的不合理性，为解除工程界在选材、用材方面对冲击韧性的迷信提供了实验和理论依据。材料多次冲击抗力理论就是在这种情况下产生的。

1964年周惠久教授应邀到中国第一汽车制造厂和洛阳拖拉机厂等单位讲学，介绍材料多次冲击抗力理论科研成果和学术观点，受到了工程界的广泛重视，并得到了时任第一机械工业部副部长沈鸿的好评，推动了厂校协作。同一时期，国家科委等部委还在北京多次组织座谈会和报告会，请周先生向机械、煤炭、石油、水电、兵工、航空等部门主管技术的领导同志，以及首都教育界、科技界、工程界人士作报告，受到高度重视和热烈欢迎，沟通了一些与企业和科研单位协作的渠道，使之在生产中得到了应用和推广。

二、金属材料强度研究室的建立及多次冲击抗力规律研究

1962年中共中央召开的广州会议①宣布要为知识分子"脱帽加冕"，是一个重要的时间节点。当时，西安交大彭康校长、周惠久教授、陈季丹教授出席了此次会议。会议确认：除中国科学院外高等院校也是我国重要的一支科研力量。于是西安交大当时就决定筹建成立两个研究室，金属材料强度研究室（后来的国家重点实验室的前身）

---

① 指1962年3月中共中央在广州召开的科技工作会议。会议批评了对待知识分子的"左"倾错误，宣布要为知识分子"脱帽加冕"，认为知识分子是人民的一部分，并将这一论断写进1962年3月27日召开的第二届全国人大第三次会议的《政府工作报告》。

就是其中之一。1963年金属材料强度研究室正式挂牌，周惠久教授任研究室主任，黄明志先生任秘书并主持研究室日常工作。当时一线的研究人员有邓增杰、饶启昌、郭大展、陈新增、罗启富、朱维斗、朱金华、骆竟晞；二线人员有张玉华、陶传学。此外，还有一个配合研究室科研的机加工修配组。这个修配组集中了钳工和车、铣、刨、磨等机械加工各个工种，组长由八级钳工王宏德师傅担任，人员有：龚浩发、王宝林、张培德、翟继光、陆月珍、朱金海、李兰珍、阮学忠等师傅。这些师傅为我们各课题组加工了大批试验用的试样、试验夹具，还负责试验机的维修等工作，他们为试验研究工作能够顺利进行做出了很大的贡献。可惜，在我写这篇回忆时，除陆月珍、李兰珍还健在，其余的师傅均已过世，就是后来进入修配组的王石元、王立庸、王翠荣几位师傅也已先后离开了我们。让我们永远记住他们。

　　研究室成立后，大家干劲十足，学风很正。周先生非常重视培养我们年轻人正确的学术思想，也非常注重学术民主。他经常召开学术讨论会，常为一个学术问题争论得面红耳赤，但大家都很团结，这是我们研究室的一个重要特点；另外，针对当时我国机械制造工业需求，周先生很重视材料力学性能的宏观规律的研究，并将实验室研究结果应用到我国机械制造中去，这是我们研究室的另一特点。

　　当时年轻的、刚从大学毕业的我们，为了充实自己的工程应用背景的基础知识，曾主动下工厂、进矿山。我们到汽车大修厂去拆汽车，以了解汽车各大零部件的失效特点；我们利用各种机会，去了很多机械制造厂和零部件的使用部门，了解材料强度问题有关情况。这些经历不但大大丰富了我们的感性认识，开阔了我们的眼界，使我们的材料强度知识底蕴更加厚实，为强度研究适应国家需要打下了良好的基础，也使我们深刻地体会到，坚持理论与实践密切结合，从生产需要中提炼出理论课题，加以系统研究，再回到工程实践中检验研究结果的方法，是工科大学必须坚持的道路。这样做，就会使我们的科学研究在为国家经济建设服务的道路上越走越宽，取得理论与实践两个方面的成果。

　　我参加的材料多次冲击抗力规律研究，由于原先的凸轮落锤试验机能量变化较小，冲击速度与频率均较低，需要研制冲击频率更高的多次冲击试验机，此事由黄明志先生负责。通过资料查阅及调研得知北京钢铁研究院有一台德国造的多冲试验机（几年后强度室也买了一台），黄先生亲自去做了测绘，然后由张玉华进行仿制设计，学校"五七"工厂（后改称科教厂）负责制造。我们自己的多冲试验机通过鉴定后，就可以开始做试验了。

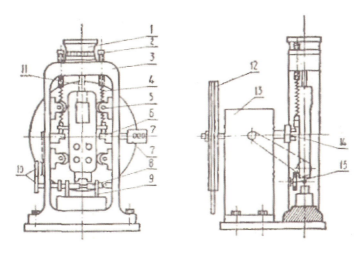

DC-150 多冲试验机示意图

1—伸长补偿装置，2—调节螺钉，3—机架，4—压缩弹簧，5—导向轮，6—弹簧承接器，7—计数器，8—冲弯试样，9—支座，10—交换齿轮，11—冲拉试样，12—飞轮，13—齿轮箱，14—冲轮座

　　按照周先生的研究思路，应该系统研究材料的多次冲击抗力变化的宏观规律。当时，我刚刚参加工作，就承担了此项研究。从那时起我做了大量的不同碳含量、不同合金元素及不同回火温度处理后的钢试棒多次冲击试验，前后花了一年多的时间才完成了试验工作。

　　研究结果再次证实：多次冲击抗力随回火温度变化出现峰值，最佳多次冲击抗力并不在高温回火，而在中温回火；同时还得出随着回火温度降低，最佳多次冲击抗力向低碳方向转移，证实了低碳马氏体（含碳量约为 0.15%～0.3%）具有很高的多次冲击抗力，这是该项研究中的另一个重要结论，为后来将低碳马氏体在我国机械制造中的广泛应用提供了试验依据。对材料多次冲击抗力变化规律研究的一个重要的科学问题，是如何评价冲击韧性 A_K 的作用。我当时在得到的大量实验数据基础上,通过固定材料强度让材料冲击韧性作单因素变化,观测多次冲击抗力变化特点,得到了周先生在《金属材料强度学》书中所归纳的第3条多次冲击抗力规律。当时在研究合金元素影响的同时,也从不同碳含量的碳素结构钢的多冲抗力规律中,归纳出相似的结果,也即低强度时A_K值对多冲抗力的作用较小,随着强度增加A_K作用增大,只不过碳元素的作用比金属合金元素影响要大得多。在与周先生讨论中,我们将这种差异归结为金属合金元素是置换式固溶,而碳元素是间隙固溶及形成碳化物。

下面的这张照片是在祝玉琴老师的协助下,从白延生老师处找到的。这是一张很久很久以前的照片,拍摄的就是周惠久先生带领我们调试新设计制造的DC-150多冲试验机的情形。看了照片感到特别亲切,更加引起了我的回忆。那时,我们研制的多冲试验机并不安放在现在的实验室里,而是在当时的锻压车间北边围了一圈的空地上。照片中站着的是周先生,蹲着的是李荫松实验员(中)与我(右)。当时我们都很年轻,岁月的流逝差一点连自己都认不出来了。

周惠久先生(站立者)与朱金华(右)、李荫松(中)
调试新设计制造的DC-150多冲试验机

周先生对研究结果及我所采用的研究分析方法很是赏识，不仅在他国内讲学时屡次提到此试验结果，而且在我国改革开放初期，美国来华的科学家考察团到西安交大考察时，还指定我为他们作上述研究结果的学术报告。这些研究工作1966年即已完成，后因"文化大革命"直到1972年才在《西安交通大学学报（增刊）·金属材料及强度专辑》（第二集）中发表，题目是《不同碳含量碳钢的多次冲击弯曲抗力》和《几种合金中碳钢的多次冲击弯曲抗力》。由于当时认为论文署名是一种名利思想表现，因此该强度专辑论文作者谁都没有署名。

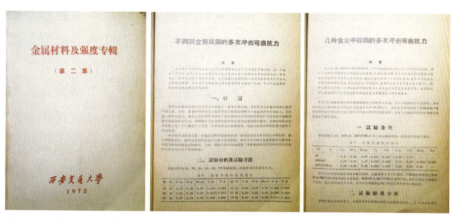

左：《西安交通大学学报（增刊）·金属材料及强度专辑（第二集）》封面
中：《不同碳含量碳钢的多次冲击弯曲抗力》首页
右：《几种合金中碳钢的多次冲击弯曲抗力》首页

现在回过头来想一想，周先生当时重视力学性能宏观规律研究是很睿智又有远见的，既考虑到我国机械制造需要的现状，又看到了实验室在分析仪器方面的短板并采取了相应措施。

三、早期材料多次冲击抗力研究的三个规律

从20世纪50年代到1963年西安交大金属材料强度研究室成立前后的主要研究成果，已在科学出版社1989年3月出版的周惠久、黄明志主编的《金属材料强度学》中作了记载，也就是早期的材料多次冲击抗力研究的三个规律：

1. 强度塑性不同材料多次冲击抗力曲线存在交点，在交点上方材料一次冲击韧性起主导作用，在交点下方材料多次冲击抗力主要取决于强度。

2. 中碳钢回火温度变化，多次冲击抗力出现峰值，表明由于材料存在强度、韧性之间此消彼长现象，只有在一定的强韧性合理配合下才能获得最佳的多次冲击抗力。

3. 材料在较低强度水平时，增加冲击值 A_K（例如添加大量 NiCr 合金元素）对多次冲击抗力几乎没有影响，只有在高强度时增加冲击值才对提高材料多次冲击抗力起较大作用。

这三个规律是相互关联的，按周先生的理念认为：第一规律，大多数机械零部件都是在多次冲击下服役而破坏的，而不是一次或少数冲击下破坏的，工作状态处于多冲曲线的交点以后，因而提出发挥材料强度潜力的学术思想；第二规律表明并不是强度愈高愈好，提高强度是有限度的，只有在材料强、塑、韧性能一定的合理配合下才能获得最佳的多次冲击抗力，在大量、常见的冲击能量范围内，提高强度不仅不降低，反而能提高多次冲击抗力。这为制订和优化热处理工艺指明了方向；第三规律是对片面追求高 A_K 值的批判，在低强度水平工作的机械零件没有必要追求高 A_K 值。这一点对合理选择材料、减轻产品的重量、节约金属材料具有重要意义。

值得自豪的是，多次冲击抗力的第三规律，如上所述是在周惠久院士指导下由我完成的。

应该指出，交通大学西迁西安以后，特别是 20 世纪 60 年代初期我国处于三年困难时期，物质条件匮乏，也没有像现在的比较先进的测量仪器，当时要买一台动态应变测量仪都买不到，做出上述研究结果实属不易。在随之而来的十年"文化大革命"中，科研工作也受到了严重冲击，周惠久先生依然带领我们，坚持着正确的研究方向，极力排除干扰开展工作，努力使这项研究继续深入，并取得了令人瞩目的成绩。所以，在 1978 年 3 月召开的全国科学大会上，金属材料及强度研究室被授予"先进集体"称号，时任西安交大党委副书记、校革委会副主任陈吾愚和金属材料及强度研究室主任周惠久教授一起出席了全国科学大会，接受国家的表彰。

关于材料多次冲击抗力研究论文与成果，从 1964 年到 1989 年曾经以《西安交通大学学报（增刊）》形式出版了五集《金属材料及强度专辑》，分别总结了 1964 年以前、1965—1971 年、1972—1976 年、

周　敫教授（左四）在 1978 年 3 月召开的全国科学大会上领奖

周惠久教授回校后传达全国科学大会精神

1978—1982 年、1983—1988 年金属材料及强度的研究成果，材料多次冲击抗力研究亦包括在其中。这里特别要说明一下，《金属材料及强度专辑》的第五集出版时正逢周惠久先生 80 寿辰之际，所以该集封面的左上角特别印刷了"庆贺周惠久教授八十寿辰"的字样。

周惠久先生 80 寿辰照片

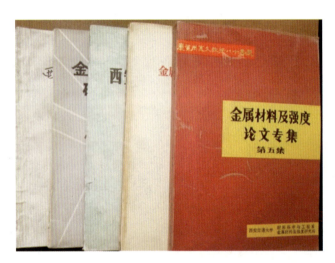

《金属材料及强度论文专集》第一至第五集

四、材料多次冲击抗力理论的工程应用

应该说实验室得到的宏观规律在我们随后将实验结果应用到机械制造中去起了重要作用，使我们找到了提高我国机械制造用材水平的方向。为了获得高的服役性能，要做的研究主要有三个方面：对低强度下失效的机械零件应提高材料强度水平，以获得良好的强韧性配合；

对高强度或超高强度下失效的机械零件可以提高其韧性；重视具有高强度兼大韧性材料的研究与获得。

从多年的工程应用实践中我们得出，提高材料强度常常不难，问题是高强度高硬度材料难以机加工。这一问题随着新型刀具材料的涌现与制造工艺的进步现在已有很大的改善。然而随着工程中使用强度水平的逐渐提高（尤其是军工、航空航天领域），摆在材料科学工作者面前的最大难点是如何使高强度和超高强度材料获得高塑性、高韧性。由周先生及王笑天先生首先提出的低碳马氏体材料就是一种高强度（还不是超高强度）兼高韧性材料，得到了广泛的工业应用。但对大多数材料都是随强度提高，塑性韧性降低，要想实现高强度同时兼具大塑性、大韧性是很困难的。为此人们除了继续在材料合金化上考虑外，还努力试探了多种方法，如形变热处理、超纯净化处理、超细化处理、冷却过程碳原子再分配处理、相变诱发塑性等等。这些研究至今还一直在进行中，它大大加深了人们对材料强度、塑性及韧性本质及其相互关系的认识，其目的就是最大限度地发挥材料强度的潜力，提高我国机械制造水平。我有幸在国家自然科学基金项目及国家重点基础研究发展计划（"973计划"）项目支持下参加了上述有关研究。

机械制造中遇到的材料问题远远要比实验室试验要复杂得多。首先，实验室试验都是小试样，试验条件相对比较单一，不如机械零件复杂，要考虑综合因素的作用。因此，有人认为实验室试验是单一的分析研究，而解决工程问题是一种需考虑许多因素的综合性的研究。正是因为引起机件失效的原因是多方面的，所以必须运用多方面的知识来处理这些复杂的问题，才能成功，而材料多次冲击抗力规律就可以作为考虑和解决这些问题的基本思路。由此，我们与有关机械制造企业合作，以工程应用为目的，取得了大量成果。下面是我们解决零部件强度问题的几个典型事例。

解决模锻锤锤杆断裂问题

模锻锤锤杆是一个典型承受多冲载荷的零件，服役中受到轴向冲击拉伸与压缩应力作用。1966年，强度研究室多冲课题组的朱维斗老师与张家口煤矿机械厂合作，将一吨模锻锤的锤杆所用45Cr钢调质处理降低到中温回火，使其具有良好的强韧性配合，结果使用寿命提高到原来的 20 倍。

后来，我们将这一结果推广到洛阳拖拉机厂的大型曲轴模锻锤锤杆上。该厂沿用原苏联的老工艺对锤杆进行高温回火热处理，使用中折断严重寿命低。我们同样采取降低回火温度的办法使锤杆使用寿命提高到原来的 4～7 倍。在考虑锤杆回火温度时就不能采用实验室试验时得到的最佳回火温度，必须保证热处理后还能完成切削加工工序等。综合考虑后确定了热处理技术条件及后续滚压强化工艺，达到了良好的效果。

提高 YT-24 凿岩机活塞寿命研究

端部冲击崩齿，是活塞损坏的一个主要原因。1973 年，强度研究室黄明志先生带队与天水燎原风动工具厂协作，通过分析找到蹦齿的原因，采用低淬钢并调整热处理工艺得到具有薄壳结构的淬硬层，经过反复实践，使活塞的使用寿命从平均 500 米提高到 4600 米，最高达到 8000 米以上，最低也在 2000 米以上。黄先生用低淬透性钢作为凿岩机活塞材料是一种很具创造性的选择。为了获得低淬透性，钢材冶炼时需对残余合金元素严格控制，材料纯净先天缺陷少，具有高强度、较高韧性以及良好的残余压应力，是解决活塞端部蹦齿的重要举措。

YG80 凿岩机钎尾使用寿命研究

钎尾是经受凿岩机活塞冲击将冲击力通过套筒、钎杆传递到钎头而实现凿岩作业的，所以要求钎尾尾端具有高的抗冲击剥落能力，前端波形螺纹与套管连接处又要有高的耐磨性。矿山使用表明钎尾使用寿命很低，大多数钎尾都是在波形螺纹后偏心退刀槽处断裂。为了解决断裂问题，我们在实验室进行的试棒试验发现，渗碳处理后通过在马氏体相变点附近等温淬火处理可以获得高的多次冲击抗力，这是一种高强度、大韧性的钎尾用钢热处理工艺。当时并不了解其原因，若干年后，国外有人认为是由于等温过程中实现了碳原子的再分配造成的。后来我国也设立国家自然科学基金重点项目对此进行研究，我还成了该项目的评议专家。

由于要兼顾钎尾波形螺纹需高的耐磨性及尾端高的抗冲击剥落能力，马氏体相变点（MS）附近等温淬火虽然冲击断裂抗力很高，但硬度相对较低。于是我们降低了等温温度，以达到一个综合的效果。将此结果应用于钎尾制造工艺，使钎尾断裂大大减少又有高的耐磨性，平均使用寿命从100米提高到880米。

作为一个材料工作者，既要具备科学分析问题能力又要有综合、集成解决工程问题的能力。当时，我们走出实验室到生产第一线也得到了很好的锻炼，收获颇丰。

高强度大韧性的低碳马氏体材料的工业应用

如前所述，低碳钢经强烈淬火获得的低碳马氏体多冲抗力很高。这种低碳马氏体是一种板条状马氏体组织形态，同时具有高强度和良好的塑性、韧性。因此，低碳钢或低碳合金钢处理成低碳马氏体，可以在机械制造中得到广泛应用，应予以推广。

吊卡是石油钻井的重要提升工具，在起吊钻具和装卸钻杆时，它承受钻具的全部重量。在处理事故时，吊卡提升钻具要克服很大阻力，工作条件很恶劣，受到较大的冲击加载。吊卡在使用时必须保证绝对安全，防止钻杆落井事故的发生。吊卡原来用35CrMo钢制造，经调质处理，强度水平低，失效形式是塑性变形，使底面两端上翘成船形及承载钻杆的中孔环形上表面磨损。它最突出的问题是笨重，如 $4 1/2 \times 150$ 吨吊卡，原来重126千克。石油工人操作时劳动强度大，迫切需要研制出高强度、不变形、耐磨损的轻型吊卡。

从1971年起，周惠久先生正好在宝鸡石油机械厂劳动，开展了这一课题的合作研究，厂方负责人是李鹤林（毕业于西安交通大学，后当选为中国工程院院士）。我们采用高强度的国产新钢种20SiMn2MoVA钢，将其处理成低碳马氏体制造新吊卡，使吊卡重量由原来的126千克减轻到58千克。而同样规格的美国吊卡重95.3千克，苏联吊卡重148千克。1972年，新吊卡开始成批生产。此种轻型吊卡在各油田使用情况良好，承载能力达到要求，重量大大减轻，深受广大石油钻井工人的欢迎。

石油钻井射孔器使用时，在高压液体介质中承受瞬时大能量局部爆炸冲击，以往按苏联工艺，用PCrNi3Mo高合金炮筒钢调质处理制造，使用寿命平均15次左右，其失效方式为筒径涨大和射孔变形成椭圆或开裂。采用20SiMn2MoVA钢制成的高强度、大韧性的低碳马氏体射孔器，平均使用寿命超过炮筒钢一倍，降低了成本，节约了镍、铬材料。

周惠久先生在第二汽车制造厂作学术报告后与厂方人员及
西安交大强度室陪同人员合影
从左到右：徐家帜、朱金华、敖炳秋、周惠久、程××、邓增杰、黎永钧

解决大型柴油机曲轴断裂问题

我国内燃机车 16V240ZJ 大型发动机曲轴曾经断裂严重，有时甚至一年中断掉 17 根曲轴，严重影响机车生产，造成很大的经济损失，也危及铁路运输的安全。

这种大型曲轴采用 42CrMo 钢制造，为提高轴颈耐磨性，轴颈尚需中频淬火处理，工厂在制造中常为其 A_K 值不达标而发愁。1998年我们与四川资阳内燃机车厂合作，根据厂方要求，我们针对曲轴断裂做了大量的失效分析工作，提出解决曲轴断裂的有效措施，并为随后曲轴生产制订了合理的、规范化的质量保证体系。

首先我们对断裂曲轴的行车里程与材料强度作相关性研究，发现强度高的曲轴使用寿命长；后来又进一步得出曲轴断裂发生在轴颈与曲柄臂之间的圆弧过渡处，由于这种大型曲轴系采用自由锻毛胚成形，机加工预留量很大，机加工时流线沿轮廓分布基本已被切削掉，发现疲劳裂纹大致沿着材料性能薄弱的流线方向萌生与扩展，可以认为曲轴大量断裂的主要原因是曲轴材料横向疲劳强度低下造成的。我们直接在断裂曲轴及模拟曲轴上取样，做了大量疲劳极限测定，对曲轴作了强度校核，并提出改进措施：降低调质回火温度，增加材料强度；将原先大气熔炼曲轴用钢改为真空电渣重熔。这样不仅大大改善了曲轴材料的横向疲劳强度又提高了 A_K 值，终于解决了这种大型曲轴的断裂难题。

材料多次冲击规律的研究与工程实践，通过对机件进行材料、工艺等方面的变革，发挥金属材料的强度潜力，对传统的材料热处理观念提出挑战，取得了机械产品延长寿命、减轻重量、降低成本、提高效能的效果，具有重大的国民经济意义。尤其是在中国机械制造业中得到验证和应用的辉煌业绩，在全国材料界引起广泛关注并获得高度评价，被列入新中国成立后取得的100项重大科技成果之一。在1965年高等教育部举办的直属高校科研成果展览会上，这一成果被誉为高教系统的"五朵金花"之一。1988年，该成果获得国家教委科技进步一等奖，后又获得国家科技进步二等奖。

下 篇
在材料科学与工程领域耕耘、收获

1978年12月，中共中央召开了十一届三中全会，中国开始实行对内改革、对外开放的政策。在改革开放的春风下，我曾经先后两次出国留学，从事材料的高温力学性质和电子束表面合金化等方面的研究。从1987年起，我们团队研究依托金属材料强度国家重点实验室获得8项国家自然科学基金资助，并主持了其中的7项，参加了两项国家重点基础研究发展计划（"973计划"）项目的研究，承担了国家部委和重点企业的一些横向课题项目。这些研究与课题均取得预期成效，并多次获奖。

一、两次出国留学

（一）以交换学者身份赴意大利欧共体联合研究中心留学

1981年，我通过了学校的出国选拔考试（考试科目为：英语、数学、专业基础、专业课），并于是年3月到1983年9月，作为中国与欧共体交换学者的身份派遣到意大利欧洲共同体联合研究中心（JRC, Espra-Establishment）材料科学部留学，主要从事材料的高温力学性质的研究。

那里有很先进的材料高温性能研究设备，可以在接近不锈钢熔点温度下做材料力学性能测试。我对这种极端条件下的研究很感兴趣，同时也考虑在国内搞冲击载荷，加载速度很快，相反就需要对很慢加载时材料性能特点有所了解，于是就选择了材料蠕变性能的研究。由于自己的努力以及国内研究工作的基础，对研究结果的深刻见解而获外国同行的赞赏。在此期间我成为欧洲共同体杂志 *Reactor Safety*（《反应堆安全》）的"液体金属"板块"中子增殖反应堆"中"材料力学试验专栏"的邀请作者。我在对自己的实验结果深入分析与综合研究基础上，结合前人研究结果，对蠕变破坏理论提出了新论点与研究成果，所写论文 *Strength of the AISI 316 Stainless Steel above 800℃* 刊登在 *Reactor Safety*（1982，No. 3991，pp. 50 – 53）上；另一篇论文 *Study of the Accelerated Creep Fracture Process in AISI 316H Stainless Steel above 800℃* 刊登在具有较高权威的美国国际杂志 *Materials Science and Engineering*（《材料科学与工程》，1984，Vol. 67，No. 2，pp. 221 – 227）上。

在留学期间，除了了解研究中心正在进行的项目外，我还对材料学科前沿领域进行了大量调查与考察。我充分利用时间和条件，到有关工厂企业、高校、研究所参观、座谈、参加国际会议与地区性学术会议，了解国外在材料科学与工程方面的科技动态。这些活动使我对当时世界各国正在大力开发研究的新领域、新技术和一些新的测试方法，都有了较全面和深入的掌握，大大提高了自己专业知识的广度与深度，为回国后开展材料科学与工程新领域的研究，提高研究水平和改进教学打下了坚实的基础。

1983年回国后，除了继续进行材料多次冲击抗力规律研究外，我

朱金华在意大利欧共体联合研究中心材料科学部做核安全材料蠕变特性及高温蠕变研究时使用的试验机

还做了一些新材料的研究工作。我与其他同志一起承担了教育部科学基金项目"材料的冲击疲劳行为"的研究，项目直接由周惠久负责，我担任课题组长，参加研究的还有顾海澄、张玉华老师及研究生吴素君等。为了高质量地完成课题，我们改进试验设备与测试技术，得到了重要的实验结果。发现冲击疲劳裂纹扩展速率并不是材料塑性愈高裂纹扩展愈慢，也存在强韧性配合关系，在 680℃ 回火时最慢的裂纹扩展速率发生在中碳钢（0.45%处），而在 400℃ 回火时则最慢的裂纹扩展速率发生在低碳钢的 0.20%处。后来此研究结果发表在《冲击、强度国际会议论文集》上。同时也利用此项目经费开始设计研制高速冲击试验机。

这段时期国内大兴断裂力学与材料的断裂韧性研究，我们特地邀请了我校蒋咏秋教授为我们强度研究室老师上弹性力学及断裂力学课程，大家普遍认为收获颇丰，很有"知识更新"感觉。

(二)赴英国伯明翰大学作高级访问学者,研究电子束表面合金化

1989年3月至12月,学校派我到英国伯明翰大学做高级访问学者。在此期间,经周先生推荐与国际热处理会议前主席托马斯·贝尔(Thomes Bell)教授合作,进行电子束表面合金化方面的研究。贝尔教授在热处理领域有广泛的学识和很高的造诣,其特点是重视实践,他强调理论研究从实验室过渡到生产实践的重要性,认为:保证科研成果能够在工厂中得到应用是科研人员应有的本事。这一点倒是同我们所提倡的科学研究要面向工程实际相吻合。

我同贝尔教授的研究课题是:利用电子束对钛合金表面合金化,改善表面特性及强化机理研究。大约半年时间,我们就取得了重要成果。当时研究的具体工艺是预先在钛合金 Ti-6AL-4V 表面覆盖一层 SiC 粉末,然后用高能电子束作面扫描加热,将其与机体表层熔化,实现钛合金表面合金化以改进表面特性。研究中,我利用先进的实验技术及自己动手能力强的优势,采用表面覆膜对表面合金化层中的碳化物作萃取,并将萃取物在扫描电镜中观察,获得了电子束表面熔化后第二相的空间立体的花形结构构架。也就是说,在金相磨面上看到的片状组织,在空间只是盛开的花朵中的一片花瓣,许多片状组织实际上属于同一花朵"家属",同时还发现每一花朵都有一花茎等。这一结果表明:电子束表面合金化处理得到的是一种自然形成的花型结构的复合材料。研究结果得到了包括贝尔教授在内的外国同行的高度赞赏,贝尔教授在给周惠久教授的信件中特意指出了这一点。

由于这一研究系欧共体资助项目,可以认为在那个年代,欧共体就已为开发目前广为应用的3D打印制造技术,在做一种前瞻性研究(这一点也是我后来才意识到的),我所做的研究工作正是这种前瞻研究中的一个组成部分。我觉得我们应该学习西方对这种有创新、有前瞻、具有广泛实用前景的技术研究作有组织、有计划的战略布局。我也为能参加此项研究感到高兴。

二、金属材料强度国家重点实验室建立

1995年4月12日,对金属材料强度研究室来说,是又一个重要的时间节点,国家计委批准将金属材料强度研究室提升为国家重点实

验室。

在此之前，金属材料及其强度研究室已升格为研究所，1983年又从机械工程系分出，成立了材料科学与工程系，建成了5000平方米的教学科研大楼。1986年成为国家教委开放实验室，1990年第二次获得世界银行贷款，被确定为国家重点实验室并开始建设，1995年建成并通过专家组验收，我们就正式以材料强度国家重点实验室的名义开展研究工作了。经过世界银行贷款建设，研究室购买了很多先进的试验分析设备，例如：3台INSTRON材料力学性能试验机（分别为10吨、20吨、100吨）、200CX透射电子显微镜、35C扫描电子显微镜、X射线衍射仪等重要的分析测试仪器。这就使原先主要研究材料力学性能等宏观规律，到可以深入微观机制的研究，研究范围也相应扩大了。

应该说，周惠久先生对材料在微观尺度的力学行为的表征一直是很重视的，他曾经设想与国内这方面强项的研究单位携手，组成"接力棒"进行合作研究，但由于种种原因没有搞成。现在有了这些研究设备，我们自己就可以将宏观、微观相结合开展研究了，为实验室取得更大成就奠定了比较雄厚的物质基础。实验室分强度、表面、陶瓷三个研究室。这时周先生已退居二线，为重点实验室学术委员会名誉主任。首任实验室主任由何家文教授担任，我是第二任主任。

根据国家对实验室的定位，我们金属材料强度国家重点实验室以应用基础研究为主。这时国家已设立国家自然科学基金，我在1987年1月（即此基金设立的第二年）就申请获批得到资助，以后研究工作主要是在此基金资助下进行的。直至退休，我共得到过8项国家自然科学基金项目的支持，其中主持7项、参加1项。另外，我还参加了2项国家重点基础研究发展计划项目的研究，并承担了一些横向课题研究。

三、周惠久先生学术研究思想的启迪

材料多次冲击规律研究中所坚持和倡导的这种强、塑、韧性能合理配合观点，在我们后来的研究中也多次被证实，具有一定的普遍意义。例如：后来在我与顾海澄教授共同参加的"超级钢""973计划"

项目中，在高强度滚丝螺钉研究中发现，过高的强度并不能获得高的疲劳服役性能，只有在一定的强韧性配合下才最佳，在海水应力腐蚀中也存在类似的结果。在 20 世纪 60 年代这还只是一种实验结果，具有很好的实用性，也取得了很好的社会效益与经济效益，但当时却缺少科学解释。直到断裂力学与断裂韧性指标的建立，才对此有了很好的诠释。

材料强度研究中强度指标可以用于零件强度设计，但塑性韧性不能，而带有很大的经验性。需要实验确定两者之间的合理配合；机械零件工作条件的复杂性也需要建立各种强度判据来评定材料的强度特性。材料强度研究更多的是一种实验科学。因此材料强度研究要有深厚的工程应用背景，同时要有一个正确的研究方法。

周先生学术研究思路认为，材料强度研究要从材料的服役条件或失效分析出发，通过实验或模拟实验找出影响其使用性能的主要矛盾、控制因素及性能指标，通过改变材料、工艺或研制新材料以获得这些指标的高性能，满足其服役性能要求，克服零件在使用中的各种断裂、表面损坏等失效。这种研究路线在解决工程中遇见的材料强度问题特别有效果。后来我将它用于应用基础研究中，也取得好的效果。

我自己在随后几十年的科研工作中深得这种学术思想的恩惠，尤其在利用这种思想方法解决工程中的难题后，自我感觉很是欣慰，也得到了很大的锻炼。现就我的经历举两个例子。

解决柴油机喷油嘴断裂问题

地处广西的玉林柴油机厂发现该厂制造的喷油嘴经常断裂而不知道原因，由于断口积满碳黑无法作扫描电镜断口分析，该厂曾经到国内很多研究单位求教无果，后找到了我们。我们认为：要解决断裂问题，必须要对喷油嘴断裂有准确的失效定位才能找到解决的办法，因此必须要千方百计去除断口表面碳黑污染且保留断口原貌。由于碳黑与机体材料之间结合很牢固，我们试了很多方法，最后采用化学清除结合超声波清洗，清楚显示出断口是一种多元的疲劳裂纹萌生与扩展引起的疲劳断裂，显然影响喷油嘴断裂的控制因素是零件的高温疲劳强度不足。我们模拟喷油嘴工作条件，做零件实物的高温疲劳试验，找到了良好的结构改进与工艺改进措施，取得了很好的效果，使该厂生产的喷油嘴的疲劳性能已达到国外同类的"博西"（博西和西门子两大品牌合称）产品水平。

解决机车柴油机连杆接合处齿根啮合开裂问题

机车的柴油机连杆大修时，多次发现大小头接合处的啮合齿根部发现有裂纹，成为机车柴油机正常运行的安全隐患。通过对啮合齿受力分析，我们认为是齿的模数太大、刚性太大缺少柔性运动，使各齿根受力不均匀导致开裂，于是建议改用较小模数齿或削去一齿以降低齿的刚度。办法是否有效，需要通过连杆实物进行模拟工况实验考核。考核结果证明，改进前连杆疲劳试验在齿根啮合处确实产生了很多裂纹，改进后裂纹消失了，表明我们的两项解决措施是有效的，使这一难题圆满地得到解决。这一研究结果已分别在大连机车厂（采用去除一啮合齿的办法）及资阳机车厂（采用降低齿的模数办法）得到了应用。

周惠久先生几十年前的这些学术观点，经受了长期实践的考验，今天看起来仍然严谨、精辟，仍然有着重要的指导意义，是材料领域十分宝贵的财富。

四、遵循周惠久先生科研思想在学术研究中取得成绩

我在随后的科研工作中，将冲击加载下的力学性能研究逐步从准静态、加载速度 6 m/s 扩大到 50 m/s，系统研究了加载速度对材料力学性能的影响；从块体材料多次冲击断裂抗力研究扩大到冲击磨损研究；从空气介质扩大到水介质中泥沙、微射流冲击规律研究及应力腐蚀研究。周惠久先生所做的多次冲击抗力规律研究为我们树立了一个很好的榜样，在这些研究中，我们也基本上都是遵循周先生提倡的这一科研思路进行的。

为进一步深化和拓宽材料多次冲击理论，我做了大量起始性研究工作。如同周先生团队当时研制小能量多次冲击试验机一样，我们也是首先从试验机研制开始。我结合自己承担的国家自然科学基金项目及参加的 2 项"973 计划"项目，先后制造了加载速度达 50 m/s 的高速一次冲击试验机、冲击磨损试验装置、霍普金森杆多次冲击试验机、多相流材料磨蚀试验机、应力腐蚀及腐蚀疲劳试验机等，为研究不同

工作条件下材料的强度变化规律提供了测试手段。这些试验装置不同于购买来的试验机，它们在研制过程中就已经体现了我们的研究思路而具有自己的创新特色。可喜的是，在这些装置上开展的强度研究都得到了国家自然科学基金的支持。下面简介遵循周先生科研思想所取得的学术研究成绩。

（一）材料在水介质中的空蚀、冲蚀及磨蚀研究

材料在水介质中的空蚀、冲蚀及磨蚀研究是国家自然科学基金委员会针对我国水力资源开发而设立的重点基金项目。以往我们在材料强度方面的研究，主要研究块体材料在外力作用下的破坏，而对水轮机叶片、船舶螺旋桨和高压阀门等水力机械中的过流部件，因水流压力变化致使水中气泡形成和溃灭产生的微射流冲击，导致材料表面损坏造成的空蚀、水中泥沙冲刷对材料表面损坏造成的冲蚀，以及由于空蚀与冲蚀共同作用造成的磨蚀，在当时还是一种新的强度问题，而我们对这种新的强度问题知之甚少。要使这一项目圆满完成并取得成果，除了必要的文献调研外更重要的是到水电站现场调研，了解水轮机叶片的失效特征。按照周惠久先生的研究思路，关键是要找出影响其失效的主要矛盾，从这些调研中提炼与归纳出需要研究的有价值的科学问题与解决途经。经过论证答辩，最后确定此项目由西安交大与中国科学院沈阳金属研究所共同承担，西安交大的工作由我负责。

研究结果引起业界重视

为了很好地完成此重点基金项目，经我们两个项目承担单位研究确定：以当时在建的长江三峡水电站水轮机叶片工作条件为背景，对材料在水中空蚀、冲蚀及两种破坏之间存在交互作用（即磨蚀）作规律性研究，即研究材料在泥沙水介质中的表面冲击破坏问题。当时，这种研究条件（高水头、高泥沙含量）没有现存的试验机可购买，必须自行设计制造。我们克服了很多困难，例如试验机的滚动轴承本身也受泥沙水冲刷与堵塞，使用寿命极短，必须设法解决。自行设计的试验机虽难，但好处是设备自制的同时也注入了自己的科研思想与研究方案，为创新研究提供了测试手段。终于我们自制的试验机可以成功运行了，此事被德国著名的水力机械公司知道了，他们也拿来试样，我们也帮他们完成了一些实验。

对待研究，周惠久先生主张：在课题立项上要抓主要矛盾，在整个试验研究过程中也要不断地提炼科学问题。通过服役条件分析与失效分析，我们认为微射流的水或者单个泥沙小颗粒本身质量都不大，对材料表面的冲击能量也不是很大，但对造成表面损坏是不同的，泥沙冲刷就如同固体在硬的砂子中摩擦切削，显然材料愈硬愈耐磨，可以明显地看到固体表面的大量磨损切削痕；但导致空蚀的微射流水是一种无硬度的液体物质，当它撞击到固体表面时，相当部分冲击能量被材料表面的弹性功所吸收掉了，表面看不到磨损擦痕。因此有必要将空蚀的试验结果与材料表面的弹性性质建立联系，而相对于冲蚀则应与材料硬度建立相关性。显然，对空蚀来说，用块体材料拉伸曲线中的弹性性质指标不合适，我们就创建了用硬度测试的回弹量及回弹能来表征材料的表面弹性性质，这更接近微射流对材料表面冲击作用的实际情况。结果这种关联取得了很大的成功，随着材料回弹量的增加空蚀速率有规律地降低。其实，这些只不过是从试样失效分析研究后提出的小创意测试，却被国外专业学术期刊《材料科学与工程》《磨损》及国内的《金属学报》《材料研究学报》等科技类刊物接收刊登。这说明了业界对这项研究与结果的重视。

在国家重点实验室评估中引起专家的极大兴趣与反响

这一实验结果指引我们的合金设计要关注水轮机叶片材料弹性性质，于是我们选择具有高弹性（即应力诱发马氏体相变材料，是一种伪弹性材料）的铁基形状记忆合金作为实验材料，果然取得了比现在广泛使用的水轮机叶片材料要高得多的空蚀、磨蚀性能，也超过了同实验的德国公司提供的高合金双相不锈钢的性能。这种研究思路与研究结果也是一种创新，原先认为这种形状记忆合金是一种功能材料，而我们的研究却证明将它用作结构材料也有特殊的用途，这在国家重点实验室评估专家中引起了极大的学术兴趣与反响。

对这一类材料的进一步研究表明，除弹性性能外，联想到当时在材料科学研究中很热门的还有一种叫应变诱发马氏体相变的亚稳材料（如 TRIP 钢，这也是我当时正在研究的国家自然科学基金项目：亚稳材料力学行为特殊性能及机理），应变诱发马氏体相变基本上不造成材料损伤，但也可以为耗散冲击功作出贡献，贡献大小与材料的马氏体相变能有关，马氏体相变能愈高耗散微射流冲击功愈大，促使我们去研究马氏体相变能实验测定及马氏体相变诱发塑性的量化表征这些基础性的难点科学问题。尤其是后者，由于塑性变形与马氏体相变同时在进行，如何区分相变对材料塑性的影响是一道必须要解决的难题，我们运用其拉伸曲线的特征及扎实的材料科学基本知识幸运地取得了成功，表明亚稳材料塑性变形产生的马氏体相变可以提高（诱导）材料塑性并给出了量化值。此结果均已发表在相应的学术刊物中，如美国的《材料与冶金会刊》（Met. Mat. Trans., 2002, Vol. 33, No. 10, pp. 3117 - 3120）、国内的《金属学报》（2002年，第37卷第10期，第1023 - 1026页）等。

材料在水介质中的空蚀、冲蚀及磨蚀研究项目自始至终都是在不断地归纳提炼科学问题，解决科学问题中进行的。

获得2项国家发明专利

值得一提的是，为了配合材料在水介质中的空蚀、冲蚀及磨蚀的研究项目，我们研制的铁基合金，以"高水头、高流速下水力机械耐空蚀及磨蚀铁基合金的制作方法"为题，获得了2002年的2项国家发明专利。

国内水轮机叶片材料主要为0Cr13Ni5Mo，其耐空蚀、磨蚀性能虽优于以往使用的材料，但水轮机叶片使用寿命仍然较低，有时甚至不到设计寿命的一半，远远不能满足要求，造成十分惊人的能源和材料损失。随着舰船、水轮机等流体机械不断向高速、大功率方向发展，磨蚀问题变得更为突出，被俗称为水轮机等水力机械的"癌症"。针对现有技术存在的问题和不足，我们发明了一种具有"类橡胶"特性铁基合金，既有高的抗冲击缓冲特性，又有较好的抗冲蚀能力，实验表明本发明研制的铁基合金在40 m/s以上水流速度（相当于100米以上高水头电站）时，效果特别显著，其耐空蚀及磨蚀性能分别比0Cr13Ni5Mo提高4~8倍和3倍以上，是水电站过流部件（如水轮机叶片）、船舶螺旋桨和高压阀门等在高水头、高流速工况下使用的理想耐空蚀及磨蚀材料。

（二）多相流中金属材料空蚀、冲蚀、磨蚀行为及多因素耦合作用研究

此项研究是国家重点基础研究发展规划（"973计划"）项目"材

料的环境行为与失效机理"中的子项目"多因素耦合作用下材料损伤机制与物理数学模型研究",也是由我们与中科院沈阳金属所负责。

宏观规律试验研究

我们在铁基合金得到的空蚀与材料表面弹性性质间的关系,是否在其它金属材料中也成立,这需要进一步验证。我们对 3 种铜合金(船用螺旋桨材料)及 4 种钛的金属间化合物新材料做了相同的转盘空蚀、冲蚀、磨蚀等试验,由于不同类型材料密度不同,为使相互有可比性,采用体积磨损率对铁基、铜基及 4 种钛金属间化合物三类材料做统一的规律性研究。

3 种铜合金及 4 种钛金属间化合物试验结果与铁基合金得到的空蚀结果有相同的规律,它们都随着材料表面回弹量的增加空蚀速率降低。我们还特别注意到材料塑性很差的钛金属间化合物(例如 TiNiNb 合金)居然空蚀率特别低,我们测量了它们的表面弹性性质,如我们预期的那样,它们的表面弹性确实相当高,显然这与它们晶体中原子有序结构有关。该论文见《稀有金属材料与工程》杂志 2003 年第 32 卷第 7 期第 740-743 页。

扫描电镜观察空蚀破坏过程的一个重要发现是,空蚀都是从晶界附近材料破坏开始再向晶内扩展的,在试验早期,晶内表面能保持完好而不被损坏,说明微射流作用的冲击能量都被材料自身的弹性变形耗散掉了,为此建立了相应的物理模型,这也是对空蚀率随材料回弹量增加而降低的一个重要证据。研究得出的水轮机空蚀破坏都是从晶界附近材料的剥落开始,使我们联想到高温燃气轮机为克服晶界蠕变滑动需要使用粗晶粒甚至单晶材料,表明这两种透平机械为提高它们的服役性能对材料都有着相类似的粗晶粒要求,对此很有进一步深入探讨价值,遗憾的是届时本人已达退休年龄不得不中止。

空蚀率与材料表面弹性性能关系

考虑到测量硬度回弹量受所施加载荷的影响,需要作归一化处理,我们在硬度头上贴上应变片,通过应变仪精确记录了加载、卸载作用下力与位移关系的曲线,得到弹性能与总变形能之比值 η。试验证明 η 是不随加载大小(600~1500 N 测试范围)变化的一材料特征参量,从而建立了空蚀率与 η 之间的普适关系,对空蚀率作了归一化的量化表征。

空蚀与冲蚀的交互作用耦合模型与计算

试验表明,同样试验条件下的磨蚀率并不等于清水中的空蚀率与无气泡纯泥沙水冲蚀率之代数和,通常磨蚀率要更大些。其主要原因可以认为是存在泥沙对气泡溃灭所产生的微射流起了所谓的"屏蔽作用",这是一种降低空蚀率的耦合关系,其大小与水中泥沙含量有关;而对于冲蚀来说,微射流又推动了泥沙粒子的运动,改变了粒子运动方向与速度,这是一种加大冲蚀率的耦合关系。对这两种耦合关系的叠加建立了物理模型并作数学计算,对 6 种试验材料及两种转盘线速度下得出磨蚀率的计算值与实测值符合良好,误差约在 1%～12%之间。

我们这种探索性的创新研究在"973 计划"项目汇报会上,得到了专家组的肯定与好评。

(三) 材料的冲击磨损规律研究

我在做多次冲击实验室试验时,发现在冲击接触点处常有磨屑产生,启发了我们要对冲击磨损规律进行研究。后来我们到我国第二汽车制造厂调研,他们的技术人员告诉我们,东风汽车发动机进、排气门与阀座冲击接触加载中阀座使用寿命不高,国外可以达到 30 万公里,而当时东风汽车只能达到 10 万公里。为提高阀座使用寿命,我们与二汽进行了科研合作,我们参照气阀与阀座工作条件,并做了适当的简化,设计制造了冲击磨损试验装置,制定了试验方案,开始对阀座材料及工艺作冲击磨损抗力优化试验。用实验室优化结果制作了阀座,装备了 50 辆东风汽车到青海高原作使用考核。不幸的是,由于二汽该项目负责人的变故,最终没有收到考核结果,但却开启了我们对冲击磨损的研究工作。

我们查看了大量的有关摩擦学专著,在磨损分类中竟没有找到冲击磨损这种磨损类别,后来我们又查阅期刊文献,也只有几篇零散的研究,可以认为,在当时这一研究领域尚属无人区或少人区。

准纳米磨损机制的提出

通过大量的冲击磨损实验我们发现了一个重要的现象,即磨损曲线转折问题。当材料硬度很低或很高时,磨损曲线均无转折,而中间硬度区间普遍存在磨损曲线的转折,这种转折大大降低了磨损速率,因此有必要搞清楚磨损曲线发生转折的原因。当时对这种转折的直观猜测是摩擦表面似乎发生了什么，但在扫描电镜中并没有观察到表面形貌的特殊变化。为搞清楚摩擦表面最表层组织的变化，我们对表层提取金属薄膜样品，为了保留最表层组织状态，采取了内表面单面减薄技术，这是我们首先采用的实验技术。现在回想起来这只是一种偶然，因为当时用于制造金属薄膜的双喷电解减薄设备有一极坏了，虽还能用但用时长些，这正好符合我们保留最表面状态只减薄内表面的需要。我们用自行制备的透射电镜观察样品，拿到中国科技大学作高分辨电镜观察（那时国内高分辨电镜还相当稀少），结果发现：凡是磨损曲线发生转折的表层组织都已转变成了由纳米晶与非晶组成的纳米结构，甚至我们还发现在一纳米晶边界附近有一典型的刃型位错。这是我们作冲击磨损研究的一个十分意外的发现，表明表面冲击应变可以诱发纳米结构，或更进一步说，晶体材料可以通过吸收应变能（而不是热能），也可以转变成非晶态。这一结果我们以论文《冲击加载下高锰钢表面层纳米结构的形成与特异耐磨性》首次发表在《自然科学进展》（2001年，第11卷第3期，第282－287页）上。应变可以诱发纳米结构，这在当时是由我们与中科院金属所卢柯研究员同时分别发现的。

随后，我们又通过表面覆膜及45°喷涂技术测得了磨损表面微坑的三维尺寸，均在100 nm这样的准纳米数量级，从而提出了新型的准纳米磨损机制。磨损曲线的转折正是磨损机制从剥层磨损机制向准纳米磨损机制转变造成的。此结果被刊登在《中国科学》（2010年第5期，第508－514页）的醒目位置，并且编辑部欲来校开现场会议，表示对研究结果的重视。虽然这一发现如同前述，有些偶然，但被我们抓住了，揭示了这一客观存在的规律。我和我的研究生都很高兴，感受到了科研的乐趣。

应变诱导纳米晶＋非晶机制及热力学计算

在对塑性应变诱导材料向纳米结构演变的电子显微镜分析研究基础上，我们建立了单晶粒塑变导致纳米晶的物理模型，指出：无论是高层错能还是低层错能材料，最后塑变都能使晶内位错增殖形成位错胞状结构，继续塑变使高位错密度的胞壁转变为纳米晶；然后在大位错胞内部又形成较小的新位错胞，又在胞壁转变为纳米晶，这样不断地循环转变使整个大晶粒最后演变为许多细小的纳米晶。

而从晶态向非晶态转变是一种相变过程，是一种应变诱导的非晶相变。热力学模型计算指出，在材料内部要形成非晶需要很高的位错密度，起码要达到 6.1×10^{17}，也即大约 5 个原子间距就必须有一个位错，这是难以达到的。我们曾经尝试模拟冲击磨损表面微凸体受循环压缩载荷的特点，在 100 吨万能试验机上对试棒作循环压缩加载试验，企图得到块体的纳米晶＋非晶的纳米结构，但没有成功。同样的材料无论怎样加大载荷，除得到位错胞外就是得不到非晶结构，显然可以认为要得到非晶需要有更大的驱动力，但这种驱动力来自何处，我们百思不得其解。后来我们考虑到磨损是材料的表面行为，可能存在表面能的作用。模型计算表明，正是由于表面能的作用降低了形成非晶的阻力，才使磨损表面（单表面）及磨屑（双表面）可以形成大量的非晶。而块体材料内部，因缺少表面能而不能形成非晶。这一结果，在我们后来分析一些扩展到材料内部的深磨损裂纹的透射电镜观察中得到了进一步证实。我们发现这种已开裂的深裂纹表面通常被具有一定厚度的非晶带层所覆盖，而离裂纹表面一定距离后非晶就没有了，表明表面能在形成非晶中确实起了重要作用。这项研究结果得到了材料科学界的重视，研究论文很快就被美国的《材料科学与工程》杂志（*Journal of Materials Science and Engineering*，2006，Vol. 428，pp. 244－246；2006，Vol. 420，pp. 276－278.）刊登。

磨损机制图及合金元素对非晶态性能影响

我们做了大量的不同材料的冲击磨损试验及磨屑分析，得出磨损裂纹主要在环绕纳米晶周围的非晶态区发生，由此提出了实现准纳米磨损机制的三个必要而充分条件，指出存在两个硬度阈值，对三种磨损机制存在区域进行了划分，做出了磨损机制图。

目前金属非晶态主要通过液体金属快速凝固法制得，为了避开冷却时结晶不得不加很多合金元素，这就很难研究合金元素对非晶态金属的性能的影响。而应变诱导非晶则不存在快速冷却制备非晶的限制，母体材料的化学成分就是形成非晶态的成分，可以人为地设计不同合金元素种类与数量，通过应变诱导获得非晶，为研究合金元素对非晶态性能的影响创造了条件。我们试图在中碳钢中添加置换型的合金元素如 Cr、Ni 等，通过研究对冲击耐磨性抗力的影响来揭示非晶态的响应，结果发现这些合金元素的加入反而对非晶态抵抗磨损裂纹起了不利的作用。论文发表于美国《材料科学与工程》(*Journal of Materials Science and Engineering*, 2011, Vol. 528, pp. 7020-7023)。

冲击磨损规律的系统研究得到了国家自然科学基金连续三次支持，研究工作直到本人退休。究其原因就是重视实验技术的创新与开发新的测试技术，重视实验结果的量化表征，不断提出新的科学问题进行研究，取得了比较前沿的创新研究结果。

曾经有一位我的博士生论文的评审专家，在学位论文答辩后问道，探索性研究做出好的研究成绩固然可喜，但有一定的偶然性，在博士研究生选题之前并不能预知有好结果，如何把握做不出结果的风险？其实敢冒风险这正是我们培养高素质科研人才（如研究生）的一个重要方面，低水平的重复性的研究不可能推动人类认识世界的进步，探索性研究有时会与预先想得到的结果相差很远，但也有很多机会出现所谓"西方不亮东方亮"的意想不到的结果，因此研究生选题必须要有探索性研究的部分，关键是导师或研究生本人要目光敏锐，能把握住机会发现并提出新的科学问题，做出创新的研究成果。我的博士生毕业多年工作后，常打电话谈起他们做研究生时的情景，非常感谢我对他们的严格要求与探索性研究过程中所做的这种"目光敏锐性"锻炼与提高，使他们可以为国家承担重要的研究工作。

（四）高强度螺钉服役行为研究

高强度螺钉服役行为研究，系国家重点基础研究发展规划项目"新一代钢铁材料的重大基础研究"（常简称为"超级钢"项目，项目负责人为原冶金部部长翁宇庆）中的子项目。参加人员除了我，还有顾海澄教授。此项研究的基本思路是运用现代冶炼技术的最新进展对钢材作超净化处理，使有害元素S、P、O、N等被控制到可达到的低水平，使晶粒尺寸超细化，提高材料强韧性。我们参加的部分是以汽车发动机悬挂螺栓M10×1.25、车身固定螺栓M12×1.25及扭杆调整支架螺栓M14×1.5为研究载体，对其服役性能作评定。其中高纯净螺栓用钢42CrMo由大连钢铁集团公司负责冶炼，超细晶粒制备由北京机电研究所负责，通过循环快速电阻加热实现奥氏体晶粒超细化（可达3 μm），试验螺栓由南京汽车厂采用滚丝法制造。我们的主要任务是根据螺栓的服役条件作螺栓偏斜拉伸试验、螺栓疲劳试验及螺栓延迟断裂强度试验，对高强度螺栓服役性能作出全面评估。

为了完成测试任务，我们专门研制了杠杆式延迟断裂试验机。实验螺栓共有三个强度级别，有作为对比基础的 20CrMo 钢制造的 10.9 级螺栓（其中 10 表示螺栓材料的抗拉强度为 1000 MPa 级别，9 为材料的屈强比，以下类推），纯净化处理钢的实验螺栓为 13.9 级，超细化处理的螺栓为 15.9 级。为了评价三种强度级别螺栓疲劳特性，考虑螺栓是在有预紧力下再叠加交变载荷下服役的，因此我们采用通过疲劳试验得到疲劳图，对不同强度级别螺栓服役性能作对比。螺栓疲劳极限采用升降法试验获得。

试验结果表明：在较低预紧力（或平均载荷）时，纯净化处理的 13.9 级螺栓与 10.9 级螺栓两者疲劳强度相近；但在高预紧力（或平均载荷）时，13.9 级螺栓疲劳强度远高于普通的 10.9 级螺栓，而超细化处理的 15.9 级螺栓则疲劳强度较低。这一结果倒也符合材料强韧性合理配合原则。还得出：螺栓表面磷化处理（黑色）比达克罗防锈处理（银灰色）的螺栓疲劳强度要高。

采用 100 小时作为试验基数对螺栓作延迟断裂强度试验，着重对 10.9 级与 13.9 级螺栓作对比，得出：无论是在大气中或在 3.5％盐水中，都是 13.9 级螺栓有更高的延迟断裂强度。至于螺栓偏斜拉伸试验，三种强度级别螺栓随偏斜角加大拉伸断裂载荷都有所降低，但降低不大。

由此可见，采用钢材纯净化处理将螺栓 10.9 级提高到 13.9 级是可行的，我们很好地完成了大量的试验测试任务。

（五）不同加载速率下材料基本力学性能研究

为了开展这方面的研究，我们整整用了 5 年时间，研制出 GYC-50 高速冲击试验机。这是一台非常先进的材料力学性能测试设备，设计的冲击速度可达到为 2～50 m/s。最快的数据采集时间为 0.1 μs，最小量程为 0.1 V。采用快速 A/D 转换、计算机数据采集，能够精确记录冲击拉伸与冲击弯曲加载时的力-时间、变形-时间曲线。由于我们特殊设计的试验装置，在加载速率为 2～50 m/s 范围内可获得光滑的拉伸曲线。与 20 世纪 80 年代德国、美国、日本制造的同类试验机相比，处于领先地位。

这台 GYC-50 高速冲击试验机的研制成功，使材料力学性能的速度效应这一重要领域的研究得以开展。在这台试验机上，我们对不同类型材料不同加载速率下力学性能变化规律做了大量测试，并在试验方法上消除惯性对试验结果的影响，发现：不仅存在速度致脆，而且还存在速度致韧的物理现象，两者在某一速度发生变化。这是一个重要的研究成果，在此之前很少有人这样提出。我们还利用热激活概念在研究材料屈服强度与动态断裂韧性的速度、温度效应上取得了很好的理论成果。我们的两篇论文《普通低碳钢的强度与温度、应变速率的关系》《加载速率及温度对碳素钢脆性转化的影响》分别在《材料科学进展》（1990年8月）和《金属学报》（1990年4月）发表。参加此研究的有柳永宁、冯小松、冯庆芬、徐英鸽等研究生，其中柳永宁参与研究的部分，获得了陕西省科学技术进步三等奖。

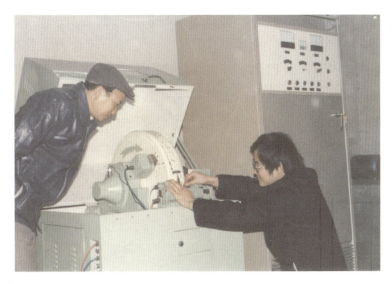

朱金华（左）与研究生冯小松在自制的高速冲击试验机 GYC-50 上作冲击试验

（六）钨合金弹体发射强度研究

钨合金弹体发射强度研究课题，系五机部支持的科研项目，参加者有国营 803 厂 3 人和西安交大的我、张玉华和南俊马，我是本校项目负责人。

钨合金杆式穿甲弹在发射时尾端环槽处承受惯性拉应力作用，因此要求弹体有足够高的发射强度以防止弹体断裂，确保发射安全。该课题针对当时我国在穿甲弹产品设计上已达到了较高的水平，但在钨合金杆式穿甲弹弹体的主要失效特征和失效机理、对弹体失效抗力评定指标等基础研究还很欠缺，通过对93W、95W五种不同工艺处理的钨合金及35CrMnSiA钢缺口拉伸强度、断裂韧性、冲击韧性随加载速率变化规律的研究及残余应力测试、扫描电镜分析等试验工作，用了两年半的时间，取得了大量的试验数据，提出了一些新的观点，在试验设备和某些研究工作方面有不少创新。

我们分析了钨合金弹体材料断裂的原因和不同加载条件下材料断裂的途径，对钨合金弹体的失效抗力评定判据及缺陷容限判据进行了有价值的探索，首次发现了钨合金材料随加载速率的增加，其冲击值和断裂韧度也随之提高，在国内首次成功地测试了钨合金材料的残余应力。该课题在理论和实践上涉及面广，难度大，所取得的研究成果，达到了国内先进水平，对引进技术的消化吸收、弹体发射强度的设计以及钨合金材料的生产研制，都具有重要的参考价值和实际意义。

这个项目就是在我们设计制作的GYC-50高速冲击试验机上完成的。在该试验机上，我们取得了常规试验所不能获得的有价值的数据和信息，为钨合金动态力学性能的研究，提供了一种新的试验设备。

提供给鉴定用的研究报告有：《钨合金弹体发射强度研究总结报告》《钨合金弹体发射强度研究方案论证》《钨合金与钢动态断裂韧性及其在弹体制造工艺分析中的应用》《加载速率及缺口对钨合金拉伸强度的影响》。这些研究成果得到当时五机部鉴定专家组领导的好评。

（七）断裂力学在滚子轴承失效分析中的应用

断裂力学在滚子轴承失效分析中的应用是我国机械工业技术发展基金项目，由三个单位合作研究承担。参加者有：洛阳轴承研究所2人，太原重型机械学院2人，西安交大的参加者有我和金志浩两人，我是本校项目负责人。

我们测定了GCr15轴承钢在二十余种不同热处理工艺下的K_{1c}、$K_{Ⅱc}$、da/dN和试样断面裂纹快速扩展区的残余应力和半高宽，总结出各种工艺下断裂力学参数间的规律，建立了不同热处理规范下断裂韧性K_{1c}与残余应力的关系。利用线弹性断裂力学裂尖附近应力强度因子K_1、K_B与位移分量的关系及面上的位移值，计算了不同裂纹长

度 a/w 时的 K_{Ic}、K_{IIc}，采用应变能释放率断裂准则，提出了接触疲劳脆性剥落断裂判据；采用与子结构相结合的逐点放松消去法处理接触边界的有限元法。用断裂力学原理对沿轴向脆性断裂失效的轧机轴承内套进行了失效分析，提出了改进建议和措施，以避免轴承套圈的断裂失效，大大提高轧机轴承的实际使用寿命。

采用高于 M_s 点的温度进行不同时间等温分级淬火，得到了不同比例的 $(B_下 + M)$ 复合组织，并测定了 σ_{bb}、A_k、K_{Ic}、K_{IIc}、da/dN、耐磨性和接触疲劳寿命，提出了具有最佳强韧性配合，高的 K_{Ic}、K_{IIc}、最为缓慢的 da/dN 和最好的接触疲劳寿命和寿命稳定性的热处理新工艺。GCr15 轴承钢高韧性、长寿命热处理新工艺具有更高的强韧性配合，并简化了热处理工艺装备，大幅度提高了劳动生产率。围绕这个项目我们发表的论文有：《GCr15 轴承钢热处理工艺与 K_{Ic} 和 da/dN 关系的研究》《轧钢机轴承断裂失效分析》《GCr15 轴承钢 $B_下/M$ 复合组织研究》等。由于该研究突破了一些难度较大的试验和测试方法，有些试验数据和建立的理论关系还是国内外首次进行的有益探索，对断裂力学在滚动轴承领域的测试和应用、滚动轴承产品的设计、零件的热处理工艺选择、应用及失效分析等都具有很大的指导意义。

断裂力学在滚子轴承失效分析中的应用项目完成后，通过了由机械电子工业部、机械工业技术发展基金委员会组织的鉴定。其中，"断裂力学在滚子轴承失效分析中的应用"项目获得机械电子工业部科技进步二等奖。

五、教学与研究生培养工作

我是专职科研编制的教师，但也承担了一些教学工作，主要有：为本科生、研究生讲授"非晶态金属"新课程，根据我在意大利留学时收集的资料编写了一本讲义《金属玻璃》（9 万余字）；指导本科生毕业设计与撰写毕业论文；为研究生开设"材料科学最新进展"讲座，包括"摩擦学研究新进展""我国水力资源开发中的材料科学问题""亚稳材料力学行为""金属材料的状态方程简介"等。我共招收硕士生 10 名、博士生 10 名，并协助周惠久教授指导过博士研究生 2 名；指导博士后 1 名及重点实验室访问学者 2 名。

在这些工作中，我坚持严谨的治学态度，并鼓励、重视与尊重年轻学生、研究生在研究工作中提出的有创见性的观点和新的科研思想，在研究工作中强调要以唯物辩证法为指导，勇于探索，攻克科研难点的精神，同时又要求他们扎实地掌握本专业基础理论知识，脚踏实地一步一个脚印地从事科研工作。这里简要介绍一下我的几位研究生的情况。

柳永宁，在读博士期间是我协助周惠久教授指导的。他毕业后留校工作，曾先后赴丹麦奥尔堡大学、英国牛津大学进修和到德国马普金属研究所进行客座教授研究，并很快成长起来，晋升为教授并被聘为博士生导师。他在材料组织结构分析、力学性能实验、材料强度与疲劳断裂的综合研究、金属储氢功能材料、碳纳米管储氢材料、镍氢电池、新一代轴承钢与耐磨钢研究与开发等方面有较深的造诣，在国际上首先发明了内联式高电位镍氢动力蓄电池专利技术。

冯小松，本科毕业于清华大学机械系，1987年9月考取我的硕士研究生，1990年毕业后到我国第二汽车制造厂工作。他利用我们研制的GYC-50高速冲击试验机进行材料力学性能速度效应研究，在金属材料的动态力学性能及测试技术方面取得了很好的试验结果。在二汽他从基层干起，并在汽车总成装配技术和行业标准、冲压及精冲技术、数控自动化技术、成形加工设备、新材料应用等领域进行了深入的研究，取得了丰富的科技成果和实践经验。他曾任东风汽车有限公司商用车车架厂技术厂长等职，现任东风商用车铸造一厂党委书记、研究员级高级工程师。

张旺峰，2000年博士毕业，研究"亚稳态材料力学行为特征及机理"，利用应变诱导马氏体相变开始前的原始奥氏体拉伸曲线片段，对相变诱导塑性作了量化表征，还由此计算了马氏体相变能，研究工作取得了出色的成绩。他现任北京航空材料研究所教授级高级工程师，从事先进航空发动机材料研究，获得国家科技进步二等奖及中国专利奖。

许云华，2003年博士毕业，主要研究"冲击接触加载下塑性变形诱导金属表面纳米结构及磨损机制"，首次提出准纳米磨损机制。在攻读博士学位期间他负责陕西钢厂停产后人员安排及收编工作，因此延长了博士毕业时间。毕业后他曾先后担任西安建筑科技大学产业处处长、西安理工大学副校长，现任陕西榆林学院院长。

王再友，2004年博士毕业，从事"材料在多相流（气、水和泥沙）中失效行为及其控制因素研究"。此研究系国家自然科学基金重点基金项目。他有很强的动手能力及解决实际问题能力，研制了磨蚀实验装置。开始实验时，他发现滚动轴承在泥沙水的作用下很易磨坏，后加上一隔离装置解决了难题，使实验得以顺利进行。他首先做出了材料空蚀、冲蚀及磨蚀的时间关系曲线，对材料表层弹性性质对空蚀的作用提出了创新的见解。他现任南京工程大学教授，材料学院副院长。

龙霓东，2008年博士毕业，作"多相流中金属材料的空蚀、冲蚀、磨蚀行为及新材料研制"，这是国家"973计划"项目"材料的环境行为与失效机理"中的子项目"多因素耦合作用下的材料损伤机制与物理数学模型"研究。她以3种铜合金及4种钛金属间化合物为主，研究得出空蚀表面损坏是从晶界开始向晶内发展的物理模型，用材料特征参量 η 对空蚀率作了量化表征。攻读博士期间她在国外期刊发表论文后，不断有刊物来函向她约稿。他现任空军工程大学教授。

王保成，2007年博士毕业，研究"金属在超声空化条件下的电化学腐蚀行为"。他设计了超声空蚀（包括作用力测量）与电化学测量装置，研究了空蚀对自腐蚀电位及电化学阻抗谱的影响，得出纯空蚀造成的失重是主要的，约占75%；纯化学腐蚀最小约占1%；而微射流造成表面双电层结构变化的协同作用约占失重的24%。他还发现双电层电容随空蚀时间增大而增大。他现为山西理工大学教授。

魏世忠，2005年博士毕业，作"高钒高速钢组织与磨损性能的研究"。此项目是结合轧钢机轧辊材料进行的研究，研究得出具有团球状碳化钒的高钒高速钢耐磨性是高铬铸铁的3.3倍或高锰钢的8倍，以及碳化钒提高耐磨性的机理是碳化钒自身的高硬度及内部的亚结构使之不易开裂，而与基体的共格关系又不易界面开裂剥落的结论。毕业后他到河南科技大学（原洛阳工学院）任教，在耐磨材料技术、大型铸锻件制造技术领域作出了突出成绩，是国家级"百千万人才工程"入选者、"国家级有突出贡献的中青年专家"、"长江学者"、"教育部创新团队"带头人和"河南省优秀科技专家",还担任了河南省耐磨材料工程技术研究中心主任。2017 年,他当选民盟河南省委副主委和民盟第十二次全国代表大会代表。

章建军,2006 年博士毕业,博士论文是《多次冲击接触加载下材料的组织演变及磨损机理研究》。该生攻读博士学位期间,喜欢对实验结果作深入的学术分析,着重研究了应变诱导纳米结构机制,尤其对应变诱导非晶结构的热力学分析,指出表面能在形成非晶中的关键作用,见解独到,成绩出色。他毕业后在高等学校任教师,曾任某高校科研处处长。2018 年他辞去了大学的工作,加入江苏龙城精锻有限公司博士工作站,进行新产品研发。

任向红,2012 年博士毕业,博士论文为《工业用钢冲击磨损规律、机制及碳的超固溶研究》。该生本科学的专业是化学,在读研期间努力好学,很快掌握了材料科学的专业知识,加之工作很积极,动手能力很强,在女生中少见。评审专家对她的博士论文打分很高,都在90 分以上。她毕业后回二炮系统从事教学。中央政治局常委赵乐际为她颁发了"青年标兵"证书。

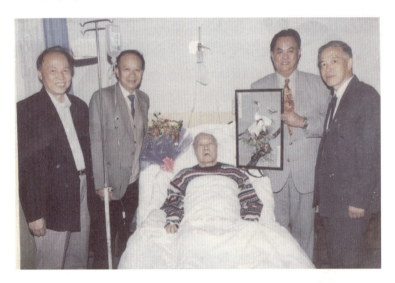

周惠久先生病重期间其四弟子前来医院探望时的合影
从左到右为:黎永钧、朱金华、周惠久、罗启富、杨平生

结　语

目前，我虽已经退休多年，但回忆当年跟随周惠久先生从事多次冲击抗力规律研究，及随后自己继续在不同服役条件下进行材料强度规律的研究历程，仍很是感慨。

科研工作有成功的喜悦也有失败的惆怅，但只要掌握了好的思想方法，有不断进取的精神，就能容易取得成功。我搞了一辈子材料强度研究，是周先生教会了我们怎样搞材料强度研究，在他的身教言教下，自觉或不自觉地就按照周先生的研究思路去解决材料强度基础理论研究及解决工程中出现的强度问题，并取得了一定的成绩。

要成为一名优秀的材料强度研究者，除了要扎实掌握材料科学基本知识外，还要具备周先生那种科学家的慧眼，能透过现象抓住事物的本质及看问题能入木三分的本领，能不断提炼与确定有研究价值的创新性的科学问题，并找到解决的途径；同时又要拥有工程师的工程应用背景素质，了解国家需求，将科学研究与国家重大工程建设中的材料科学问题结合起来，这样就能顶天也能立地。

周先生就是我们的榜样，我们怀念他，更应该学习他。

从军旅到高校
——莫珲小传

采访：祝玉琴　赵劼　张嘉瑞
文字：祝玉琴

简 历

莫珲，女，1934年12月出生，江苏南京人，汉族。

1941年9月至1947年8月，在南京洪武路小学学习，读书。

1947年9月至1948年7月，在南京第三女子中学，读书。

1949年9月，进入上海肇和中学，读初中二年级。

1951年3月至1951年6月，华东人民革命大学一部，学员。

1951年6月至1951年11月，华东军区司令部青年干部学校，学员。

1951年11月至1952年11月，华东军区司令部气象干校，学员。

1952年11月至1952年12月，华东军区北极阁气象台，学员。

1952年12月至1954年1月，山东军区石岛气象站预报组，气象填图员。

1954年4月至1956年5月，山东省气象台预报组，气象填图员。

1956年5月，调交通大学校长办公室，并随校西迁。

1956年5月下旬始，先后在交通大学西安部分校长办公室、西安交通大学人事处、动力二系、校长办公室外事组、外事处等单位，任职员、行政秘书（正科级）等职。

1982年9月，加入中国共产党。

1986年11月，晋升副处。

1990年3月，退休。

第一部分　从中学生到华东革大学员

我的籍贯是江苏南京，也出生在南京，所以小学也一直是在南京读的，初中一年级时随家人到上海，在上海继续中学的学习。

我家之所以从南京搬到上海，是因为我父亲读师范时的一位同学。解放前，父亲的这位同学与另外两位同学在上海创建了三和酱菜厂的分厂（三和酱菜厂的总部在扬州，是有一百多年历史的老字号，1998年与扬州四美酱菜厂合并，同时更名为扬州三和四美酱菜有限公司）。当时，三和酱菜厂上海分厂所腌制酱菜主要是向东南亚出口。父亲的同学觉得，南京是国民党当局的"首都"，解放军要解放南京，肯定要打仗，建议我们家搬到上海居住，而且当时确实有很多当地人离开南京，投奔亲友。父亲听从了同学的建议，于1948年秋冬季带领全家搬往上海。到了上海后，父亲就在酱菜厂协助工作，家人也在上海定居下来。

一、上海解放初期的记忆

到上海后，我进入上海市静安区的肇和中学（现为上海市第六十中学），开始读初中二年级。当时的肇和中学是一所私立学校，据说是杨虎、孙科、吴铁城等人为了纪念1915年海军战舰"肇和号"反对袁世凯称帝阴谋在上海起义的壮举而创办的。在这里，我开始安心读书。

那时候，我已经14岁多了，对外界的情况已经有了了解和记忆，而且从历史的时间节点看，我们家到上海后，解放战争已经到了最后关头，在国民党统治上海最后的这段时间里，上海社会秩序大乱，经济崩溃，物价飞涨，民不聊生，家人常为此而叹息。特别是到了1949年，国民党政府忙于抢运物资向南撤退，根本无暇顾及百姓生活，国民政府和军队在这个国际大都市已经让百姓丧失了信心。当然，在中学时代，留给我印象最深、对我影响最大的是我经历了中国历史上一个翻天覆地的变化，这就是中国共产党领导中国人民解放军解放了全中国，建立了属于人民的新中国。特别是上海解放前后的几天，我所见所闻的事情，一直深深地保留在记忆里。

在上海解放的前几天，解放军已经打进上海郊区，我们居住的弄堂里，家家大门紧闭，不让小孩子们出门，怕不安全。时间到了1949年5月25日的清晨，因前几天上海刚刚下过小雨，这时的天仍然是阴沉沉的。市民们在枪声平息后打开弄堂门，发现马路潮湿的水泥地上，睡满了身穿黄布军装的解放军。大概是连日的苦战太劳累了，他们衣不解带，抱着枪，在屋檐下一个挨着一个地躺着，睡得很香。解放军的这一举动，让大家非常吃惊。对于解放军，很多上海人都是第一次见到，而胜利的军队露宿在街头，更是前所未闻。看到这一情景的人，口口相传，感动了上海人民。于是，很多市民邀请部队进屋休息，均被婉言谢绝。大家自发送来的水果、点心等，也没有一个人去碰一下。

就是 5 月 25 日这天，苏州河以南的上海市区解放了。

1949 年 5 月 27 日，驻守上海的国民党守城部队投降，上海宣告全部解放，回到了人民的手中。同日，上海市军管会宣布成立。后来，我曾经看到过一张上海解放时人民解放军为了不惊扰市民而露宿街头的照片，这张照片所拍摄的也是我在弄堂口的路边见到过的情景。直到现在，我每次回想起当时的情形，心里总会升起一种感动。没想到，两年后我也成为中国人民解放军的一员。

上海市解放后解放军战士不住民房，露宿街头（新华社战地摄影记者陆仁生拍摄）①

上海解放后，第一任市长是陈毅元帅。当时不但整个上海百废待兴，还有国民党一些潜伏的特务搞破坏活动，国民党军队的飞机也不时从台湾飞来轰炸市里的重要目标，尤其是破坏电力、自来水供应，在市民中制造混乱和恐慌心理。这种轰炸一直持续到 1950 年，特别是以 2 月 6 日的轰炸最为厉害，使上海市大面积停电、停水，毁坏了很多房屋，不但一度使"夜上海"陷入了一片黑暗，而且造成了市民的伤亡。这次轰炸，使工厂被迫停产，学校被迫停课，引起了上海人民和市政府的极大愤怒。所以，那个时候，陈毅市长是很不容易的，是他带领政府的工作人员，依靠上海市人民，铲除了反动残余势力，稳

---

① 采访时，听了莫珲老师以激动的口吻讲述上海解放时，解放军战士在雨中街头露宿的情况，我们在网上找到了由新华社战地摄影记者陆仁生拍摄的这张著名的照片，确实让人感动，所以就放在这里了。

定了上海的治安和经济局面。在上海解放的日子里，很多市民是第一次亲眼见到共产党和人民解放军，大家自然而然地把共产党的表现与国民党进行比较，思想认识上经历了一个重要转折，共产党和解放军以实际行动得到了上海市民的拥护和爱戴，大家积极响应政府的号召，为人民解放军进城后工作的顺利开展打下了良好基础，正所谓"得民心者得天下"啊。

二、考入华东人民革命大学

因为我家从南京向上海搬家等原因，耽误了一段时间，所以我在肇和中学读书的时间一直延续到1951年元月。这时，我同学看到了一则华东人民革命大学（简称华东革大）招生的广告。主要内容是：招收知识青年，学习革命理论和知识，为国家建设和解放军部队培养干部，毕业后分配工作。当时，我们很多同学都报名了，我觉得能够参加工作也很好，就同家人商量也报了名。当时报名的人很多，因为刚刚解放，青年人都对新中国充满热情，有志早日参加国家建设。经过笔试和面试，录取名单在《解放日报》上公布。当时我家里没有订报纸，我弟弟到他的同学家借了一张当天的《解放日报》，拿回来一看，密密麻麻的一版全是名字，前面是正取生，后面还有几百名备取生。由于人数多，字号又非常小，非常难找。后来，我说：我的名字是两个字，就挑两个字的名字看，很快就在30排的位置找到了，我被正式录取了。按照通知规定，我于3月8号赶到苏州报到，成为华东革大第三期的学员。

华东人民革命大学创建于1949年上海解放后，并于当年7月份开始招收第一期学员，校址在上海，因为没有办学场地，临时借用了上海部分高校暑期放假而空置的教室和宿舍。当时全国解放的步伐很快，急需我党自己的干部队伍去接收旧政府各部门工作，所以第一期学员只学习2个多

1951年3月莫珲考入华东革大时拍摄

月就提前毕业了。从第二期开始，华东革大就搬迁到苏州了。根据当时的形势和国家需要，华东革大每期都有特定的培养目标。第二期主要是为土地改革运动培养干部，学员毕业后大都分配到"土改工作队"，赴安徽、江苏等地农村，开展土地改革工作。我们第三期学员共有5000多人，主要来自华东地区的上海、江苏、安徽、山东、浙江等地。因为当时国家正处于抗美援朝的形势中，所以我们这期主要是为抗美援朝和新中国的国防建设及地方政府部门培养政治上可靠的干部，结业后分配到空军和陆军的卫校、机要、气象等部门继续深造，或者直接分配到中国人民志愿军部队。我们在苏州报到的那天，校长舒同、华东军政委员会文教委副主任陈望道、华东军区政治部主任唐亮和苏州市的领导都到场了。

华东革大一部二班二组学员合影，右起第六人为莫珲

华东革大第三期学员分成五个部，因条件所限，分别在五个地方上课。我被分在一部二班二组。华东革大的"班"，相当于正规部队的一个连，"组"则相当于一个班。我们一部的驻地在苏州阊门外的北兵营，在抗战时期，这里曾是日本占领军的驻地，这些侵略者还在这里养过马，条件非常简陋。华东革大实行军事化管理，入学时学校即宣

布了纪律,其中一条是:不得独自一人上街。当时我们都明白,这条纪律并不是为了限制学员们行动自由,而是为了保证大家的安全。因为解放初期的苏州,虽然社会治安已经有了很大的好转,但是国民党逃跑时留下的潜伏特务和旧社会的黑恶势力尚未完全清除,他们经常进行暗杀等破坏活动。当然,后来由于学习安排十分紧张,我们也没有时间外出逛街。华东革大的学员享受供给制待遇,食宿、服装都由学校提供,衣服是黄颜色的制服。

我们在华东革大学习的课程主要有社会发展史、革命的基本理论、唯物辩证法和共产党的方针政策,还学习毛泽东主席的著作,像《为人民服务》《纪念白求恩》《改造我们的学习》等。通过学习,使学员初步掌握马克思主义的立场、观点、方法,树立正确的世界观和跟共产党走革命道路的信念。学习采取上课与小组讨论相结合的方式,平时主要是指导员给我们讲课。有时候上大课,上大课时会将一个部或者几个部的几千人集中到一块,学员自带板凳,边听边记录。每次大课,基本都会安排半天时间。小组讨论主要是交流学习体会,相互启发。学校还经常邀请各级领导、社会知名人士和战斗英雄给我们作报告,听大报告的时候,往往是五千多名学员集中在一起开大会。曾经记得当时的中共中央宣传部部长陆定一、全国知名的经济学家马寅初先生等,都给我们这期学员作过报告。

这期间,华东军区海军司令员袁也烈和志愿军的战斗英雄给大家作过报告,讲述抗美援朝前线的情况,号召青年学生报名参军。

三个月的学习时间非常紧张,也很快就结束了。1951年6月结业的时候,同学们都踊跃报名参加中国人民解放军,大部分同学去了部队,包括到部队所创办的学校继续深造的,也有同学被分配到华东地区的党政机关,少部分人留在华东革大。我被分配到华东军区司令部的青年干校继续学习。

到西安工作后,我知道了当时在交通大学西安部分团委的王玉璋、宣传部的刘露茜和钱鹏都是华东革大三期我的同学,结业时他们就被留在革大工作了。后来,我还知道了在华东革大见过的很多人都与西安交大有渊源,比如:给我们作过报告的陆定一是交通大学的老学长,曾在交大度过了8年的求学时光,"爱国爱校、追求真理、勤奋踏实、艰苦朴素"就是20世纪80年代陆老任全国政协副主席时为西安交大题写的。现在，每当我们从彩虹桥走向校园里的时候，迎面而来的就是这16个遒劲的大字，她已经成了西安交大人代代传承的校风。曾任华东革大校长的舒同，是中共党内学者型的高级干部，又是中国著名书法家，1961年西安交大图书馆落成后，就是舒同为之题写的馆名，直到现在还悬挂在老图书馆北正门的上方。当然，西安交大的教职工中，也有很多人来自华东革大，他们中的大部分人在抗日战争或解放战争时期就参加了革命，是受人尊重的老党员、老革命，被统称为"南下干部"；也有少部分是进入华东革大后参加工作的学员。他们中的一些人后来成为学校领导，如任梦林、张肇民、凌雨轩等老同志，还有些成为中层领导，如彭彬、程润田、陈树楠、刘德成、任组扬、杨晋皆、石方、王龙泗等和前面提到的刘露茜、王玉璋等；也有不少人成为管理岗位的骨干，如乔国栋、张汉庭、张力生、陈秉勋、英明、李才英、于荻青、刁景秀、苗锡璋等同志；从华东革大到交通大学的还有几位技术工人，如张建奎、刘同和、王金川、陈德顺、陈林等。这些来自于华东革大的老同志不论是干部还是工人，都为交通大学西迁和西安交大的发展奉献了自己一生，作出了突出的成绩。现在，他们中的很多人都已经长眠于西部这块黄土地之中，我们永远怀念他们。

第二部分　在人民解放军的大熔炉中成长

进入华东军区司令部青年干部学校（简称青年干校），就是参军了，所以我的军龄和参加工作时间都是从1951年6月在青年干校当学员时算起的。这时，我就成为中国人民解放军光荣的一员，开始了我的军旅生活，直到1954随陆军气象系统全部转为地方建制。

一、入伍在华东军区司令部青年干校

华东军区司令部青年干校是为国防建设和解放军、志愿军培养干部的。我们这一期学员有700多人，男女分设为7个中队，4个男生中队，3个女生中队，我在五中队一班。这些学员，都是同我一起从华东革大分配来的。

1951年6月18日,我们从苏州去设在南京的华东军区司令部青年干校报到。结果发现来迎接我们的竟然是在华东革大时我们二班的指导员孔波同志。他在青年干校担任我所在的五中队指导员。当时,我们都吃了一惊,而指导员却笑着说:"你们快毕业的时候,我不是说了后会有期吗?"回忆了一下,指导员离开华东革大时,我们去送他,他确实讲过"后会有期"这话,当时大家没有太理解,更没有想到这么快就见面了,大家都非常高兴。实际上,在华东革大的三个月时间里,我们一直不知道指导员孔波是军人,这种情况在别的班也有,都是大家到了青年干校后见了面才知道的,可见当时的保密工作做得真好。

1952年3月华东军区司令部青年干校五中队一班合影,前排右一为莫珲

青年干校就在南京新街口附近,是原国民党财政部办公的地方,环境虽然不错,但是条件还是比较简陋的,只有几幢二层楼的房子,作为各连的宿舍和学习室,没有教室和操场,也没有大礼堂。部队学校实行完全军事化的管理,每天早晨都要出操,没有操场就安排在附近的马路上进行。为了满足开大会的需要,学校就在空地上建了一个大棚子,我们每位学员都有一个小凳子,每到开大会或者听报告时,学员就拿着小凳子坐在空地上,作报告的人就在前面。

因为军区青年干校培养的是军事干部,所以我们学习的内容主要是党史、军史,并进行形势教育,当然军事训练更是我们的日常科目。除了这些正常的政治理论学习、教育和军训外,青年干校也常邀请英雄、模范人物来校做报告,有些报告人和他们讲述的内容直到现在我还记得很清楚,比如全军英模李蓝丁的事迹报告就给自己留下了很深的记忆。李蓝丁是一位医务工作者,早年参加新四军,抗日战争时期加入共产党,曾任华东野战军第三野战医院医疗队队长等职,她参加过很多重要战役。有一次冬天,她带领一批伤兵乘船渡河转移,不幸有一只船突然漏水而倾覆,不少伤员落水,伤员发出了呼救声。她在大家手忙脚乱中,奋不顾身地带头跳下没胸的冰水里,抢救伤员。在孟良崮战役中,她率领的医疗队四天四夜不休息,转移伤病员四千余名。解放后,她荣获了华东一级人民英雄勋章,还出席了全国战斗英雄代表会议。青年干校在请李蓝丁来校之前,校部向各连发了颂扬她事迹的歌曲《白衣战士李蓝丁》,要求全校学员都要学会。记得歌曲的开头是:"白衣战士李蓝丁,我们出色的女英雄,你是伤员的保护者,你是医务工作者的好榜样……"李蓝丁的报告被安排在上午,午饭后接到校部通知,下午各连派一名代表参加与李蓝丁的会见和座谈,指导员通知我作为连队的代表参加,同去的还有连部的工作人员。在座谈会现场,我感到李蓝丁同志非常朴实,平易近人,与她交谈一点也不觉得拘束。座谈结束后,她送给我们每人一张她的签名照片。可惜,这张照片在多次的迁移和搬家过程中遗失了。但是,李蓝丁当年生动感人的报告和英雄事迹给予我们的深刻教育却留在了心里,至今《白衣战士李蓝丁》这首歌曲,我还会唱一些。

在青年干校期间,由于我学习和训练都很努力、认真,还被选为军人委员会委员,主要负责文体方面的工作。记得,那时青年干校校部发了很多革命歌曲的歌页,我和几位学员一起负责把歌曲抄在一张大纸上,在每餐饭前利用值日生给大家领取和分配饭菜的时间,由专人教唱。我们就是利用每天的这个时间,学会了很多歌曲。入学后学会的第一支是《三大纪律 八项注意》,后来又陆续学会了《中国人民志愿军战歌》《新四军军歌》《当祖国需要的时候》等昂扬激荡的革命歌曲。还学会了一些苏联歌曲,如卫国战争时期的《共青团员之歌》。

还记得其中的几句歌词"再见了亲爱的妈妈,请你吻别你的儿子吧。再见吧,妈妈,别难过,莫悲伤,祝福我们一路平安吧。再见了亲爱的故乡,胜利会照耀着我们。"这是一首带有悲壮情感的歌曲,曾经听说,交通大学西迁时,学生们在火车上也唱过。

在青年干校印象最深的一件事情,是我们参加了中国人民解放军华东军区和第三野战军在南京举行建军节阅兵式①。记得接到参加阅兵通知时,我们这些学生兵才参军一个多月,就要像真正的军人一样接受检阅了,大家既紧张又兴奋。在学校的组织下,我们按照受阅的要求开始训练。在当时的南京城里,没有大操场和可以训练的地方,所以我们的训练只能安排在早上并且是在马路上进行。好在那个时候车很少,马路上还是安全的。在进行了初步的训练后,要进行分列式训练了。分列式训练是以班为行,排列成方队,方队当然不能在马路上进行,于是,学校就借用了附近一所小学的操场,在学生未到校时进行分列式训练。要求非常严格,队伍的排面必须前后左右整齐划一,大家都练得非常艰苦。8月1日上午,阅兵式在明故宫教练场正式开始。华东军区司令员陈毅等首长首先检阅了驻南京的陆、海、空军机关,部队和军校的列队式。检阅后,陈毅司令员还发表了讲话。还记得,陈毅在讲话中列述了新中国建立两年来土地改革、镇压反革命、抗美援朝、经济建设等方面取得的伟大成就,号召华东部队全体指战员为巩固国防,加强正规化、现代化建设而奋斗。听了陈毅司令员的讲话,受阅部队的指战员都觉得非常鼓舞士气。对于刚刚参军不久新兵,这次阅兵给

1951年莫珲在青年干校

---

① 采访中,莫珲老师对这次阅兵时间的记忆是1951年"八一"建军节,但查到相关资料均记载这一年国家阅兵活动的具体时间为10月1日国庆节。比如中国广播网(简称"央广网")《央广军事》栏目2019年8月26日信息提供:1951年国庆在首都北京举行了新中国成立后的第三次阅兵式,与此同时,南京、沈阳、西安也举行了隆重的阅兵典礼,并对上述各地的阅兵情况作了简要介绍。虽然在具体时间上有差异,但莫珲老师回忆的相关内容与央广网的记载基本相同。特此备注。

我留下了深刻的记忆。连长也曾经对我们说过：虽然我们青年干校是参军最晚的受阅队伍，但表现还是非常不错的，行进的步伐整齐，队列井然划一，大家听了都很自豪。

我还记得那次阅兵前发生的一个插曲。那是在受阅队伍尚未出发前，大家集合后，连长开始仔细检查每个人的军容风纪。当连长走到我前面时，突然叫了我的名字，让我一个激灵，不知道发生了什么事情。但我马上按照部队的规定，立刻回答一声"到"，然后出列，向前走一步、立正，听候连长的指示。原来是我左边的同学出了问题，她把"中国人民解放军"的标志缝在右侧衣袋上方了，而规定是必须缝在左侧的。连长要我立刻帮她改正过来。我们跑步回到了宿舍，把标志改缝到左侧后，马上赶到队伍中，总算是没有耽误出发时间。按理，前一天晚上，对全班学员的着装进行检查是班长的任务，但是班长却没有发现这个错误，也不知后来她是否挨了连长的批评。

二、在华东军区司令部气象干校和北极阁气象台学习专业知识

1951年11月，我们在华东军区司令部青年干校圆满地完成了学习任务，又要进行分配了。当时青年干校的7个中队，有2个男生中队和1个女生中队被分配到军队的气象系统学习，其余人员则大部分分配到解放军部队的医院等部门。其实，我们那时候都年轻，正处于热血沸腾的青春时代，非常希望到最艰苦、最危险的地方为祖国建功立业。所以，在结业分配时，我们大家都想到抗美援朝前线参战或者去救护伤员等工作。但是经过部队的思想教育，"军人的天职是服从命令""祖国的需要就是我们的志愿"已深深植根于我们心中，所以分配方案公布后，大家愉快地奔赴各地。我们3个中队的学员一起到了设在江苏丹阳的华东军区司令部气象干校，开始学习气象专业知识。

解放初期的江苏丹阳条件还是很艰苦的，我们一起分到丹阳的300多名学生，也不能集中住在一个地方，我们女生二中队被安排在一座庙里。因为用房紧张，更没有可用的教室，而庙宇类建筑一般都比较高，利用大雄宝殿的房梁，在上面加了一层隔板，上面作为教室，下面就是教员办公和住宿的地方，我们一排住在这里，另外两个排住

在旁边的厢房，床是用竹子做的。这座庙的前面有一条小河，我们的生活用水就来自这条小河，由每个班轮流负责打水，倒入大缸里。刚打回来的河水很浑浊，不能饮用，就在缸里面放些明矾，等沉淀了再使用。

刚到学校时，大家对气象知识都一窍不通，但是我们知道气象不论在平时还是在战时都是极其重要的，虽然我们这些气象兵不直接参加战斗，但是做好气象观测与预报，提高其准确性是非常重要的，这也是军事保障的一部分。而做好观测和预报的前提是必须掌握好相关知识，所以大家的学习热情很高。

我们的教员大部分不是军人，而是从地方上请来的，有的教员还是从美国留学回来的，有着深厚的专业知识。他们的工作态度特别认真，我们大家也学得很努力。留给我印象最深的是一位专门讲"云"的老教员，大约有50岁左右吧。他告诉我们，云是天气预报的关键之一，云的形态对天气现象具有指向性意义。他要求我们，必须要学会"观云识天"。所以，这位老师除了在教室里讲授理论课外，经常带着我们走出教室仰望天空，告诉我们那一团团飘浮在空中形状各异的云的名称、代码和对天气的影响，还经常指着天空考察我们掌握知识的程度，碰到我们说不出来的时候，他会耐心地指导我们观察其特点。

作为军人，我们在学习气象课程的同时，还坚持每天的军事训练。我们三个中队的300多名学员主要是学地面气象观测，到1952年11月结业后，由军委气象局统一分配到全国各省、市及新疆、西藏、海南岛等各大军区，各军区进行再次分配到各气象台，去建立气象观测站。大部分观测站都要建在地势较高且视野开阔的地方，因为观测点越多，预报就越准确。当然，这些地方的条件都是极其艰苦的。据我所知，当时还在陕西华山和安徽黄山等建立了气象台和观测站。按照那时的规定，每个观测点24小时值班，每小时需要将天气各要素发送到中央军委气象局。我们这批从江苏丹阳华东军区司令部气象干校走出来的气象观测员，不论被分配到各大军区或者充实到解放军部队的气象工作队伍，都为我国气象事业的发展作出了很大的贡献。

1952年11月华东军区司令部气象干校二中队一小队合影
前排左一是排长；二排左一为莫珲，左三为副排长，左四为指导员，左六为教员

在华东军区气象干校学习期间，我知道时间的珍贵，只有学好了业务知识，才能在将来胜任工作的要求。所以我学习刻苦认真，积极参加军事训练，对于领导布置的各项任务都能圆满完成，并再次被选为军人委员会委员。很快就结业分配了，但我并没有同大家一起分配到观测站，而是同另外8位同学一起被组织安排去预报组学习气象填图。领导通知我们说，这是工作需要。这样，我们9名同学被派到华东军区南京北极阁气象台专门学习气象填图业务。

气象填图属于气象预报方面的一部分，那时主要有地面图、高空图等，这与我们在气象干校学习的观测知识完全不同。但我们没有任何怨言，愉快地服从了分配，我们9人启程赶到南京。在一个多月的时间里，学习了各种气象填图、绘图业务。之后，我们又两人一组重新进行了分配，均被安排在华东军区所属的各气象台。

1952年12月在北极阁气象台学习填图的9名同学（前排左一为莫珲）

三、奔赴石岛气象站并艰苦守卫

1952年12月，我在南京北极阁气象台学习结束，同一位女同学一起被分配到位于山东省胶东地区的石岛气象站预报组，这个气象站属于山东军区气象科管辖。

从南京赶到石岛

接受任务后，我们两人出发赶往驻地。从南京到济南是乘火车，还算顺利。从济南赶往烟台就是长途汽车了，当时的长途汽车都是大卡车，而且没有篷子。

12月份的天气非常冷，只有我们两名女兵，背靠驾驶室坐在冷冰冰的车斗里，被冻得瑟瑟发抖，差不多要冻僵了。好不容易到了烟台，已经是晚上了，只好在烟台气象站休息了一晚。第二天一早，我们又从烟台出发赶往石岛。中间要在一个叫文登的小城市转车，而开往石岛的汽车要在第二天才有，于是我们找到了军分区的招待所，就住在那里了。说是招待所，其实就是几间民房，没有床，睡的是土炕，大概是住的人少吧，也没有烧，睡在上边凉冰冰的，特别冷。这时，天下起了大雪，第二天到石岛的汽车不能按时开出，只有等待，过了两天，军分区的同志告诉我们可以走了，仍然是没有篷子的大卡车，中午时分从文登开出，车上多了一位乘客，却沉默了一路。大冬天的又刚刚下过雪，路面上全是冰和雪，气温极低。汽车只能缓慢行进，开了七八个小时，到石岛已经晚上8点多，而现在从文登到石岛不会超过一个小时。不管咋样，从南京出发算起，我们在严寒中奔波了五六天，终于到达了目的地。

那时，由于节能和战备的需要，规定晚上8点开始停电。石岛汽车站很小，因为停电值班室点了一盏小油灯，只有一位工作人员在值班，可能是专门等待我们这趟车的。我们向他询问了到气象站怎么走，因为实在是太冷、太累了，背包再也背不动了，经值班的工作人员同意就放在了汽车站。后来，还是气象站的男同志帮我们取回来的。当时天已经完全黑了，又因为停电，差不多可以用"伸手不见五指"来形容。在黑黢黢的夜里，一阵一阵的海浪声音非常大，感觉好像站在海里，又黑又冷。我们沿着一条小路，好不容易才走到了气象站。

石岛位于胶东半岛东南端，濒临黄海，因"背山靠海，遍地皆石"而得名。这里也是中国大陆距离韩国（当时称之为"南朝鲜"）最近的地方，海的斜对面就是南朝鲜的仁川。这个气象站，就是因抗美援朝战争的需要而建立的。石岛气象站属于陆军系统，气象站的所在地是一个小渔村，由解放军一个陆军连队驻守。

当时的石岛气象站由观测、预报、填图、报务、机要几种业务组成，并划分为小组，每个小组4个人，预报与填图属于一个小组。气象台有台长，还有通讯员、炊事员等同志。各个小组均为24小时轮流值班。观测组和预报组的值班地点设在原来的一个教堂里，地势比较高。我们的工作程序是：观测组每个小时观测一次，将规定的天气情况加密后编成电码发给上级机关。根据我们所处的地理位置，上级会给我们发来一些各大区的情况，如东北区、华北区、华东军区等，每天也有全国的天气情况发给我们，由报务组接收，机要组解密后送预报组填图组，由填图员将各组电码按规定要求填好天气图，最后作出预报。这期间，我们气象站也为地方的渔业和盐业生产服务，有关的天气情况会及时告知地方政府。石岛的经济以渔业、盐业为主，我们生活在石岛，为当地经济服务也是我们应该做的。

记得在20世纪50年代初，我们还能够收到日本、印度和台湾地区的气象资料,因为他们的资料是按照国际气象组织的气象电码发送的,5个数字一组,我们都学过,所以可以填写出了。日本和台湾地区的电码很规范,而印度的电码错情极多。还有一种是船舶报,即一些大型船舶在航行时,正点进行气象发报,也是用国际气象组织的气象码,因为船在海洋中航行,发报时首先告知它的经度和纬度,我们的天气图纸上有经度和纬度标识,这样很快就能找到这艘船在海洋中的位置。有时候收到船舶的天气情况报告,不由地会想:这艘航行在茫茫大海中的船,是哪个国家的?客船还是货船?那时,我们和苏联都没有加入国际气象组织,而且我们的气象情况是加密的,所以日本和台湾收不到我们的气象资料,这对于他们来说要预报寒潮、降温等情况是不利的。后来,我们加入了国际气象组织,公开了气象资料,他们的需要得以满足。记得还在报纸上看到过日本对此表示感谢的报道。

在石岛时,因为刚刚解放,又处于抗美援朝战争中,地方和部队各方面条件都很艰苦,特别是为节约物质和电力,规定晚上8点就开始停电,但我们预报组的填图工作主要在晚上进行,每天都需要在煤油灯下工作到深夜,凌晨两三点钟才能回到住处。而那时由于备战需要,晚上驻岛的陆军连队会在岛上安排流动哨,进行巡逻。在岛上走动遇见哨兵必须回答口令,而口令是每天都更换的,所以每天他们会告诉我们当晚的口令,如"前进""胜利"等。记得一次半夜下班,由于没有月亮,大概还是阴天,非常黑,根本看不见人影,突然传来一声"口令!",还真是把我吓了一大跳,反应过来后赶紧做了回答。

由于我们的气象站三面临海,冬季里经常海风呼啸,寒风刺骨,说起来还是非常艰苦的。但是,我们大家经常以志愿军战士的英雄事迹激励自己,保持着昂扬的工作热情与乐观主义精神。

应对突发事件

一段时间后,熟悉了工作,也习惯了环境,我们每个小组都按部就班而尽心尽力地完成工作任务。因为当时的石岛毕竟是海防前线,我们还要随时准备应对突发情况,做好战斗准备。

记得那是1953年春的一天早上,我来到工作的值班区,看到海面上不远处有一艘军舰在游弋。这时,上级已经下达了紧急命令,说,那是一艘美国的军舰。命令要求：石岛驻地解放军做好战斗准备；观测组、报务组要赶快挖好大坑，准备掩埋气象仪器、收发报机等仪器；根据上级命令，驻地陆军一个连100多人都已到海边的战壕里严阵以待，做好了战斗准备；观测组和报务组也抓紧时间挖坑；机要组相对比较简单，将密码本全部收好就可以了，若情况紧急就用煤油烧毁；但是我们预报组就复杂了，因为有很多气象图纸是保密的。当时气象站一共有6名女兵，于是安排我们女同志撤离时负责背图纸向北即文登、烟台方向撤离。还给男兵都发了枪支，必要的时候，男同志也要参战。当时，军舰离我们很近，已经进入了黄海海域，能看得清清楚楚。结果还好，这艘美国军舰过了几个小时开走了，战备命令也随之撤销，大家虚惊一场，又恢复了有规律的日常工作。这件事情一直留在我的记忆里，至今难忘。

还有一次突发事件，是我们遇到了天气险情，即海上"龙卷风"。在气象干校学习时，教员专门讲述过龙卷风。龙卷风是一种罕见的极端天气现象，它产生的高速旋转的漏斗状强风漩涡中心附近风速极大，破坏力极强。发生在陆地上的龙卷风，称之为"陆龙卷"。它常常将大树连根拔起，摧毁房屋、掀翻车辆，有时还会使成片的庄稼、果木在瞬间被毁，造成交通、电讯中断，房屋倒塌，夺去人们和牲畜的生命等严重的灾害。发生在海上的龙卷风，称之为"海龙卷"，它不但会发生在海洋上，也会发生在湖泊上。海龙卷能吹翻小船，毁坏船只。我们在电视里看到美国的个别州常遭受龙卷风的袭击，损失很大。我国也时有龙卷风发生。每每在电视里看到这方面的报道时，我总会想起在石岛气象站工作期间，所见到的一次海上龙卷风。那天，远处的海面上方突然出现一股大面积的积雨云，与海水相连。这股积雨云将海水带起，以极快的速度向前移动。当时，周围一下子就黑了下来。等龙卷风过后，天才渐渐恢复明亮。我们知道，幸好这股龙卷风在海上，距离石岛还有较远的距离，如果再靠近我们一些，会给石岛带来难以想象的灾害。

与当志愿军的姐姐隔海相望

我的姐姐是部队的文工团员，她1950年入伍后不久便随所在部队开赴朝鲜前线，成为一名光荣的志愿军战士。我到石岛气象站后，家里写信告诉了姐姐在朝鲜的通讯地址。当时的情况朝鲜与国内通信很困难,家里也很少接到姐姐的信。我试着给姐姐写了一封信,讲了我被批准入伍后的工作情况和气象站所在地。没有想到,这封信给我带来了很大的惊喜。

首先,我竟然收到了姐姐的回信,虽然是在等待了很长时间后,但这在当时也是极其不易的。信中姐姐讲述了他们在朝鲜前线的艰苦情形,尤其是美军飞机的轰炸,使他们随时都可能面临危险。一次,他们文工团正在为前线部队演出,敌机又来轰炸,姐姐的一名战友被炸弹击中就牺牲在他们面前,令他们悲愤万分。看了姐姐的信,在担忧姐姐安危的同时,也想到我与姐姐虽然隔着浩渺的大海,但他们为抗美援朝英勇作战,我们在祖国海防前线做气象预报,都是为了保家卫国的共同目标,心中就油然而生一种自豪感。

在信中,姐姐还讲了他们团里一名同志的家就是石岛附近农村的。当时,我还感慨了一下"竟有这样的巧合"。没有想到,1953年初秋的一天,通讯员来值班室找我,说是有两位姑娘来看望我。我赶紧跑到站长办公室,看到了两位长相非常清秀的农村女孩。她们自我介绍说,她们的哥哥在朝鲜前线,同我姐姐是同一个文工团的战友。她们说着一口地道的山东土话,很多我都听不懂。她们走了二三十里路专程来看我,还带来了自己家里种的花生,使我非常感动。我没有什么礼物可以送给她们,想起曾经买过一块浅绿色的布料,赶紧跑回宿舍找出来送给她们了。

这件事情已经过去快70年了,每每想起那两位山东姐妹那纯真的笑脸,总会涌起一阵感动,也衷心祝福她们安康。

在石岛也有留在心里的遗憾

我在石岛气象站工作了3个年头,生活和工作条件都是十分艰苦的,各方面条件与现在根本没办法比较,就以穿衣服这件事情来说吧:我们女兵在夏季时发给两件连衣裙,款式同在华东军区司令部气象干校我们女兵的合影中所穿的相同,这应该是当时全军女兵的统一着装,要求从每年5月1号穿到11月7号,整整6个月,这是硬性规定。但是,到了10月份,我们所在的海岛天气就已经特别冷了,还必须得穿着裙子。冬天是一套棉衣,棉衣要从每年的11月8号穿到次年的4月

30号,而到了4月份就很热了,但是棉衣还不能脱掉,袖口被磨得很光、很亮,看起来脏脏的,每次穿出门时都很不好意思。但是,在那个时候,我们都能坦然地面对困难和艰苦,大家从不叫苦叫累,而是始终以饱满的热情投入到工作中,质量标准达到中央军委气象局规定的标准。在业余时间,我们还积极为守岛连队开展文娱活动,活跃战士们的生活,得到了上级领导的支持和赞扬。这个连队参加上级组织的汇演还得了奖。

现在回想起来,对石岛气象站那段经历还是非常怀念的。那是我军旅生涯中最有意义的一段时间,不但给了我专业实践知识,也培养了我不惧困难的心理和品格。当然,也有遗憾的地方。在风和日丽的日子,石岛的风光还是挺美的,特别是我们气象站的南边,是一大片金黄色的沙滩紧连着一望无边的蔚蓝色大海,视野开阔,天水相连。站在气象站经常可以看到清晨天还没有完全亮时渔民们便乘船出海,到了下午就陆续返回,很多渔民的家人都会在海边迎接亲人归来,一派祥和、安宁的生活图景。而我一直想到近处去看看渔民每天打了什么鱼,可因这时我总是在值班,一直没能去看过。这份遗憾,也就永远留在了心里。

陆军气象系统集体转为地方建制

1953年7月,抗美援朝战争结束了。根据国际和国内形势的变化,政务院发布命令,中国人民解放军陆军气象系统整建制全部转至地方,更好地为社会主义建设服务。1953年10月,山东军区司令部气象科转为山东省人民政府建制,改称山东省气象科。根据这项命令,石岛气象站的人员也陆续从部队建制转为地方建制,到了山东省气象台。到了1954年5月,我也转到山东省气象台。

是年2月,经省人民政府批准,山东省气象科扩编为山东省气象局,我们就隶属于气象局。虽说是省级气象台,但是由于气象工作的特殊性,我们的驻地设在济南北郊的无影山上,我的工作仍然是填图。填图小组只有两名工作人员,另一位也是女同志。与在石岛时一样,每天24个小时轮流值班。当时的交通不发达,想去一趟城里也很不方便,加之那时也没有电视、电脑和手机什么的,所以业余时间读书就成了自己最主要的消遣。由于我们小组工作任务完成得比较出色,

1955 年被中央气象局评为全国先进气象填图小组。

下面的两张照片就是我在山东省气象台工作时拍摄的。右图右侧的女同志就是我的搭档,背景是当时的山东省气象台的观测场。

1955 年拍摄于山东省气象台,右图左立者为莫珲

第三部分　奉调交通大学并扎根在祖国西部

我在山东省气象台只工作了一年多时间。到 1956 年 5 月,个人的情况发生了一些变化,因为我的未婚夫熊庆洋在交通大学团委工作,我就从济南调回上海,安排在交通大学,报到后分配在校长办公室工作。

其实在回上海之前,我并不十分清楚当时国家已经决定交通大学要从上海内迁到西安,到学校后才知道交大要迁校的情况,也知道了为了保证迁校工作的顺利进行,不在交大工作的教职工爱人可以调到学校,再一起西迁。5 月下旬,根据领导安排我同校办的几位同志先期到达西安。那时,我还不到 22 岁。从此,先后在校长办公室、人事处、动力二系、校长办公室外事组、外事处等部门工作,直到 1990 年 3 月退休。至今,我已经在西安交大的校园里工作、生活了 65 年。

一、虚心学习，尽快熟悉并安心在学校工作

我记得，1956年5月下旬时一起来西安的共7个人，校长办公室有李启高、张玉璋、贾传萍和我，人事处的两位是人事科张力生副科长和李佑师，还有保卫处的房栋田同志。除了最早到西安的基建和后勤人员外，我们7人应该是第一批西迁的行政人员。因为到了6月2日，交通大学迁校的先遣人员及家属50余人才到达西安，开始进行接运人员、设备和其他准备工作；7月20日，副教务长张鸿带领第一批教职员工和家属迁往西安；8月10日，副校长苏庄率领600余名学生、400余名教职工及家属，包乘的专列从上海出发西进。

借调到人事处，完成领导交办的第一个任务

我们到西安后，校长办公室临时安排在家属区一村第一宿舍办公，一舍就在现在一村西门北那栋五层楼的旁边，是一栋东西向的宿舍，早些年已拆除盖了新房。当时，从家属区通往教学区的路和学校东门都还没有修好。我在校办的时间很短，由于人事方面的工作量比较大，他们首批来人又少，所以不久我便被借调到人事处了，在人事科副科长张力生同志领导下工作，那时人事科科长宗慎元还在上海。实际上，交通大学人事处是1954年9月成立的，之前一直是科级单位。人事处成立时，下设了人事、学生、档案材料3个科。当时，学生科和档案材料科都还没有到西安。

直到现在，我还记得刚到人事处时张力生副科长交给我的第一个任务。

一天，张科长对我说：学校一位教师的孩子精神方面有些问题，影响这位教师备课，他想要把孩子送到精神病院去，希望学校能够帮助联系。张科长让我到西安市精神病院了解一下情况，看看能不能把孩子安排进去。

当时，我刚到西安没几天，连学校的东门和北门都没去过，心里非常紧张，但是领导交代的任务又不能不完成。学校的人都说不清楚怎么才能找到精神病院的所在地，问了当时在校园里干活的西安当地的工人，才知道了精神病院大致的地点在东南郊，需先乘7路公交车到和平门，转乘5路公交车到大雁塔站下车，再向东南方向步行。问

清楚了路程,第二天一早,我就登上了 7 路公交车。关键是我到了大雁塔公交站下车后,往东南方向的路两边全是农田,不要说公交车,就连人也见不到了。我一个人走在这样的路上,真的很害怕,但也只能硬着头皮前行。终于见到一位农民走了过来,我赶紧问他,到精神病院还有多远,他告诉我继续往前走,见到有树的地方就到了。又走了很长时间,才看到树和房子了。终于到了精神病院,我找到医生,说明了来意并介绍了那位教师孩子的情况。医生告诉我,目前他们医院只接受狂躁性患者,还带我去病区看了一下情况。病员穿的衣服袖子都很长,医生说,这样他们相互打闹时,不容易受到伤害。医生认为:这位教师的孩子病情没有这么严重,不适合来这里,对孩子不好。那天一个上午,我只办了这一件事。

现在回想起这件事,虽然当时没有办成,还是有些感慨,医生的敬业态度,给我留下了深刻的印象。那时的医院确实是把患者放在第一位的。还有,当时的社会治安确实好,人们朴实、真诚,我一个不认识路的年轻姑娘,一个人在农田的旷野中行走那么长时间也安全地返回了学校。

在上海报到时,学校就给我发了校徽,红底白字,仿毛体的"交通大学"四个字。当时非常珍视,离开上海前,本想佩戴校徽拍摄一张照片作为纪念,但因为时间匆忙没能如愿。到了西安后的 10 月份,拍摄了这张照片,保留至今。

莫珲调入交通大学后在西安拍摄的第一张照片

克服畏难情绪,尽快熟悉、胜任工作

我们刚到西安时,行政楼已经建好了,但各部门的办公用房还未分配,办公所需的家具也没有就位,所以行政部门先来的人都临时在家属区一村第一宿舍办公。行政楼装修完成后,人事处的办公室被分配到二楼的西边。行政人员陆续迁到西安后,人事科、学生科和档案材料科的工作人员也基本到岗,我仍然属于人事科。宗慎元科长 1957

年也从上海迁来西安,张力生副科长就调到后勤部门了。1959年,为了加强教师工作,学校又决定将人事科分为教师科和职工科,学生科和档案材料科保留。我要求留在职工科。职工科没有任命科长,副科长是李冰。宗慎元被安排到教师科担任科长。

其时,来到西安以后,我并没有想留在交通大学工作,特别希望能够到气象台去,一是觉得那是自己熟悉的工作,二是觉得自己干了好几年的业务,丢掉了太可惜。但是迁校伊始,人员比较紧张,各部门都急需人手,领导让留下我就留下了。当时,不要说同上海比较,就是济南也远比西安繁华。从火车站到交通大学校园,出了和平门全部是农田和果园,非常荒凉。而这片田野一直延伸到学校的教学区和家属区,家属区对面的西安动力学院也是刚刚组建的。生活方面的困难和不便就更为突出了,很多职工都是第一次离开上海,不论是饮食还是环境都很不习惯。

由于学校刚刚西迁,事情千头万绪,尤其是我自己从地方到了高校、从业务岗位到了管理服务岗位,不但换了一个环境,对大学情况一无所知,而且从未搞过行政工作,心里负担和压力都很大,感觉很不习惯。不是因为环境和生活艰苦,自己在部队时的经历远比这艰苦得多,而是因为不知道怎么才能做好行政工作,并为此而感到非常苦恼。那时,我最害怕的就是接电话。每次接电话人家问我什么问题的时候,我都不知道该怎么回答。后来,我就跟领导说了我不适合在学校工作,希望还是到气象台去搞业务的想法。人事科科长宗慎元听了我的想法后,同我谈心,耐心地做我的思想工作,希望我将工作需要放在第一位,并且教给了我一些工作方法。回想起自己参加工作以来,一直服从组织和领导安排,所取得的每一点进步,都是与党组织的教育、培养分不开的,我不应强调工作困难,应该虚心学习,尽快熟悉行政管理业务知识,尽早胜任本职工作。况且,自己还非常年轻,一切从头学起都还来得及。一个新的环境和一项新的任务,正好可以使自己得到锻炼。这样一想,我就逐渐安心工作了。

思想问题解决了,工作就有了干劲。首先是主动学习,我将当时能够找到的上级关于人事工作的政策、文件和交通大学相关规定都收集起来,利用工作空闲和业余时间经常翻看并熟记,遇到不懂或者不清楚的问题就虚心向老同志求教，观察老同志处理问题的方法，通过学习尽快提高自己的业务素质并掌握一定的工作方法。这样，经过一段时间的锻炼后，自己就可以独立地处理一些工作中的问题了，也不再惧怕接电话或者接待来访者了。

　　这里，我想特别提一句迁校时期的草棚大礼堂。经历过西迁的交大人都对草棚大礼堂记忆犹新，我也保存了一张与之相关的照片。照片上是苏庄副校长在主席台上讲话，下面坐满了教职员工。从照片上看，草棚大礼堂就是一个大大的棚子，四周用竹竿扎起来的框架上固定着竹席，中间没有一根立柱，给人的感觉棚顶很高、也很宽敞。我自己也在这张照片中，从左前方向后数，第四排那位梳着长辫子的就是我。虽然我已经记不清这次报告的内容了，但是在交大人的心中，这座并不特别的草棚大礼堂，却承载着那段从来也不需想起、永远都不会忘记的光阴。

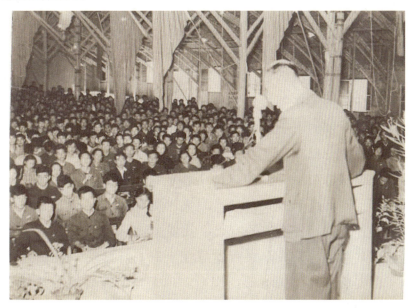

1957年苏庄副校长在草棚大礼堂作报告
左前方向后数第四排梳长辫子者为莫珲

二、被评为"西安交通大学社会主义建设青年积极分子"

　　迁校初期，我在人事处职工科的主要工作是负责由外单位调入的教职工爱人及毕业分配等人员的报到工作。我学习了1955年交通大学下发的《交通大学迁校方案》（以下简称《方案》）。《方案》要求全校教职工树立艰苦奋斗精神，做到"全面安排、充分准备"，克服一切困难，保证迁校工作顺利完成。同时对各项工作还做出了具体部署，对人事工作中教职工爱人工作调动问题，《方案》的要求是："及时调查，与有关部门联系，尽可能做到与搬迁同时调动，并妥为安排工作。"到了1957年4月下旬，交通大学党委常委、人事处处长林星同志（1960年开始担任西安交大党委副书记，"文革"后调到西北工业大学）也迁来西安，直接领导与西安市有关部门联系商洽教职工配偶调来西安后的工作安排问题，也给了各科室我们这些做具体工作的同志很多指导，加之自己对情况有了一定的了解，工作起来也感到顺手了。

当时学校已经充分考虑到教职工搬到西安后，工作和生活中会遇到的各种问题，并做了周到的安排，比如：已经在家属区建好了幼儿园和附属小学，孩子一岁半就可全托在幼儿园，星期一送孩子入园，星期六下午下班接孩子回家；正在读小学的孩子，一到西安就可以进入交大附小读书，这不但给教职工的工作与生活带来了极大的方便，也为外单位调入学校的教职工爱人创造了一部分工作岗位。当时，学校提出：原在小学工作的教师和从事幼儿工作的教养员，只要本人愿意，均可留在学校的附小和幼儿园，从事原来的工作。但有些教职工爱人是中学教师、医生、工程师、技术员等，还是希望在与原来相差不多的环境里从事与原专业相近的工作，这就需要与西安市的有关单位联系安排了。而这部分人，是当时人事处的工作重点，也曾经遇到过一些困难，记得比较突出的有以下几件。

有一位炊事员的爱人，来西安前在上海梅林罐头厂的流水线上工作，到了西安后仍然想做类似的岗位，但是当时西安没有这样规模的罐头厂，给她联系安排了两家单位，都不满意，还提出要回上海原单位，最后经过解释和劝说，留在学校当工人了。还有一位，是上海一家工厂的技术员，来西安后先是安排到校外的工厂，对工作岗位不满意，要求回学校来，当时校内实习工厂的技术员岗位已满，当教师讲课又有困难，最后安排在学校实验室工作，一段时间后她还是觉得不合适，只能再次给她联系市内的单位调出去。没有想到的是，"文革"后她又要求调回学校了。

当然，在"调爱"工作中，更有一些让我深受感动的事情。

有一位教师的夫人，她生在上海、长在上海，本人医科大学毕业是一名医生，有着良好的发展前景和优越的生活条件，但她为了支持爱人西迁，放弃了这一切，来到西安后安排在西安医学院（后更名西安医科大学，现西安交通大学医学部）附属医院工作，她不会骑自行车，当时的校园周围只有7路车一班公交，有时20分钟来不了一辆，乘车到大差市后还要再转一趟公交车，才能到达工作的地方。有时候，她爱人骑自行车送她去上班，后来她学会了骑自行车，就自己骑车去上班。冬天寒冷、夏天炎热，路又远，很不容易，但是她从无怨言，一直到退休都不曾向组织提出过任何要求。

还有一位体育老师的夫人，在上海是教中学体育的，刚刚迁来西安时，学校的附属中学还没有建立（西安交通大学附属中学成立于1959年），她先后在学校教学法科和图书馆工作了一段时间，后来安排到一所回民中学教体育课。交大西迁时，两位老师的孩子刚刚断奶，没办法照顾，只能将抚育孩子的重担留给了上海的奶奶。因为她早上要带领学生做早操，为了不耽误每天的早操，她在周日晚上就必须返回工作的中学，直到下个周六才能回家，非常辛苦。

这些事例都说明，当年为了支持交通大学西迁，我们的很多教职员工及亲属都做出了牺牲，这不仅是生活方面的不习惯，更包括了家庭、个人的事业与前途等，但是大家选择了西迁，就扎根在这里，有了困难自己克服，遇到问题咬牙坚持。这些使人感动的事迹，也促使我更加努力地做好自己的工作。

迁校期间，由于已经建好了幼儿园和附属小学，幼儿和小学生随家长到西安后，入园和读小学都没有问题，但当时还没有附中，所以安排随家长来西安的中学生就读也是我们的一项工作。当时跟随家长来到西安的已经有几十名中学生，大都安排在西安市第二十六中学。二十六中学校址在建国路中段，当时我们之所以选择这所学校，应该有三个原因：一是二十六中办学历史比较悠久，是张学良将军为解决东北军将士子女的入学问题，于1941年创建的；二是二十六中同时设有初中部和高中部，而当时有些中学是没有高中部的；三是距离交大比较近，这点最重要。当时，学校每天早上派校车送中学生到学校，中午他们大多带饭或在学校附近买着吃。下午放学回来时，就乘公交车。有时候孩子们会碰到农民赶的马车，可以搭乘一段。这种情况持续到1959年，经学校多方争取，陕西省教育厅决定将位于交通大学家属区二村东北方向的原西安市第四十四中学作为交通大学西安部分附属中学，教职工在初中和高中学习的孩子就在自己的附中读书了。

在人事处我除了完成上述工作外，还经常帮助机关其他部门的同志做些事情。比如，迁校初期，教职工来西安后的户口由保卫处统一负责办理落户手续，这无疑给教职工带来了很大方便。但是这项工作当时只有房栋田同志一人负责，工作量特别大，还不能出差错。所以，只要我工作空闲时，就主动去帮助他。

从1956年迁校开始，到1959年7月国务院正式批准成立西安交通大学和上海交通大学，9月彭康被任命为西安交大的校长兼党委书记。9月23日，彭康校长在全校大会上正式宣布了国务院关于交通大学西安、上海两部分分别独立建校的决定，号召大家积极努力工作，一定要把西安交通大学办得更好。这标志着交通大学迁校的历史使命已经完成，教职工的"调爱"工作也基本结束。

写到这里，不由得想起1959年是新中国成立十周年，国家十分重视，在当年的"十一"前后有很多大型庆祝活动。陕西省在10月1日也举办了盛大的群众游行，曾经见到过一张1959年国庆游行队伍通过新城广场的照片，那是西安交大庆祝建国十周年的方队，也是交通大学迁校后首次以"西安交通大学"的校名亮相古城西安。当时，学校举办了诸如体育比赛、文艺汇演等很多活动，我还保留着一张当年我所在的演出队参加学校的联欢活动后在兴庆宫公园的合影。

回忆迁校那几年，我从一个完全不懂行政管理的"门外汉"，到初步学会和掌握了做好本职工作的知识和技能，能完成自己承担的各项任务，还积极参加共青团的工作，担任了学校教职工团工委委员。由于工作有一定的成绩，曾经受到人事、保卫党支部（当时党员人数较少，人事处与保卫处同属一个党支部）的表扬，1959年还被评为"西安交通大学社会主义建设青年积极分子"。这段经历也为我以后的工作打下了良好的基础，自己作为交通大学西迁的见证者和参与者也感到自豪。

1959年国庆联欢后拍摄于兴庆宫公园

前排左四为莫珲

三、收集资料、设计报表,做好人事统计等工作

随着在人事处工作时间的延长,我体会到,各种基础资料的收集、积累并保证其准确性,是做好人事工作的关键环节和重要基础,特别是文书工作,其主要任务可以划分为两大类:一是文件与档案资料的收发、分办、传递、督办、整理和保管等;二是各类报表的统计、上报、存档等。这其中的很多环节都与数据统计关系密切,加之迁校期间的人员变化频繁,数据统计工作的及时性就更加突出了。还有,交通大学迁校过程中,高等教育部所拟定的《1955—1957年高等学校院系调整及新建学校计划》也正在实施过程中,所以那几年交通大学西安部分的机构变化快,人员变化也非常大,我记忆比较清晰的有以下几种情况。

1956年交通大学开始迁校,虽然迁校前就有西迁的人员名单,但实际名单上有不少人没有来,名单上没有的却来西安了,特别是由全迁改为主体西迁后,人员又经历了一次调整,直到1959年明确两校分设,人员才算是基本确定下来。

1957年,高教部决定西安动力学院并入交大西安部分,除了交大原有的系外，增加了纺织、地质、采矿、水利等系；行政工作部门也是两套人马，超编现象比较严重，根据工作需要和编制情况进行调整，这项工作持续了一段时间。

1958年"大跃进"时期，实习工厂及各实验室急需要增加工人，当时从陕西农村招收了近200名工人当学徒工，补充到工厂及实验室；为了适应国家建设发展需要，在彭康校长的力主下，学校兴办了一些新系和专业。记得1957年交大在西安部分重建无线电工程系，而工程物理系则是1958年10月成立的，时任交通大学党委常委和人事处处长的林星同志就被委派兼任了该系的党支部书记和系主任。新系建立后，还有设置专业，比如在工程物理系下就成立五个专业教研室，分别是：核反应堆工程专业（代号810）、实验核物理专业（代号830）、加速器（电物理）专业（代号860）、放射化工专业（代号802）和核材料专业（代号821）。为了支持这些新专业的发展，学校留了一批当年的毕业生，还安排了一些四年级的学生提前毕业，并派他们到外校进修，然后充实到新专业。除了以上情况外，那段时期，各类人员也增加很多。如：1959年分配来数十名技校毕业生，安排到各专业的实验室；1960年，因基础课教师缺员严重，分配来了一些数学、化学的毕业生，充实基础课教师队伍；后来从部队分来了几十名复转军人，也要安排适当的岗位。

因为院系调整，有进来的和增加的，就必然有分出去的。如：采矿、地质两系于1958年暑假起独立，建成西安矿业学院（现西安科技大学）和西安地质学院（现长安大学之一部分）；1960年8月水利系、纺织系调到新成立的陕西工业大学。随着系和专业调出，教师等人员也随之转移出去。

上述的这些频繁调整，各单位人员也在不断变化，但人事处的一些资料与统计工作却没有及时更新，这种情况使原始资料的准确性大打折扣，影响了人事处与校内部门的信息交流与共享。为解决这个问题，针对迁校初期的实际，我结合自己的体会和人事工作的需要，首先设计了几种专业技术人员统计报表。这些表格有总表和分表，分表由各系、教研室（专业）负责统计，内容为专业技术人员如教授、副教授、讲师、助教、教学辅助人员等相关情况，总表分为两级：一级为系级汇总；各系上报后，人事处做全校汇总。这类统计，每个学期进行一次。这样可以准确地统计出各类人员情况，也掌握了各系、教研室（专业）人员的流动情况。在完成专业技术人员资料统计的同时，我又设计了供学校机关行政部门等单位使用的报表，将全校人员都纳入统计范围，为此，我还缮刻、油印了全校干部名册及其他资料。这样，我陆续设计了10余种报表，满足了全校各类人员统计的需要。

应该说，这一工作花了我很多时间，但是作为一项基础的工作是非常必要的，改变了过去人事资料不全、统计数据不准确的现象，还为以后来人事处工作的同志提供了可靠的依据，方便了他们的工作。从那时开始，人事处就坚持定期做统计报表，直到"文革"前。

四、在陕北神木贺家川高家塔村下放劳动

干部下放劳动始于上世纪50年代末期。从1957年到1959年，中共中央连续下发了《关于各级领导人员参加体力劳动的指示》《关于下放干部进行劳动锻炼的指示》《关于干部参加体力劳动的决定》《关于坚决贯彻执行"各级干部参加体力劳动的决定"的通知》等文件，要求：凡是没有经过劳动锻炼、缺乏基层工作经验而又有条件参加体力劳动的干部，特别是青年知识分子干部必须分批下放进行劳动锻炼。根据中共中央的决定，高校的教师、干部及实验员，都在下放劳动锻炼的范围。西安交大从1958年开始安排下放劳动，每期的时间长短不一，最长为期一年，地点是陕西的农村，但每次的具体地方不同。记得大范围的有三批，每批约一百多人。1958年第一批下放的地点是西安市郊区的黄桑甫乡，1959年第二批去了延安周围的农村，1960年下放地点在榆林神木的几个公社、生产队。

我属于第三批下放劳动的人员，地点是神木。那时的交通很不方便，从西安乘车出发，到延安住了一晚上；第二天下午到达绥德，又住了一晚；第三天才到榆林再到神木。在这里我们又分成小队下到各生产队，我同两名教师、三名干部和一名实验员共6人组成一个小队，被分配到位于神木县城南十四公里处的贺家川高家塔生产队，吃、住在农民家里。当时，这个生产队只有二十多户人家，都姓高。1960年国家正处在三年困难时期，加之陕北本身的贫困，农民生活条件非常

艰苦。高家塔又处于黄土高原丘陵沟壑区,没有平整的农田,土地都在塬上,被沟壑切割成条块状。村子东边有一条窟野河穿村而过,冲击所形成的一点河滩地,种着些南瓜、土豆等。塬上的地只能种黑豆,所以农民用黑豆粉做成的窝窝头,在当时就是很好的食物了。在那里待了近9个月的时间,我们没吃过一次玉米面,更不要说大米、白面了。但按当时的规定,我们每人每月有40斤定量,可以买大米或者面粉。我们从粮站将买回来的面粉,全部交给我们住的农户,他们要用面粉给我们做饭时,我们会坚决不同意,让他们留给孩子吃。每天我们跟着社员一起上塬劳动,中午饭也在塬上吃,有社员专门送来,每天都是每人一个黑豆窝窝头,还有水。村庄周围和塬上的枣树很多,所以在枣子成熟的季节,我们劳动回来总能看到住处的桌上有不少枣子,有生枣也有煮过的,也不知道是哪户人家送来的,但从中却能看到陕北农民的淳朴和善良。

听老乡说,那条窟野河每年都要涨水甚至发大水,因为当地的煤矿丰富,而且大多为露天煤矿,涨水时就会有很多煤冲下来,村里农民就去打捞,因此每户的房前屋后都堆满了大块黑油油的煤。老乡还说,涨水时还会有很多鱼,但是他们不吃鱼,捞上来后就作为肥料埋在地里。窟野河每年哪个月会发生涨水,那里的人们都大体上知道,但是具体哪一天就不一定了。而就是这个"不一定",偏偏让我们赶上了,还差一点出了大事故。那是西安交大下放劳动的带队干部到各小队来走访、看望大家,从我们小队离开时,需要趟水过窟野河到对面的小队,我们送几位带队的同志到了河边,看着他们过河。他们下河时,水深还不到两尺,但他们刚刚走到河中间,突然上游的大水就冲下来了,由于水势非常大,仅一瞬间带队的干部在水中已经站不稳了,情况非常紧急。这时高家塔生产队的副队长和几名社员,马上跳入河中,挽扶着几位带队干部,把他们送到了对岸。要不是生产队的老乡们,后果真是不敢想。

在高家塔,我和陈香凝一起住在一位老大娘的窑洞里。窑洞的炕很大,我们睡一边,老人睡一边。她的老伴是1933年参加革命的老党员,那时已去世了。她只在河边的滩地上种点瓜、菜,屋里除了几只缸,堆了几个南瓜,再也没有什么东西了。农民的生活条件实在太艰苦了。

下放期间，我们也经常帮助老乡们做些事情。一次一位老人拔火罐，不小心被烫伤，后来又发炎了。刚巧我们小队的一位同志带了消炎粉，我就去为她清理伤口涂药，然后用纱布盖上。当时也不知做的对不对，后来又换了一次药，没几天老人的伤口就好了。这事传遍了生产队，老乡有病就要我们去看。他们很少用药，有的人甚至从来没有用过药，所以治疗效果好。村里的孩子们在枣子快成熟时就用竹竿打，落在地上捡起来就吃。很多孩子的脸上都有白斑，说明肚子里有蛔虫，可是我们没有药，也帮助不了他们。

我们在高家塔村待到8月底，9月份转至公社，参加了"大炼钢铁"运动，12月初返回学校。回来时，我们走的山西。渡过黄河，先到了山西的兴县，然后乘火车到石家庄，再转火车到西安。回校后，因正是困难时期，粮食特别紧张，单位很早就组织大家去找野菜，自己做成小球藻等。当时，有的中专、技校已经停课，学生都回家了。这时才知道，这一年我们在农村能吃到黑豆、南瓜等，真算是好的食物了。而且在农村下放虽然艰苦，却没有人患浮肿病。

接着，下放大队进行一年的总结，我还受到了表扬。学校这时也开始放寒假了。不知为什么，我开始发高烧，去医院做检查，经过化验是颈淋巴结核已经化脓，幸好已回到西安，整个寒假基本上跑医院看病了。

五、完成了200余卷档案资料清理与归档工作

交通大学1956年迁来西安后，人事处每年所形成的文件、资料都堆放在一间屋子里。当时学生工作也归属人事处管理，学生名册、学籍等资料更多，也堆放在一起。按理，这些都是应该及时进行整理并分别归档的。但由于各种原因，这件事情一直没有人管。没有想到的是，这项工作最终还是由我承担了。

那是1961年初的事情。在我们下放前，领导曾经说过：劳动结束返回学校后，除了教师其他人员会重新分配工作。我根据自己的情况，向领导提出希望能安排自己去图书馆工作，因为我觉得做图书编目也很好，环境安静。但是，我的想法并没有实现，因为职工科副科长李

冰同志对我说:"教育部下发了文件,要求各高校清理近几年的文件,并按要求整理归档。你回来了,这个任务就交给你了。"于是,整理文件和档案资料这个任务就落到了我的身上。

当我来到堆放档案的房间,看到那些文件、资料杂乱无章地叠摞在一起,乱糟糟的满是灰尘,心都跟着乱了,真不知道应该从哪里下手为好。但是我对待工作的态度历来是:既然接受了,就得干好。怎么才能干好,就是接下来要思考的问题了。站在房间里想了半天,我决定:首先把所有文件按年度大体分别堆放,于是动手干活。在对所有资料、文件大体分拣后,就进入实质性工作了。

按照文书工作的要求,档案整理必须依据各类文件、材料形成的基本职能,并结合其内容、特点以及载体形式,区分文件和材料的价值,保持档案之间的有机联系,确定档案的保管期限,便于保管和利用。根据上述基本要求,凡是在人事工作中形成的,具有查考和保存价值的文件、材料,包括收文、发文、内部文件、会议文件、电报和电话记录、图表(册)及处内编印的资料等,均须整理并作为档案保存。于是,我对已经按年度分好了的文件再进行基本的分类、组合、排列、编号。这样的工作要查看几次,因为不论是年份、类别、排列搞错了,一旦编写了目录,不但改起来要花很多时间,而且对于以后的档案查找、利用就会造成很大困难。所以,在档案整理过程中,这个步骤最花费时间,最需要耐心。另外,每一份文件在形成与执行过程中都要经过很多程序,比如:一份发文,要有发文稿及领导批示的签批;一份收文,要有收文处理单、拟办单、有的还要包括执行情况汇报等,这些都要收集齐全,不能有遗漏。对分类后的文件、资料经过反复检查,确认基本无误后,就开始进入立卷和编目工作了。

这样,在10个多月的时间里,我独自一人完成了1956年至1960年五年时间人事处全部文件、资料的整理工作,包括交通大学迁校时期形成的与人事工作相关的所有文件、资料,建档200余卷,全部交学校档案馆归档,受到了人事处领导及校办的表扬。完成了这项工作后,我又回到职工科原来的岗位上。1961年后,文件资料的整理、立卷、归档成为一项例行工作,每年都按照学校的要求,按时完成整理,上缴人事处,由人事处将各科室文件一并上缴校办,由校办核实认为合格后，送交档案馆存档。

在完成档案的整理、归档过程中，我不但对档案整理工作对于一个单位的重要性有了比较全面的认识，而且对文书在这项工作中所起的作用有了更深刻的理解：文件、资料是档案的前身，档案是文件、资料的归宿，而文书处理就是联系文件、资料的"前身"与"归宿"之间的桥梁。所以，文书工作是否认真负责，将直接影响档案的质量。人事档案的齐全、规范还在工作中有着承上启下和重要的佐证作用。这里仅举两个例子：一位曾经在西安交大机械系工作的实验员，在三年困难时期因本人要求离职回到上海。"文革"期间她回到学校，要求复职。那段时间，原人事处的工作人员大部分已调离，我也调到动力二系工作了。人事处经办这件事情的人找到我，询问当时的情况。我记得非常清楚，这位实验员要求离职时，人事处职工科的副科长陈静芬专门同她谈过，提醒她慎重考虑，离职回到上海是没有单位会接收的，离开西安交大就等于失业。但她根本不听劝告，写了离职报告，态度十分坚决，领导只能同意，她离校手续就是我给办理的。于是，我告诉来找我的人，去档案室查人事处的有关文件档案，一定可以查到她的离职报告，果然就查到了。因为离职是她自己要求的，所以学校就没有同意她复职。如果这份档案没有归档，这件事情的处理或许就不容易了。还有一件关于20世纪60年代初"精简"职工的事情。当时，由于国家遭遇了严重经济困难，中央决定实行"调整、巩固、充实、提高"的调整国民经济"八字方针"，要求"大量精简城市人口"，先后下发了与"精简"有关的文件。按中央文件规定的条件，学校精简了1958年在农村招收的一些学徒工。但是在"文革"期间，被精简的人找到学校，认为当时的精简处理有问题。人事处的同志再次找到我询问情况。我告诉他们：当时，学校是按照国家文件规定执行的，包括精简对象的条件、回乡发给的补贴、路费等，与精简有关的文件和精简人员的名单全部存档。我还告诉人事处的同志，让他们到档案馆查找1962年"精简类"档案一定会找到。果然，档案材料证明：学校当时完全是按文件规定办理的，为"精简事件"的妥善处理提供了依据。这两件事都从侧面说明了档案资料在关键时刻所起的作用。

六、彭康校长的一句话，使我们更加认识到基础工作的重要性

迁校以前彭康校长在上海工作的时间多些，1959年分设两校后，彭康校长就基本在西安工作了。他的办公室在行政楼三楼西面一间朝北的房间。

大约1964年的一天，时任人事处处长王敏颐同志召开全处工作人员会议，传达彭康校长在全校系、处级领导干部会议上的讲话。王敏颐处长谈了其中的一个情节，她说，彭校长在这次会上说了一句话：他是"张宗昌带兵，不知道自己有多少兵"。张宗昌是民国北洋时期奉系军阀头目之一，不但荒唐而且糊涂，当时被称为"三不知将军"，其中一条就是不知道自己有多少兵。王敏颐处长表示，彭校长将自己比作张宗昌，对她的震动很大，这是校领导对人事处工作的严厉批评。人事处是负责全校机构与编制管理、岗位设置、师生员工、学生等各类人员调配及日常管理的职能部门，各类人员的数量是学校的基本家底，确保各类统计数据的精准是人事工作的基础，主动、及时向校领导提供这方面的情况是我们的基本职责，而我们没有做好这项工作是失职、失责。人事处领导经过认真研究，决心把这项基础性工作做好，把学校的全部机构和人员等家底弄清楚，并安排以我为主负责。

首先，我们在人事处原有的全校人员名册的基础上，设计了一份简易的人员名册，内容包括单位、姓名、性别、党派、职务（职称）等内容，简易表格设计完成，我们带着这份表格深入到各系、处，与负责该项工作的同志逐一进行核对，确实发现了人事处同被核对单位两方面人员信息不相符合的问题，找出原因后做了更正。在进行这项工作中也发生过一些小插曲和小误会，最突出的是有的系、处见人事部门如此认真地核对人员，以为要进行人员编制调整了，就要求不能将长期生病人员（有的已病休几年）计算在本单位的人数内，虽然我们一再说明，这次核对仅是一般性的人员信息核对，不涉及编制问题，教育部也没有重新定编的通知，但是基层单位不相信，坚决不同意将这部分人列入到本单位的花名册中。我们只好将这一情况向人事处长做了汇报，后经商量决定先将长期生病人员收回人事处，将来再在报表中专门列一项。这种情况，就是这样一个系、一个处地核对，使全

校的各类人员名册达到了与各单位名单的一致。接下来就是同总务处财务科（当时学校还没有设立财务处）负责工资工作的同志核对各单位的工资发放名单了。在核对中，发现的一个最突出的问题是：有的教师因工作需要临时借调到另一系时，为领工资方便，就自行通知财务科工资组将工资转入临时工作单位。在"文革"前，每个月发放工资时，财务科的工作人员都会分别下到各单位，将工资直接发到每位教职工的手中，工资袋的口都是封好的，袋上粘贴着本人的工资发放条。财务科的这种深入的工作作风，确实是给教职工带来了方便。但是从人事管理角度看，要求人事关系的接转归口在人事处，在校内各单位转入、转出均应以人事处的通知为准，这样才能够做到学校、单位、工资发放三方一致。我们请财务科以这次核对的名单为准，编造各单位的工资花名册进行发放。今后，也要以人事处的通知办理工资转移关系。

　　以上工作虽然用了些时间，但这是人员统计的基础，通过核对，保证了各类人员的准确无误。有了数据就可以设计表格了，为全面掌握情况，我们在尽量把表格设计详细的同时，还分别制定了一些专用统计表，包括：系、教研室统计表，行政单位人员统计表，教辅人员统计表，附属单位人员统计表等。最后，还设计一份总表，将全校人员进行汇总。另外，对增减人员和长期生病人员在备注栏内说明。这样，完成了全校教职工人数统计。考虑到人员是不断地在变动的，因此规定了统计上报制度：每月由人事处与财务科工资组进行月核，每学期由人事处做出汇总报表，并报学校领导。

　　当时，我们完成了这项工作后，人事处领导向彭康校长做了汇报，并请他过目了我们设计的各种统计表和人员汇总情况，彭康校长也很满意。从那时起到1966年"文革"前，我们一直坚持做好这一工作，但"文革"开始后，这项工作也被打乱了。

　　当然，那时高教部和陕西省也发文或者召开会议，对统计工作提出一些要求。记得"文革"前陕西省高教局召开高校统计工作会议，人事处领导安排我去参加。我来西安已经快10年了，还不知道高教局在哪里，还是一位同事说在莲湖区。我来西安后去的最远的地方就是1956年6月初到精神病院那次，而当时感觉莲湖区距离我们住地很远,公交车也没有现在这样便捷。同事告诉我,到高教局要换乘两次公交,下车后还有一条很长的巷子需步行。我想,考虑到等车和走路,我必须提早出发,决不能迟到。经过不大的周折,我终于第一个到达高教局。那时的高教局,给我的印象就是一栋普普通通的办公楼。其他高校的同志们陆续到达后,会议准时开始。没有想到的是会议进行中又有一所高校的工作人员来了,省高教局主持会议的同志就有些不高兴了,批评他说:人家交大比你们学校远很多都到了,你还迟到。其实,对于自己来说,平时上班按时到岗是最起码的要求,交大各职能部门的工作人员都是这样做的,这是交大的好传统。而接受学校的派遣去参加会议或者参加活动,代表和反映的是学校的形象与风貌,遵守时间规定不迟到,不但是对组织者的尊重,更是体现了一个单位作风。即使有困难也应该自己想办法克服和解决。另外我们之所以能够做到这一点,也与西安交大的幼儿园是全托制有很大关系。教职工的小孩到了一岁半就可以送幼儿园全托,每周六接一次,这也给我们的工作带来了很大的便利,使我们能够全身心地投入到工作中。

七、我在十年动荡岁月中的经历

应该说,自交通大学迁校开始后,就同整个国家一起经历了一系列的政治运动:从1957年开始的"鸣放""反右"和干部下放劳动,1958年的"大跃进""大炼钢铁",1959年开始的"反右倾"等等,从没有间断过。紧接着,又遭遇了三年困难时期。刚刚平静了几年,"文化大革命"又开始了。在这些政治运动中,从上到下做了很多傻事、错事,西安交大的很多师生员工也受到了伤害,这其中就包括了我们尊敬的彭康校长,这是留给西安交大人心中永远的痛。我在学校是一名最基层的工作人员,这里只是简单地回顾一点自己在"文革"前和"文革"中的部分工作。

那是在"文革"前夕的1966年3月,学校接到了教育部的通知,要求统计我校各类人员的工资情况,要求填报各种报表。当时人事处的同志认为,这应该是国家为调整工资在做调研和准备吧,因为自从1956年全国进行工资改革,实行全国高校统一制定行政、事业单位职务等级工资制度后,只是在1963年解决工资突出问题时有大约30%

的人调整了工资。所以，这次摸底工作给大家带来了希望：总算要增加工资了。

处领导再次决定由我主要负责这项工作。教育部的报表很多，分类也很繁杂。但是我们有了从1964年开始的统计工作基础，再做这些报表就容易多了，我们很快就完成了任务。报表做好，王敏颐处长审阅后，要我把报表送给彭康校长阅示。于是，我第一次走进彭校长的办公室，室内除办公桌外，对面有几把椅子，墙边有书柜，一张小桌上放热水瓶和杯子，非常简单。报表按规定时间上报了教育部，大家都期待很快会有调整工资的好消息传来，结果到了1966年6月"文化大革命"就开始了，工资调整也再无下文了。

"文革"开始后，学校的教学与工作秩序便陷入混乱，但是我尽量做好自己力所能及的工作，坚守实事求是的原则，绝不人云亦云。这样，自己就能正确地对待和处理一些问题。比如，"文革"初期工作组进校后，有些同志遭到了诬告时，我能以对同志负责的态度，证明他们的情况。

1971年，人事处的许多工作人员都调到各系了，如，王敏颐、王琦和我都调到了动力二系办公室，做行政文书工作。应该说，虽然当时是处于"文革"当中，但我还是学习到不少管理方面的业务知识。特别是我到动力二系不久，西安交大就根据教育部安排开始招收"工农兵学员"，学校又有了活力，教师们开始忙着备课、讲课，也使我们的工作内容增加了许多，我当时主要负责办公室日常工作及"工农兵学员"的助学金和困难补助等工作。在这过程中，我能做好调查，深入了解学生们的情况，及时向学校有关部门反映助学金工作中存在的问题，并有针对性地提出建议，较好地完成了这方面的任务。所以，动力二系的一些"工农兵学员"我大都认识，他们中的有些人留校工作后还成为学校的领导干部。

现在回忆学校的这段历史和自己的工作，有一点比较深的感想：在国家和社会的大环境中，任何单位和个人包括西安交通大学都不可能游离于政治运动之外。这些政治运动对正常教学、科研活动带来了极大的冲击和干扰，但是西安交大的很多教职员工却能在艰难困苦中以自己的努力，尽可能地做好工作，这在一定程度上弥补了因政治运动而造成的损失。这应该就是西安交大的与众不同之处,是经历了西迁的交大人追求理想、执着于事业的家国情怀的具体体现。

八、努力做好西安交大外事工作

"文化大革命"结束后,恢复了高考和招生,学校的一切工作都步入正轨。教职员工的积极性也得到了空前提高,大家都想把被"文革"耽误了的时间夺回来,总感到有做不完的事。这时,我的工作也发生了一些变化。

重回校长办公室,承担了改革开放后的外事接待等工作

那是 1980 年,人事处通知,要调我到校长办公室工作。这时我已经在动力二系工作了多年,尤其是已经熟悉了"文革"后系办公室工作的基本程序和要求,对如何做好本职工作也有了自己的规划,而且与系领导和办公室的同志们相处很融洽,不想再调换单位。但人事处说这是工作需要,最终自己还是服从了组织决定,到校长办公室报到。这样,我在离开 24 年后又一次回到校办工作。当时,担任校长办公室主任的是张肇民同志,他是一位抗战时期参加革命的老干部。

1978 年底召开的中共中央十一届三中全会,确立了把党和国家的工作重心转移到经济建设上来、实行改革开放的伟大决策,在中国历史进入社会主义现代化建设新时期的同时,我国的高等教育事业也开始了长足的发展。学校各个方面的工作都摆在面前,各部门都处于忙碌之中,大家的心愿是把在"文革"中损失的时间夺回来。校长办公室也一样,由于人员较少,每个人都承担了几个岗位的工作。刚到校办时,我主要负责全校的数据统计与资料收集、汇总和接待、处理来信来访,同时还要完成领导交办的一些其他工作。由于工作刚刚步入正轨,当时的各种报表特别多,除了月报、季报、年报外,还有很多临时性统计,而且这些工作大都是教育部(国家教委)和陕西省高教局(省教委)要求的,不能出现差错。那时计算机应用还没有普及,全部是用算盘手工计算,不但资料收集要全面,而且统计也需要非常细致。

时值改革开放初期,学校同国外的联系与交流逐渐多了起来。当时学校没有专门的外事工作部门,一些涉外工作和外宾接待等事情开始由校办负责。为了做好这方面的工作,张肇民主任在校办下成立了

外事工作组,负责涉外联系与外宾接待工作。这个组只有我和陈香凝两名工作人员,而且我还要同时完成原有的工作。好在那时的外宾还不是很多,而且主要以"迎来送往"为主,我们两人倒还是可以应付。

记得外事组成立后不久,外语系请了一个美国老师来西安交大讲学,学校里没地方住,当时外宾楼(现在称专家公寓)还没有建好,我们就积极同西安市有关部门联系,安排他住到了人民大厦。那时,人民大厦是西安市最好的宾馆。后来这个美国老师又提出在学校里面上班,需要一间办公室。改革开放初期,学校的办公用房非常紧张,外语系多方协调,给他安排布置了办公室,办公室所需的物品系里购买后由校办报销。这期间。教职工在海外的亲属有回国探亲的、还有曾在国外工作过的教师的同事来中国看望他们,校办也协助承担了相应的接待工作。

西安交大成立外事工作处,我是最早的工作人员之一

随着改革开放的不断发展,学校的对外交流逐渐繁荣,广度和深度都在扩展,工作量迅速增加,单靠校办外事组已经不能适应工作需要。这时张肇民同志已经担任西安交大副校长,他认为从长远看应成立一个专门的机构来负责外事方面的工作。在他的倡导下,学校决定成立外事处,后改称国际合作与交流处。外事处正式成立的时间应该是1981年,第一任处长是赵可斌,时间不长,他就调到国家教委外事司了,后来又到驻外使馆工作;副处长是凌安谷,不久他也调到学校纪委工作了。外事工作独立后,仍然由张肇民副校长分管。张肇民调任陕西师范大学党委书记后,外事工作就由戴景宸副校长分管了,他当时还兼任外事处处长。记得,外事处成立后不久,学校还召开了第一次外事工作会议,总结工作,研究建立了外事工作的一批规章制度。西安交大可能是陕西省第一个成立专司外事工作部门的高校,这也从一个侧面说明了学校在改革开放后对国际交往的重视。

在外事处成立前,学校的很多涉外工作都是由机关部门和各系分别承担的,比如教师办理出国手续就是人事处负责的。我曾经听金属材料及强度研究所的何家文教授说过,1978年教育部为了在全国高校教师和科研机构的研究人员中选拔出国进修和留学人员,组织了一次由教育部统一命题的全国外语统一考试,我校有47名老师通过,在全国高校中名列第二。当时外事处没有成立，教师们的出国手续都是由人事处负责办理的。外事处成立以后，这一工作就转过来了。接着，聘请国外专家来校讲学，学生公派留学及个人出国，国外的大学来校访问、交流等事宜都归口到外事处。再后来，根据学校规定，外事处陆续承担了以下工作：接待来自世界各国的访问学者和外籍教师，授予国际知名人士和学者各种名誉称号，重大外事活动的策划、协调、安排及落实，管理各类国际合作与交流项目，举办国际会议、讲座、研讨班，统筹协调全校涉港澳台地区交流计划、项目及访问活动的策划和实施等工作。

外事处的摊子刚支起来时，除了处领导外，工作人员只有两人，我是其中之一，另一位是白光第同志。白光第南京工学院毕业后留在该校工作，他是陕西白水人，当时爱人和孩子还在农村，所以请求调来西安交大，人事处还没有给他安排工作，刚好外事处成立，就安排到外事处来了。于是，我们成为同事。开始时外事处的所有具体工作都由我们两人承担。由于校领导的重视和处领导的争取，工作人员陆续得到充实，有从学校内各系调来的，有毕业后留校工作直接分配的，还有从校外单位调入的。这样，外事处的人数逐渐增加到十几人，先后设立了处办公室、外国专家工作组、外事接待组、出国人员（包括教师和学生）手续办理等机构，明确了分工和职责。学校的邵逸夫科学馆建成后，外事处就搬到科学馆办公了。后来，外事处又经过了几次机构和人员的调整与补充，曾将各工作组升格为科室，并增加了出国科等下设科室，配备了科级干部。到我退休前，外事处更名为"西安交通大学国际合作与交流处"，下设处办公室、国际交流管理办公室、港澳台事务办公室、国际项目管理办公室、出入境管理办公室等机构，后来还承担了丝绸之路大学联盟秘书处的日常工作。

提高自身素质，做外事工作的内行

高校外事工作具有很强的政策性、专业性和纪律性，其性质决定了外事部门是学校进行国际交往的窗口和桥梁，外事工作人员的言行、举止都代表着学校的形象，影响着学校的声誉，这就要求外事工作者要具备良好的道德与较高的文化素质。

要做好外事工作，最基本的一条是必须熟悉、理解并掌握国家涉外工作的相关政策和法律，这是涉外交往的基本原则和我们从事具体工作的行为准则。这就需要我们不断学习，将国家的方针、政策、法律、法规牢记在心里，以指导自己的工作。在学习国家涉外工作文件的同时，还必须学习外事管理的相关知识和学校内部对涉外工作的规定，以提升自己涉外工作能力和业务水平，把握处理日常工作和相关问题的方式方法。

自觉遵守外事工作纪律也是非常重要的原则。在接待外宾和处理涉外事务过程中，不管遇到什么情况，都要做到方向明确、思想坚定、应对自如。牢记"外事无小事"的原则，严格按规章制度办事，维护学校的利益；不利用工作之便索要礼品、谋取私利；不私自主张或答应外国客人提出的不合理要求；特殊事情必须及时向主管领导汇报、请示，按领导指示或安排办理。

注重外事礼仪。世界上不同的国家、民族，由于不同的历史、宗教等因素，其风俗、习惯和文化有很大差异，要提前做好功课，了解清楚接待对象风俗、习惯和礼节，要做到服饰得体、仪容整洁、举止文明。外事礼仪不仅能体现出外事人员自身的修养，也是对外宾的尊重。

在我工作期间，外事处的同事们都能努力学习掌握国家的涉外政策，自觉遵守外事纪律，以良好的精神风貌做好外宾接待等工作，从未出现过什么问题。

在外事处内的多次机构和人员调整中，我一直都在处办公室担任秘书，而且在我退休前，处办都只有我一个人。做过机关工作的人都知道，处级单位的办公室就是这个部门的后勤与保障，处办秘书承担着处内的日常事务管理。外事处秘书的主要工作有文件的管理、传阅、督办及报告的汇总，印鉴使用，接待室和固定资产管理，经费预算、财务报销等工作，同时还要协助处长联络校内各有关部门和协调处内下设科室及机关作风考核等工作，还要完成处领导交办的一些临时工作，如人事招聘、协助安排外宾、组织国际会议等等。这些事情使我每天都处于忙碌之中，好在自己多年从事机关工作，积累了处理日常事务的经验，比较善于区分轻重缓急，总能有条不紊地安排各项事情，保证了工作任务的按时、圆满完成。

还有，外事处的处领导基本上是教授兼任的，即"双肩挑"干部。

他们除了处里的工作外,还要完成教学与科研任务,所以他们并不经常在外事处坐班,很多事情处领导交办后都需要办公室秘书具体协调、处理。也得益于自己是外事处最早的工作人员,我熟悉、了解各科室的职责范围和业务情况,能够协助处领导,保证处领导交给的各项工作的顺利完成,对工作中出现的问题,在及时向领导汇报的同时也能想办法加以解决。长期在处办工作,使我树立了为基层服务的思想,自己能解决的,不给基层增添负担,与同事们相处融洽,关系良好。

我特别注意积累外事工作的有关资料。外事处成立后,我开始系统收集有关外宾来访、专家讲学、学校主办国际会议等基础资料,还注意收集兄弟高校外事工作的情况和经验,定期提供给处领导,供他们参考。对新入职外事工作的同事,我主动进行"传、帮、带",使他们尽快了解外事工作的内涵和学校外事工作的情况。我还曾根据处领导安排,对工作人员进行有针对性的业务培训,为提高大家的业务素质和工作能力做出了自己应做的贡献。

从不敢接待外宾到圆满完成各项涉外任务

改革开放伊始,高校的外事工作完全是从头开始,没有现成的经验可循,"文革"中"左"的影响还影响着人们的思想,而且涉外工作也有很多规定,开始接待外宾时心特别紧张,总怕犯错误。随着工作的开展,特别是外事处成立后,涉外工作的扩展和深入,学校不断进行相关的业务培训,大家也努力学习,渐渐地就应付自如了,什么样的事情应该怎么做也心中有数了。这里记叙几件我印象较深的事情。

我们第一次接待的外宾是日本人。那时外事处还没有成立,我还在校办的外事组工作,时间是1979年。一天,我接到了西安仪表厂(后更名为西仪集团有限责任公司)的同志打来的电话,说日本横河株式会社与他们厂有合作关系,横河株式会社的董事长横河正三先生这次来西安,希望能够参观一所中国的高校,不参观具体单位,就在校园转一转。说起来,西安仪表厂同西安交大也是有关系的。西仪是当时中国的第一家大型仪表厂,也是我们学校的学生实习工厂之一,特别是"文革"前期,他们接收了我们很多学生到该厂实习,以后学校还会有学生去该厂实习,这种关系应该搞好。所以,人家的外宾想要来我们学校参观,我们还是要接待的,同时这也是我们同日本建立关系的一个机会。但是，我同事却说"资本家有什么好接待的"。我还是马上向当时的校办主任张肇民同志做了汇报，并说明了自己的想法，得到了领导的支持。横河株式会社的一行人来到交通大学，我们热情地接待了他们。结果这位横河正三先生对于中国非常友好，他对学校的环境，特别校园内一排排法国梧桐树，给予了由衷的赞扬，他认为西安交大是一所古老的学校，当时就提出要与我校建立合作关系。由于横河会社的控制仪器与我们的自动控制专业的关系比较密切，因此张肇民主任建议他们参观一下我们的自控专业。后来，横河正三先生又两次来西安交大访问，还专门派人到学校自控专业参观、座谈，提出了合作意向，并要赠送我校一批教学仪器和控制设备。于是，西安交大与横河电机签订了一个合作协议，内容包括我们派一批师生去日本进修或攻读博士，他们也派一批专家来我校讲学。横河正三先生还引荐西安交大同他的母校日本的庆应义塾大学等高校建立了良好的校际合作交流关系。庆应义塾大学（简称庆应大学）是日本的一所世界著名的私立综合研究型大学，与早稻田大学并称为日本私学双雄。后来，庆应大学派了好几位教授来西安交大讲学，我校也派师生去进修、交流和学习，刘文江教授、施仁教授、薛钧义教授、郑南宁院士等也曾经在庆应大学留学。西安交大的新专业"仪表与控制"专业也是在横河株式会社和庆应义塾大学帮助下建立的，庆应大学在师资培训方面给予了我们很大的支持，横河电机制作所赠送了该专业所需包括计算机在内的配套实验研究设备，合计6231.3万日元①。1981年9月，"仪表与控制专门化"专业举行了隆重的开学典礼，横河电机制作所横河正三社长和庆应义塾大学理工部长藤田广一教授专程从日本赶来参加。横河电机制作所的捐赠是西安交大改革开放后获得的首批外资资助。以后，学校派去日本进修和做访问学者的人数不断增加，老师们在日本的待遇都很不错，学习期间都安排在宾馆住宿。这是一次偶然的外事接待，却带来了后来的一系列良性效应。这件事情也增强了我们做好外事工作的信心。

西安交大的许多老师都有海外留学的经历，还有一些老师就出生

---

① 关于日本横河电机制作所捐赠的数额，我们根据莫珲老师提供的情况进行了查找，现引用来源于交大新闻网2016年1月5日的报道。

在华侨家庭。在外事工作中，涉及较多是与各国大学、科研机构的往来。我觉得，掌握学校教师在海外留学、就读的经历，也会对我们的工作有所帮助，自己就抽时间把他们的相关经历全部整理了出来，包括：何时在何国留学（或就读）、学校名称、专业、回国时间、目前的学术成就等基本情况。实践证明，这些资料在外事接待等工作中还真是起到了一些作用。记得一次美国伊利诺伊大学代表团访问西安交大，我想起了学校能源与动力系风机教研室的苗永淼教授早在1953年就获得了该大学的博士学位，苗教授在学术方面也有很深的造诣，他是改革开放后的首批博士生导师、我国流体机械及工程专业创始人之一。于是，我向主管外事工作的戴景宸副校长（他当时还兼任外事处处长）讲了这一情况，并建议请苗教授参加接待伊利诺伊大学代表团（按学校当时的规定，一般接待多数是由系主任参加）。戴景宸副校长当即表示同意，并让我告知苗教授。我去了苗教授家中，说明了情况，他很愉快地答应了。苗教授平时是一位不修边幅的人，但是到了接待那天他却穿了西装，神采奕奕的，给人焕然一新的感觉。校领导也郑重地向伊利诺伊大学代表团介绍了苗教授。两国学友相见，大家都非常高兴，伊利诺伊大学代表团的成员尤其没有想到，西安交大还有这样一位毕业这么早的学长，这也从一个侧面说明了我们学校的实力。

举办学术会议是学校和各院系一项重要的日常工作，这是因为通过国际性的学术会议不但可以及时了解、吸纳国际上最新的学术思想和学术成果，促进本校教学、科研能力与水平的提高，而且可以集中展示一所高校的科研、教学、管理方面的综合实力，扩大对外宣传，使之成为与世界各国、各地区广泛开展专业或学科交流与合作的契机。我在职期间，外事处曾多次参与学校一级和有关部门、院系召开的国际学术会议，由外事处所承担的工作，如会场的安排、管理和相关的接待、安排等工作，均能够按主办方要求或者根据会议需要圆满完成。这里简要记叙一下1984年5月"中美两相流与传热学术讨论会"的情况，因为这是我国高校也是西安交大在改革开放后第一次召开这样大规模的国际学术会议。

这次会议是由陈学俊院士发起的，经中国教育部和美国国家科学基金会批准，由西安交通大学和美国迈阿密大学共同主办。出席这次会议的有中方正式代表25人、列席代表27人，美方代表11人，第三国代表3人，合计66人。除中国外，其他代表分别来自美国、加拿大、西德、澳大利亚和土耳其六国，代表了32所高等院校和科研机构。这次大规模的国际学术会议不但是国内高校改革开放后首次召开的，而且代表了当时多相流与传热学科的世界水平。所以，学校从上到下都非常重视。在学校主管领导和外事处处长领导下，我们在会前做了大量的准备工作，分析并仔细安排了从会议开始到结束的每一个细节，保证了会议的隆重召开和圆满结束，受到了中美双方主办者的好评。自这次国际会议后，两相流与传热学科领域的学术研讨从中美两国学者之间，逐渐发展成为世界各国学者向往的学术舞台。

1984年5月"中美两相流与传热学术讨论会"在西安交大举行①

我作为西安交大外事部门最早的工作人员之一，见证了改革开放后外事工作逐渐突破了早期"迎来送往"的事务型工作范围，不断丰富工作内容、扩大工作范畴，在实践中坚持为学校各院、系学科建设、教学、科研服务的方向，与美国、英国、日本、加拿大、俄罗斯、德国等国家（地区）的诸多大学和国际研究机构建立了密切联系，签署了广泛的校际合作协议，开展了学术交流、人员交流、学生交流、合

---

① 听莫珲老师讲述"中美两相流与传热学术讨论会"的情况，我们查找了相关资料。文中的数字来源于《西安交通大学学报》1984年第3期《中美两相流与传热学术研讨会在西安召开》；照片来源：交大新闻网《［图说交大40年］1984：桃李争妍 万象更新》，日期：2018年11月15日。

作办学、联合培养研究生、学者互访和科技项目合作等，每年都有来自世界各国的大批著名教授、专家来校讲学，来访的各国议会议长、政府部长和联合国官员也络绎不绝，许多大型国际会议在西安交大举行。外事工作在学校的建设、发展与提高、提升学校国际影响力等方面发挥着越来越大的作用。

在外事处的这些年中，我也只是做了一些自己应做的工作，领导和同志们却给了我较高的评价。1982 年被评为学校的"先进工作者"，特别难以忘怀的是，就在这一年的 9 月，我被批准加入了伟大的中国共产党。

九、我记忆中任梦林副校长对外事工作的贡献

外事处刚成立时，相应的配套设施提上了日程。比如外宾接待室，开始时是在老图书馆一楼，馆办公室的对面一间朝北的房间，面积约 20 平方米左右，里面还有迁校时从上海搬来的两套老式沙发和茶几。清理打扫后，就成了学校的第一个外宾接待室。那时，没有专门的服务人员，由校长办公室的一位工人兼任，有外宾来我就找他。他也很负责任，提前做好清洁、开窗、准备茶水等工作。但是，从长远看这个地方太小了。外宾接待是学校重要的对外窗口，场所等方面的设施亟待解决。每当说起这件事情，我总会想起时任副校长任梦林同志对外事工作的贡献。

任梦林副校长是一位抗战时期参加革命的老干部，从华东革大到交通大学后就担任了学校的总务长，一直负责后勤工作。他在交通大学迁校和后来的建校过程中呕心沥血、辛勤操劳，为学校的建设和发展立下了卓越的功绩，被教职工誉为学校"后勤工作的主要开创者和奠基人"。当时，任副校长对接待外宾的场所非常操心，他考虑了学校当时没有合适的地方，最后想到了行政楼（现理科楼）与中心北楼一层之间有一条长廊为两座楼连接过道，他决定在长廊上加盖一层做外宾接待室。行政楼二楼正对着加盖长廊的房间作为入口，两边设计了几层楼梯，上去后有约 2 米的走廊，走廊两边各建了一个洗手间。这个长廊的两边都安装了大窗，光线非常好，建好后就是一个面积约 200 平方米的大厅。在大厅中间设计了推拉门，前面是接待室，配备

了沙发、茶几等家具，还请木工厂加工了两个玻璃柜，里面可以摆放外宾赠送的纪念品。后面一半安排了课桌椅和讲台，用于小型报告会。家具和桌椅就位后，基建和总务部门就移交给我们外事处了。我们又做了白色与淡绿色两种沙发套，安装了淡绿色窗帘，配齐了接待、会务及卫生间所必须的用品。有重要外宾来访，总务科花房还会送来盆花，摆放在窗台上。经过这样的布置，学校就有了一个非常漂亮的外宾接待室了。我们开始在这里接待外宾，直到外事处搬到邵逸夫科学馆办公，外宾接待也随着搬到了科学馆，那里的条件就更好了。我们搬走后，这层加盖的长廊就留在原地，经过改造后交给在中心北楼的院系使用了。

除了接待外，外教较长时间来校讲学的食宿问题也摆在面前。最早请外教来校讲学的是外语系，当时就因为学校不能解决食宿问题而安排在西安人民大厦，不但费用高，而且存在着诸多不便。后来，学校在幼儿园对面的老教授楼专门腾出了一个单元作为外教宿舍。那是一栋一梯两户的三层楼，一楼的两户分别安排成休息阅览室和厨房与餐厅。那时，迁校时从上海来的厨师大都还没有退休，有的还可以做西餐和西点，就被安排为外教掌厨了，还安排了清洁工负责打扫卫生等工作。外教来校后，对这样的安排都很满意。但是，住在家属楼总还是存在着安全等问题，这时任梦林副校长又开始考虑如何解决外教的长期住房问题了。

那时家属区一村正在修建49和50宿舍，在50宿舍后面还可以建两栋楼，经任副校长协调，在50舍后面建了一栋外国专家公寓，在最南面建了外宾餐厅。专家公寓为四层，一层是接待与休息处，二至四层设有单间和套间。在公寓和餐厅之间建有花廊连接，环境整洁、优雅。公寓和餐厅建好后，由总务处陈香凝副处长主持购买家具、电气、床上用品及厨具等必需品。记得那时陈香凝还请了一位外语系的老师，一同招聘了十几名年轻的服务员，要求也会一些英语。厨师也是从校内食堂选派的。总务处将这些安排好后，曾经想把专家公寓移交外事处管理，当时处领导考虑再三，认为外事处没有能力接管，因为以后的很多事情都涉及到后勤部门的工作，如：厨师的调配，服务员、清洁工的培训与管理，水电暖的维修等等，外事处的主要任务并不在这些方面。最后，学校领导决定：专家公寓与外宾餐厅均由总务处负责管理，外事处每学期开学前要将来校的外教人数、时间等计划提交给总务处。

这样，经过几年的建设，学校的外宾接待、外教与专家的食宿问题都得到了妥善的解决，在陕西省内的高校中走在了前面。这些都同任梦林副校长的支持密切相关，我们也永远怀念这位西安交大的老管家、好管家。

十、我的退休生活

1990年3月，我办理了退休手续，离开工作岗位开始了退休生活。时间过得真快，转眼之间又是30年过去了。其实，我们每个人都有退休的一天，关键是退休后要树立新的人生目标，那就是顺其自然、身体健康、自得其乐、生活充实。

由于自己同周围的退休老同志都很熟悉，还是能够主动帮忙做些工作，虽然帮不了什么大事了，有时候就是搭把手吧，总还能发挥点作用。同我住在一栋楼里的老同志居多，有空巢的独居老人，也有年龄大而腿脚不便的，还有经常生病甚至卧床不起的。相对于这些老同志，自己的身体还算不错，所以我会经常通过电话与他们保持联系，或者上门探望他们，帮他们领取工资条，或者到社区办理事务，陪同有需要老同志去银行取钱等。我觉得这些虽然都是些简单的小事，但也体现了我们老年人之间邻里守望、互相关心的温暖和温情，既是为社区和谐的贡献，也是热爱生活的表现。

我喜欢阅读，读报、看新闻是自己每天都要做的事情。我还有些剪报的习惯，有时候看到一些自己感兴趣的或者值得收藏的内容，就会剪下来，推荐给其他老同志。比如：《西安晚报》2018年5月16日第9版刊登了一篇《1928年的五四运动纪念专刊》的文章，讲述了交通大学在1928年出版的《交大半月刊（五月革命专号）》的情况，我觉得这篇文章和附图涉及到交通大学当年的学子们对待发生于1919年的"五四爱国运动"的继承与弘扬，非常有意义，就保留了下来。还有，我曾经在《西安晚报》看到大学生机器人世锦赛，西安交大包揽全部金牌，赢得了五个冠军并蝉联全能总冠军的消息，非常高兴，还联想到西安交大在郑南宁院士的带领下,机器人研究方面所取得的突出成就,便把这则消息剪下来保留了。每天读书、看报,虽然用了我较多的时间,但是自己也感到精神更加充实、生活也更加有情趣了。

我亲历了交大的西迁和西安交大艰苦创业的历程,并常为学校取得的每一点成绩而高兴。我虽然退休了,但是西安交大仍然在我的心中占据了很大的位置。我通过《交通大学校刊》和学校网站、新闻等媒体关注学校的信息,每次看到学校的进步和发展,都由衷地高兴。中共十九大召开后离退休党委组织党员学习会议精神,安排了参观西部科技创新港活动。我们站在渭河的大堤上,看着那一片片整齐而繁忙的建筑工地和一栋栋整齐而宏伟的楼宇,深深地为西安交大的发展而祝福,衷心希望交大能够尽快成为世界一流大学,培养更多高精尖人才,为祖国的繁荣做出贡献。

《西安晚报》第9版刊登的《1928年的五四运动纪念专刊》

我关心社区环境建设,听到了一些老年教职工的反映和平时观察、了解到一些涉及家属区管理、学校发展等问题,给校领导写过一封信,提出了自己的建议,希望能为学校的建设贡献一点正能量。

回想当年,虽然刚到交通大学报到没有几天,就接到了西迁的通知,但军人出身的我,怀着"革命需要就是我的志愿""为国家贡献就是最大的价值"的想法,没有一点点犹豫,马上出发来到这八百里秦川。看到近年来学校大力弘扬"西迁精神",特别是习近平总书记多次为"西迁精神"点赞,2020年4月22日,还专门前来西安交通大学,考察交大西迁博物馆,亲切会见了西迁老教授的代表,更使我觉得当年我们响应国家号召,义无反顾踏上西迁之路是非常值得的。

2017年庆祝十九大召开离退休教职工参观创新港（前排左六为莫珝）

经历过交大西迁的部分老同志行走在西安交大校园内（新华社记者 王晓凯摄）
左起：王世昕、屠善洁、马志瀛、金志浩、杨锦武、胡奈赛、英明、吴百诗、张肇民、宋声威、王永兰、潘季、莫珝、朱继洲、周龙保、郑善维

补 记

在采访快结束时，我们同莫珝老师聊起了她的老伴熊庆洋老师，得知了一些情况。

熊庆洋1934年6月出生，江苏省南京市人。熊老师分别在南京鸣羊街小学和南京市立一中完成了小学和初中的学业，1949年9月考入南京大学附属中学高中部学习，1951年1月报名参军，分配在华东军区空军教导总队任文化教员，1954年转业到交通大学，分配在学校团委工作。1956年7月，熊庆洋随校西迁后，仍然在团委工作了一段时间。交通大学分设为西安交大和上海交大后，熊庆洋曾经先后在西安交大党委组织部、工程物理系、机关二总支、党委统战部等部门工作，1994年9月从统战部部长岗位上退休。

莫珲与熊庆洋两位老师于1957年成婚，婚后他们先有了女儿，后来又生了儿子，儿女长大后已立业、成家。在60多年的共同生活中，莫老师与熊老师相扶相携，一家人和谐幸福。

1952年熊庆洋在华东军区空军教导总队

1957年莫珲与熊庆洋的结婚照

1993年全家人合影

下面的这张照片是莫珲与熊庆洋两位老师1958年在兴庆宫公园拍摄的。兴庆宫公园是在唐兴庆宫的遗址上兴建的,占地面积非常大。据说公园的建立还受到了周恩来总理的关注。周总理之所以关注一所公园的建设,是因为她的对面就是交通大学。从历史上看,兴庆宫公园确实是同交大迁校后的校园一起建设的,交大的师生员工经常参加建园的义务劳动,直到建成开园。虽然那时公园的门票好像只要3分钱,但是对交大的师生是免费的,佩戴校徽就可以进公园,这点从照片上可以看出。还有,照片显示那时的兴庆宫公园虽然不像现在这样豪华,但那种简朴和灵秀之美仍然令人想往。

1958年莫珲与熊庆洋在兴庆宫公园

下面这张照片,是莫珲老师2009年春天在交大樱花大道上拍摄的。交大的樱花品种多,缤纷绚烂,在交大校园美景衬托下,更添一种学府韵味,因而远近闻名。每年3月底4月初樱花盛开时节,都会吸引不少西安市民前来观赏。很多交大校友也会在此时不远千里万里回到母校,赏樱花,参加校庆活动(交大校庆纪念日是4月8日)。

2009年春莫珲在西安交大樱花大道

下边的这张照片,是2015年莫珲与熊庆洋两位老师在行政楼前拍摄的,这里是他们夫妇工作了30多年的地方,这张照片也是他们在交通大学校园里的最后一张照片。

2015年莫珲与熊庆洋在行政楼前

2016年校庆120周年时莫珲与熊庆洋合影

  交通大学建校120周年、迁校60周年时，学校专门请摄影师为西迁教职工拍照以作纪念，莫珲和熊庆洋老师的这张照片就是那时拍摄的。

  出于对西迁老同志的关注，本来我们也希望能够采访一下熊老师。但是，当时熊老师的身体已经不好，饮食起居均需莫老师照顾。不过我们还是期待熊老师健康情况恢复后还有机会采访。但不幸的是，2019年9月熊老师永远离开了他所挚爱的家人和为之服务了一生的西安交大，也将这份遗憾留给了我们。

  书写这段补记，以表达我们对熊庆洋老师的怀念之情。

整理者
2021年元月

梧桐树下的回忆
——林文坡小传

林文坡

（祝玉琴整理）

简 历

林文坡，1935年4月生，福建莆田人，汉族。

1942年9月至1947年7月，莆田城厢小学，读书。

1947年9月至1948年7月，莆田麟峰小学，读书。

1948年9月至1949年1月，莆田中学，读书。

1949年2月至1954年8月，莆田中山中学，读书并高中毕业。

1954年9月，考入交通大学机械系机切专业，读书。

1958年8月，随交通大学西迁。

1958年10月，提前毕业留校在无线电系自动学及远动学专业（后改称自动控制教研室），教师。

1975年2月，调无线电系专用设备专业，教师。

1979年8月，调机械系液压控制专业，教师。

1984年12月，晋升副教授。

1994年12月，加入中国共产党。

1995年3月，退休。

林文坡开设的主要课程有：气动-液动自动装置（气动-液压自动化仪表、调节器），液压气动技术，液压、气压技术在无线电专用设备中的应用，气动逻辑设计，气动调节仪表，液压传动与气动传动。著有《气动传动及控制》一书，主审教材《液压及气动技术》并编写其中第八章《气动逻辑元件及逻辑回路的设计基础》。

林文坡曾荣获西安交通大学"先进工作者""优秀共产党员"等称号。1965年前后，曾担任西安交大无线电系部门工会主席。

我的老家在福建省莆田县。

莆田位于中国福建省东南沿海中部的湄洲湾畔、台湾海峡西岸，北依省会福州，南接鲤城泉州。经过新中国成立后的建设与发展，莆田不但成为海峡西岸经济区中心城市之一，还是闽中的政治、经济、文化中心。1983年9月，经国务院批准建立莆田地级市，下辖四区一县，包括：城厢区、涵江区、荔城区、秀屿区和仙游县。我的老家就是现在的莆田市荔城区。我在莆田出生，在家乡读完了小学和中学，高中毕业前从未离开过那里，甚至连火车也没有见过。

1954年9月，我考上著名的交通大学。1958年8月，我又跟随学校迁到了古城西安，毕业以后留校工作、成家、立业，直到退休。所以，从自己的经历看无疑是非常简单的。

但是，每当我漫步在熟悉的校园里，回想着20世纪50年代交通大学这棵已经在国际大都市上海生长了60多年的大树，为了祖国西部的建设与发展，按照国家的部署而迁移到黄土漫漫的八百里秦川，并且在这里生根、开花、结果的艰苦创业历程，回想着西迁的交大人和后来者怀着"向科学进军，建设大西北"的雄心壮志，克服种种困难，在古城西安执着坚守、默默耕耘、开拓进取，以坚忍不拔的毅力和奋斗换来了西安交大的丰硕成果和辉煌业绩，为西部和国家发展与科学事业所做出的杰出贡献，心中就会有一种激情在流淌。我不但深深地怀念那些激情燃烧的岁月，也深深地怀念那些已经离我们而去的前辈和同事。

还有，在我已经过了古稀和耄耋之年，向着九旬高龄蹒跚前行的年月里，再看到校园里那些当年从南方同交通大学一起迁来、现已参天蔽日的梧桐和雪松时，眼前总会闪现出自己留校任教并马上投入到新专业的建设，率先在全国高校开设了新课程和后来在母校怀抱里进步、成长等一幕幕情景。我已经由当年那个意气飞扬的青年，成为今天满头白发的老者，但是自己所走过的道路和那些深深浅浅的脚印，都留在了自己的记忆里，也留在了我工作和生活了60多年的校园里。

第一部分　成为交通大学的学生

高中毕业填报高考志愿时，我首先选择的是与历史和考古相关的专业，因为我喜欢历史，觉得阅读史书、研究那些已经发生在人类社会中的事情非常有趣，而考古更是充满着神秘。还有更重要的一点：通过探讨历史问题或者考察古代遗存的文物、资料可以发现真实的过去，历史和考古是文化的传承、积累和扩展，她会告诉我们人类文明发展的轨迹。但是我没有想到，恰恰是教我们历史课的李玉寻老师却不赞成我去学习考古或历史，反而动员我报考工科。当时，他给出了我两条理由：一是国家的第一个"五年计划"正在实施，需要大量的工科人才，毕业后会有广阔的天地让我们发挥作用；二是我高中时的数、理、化成绩好，尤其适合学习工科，选择偏文的历史和考古专业有些可惜。经过思考，我觉得李老师的建议有道理，便在他的指导下选择了交通大学、浙江大学等工科高校。结果，我被录取到交通大学的机械制造与切削机床设备专业，我的大学生活由此开始。

当然，热爱历史和考古的情结并没有因为学习了工科丢弃，而是一直保留在我的心里，成了一种业余爱好，也在以后的生活与经历中增加了我的知识并给我带来了很多乐趣，这在下面的回忆中会有所涉及。

一、难忘交通大学老校门

交通大学本部所在地是上海市华山路1954号，天下竟有如此巧合的事——我们入学的年份和学校的门牌数字一模一样。到了学校，我们才知道，这里是交通大学的东门，位于上海市徐汇区。校门为仿古宫殿门式的建筑，古色古香，琉璃瓦顶，拥有传统中式建筑的梁、枋、斗拱等部件，屋顶饰以彩画。看着这座有了些岁月沉淀的大门，我对其历史进行了一番研究。通过查看资料，我知道这不是交通大学最早的大门，而是在1953年由校友捐资改建的。在交通大学读书期间，我每次出入那两扇朱红色、中间钉满铜钉的大门，都会有一种威严、肃穆和庄重之感，心中的敬意便油然而生。记忆中，当时的大门两边并没有那两尊石狮（下图左），石狮是交通大学建校100周年时福建校友捐建的。

大门右侧挂着毛体"交通大学"的校牌。听学长们介绍，这是1951年毛泽东主席应时任北方交通大学校长茅以升请求，为北方交大题写的校名，我们借用了后面四个字而做成了交通大学的校牌。学校西迁时，这块校牌也顺理成章地搬到西安来了，并且马上就挂在当时所修建的临时北校门上。现在，这块校牌已经成为西安交大西迁展览馆的珍藏。

回想起来，从我进入交通大学、第一眼见到母校的那座大门时，她就深深地印在了我的脑海之中，终生难忘。以后，只要回到上海也

交通大学老校门（照片来源于网络）

总不会忘记去拜谒她。因为我虽已离开，校门仍在，一如当时的模样。她不但记载着母校的沧桑风雨和历史变迁，也记录了我初入大学时的青葱岁月。

二、在徐虹路交大分部上课

我们54级的新生有1920多名，于当年9月1日正式开学。由于徐家汇本部的上院已经拆除，新上院和部分学生宿舍、食堂还没有建好，容量不足，我们被集中安排在徐虹路300号的交大分部住宿、上课。

徐虹路分部离校本部不是太远，为原立信会计学校的旧址，这里有简易的教室、宿舍，也有体育馆和运动场。我们的宿舍应该是教室改建的，比较大，18人一间。两座大草棚食堂，供学生们就餐。食堂的西边就是上海特有的"老虎灶"，可以打开水的地方。虽然生活条件有些简陋，但是作为学生的我们并不觉得艰苦。由于分部没有供上大课的教室。学校在这里搭建了6座草棚大教室，每个草棚大教室可以容纳200多人同时上课。当年，机切专业招了180多名学生，根据学校规定，我们被分成6个小班，每班30人，我在机切42班。机切专业这180名学生组成一个大班，就在第一间草棚大教室里上数、理、化等基础课，其他专业由于招的人数较少，大都是两三个专业合上基础课。辅导课和自习则以小班为单位，我们几个小班上课的教室都在纺织大楼的一层，每个班的教室和学生的座位都是固定的。

交大徐虹路分部的位置正好在沪杭铁路线旁，徐家汇火车站与分部大操场的足球场只隔着一层使用竹篱笆扎起来的围挡，就坐落在正南方的竹篱笆外,整天南来北往的火车及其所产生的噪音对上课不无影响,尤其是在纺织大楼的小教室里上课时,影响更甚。特别是我在小班的座位正好临窗,不但可以清楚地听到火车站的各种声音,而且可以直接看到火车站作业的情况。

后来,交通大学西迁时,学校就在竹篱笆围挡上开了一个临时大门,这样相当于出门就是铁路,专列就停在校门口,搬运、装车都非常方便快捷。西迁的各种实验设备、课桌家具、图书资料等都被包装完整,从徐家汇本部运来后都先堆放在徐虹路分部的足球场上,由专人登记、搬上火车,每装满一列车,就会拉走,运到西安。

三、机械制造系学生的大本营——执信西斋

1955年暑假后,我们这个年级就迁到校本部的执信西斋了,这里当时是机械制造系的大本营。

执信西斋始建于1929年8月,竣工于1930年1月,原名为西新宿舍。为纪念1920年在反对桂系军阀战争中英勇就义的资产阶级民主战士、孙中山先生的忠实追随者朱执信先生,改名为执信西斋。

执信西斋中间高三层、两翼高二层,砖木结构、外墙红砖白缝。整幢宿舍楼呈马蹄形展开,建筑面积4397平方米,共计卧室152间,每间住三四位学生。执信西斋的内部设施在当时堪称一流,房间内有西式茶几,陈设精致而实用。此外还有管理室、职员住室、交谊室、阅报室、理发室、借阅室、淋浴室、配电室、洗衣房等,洗浴间有热水供应,宿舍内还装有一部直拨电话。宿舍前的空地上铺设了草地,栽种了花木,楼西北有一条小溪流过,东南有扶疏的松林。执信西斋建成后,受到学生欢迎及各界关注,当时的交大学子们将其视为"洞天福地",曾经有学生在校刊上撰文称赞,落成之时亦有上海市媒体报道。我国杰出的科学家钱学森院士,也曾在执信西斋住了约两年时间。

在执信西斋前面的草坪中心,有一个喷水池,喷水池中心立着饮水思源碑,这是最早入住在执信西斋的1930届学生毕业时捐款修筑的。

在纪念碑的上方铸有交通大学的校徽,校徽的基座为水泥制,用

1934年的执信西斋（照片来源于网络）

大理石贴面，正面雕刻有1930届学生陈汝善之父题写的"饮水思源"四个字，表达了他们不忘学校的培育之恩和首先入住执信斋之利，下方刻有"民十九级建赠"。交通大学校徽的寓意也是非常深刻的：她以齿轮和链条代表工业产品，以铁砧和榔头代表生产工具，以书籍代表知识。在铁砧的基座上还刻有"1896"的字样，表示交通大学创建的时间。

执信西斋前的饮水思源碑（照片来源于网络）

随着交通大学分衍为五所著名的高等学府：西安交通大学、上海交通大学、新竹交通大学、西南交通大学、北方交通大学（后更名为北京交通大学），饮水思源碑已经成为五所同根同源的交通大学共同的标志性纪念建筑。改革开放初期，西安交大在北大门内正中的喷水池中央，树立了饮水思源碑。1986年校庆之时，又在原址重修此碑，碑中的"饮水思源"四个字由我国著名书法家舒同所题写。饮水思源碑的背后就是交通大学迁校时修建的中心楼。围绕中心楼的主楼群，在2014年6月9日，被陕西省人民政府公布为第六批省级文物保护单位。

"落其实者思其树，饮其流者怀其源"。"饮水思源"四个字，不但寄托着一代代交大学子对母校那种至真至诚的情怀，而且作为交通大学的优良传统，已经熔铸在所有交大人的血脉中。分布在世界各地的交通大学校友，只要有机会返回母校，饮水思源纪念碑都是必瞻之地。

位于西安交大北门内的饮水思源纪念碑

四、交通大学的课程与老师

交通大学历来重视教学，尤其重视基础课教学。所以，当时给我们大班上基础课的老师大都是教研室主任、副主任，有很多著名的教授。交大对学生的要求也十分严格。这里仅举几个例子，应该可以从中看出这一点。

交大对物理教学的要求非常高，所有专业都要学两年，每周4节大课，两周一次的实验课均安排3个学时，为全国少见。同样，对学生要求也很严，阶段测验每学期3次，两年要完成60个实验，实验的内容和报告都需按统一的规范要求做完整，不能缺少一个环节。当时，赵富鑫教授就是我们的物理老师。赵先生那时已经是半百左右的年纪。他从1925年开始执教于交通大学，1945年就是教授了，绝对的老资格。记得赵先生授课只发给学生讲义，而他则一边滔滔不绝地叙述课程内容，一边快速地在黑板上书写，经常是一堂课就写满两块黑板，我们边听边记，惟恐错过了重要的地方。说实在话，因为赵富鑫先生在讲课中总是不苟言笑，要求严格，我们当时都有些怕他。我自己做了教师后，不但理解了先生的教导是自己受益终生的财富，而且知道了先生长期在交通大学、西安交通大学从事物理教学和教学研究过程中，为物理基础课程的改革与建设、为老交大"起点高、基础厚、要求严、重实践"教学传统的建立和中国大学物理教材的编订等方面都做出了突出贡献。那时，我们很多青年教师都以他为榜样。

朱公谨教授、徐桂芳副教授都曾给我们讲过高等数学课。徐桂芳老师是1946年受聘于交通大学的，那时他40多岁，正是年富力强的时候。徐先生不但上课特别认真，而且循循善诱，尤其注重基础知识的讲授。印象最深的是他在黑板上画的数学图形立体感极强，画的圆就像用圆规画出来的一样规范，划的直线确实是笔直的。我们这一届同学都知道，徐先生1956年编译出版的《积分表》一书曾大批量发行，是中国各大学数学教学的基本工具书之一。他还是我国计算数学界的元老和计算数学学科的创建者之一。有一段时间不知什么原因，由朱公谨先生给我们代上高等数学课，时间不太长，但印象深刻。朱公谨先生是一级教授。那时，能够被评为一级教授，都是学界泰斗级的人物，绝对是院士级的水平，所以人数非常少，用"凤毛麟角"来形容也不为过。朱先生是在德国哥廷根大学获得博士学位后回国的，他上课有几个突出的特点：一是抓一把粉笔放在讲台上，拿起其中的一支，掰掉头上的一段甩在黑板的底座上，开始板书；二是从不带讲稿，有条不紊地讲述该讲的内容，丰富而清晰，偶尔讲到哪儿忘记了，他的助教杨萃莲讲师稍作提示，自然接上，继续进行；三是从不拖堂，下课电铃声一响，不管讲到什么地方，把粉笔一甩转身就走。同学们对朱先生都非常仰慕，觉得他的姿态、手势，确实表现了一级教授的风度。

画法几何和机械制图是我们机切专业的非常重要的技术基础课，画法几何和机械制图主要是培养学生的绘图、识图及空间想象能力，使学生能够将各种机械零件用平面图形表达出来，或者根据平面图形将机械零件的空间形状想象出来，二者的实践性都非常强。当时，给我们上画法几何和机械制图课的老师莫善祥教授，是浙江德清人，长期在浙江大学工学院担任教授，1952年国家院系调整时到了交通大学机械工程系，后任工程画教研室副主任。莫先生不但学术知识深厚，讲课技巧尤其令人称道，他在黑板上作图，都是徒手画，从不用制图工具。如：用几何切面求表面交汇线，可以随手画一切面线，在几何体上一点，就是交汇点，几个点一画就求出交汇点，空间概念十分清晰。但是莫先生讲课不用普通话，也无法判断他说的是浙江话，还是上海话：当讲到零部件上的"孔洞"时，他会说"格个孔孔"或"格个洞洞"；讲到零部件上的"凹槽"时，他会说"格个凹凹"或"格个槽槽"。对于我们这些外地学生来说，这些方言实在是太难懂了，有时候我懵懵懂懂地就在课堂上打瞌睡。但是课程还必须要学懂，就只能利用晚上的时间对照讲义和资料自学。这样也有一个好处，就是培养了我的自学能力。过了一段时间，对老师讲课也慢慢地适应了，基本能够听懂了。在期末考试（口试）时，老师问了许多几何形体切面交汇线的问题，我都回答出来了，取得了5分的成绩。

大学期间，还有很多老师给我们上过课，是他们培养了我们，给了我们知识。我也经常回忆老师们对自己的教诲，这里就不一一讲述了。

五、学生时期，经历了四件大事

回忆我们这一届学生的大学生活，我觉得有几件大事同学们肯定不会忘记，因为它们都与我们大家密切相关。

第一件是苏联专家来交通大学讲课。新中国成立初期，全国高等教育以苏联为师，从专业和课程设置、教学计划、教材和教学环节、教学大纲、考试等环节，都全面向苏联学习。由此，全国重点高校陆续邀请苏联专家到高校任教。还记得，我们入学不久的1954年10月，学校安排苏联专家С. Г. 罗纲诺夫给全校师生作了"关于学习方法"的报告，全面推广苏联的学习方法。由于是第一次在现场听老外作报告，我的印象非常深刻。后来，苏联专家就陆续来到交通大学了。

第二件是更改学制。我们考入大学时，是四年学制，但不久学校即宣布：接高教部通知改变高等学校的学制，逐步推行大学五年制。交通大学决定从我们54级开始，学制由四年改为五年。这样，我们的毕业时间就推迟到1959年暑期了。所以，我们不但以学生的身份经历了交通大学迁校的整个过程，而且到了1958年由于当年没有毕业生，我们很多同学提前毕业，留校做了教师，我也是其中之一。

第三件是经历了交通大学建校60周年大庆。在西迁大范围进行前夕的1956年4月是交通大学建校60周年，这棵在黄浦江畔生长了60周年、已经根深叶茂的大树即将告别繁华的大都市上海而迁到地处八百里秦川的古都西安落户。可能正是因为交通大学已经走过了一个甲子而且马上就要离开上海的原因吧，那年的校庆活动尤其丰富多彩。记得，4月6日首先在民主广场召开了纪念交通大学建校60周年庆祝大会，时任中共中央宣传部部长陆定一校友和上海市领导、各地高校负责人、在校工作的苏联专家都出席了大会，彭康校长在庆祝大会上作报告，陆定一校友发表了讲话。而在交通大学建校60周年大庆的活动中，我印象比较深的是体育比赛、文艺演出和实验展览。在体育比赛中，首先举行的是篮球赛，由交大男篮对上海高校男篮联队。由于彭康校长对学生体育活动非常重视，交大的男、女篮球队，男、女排球队和男子足球队都是上海高校的强队，尤其是男篮最为突出，曾经蝉联三次上海市高校篮球比赛的冠军。记得有一次在上海市体育馆也是交大男篮对上海高校男篮联队，我就在看台上，是学校啦啦队的一员。交大男队的教练是廖月清老师，彭康校长就坐在廖老师身后的座位上。那是一场精彩纷呈的比赛，也是记忆中我临场观看最激烈的一场比赛，最终还是以交大男队的胜利宣告结束。所以，纪念建校60年的这场篮球比赛同样吸引了众多观众，比赛的结果也毫无悬念，交大男篮再次获胜，给观众留下了深刻印象。校庆期间交大校园对外开放三天，文艺演出也安排了三天，地点是在文治堂，从上午十点到晚上九点，不同的节目轮番上演，观众可以自由选择。这些活动吸引了很多家在上海的学生亲属到校园参观、观看演出。校庆第二天，学校举行了大型科学技术报告会，并在新上院举办了一个展览，结合报告会的内容向社会公开展示交通大学基础课和技术基础课实验情况。同时，学校各专业还结合专业课的讲授情况，在专业实验室进行了一些相关表演，我们机切实验室的表演项目是利用一台新购买的仿形铣床将"仿毛体"的"交大"两个字加工出来。仿形机床可以按照样板，用靠模控制刀具或工件的运动轨迹进行切削加工，属于半自动机床，这在20世纪50年代是非常先进的机械设备，仿形铣床的表演自然就成为机切实验室的展示项目，吸引了很多观众。当然，这台仿形铣床在迁校中也被搬到了西安，并且很快就发挥了重要作用。可能是因为交通大学建校60年的庆祝活动留给我的印象太深了吧，以后每年4月校庆时，都会不由自主地想起1956年的校庆。

第四件当然就是交通大学西迁了。当时，根据党中央、国务院交通大学迁往西安的决定与部署，学校计划在两三年内基本完成迁校任务。这不但是交通大学历史上也是我的学生时代最大的一件事，将在下面详细讲述，这里不再赘述。

第二部分　西迁前后

根据学校安排，机切专业在徐家汇校区学完了四年级的课程，1958年暑期在无锡机床厂进行专业实习回到上海后，我们机切大班便开始迁往西安。

一、彭康校长作报告，说明交通大学西迁的必要性与重要性

那是1955年5月，彭康校长向全校学生作报告，主题就是关于交通大学迁往西安的问题。彭校长在报告中首先说明了交通大学为什么要西迁，概括起来就是以下几点：一是当时沿海的国防形势很紧张，台湾当局叫喊要反攻大陆，不时派飞机到福建和华东地区沿海的岛屿进行轰炸。二是"一五"计划期间，西北地区进行大规模的建设，需要有一所知名的大学支援，这是一种从长远考虑的战略布局。所以党中央决

定交大西迁，国务院周总理亲自部署。接着，彭校长具体说明了西迁的总体部署，印象较深的是：1955年和1956年入学的班级与相应教职工于1956学年起，就要在西安的新址进行教学，迁校的主要工作要在1957年暑假前完成，部分专业和学生因教学安排于1958年迁往西安。

这样，55级就成为最早西迁的学生，56级的新生则必须直接在西安报到了。因55级学生同我们一样，入学后依然是在徐虹路分部学习，一年后的1956年暑期，他们就迁到西安了，所以并没有在徐家汇老校区上过课。而早于我们一年入学的53级学生，因为还是四年学制，1957年7月就在上海毕业了，因当时学校特别需补充教师，他们中的很多人留校工作，其中大部分马上就迁到了西安，当然是以教师的身份。

其实，作为学生，特别是我们这些从外地考到上海的学生，对于学校要西迁并没有考虑得太多，只是简单地认为，作为学生自然要跟随自己的学校，学校到哪里我们就在哪里完成学业。所以我们一边在思想上做好了西迁的准备，一边正常上课，并按照专业的安排，完成了到农村和工厂参加劳动及各项实习任务。到了1958年，学校正式部署了我们这届学生的西迁工作。

二、我们是交通大学最后一批西迁学生

机械制造与切削机床设备专业之所以成为最后一批西迁的学生，原因应该有两个方面：一是这样大规模的搬迁需要分批、有序地进行，我们专业的实验设备较多且多为大型的，学校统一考虑安排较靠后；二是我们的专业实习安排在无锡机床厂。无锡机床厂的前身是私营的无锡开源机器厂，1948年周惠久教授曾受聘出任该厂总工程师，后来还兼任了厂长。无锡解放后，周先生领导该厂研制成功了国内稀缺而急需的机器设备，为新中国生产了第一台两米立式车床、12米精密车床和麻纺机等机械产品。1952年，周先生促成了开源机器厂公私合营后，回到交通大学机械制造系任教授，开源机器厂也更名为无锡机床厂。当时的无锡机床厂已经是国内生产机床的重点企业，在这里还诞生了新中国的第一台无心磨床和第一台内圆磨床。所以交通大学机械

系的实习很多都会安排在这里，包括西迁后一些相关专业的实习。

根据交通大学当时的安排，我们1958年8月结束在无锡机床厂的实习，9月份再行西迁，给学生们一些准备时间。回到上海后，家在上海及上海附近的同学都回家辞行了。当时的交通不像现在这样便利，加之经济等方面原因，我们这些外地的学生不方便回家，大都在学校里等待。当时，我感觉：在上海已经待四年，也没有什么地方可以再去玩、去看的了。于是我对留在学校等待的同学提议：我们先去西安，到西安还有时间可以玩一玩。我因为喜欢历史，从书本上了解了西安的很多情况，就向同学们宣传：西安是十三朝古都，有很多古迹，像大慈恩寺与大雁塔、荐福寺与小雁塔等；到西安要经过潼关，在潼关火车站的站台上可以看见潼关的城楼和波涛汹涌的黄河及黄河两岸的石岩峭壁；在西安的周边更有许多名胜，比如险峻的西岳华山、南北分界线秦岭、秀美的临潼骊山和"西安事变"的五间厅等等。这样一宣传，很多同学决定不等上海回家的同学了，"等他们回校后自己走吧！"这样，经过迁校办公室的同意，我同一些同学就一起先启程向西安出发了。

当然，后来交通大学迁校的情况发生了一些变化，从全迁变成了主体西迁，有的专业不迁了，有已经迁到西安的专业又迁回上海了。这样，当时没有同我们一起来西安的同学中就有一些人转专业留在上海，而没有来西安了。但是对于我们这些外地学生来说是无所谓的，也没有什么后悔的。当时大多数同学的想法是：在哪里都是读书，老师还是原来的老师，同学还是原来的同学，况且毕业后还要进行统一分配。

1958年暑期，我们54级是最后一批迁到西安的学生。我们到了西安后，交通大学大规模、成批次的西迁就结束了。按照国家教育部门的规定，这时的交通大学是一个整体，分为西安、上海两个部分，实施统一领导，彭康仍然担任交通大学校长。

三、初到西安

到了西安后，我们的宿舍被安排在学生区西南的22舍4楼最西边。那时，交通大学的周围全是田野和村庄，学校的围墙内也有一半是空地和农民的耕地,因为已经规划的教学楼、实验室及图书馆等建筑还没有动工。所以,我们宿舍的视野非常开阔,加之20世纪50年代末期,气候环境良好,没有像现在这样的雾霾,常常是蓝天白云、碧空如洗,既不像上海那样经常阴雨绵绵,也没有我的老家莆田那种整日地海风吹拂。在宿舍里,向南可以看到慈恩寺的大雁塔,向北可以眺望东关的城楼。这些古老的建筑,都是当时交通大学周围最高的。不但如此,冬天时站在宿舍的窗前,甚至能够远观蔚蓝色天空下秦岭山顶的白雪。现在,是再也没有这种眼福了。

初到西安时,还有一件印象特别深的事情,就是当地的农民在校园里卖西瓜。他们用马车把西瓜运到校内,大多堆放在学生食堂周围,但是西瓜摊却没有人看管,就是放上一二杆秤,一个装钱的木匣子,再挂一个牌子写着"西瓜1斤2分,买者自己称,钱放入匣内"。卖西瓜很正常,关键是这种前不见古人、后不见来者的卖西瓜方法,实在是令人叫绝。但是,买瓜的同学们都自觉地称瓜、放钱,就是当时没有带钱也会在下次补交。当然,也从没有听说过钱匣子丢失的情况发生。这种奇特的卖瓜方式和特别便宜的价格,不但使我们惊喜,也给了我们这些南方学子一次"吃美了"的机遇。所以,就经常买西瓜来吃。

四、参加西光厂测绘精密机床和西安钢厂制造鼓风机工作

1958年,"大跃进"运动正如火如荼。而"大跃进"的一个代表活动就是"大炼钢铁"。那时有一个响亮的口号,就是"赶英超美",简单地说就是要用15年的时间赶上英国,50年的时间超过美国。英国当时钢的产量是1080万吨,1957年我国的钢产量为535万吨,要实现"赶超"的目标,以全国炼钢厂的生产能力是不可能完成任务的,于是"全民炼钢"应运而生,人民群众的生产热情普遍高涨。所以我们到学校后,马上就体会到了那种全面投入的高昂热情,虽然我并没有直接参加学校"大炼钢铁"的工作,但是也没有实现先到西安"好好玩玩"的设想,因为到了西安后,系领导和老师马上就给我们分配了工作。

在西光厂测绘精密机床

开始时,我被安排到位于西安市东郊万寿路的西北光学仪器厂

（简称"西光厂"），帮助该厂测绘一台捷克产的精密机床，并在测绘的基础上完成这台机床的正式设计图，再由该厂进行仿造。西北光学仪器厂筹建于1953年，1957年投产，是我国第一个五年计划期间苏联协助建设的156项重点项目之一，具有很强的光、机、电综合设计生产能力。我们到了该厂后，首先感觉是这里占地很多，车间也很大，各种设备非常先进。当时，我们下一届55级的同学已经在进行这项工作了，但由于他们没有学过相关的专业课程，是以"在工作中学习"的主导思想去承担任务的。为了工作中不出问题，几位带队教师必须得事必亲躬，这样老师们的工作就太重了。而我们这一届算是本专业学生中的老大哥了，专业课也已经学了一些，做起来会相对容易些，所以才派我们去帮忙的。在老师的带领下，顺利完成了任务。

制造罗茨鼓风机

在西北光学仪器厂精密机床的测绘工作完成后，回学校不久就通知我参加制造罗茨鼓风机的工作。"大跃进"时代，除了"全民大炼钢铁"外，各钢铁企业还是承担了主要任务。当时，新建的西安钢铁厂急需三台罗茨鼓风机。这种鼓风机由两个特殊形状的叶片滚动、把空气吸进，经过压缩再压出去。这种特殊的叶片，在西安只有交通大学机切实验室从上海搬来的那台彷形铣床能够进行切削加工。为支援地方，我们机切实验室就承担了这三台罗茨鼓风机的制造工作。鼓风机的零部件主要由专业老师和实验室的老师负责加工制作，我们学生配合，交给我的任务是负责风机主轴配键和叶片的装配以及动平衡。由于这种鼓风机的转动速度较快，所以动平衡调试工序必不可少，只有良好的动平衡，才能保证鼓风机在工作中不产生振动。为了尽快完成任务，老师带领我们大家随时加班加点，每天都是实验室、宿舍、食堂"三点式"的生活。经过大家的努力，制造的三台鼓风机完全符合质量标准，成品按时交给了西安钢铁厂。

当时还没有毕业的我们到西安后，短期内就参加了两家大型工厂的工作，使我很有些自豪感，也看到了西北地区的快速发展，需要建设人才和高水平的院校来支撑，感觉交通大学迁校确实是国家的英明决策。

第三部分　从提前毕业留校任教到合格的高校教师

交通大学西迁时，根据国家部署电讯部分都迁往成都，建立了成都电讯工程学院。为了培养国家制造"两弹一星"急需的人才，迁校后，交通大学西安部分在彭康校长的直接领导下，1957年交通大学重建无线电工程系，1958年10月又决定成立了工程物理系，并在这两个系下设置很多新专业。为解决这两个系的师资问题，首先在校内抽调一批中青年教师做骨干，又因为54级学生的学制由四年改为五年，所以1958年交大没有毕业生可以留校，学校于是决定按需安排一批高年级学生提前毕业充实到教师队伍中。1958年10月在机械系机切专业54班就读大学五年级的我，有幸被无线电系230专业选中而提前毕业，成为交通大学的一名老师，开始了我的教学生涯。

一、初到无线电工程系

在宣布我们提前毕业的同时，系领导还告诉我们，虽然大家是提前走向工作岗位的，但大学毕业的时间还是同54级一起，不但如此，大学五年级所有没有学的课程，也必须在做好工作的同时都补齐。这样，我们参加工作的时间从1958年开始计算，发放毕业证书的时间仍然是1959年，还在这一年中完成了专业课程的学习和考试。

机切专业党支部书记同我谈话

在离开班级去无线电系报到时，机切专业的党支部书记单志铭老师专门找我谈了一次话。单志铭老师是从工农速成中学选送到交通大学的。还记得他说："由于国家建设和学校发展的需要，一部分高年级的学生要提前毕业，能够被选到都是优秀的。你被分配到无线电系工作，那是一个新建的专业，虽然也需要机械方面的知识，但还是改行了，今后的困难一定不会少。"他希望我不要辜负党组织的培养和学校的期望，克服困难，尽快掌握新专业所需的知识，在工作中学习，早日成为一名称职的高校教师。最后，他对我说，提前毕业并且到新专业工作，"也是党组织在培养你，要在新专业党支部的领导下，与同志们搞好关系"，他真诚地预祝我工作顺利。这次谈话使我感到了党组织和老师们的信任，增加了做好工作的信心。

被分配在万百五老师担任副主任的230专业

到了无线电工程系以后我才知道，为了保密需要，我们系所有的专业都是用代号命名的，比如：110（计算机）专业、230（自动学与远动学）专业、350（电讯与无线电）专业、470（电真空）专业、590（无线电元件）专业。我被分配到230即自动学与远动学专业。

由于按交大当时的规定要有副教授及以上职称才能担任主任，所以学校没有为230专业安排主任，而是由万百五讲师担任了副主任，主持教研室工作。实际上，万百五老师1949年就本科毕业于交通大学电机系，并考入本校的电信研究所，师从张钟俊教授攻读研究生，1951年研究生毕业后即留校工作。1955年初起，万百五老师就为工业企业电气化专业讲授了"自动调整理论"（现称"自动控制理论"）课程，成为1952年教学改革后国内最先讲授自动控制理论课程的教师之一。他还翻译了苏联该课程的教学大纲和教材，其中涉及许多自动控制方面的术语译名沿用至今。1956年，万百五老师受命主持筹备交通大学自动控制专业，并赴清华大学进修两年。所以，1958年随学校西迁后，由万百五老师来主持西安交通大学自动控制专业的建立及日常教研工作、担任自动学与远动学教研室副主任就是顺理成章的事情了。

自己作为刚刚留校工作的青年教师，对万老师不由地有些崇拜，感觉能够在有这样资历的领导下工作，还是挺幸运的，虽然万老师当时也很年轻。

"大炼钢铁"的插曲

我报到时，刚好万百五副主任外出调研去了，我就随着教研室的同志们一起参加了一段时间的"大炼钢铁"工作，算是补上了大学时期没有参加"大炼钢铁"活动的"缺"。

由于230教研室是新成立的，所以大多数同志都是新来报到的。因为教研室领导不在学校，大家就参加了当时正如火如荼的"大炼钢铁"运动。当时，在机械系南面空地上，有几十个用耐火砖砌的小型钢炉，一个挨着一个，排列得比较拥挤。所谓小炼钢炉，就是一台小炉子、一个小吹风机，再加上一支长的钢杆。按单位编组，每组负责一台炉子。因为炼钢不能间断，所以每台炉子的工作人员都三班倒，每班五六个人,白天黑夜连轴转炼钢。说是炼钢,其实就是把铸铁放在小钢炉中,用吹风机把焦炭燃烧的火焰吹入炉中,到炉中的铸铁一部分熔化时与一部分还没有熔化的铸铁炒成一团,凝固下来成为一块炒钢后,就可以作为成品上交了。其实,只要学过金属工学的人都知道,在铁碳平衡图上,钢在1000℃～1600℃时都是固、液二相存在,而我们当时所炼出来的那些钢的含碳量都比较高,又硬又脆,并没有什么用处。只有经过精炼,去除磷、硫等杂质,使之达到含碳量低于2%时,才可作为工业上使用的钢材原料。所以,在我的思想里一直存在着疑问,也因为前面才参与过鼓风机的制造,就对周围的同事说:"为什么不把这些铸铁送到炼钢厂去炼钢,而在这里炼成一团一团的废物干什么用?"这时,就有好心的人提醒我"不能这样说"!因为才经过"反右",这样的言论是很危险的,自己就再也不提了,不然可能还会接下说:"有必要把农民烧饭的锅都砸成碎片,用来炼这种没用的'钢'吗?"当时,农村大搞"人民公社"运动,社员们都在公社的大食堂吃饭,而且是不要钱的,所以大家或许认为烧饭的锅也没有用了,于是家家户户都把饭锅砸了用来炼钢了。

二、彭校长鼓励我上讲台

参加"大炼钢铁"并没有多长时间,因为不久我们教研室副主任万百五老师调研结束就返回学校了,第二天他便找我谈话。

教研室安排我讲授"气动-液压自动装置"课程

当时,万老师拿给我一本苏联专家在中国科学院自动化研究所讲课的简单讲义《气动、液压自动学基础》,要求我在1959—1960学年第一学期为我们这个新专业五年级学生开出"气动-液压自动化仪表、调节器"课程。后来,这门课程也被称作"气动-液压自动化仪表、调节器"。

记得当时万老师同我谈话的主要内容有:"气动-液压自动化仪表、调节器"是一门涉及气动控制仪表的课程,机械结构比较多,所以从机械专业选调我来参加这个新专业的工作。但是"气动-液压自动化仪表、调节器"课程又不是传统意义上的机械,而是自动控制方面使用的仪器、仪表,对我来说还是要改行。因为数学里的拉普拉斯变换和自动调节理论我们都还没有学,要讲这门课会有不少困难。就此,万老师还说:我们专业的老师大多是从电机系工业企业电气化专业调来的,少数是电机、电器专业调来的,实际上大家都一样要改行。所以我们要把新专业的工作搞好,必须依靠大家团结努力,共同克服困难。万老师还告诉我:现在的学生是从工企专业四年级调过来的一个班级,过了明年暑假就是五年级,之所以要求我在明年秋季开学时开出这门课,是为了加紧培养人才。万老师还要求"上课时不能只有讲稿,还要有讲义",又说:"你是共青团员,应该在这次繁重的任务中经受考验"。最后,万老师告诉我:先了解一下这门课程,有什么问题提出来,我们共同商量。他当时在筹备教研室的工作,没有去参加炼钢。

过了两天,我到位于东二楼西边一楼的教研室去找万老师,把心里反复考虑的话说了出来:"就目前的情况看,主要工作是'大炼钢铁',天天连班倒,其他事都做不了,而且现在10月份即将结束,再有一个多学期就要开课,还要写出讲义,这么急的任务,我能行吗?"万老师当即就坚决表示:"从现在起,你可以不参加'大炼钢铁'了,去图书馆阅读资料,时间可以自己支配。"这样,我便开始自己安排时间,进行资料调研并深入钻研苏联专家的讲义了。

彭康校长同我谈话,给予我莫大的鼓励

现在回想起来,我们这些刚刚留校的青年教师能够很快地成长起来,很多人甚至挑起了新专业的大梁,都得益于彭康校长的关心和鼓励。

彭校长不但亲自抓新专业的筹建,对教师队伍建设更是非常关心,尤其重视对青年教师的培养。彭校长曾明确指出:要办好大学,一是靠党的领导,二是靠教师队伍的提高。他还说过:"一个学校办得好坏,很大程度上取决于教师的阵容。"随着新专业的快速兴建,更加迫切地需要充实和加强师资队伍建设。彭校长一方面强调团结、依靠老教师,发挥他们在教学、科研中的"传帮带"作用;另一方面强调对青年教师要加紧指导和培养。正是在彭校长的主持下,学校抽调了一批学业优秀的学生提前毕业,充实到新建专业教师队伍中。当时,彭校长不但亲自参加了无线电、工程物理两个新系的青年教师座谈会,而且还询问了每个人的情况,了解大家的困难和要求,有针对性地给予指导。他还当场指示系领导,一定要把这批青年教师好好培养,使大家成为教学上的生力军,并说"实际上这是你们系领导的责任"。后来,彭校长更是身体力行到每个新建的教研室具体落实青年教师的培养工作。他鼓励青年教师:要敢担重担,边干边学,扎扎实实打好基础,做出成绩;不要保守,不要骄傲;要与别人交流,多请教,以人为师才能进步。特别令我感动的是,彭校长还曾专门找我谈过一次话,要求我鼓足干劲,敢于打破旧框框,勇于挑重任,克服困难,努力学习,出色地完成任务。他对我说:"你的情况更特殊,应该首先完成教学任务,有些专业知识以后再陆续补上。"并建议我结合所开的课程,到有关工厂去参观、考察,在实际中学习、充实专业知识。

那时,我刚刚23岁,正处于青春向上的年龄,彭康校长的关怀和鼓励,系里和教研室领导的支持及老教师和同事们的帮助,使我更加坚定了做一名合格的高校教师、上好课程的决心。

三、去工厂学习、考察,充实了专业知识

通过调研和阅读资料,我对"气动-液压自动化仪表、调节器"课程有了一定的理性了解和认识,但是却还没见过具体的气动仪表和调节器使用控制系统,所以并没有相关的感性知识。于是便向领导提出,能否到有关工厂学习。这也是彭康校长对青年教师的指示和建议。这样,教研组便派刘文江老师带着我去兰州炼油厂和玉门油田、玉门炼油厂等单位考察、学习。刘文江老师是苏联专家的研究生,搞电动仪表调节器,也是我们元件教学组的组长。

在兰州炼油厂,我对气动仪表和调节器控制系统有了感性认识

兰州炼油厂(简称"兰炼")是我国在第一个五年计划期间兴建的第一座现代化大型炼油厂,地处兰州市西固区。它也是苏联帮助重点建设的156项工程之一,1956年动工兴建,1958年建成投产,其规模为年处理100万吨原油。兰炼投产后,为我国的工业化建设做出了巨大贡献。由于当时的国际国内形势,该厂的保密级别比较高,车间都是用代号称呼,比如"常减压车间"用的是苏联设计图纸的代号"12#",通常被称为"12单元"。

炼油一般指石油的炼制,是将原油通过蒸馏的方法分离煤油、汽

油、柴油等燃料油和各种各样的润滑油,炼油的副产品为石油气和渣油。在渣油中大量的是沥青,这是大家都熟悉的,除了可以用来铺设道路外,还是应用广泛的防水材料和防腐材料。所以原油全身都是宝,被称为"黑色金子"。通俗地说:炼油的过程主要就是将原油加热,一级一级地提高温度进行汽化处理,并在不同的温度下实施冷却,使之变成符合使用要求的各种工业和民用油料,其加工实际是冷却的物理过程。在炼油过程中,控制的主要参数是加热工时的温度、压力、流量和液面。而气动仪表的主要作用就是测量这四大方面变为气动压力的参数。所以在当时的兰州炼油厂,气动仪表和调节器自动控制系统被广泛使用。这一点对我学习了解气动-液压自动化仪表、调节器方面的专业知识和所要开设的课程有非常重要的实践指导意义,自己自然非常重视这次难得的考察机会,开始了如饥似渴地学习、吸收。

20世纪70年代的兰州炼油厂远景(照片来源于网络)

工业自动化仪表是在工业生产过程中,对工艺参数进行检测、显示、记录或控制的仪表,它能在无人操作的情况下自动地完成测量、记录和控制的工作。工业仪表最早出现在20世纪30年代,最初只用于化工、石油炼制、热能动力和冶金等连续性的热力生产过程,因此当时被称为热工仪表。当时的工业仪表的结构形式主要是机械式或液动式,仪表体积较大,只能实现就地检测、记录和简单的控制。到了20世纪40年代初,气动仪表开始出现,由于气动仪表使用了统一的压力信号,并因有了带远程发送器的仪器,使得它能在远距离外的二次仪表上重现读数,实现了集中在中心控制室进行检测、记录和控制。

实际上，在20世纪50年代后期，我国的工业自动化水平还比较落后，气动仪表检测与控制系统在当时已经是先进水平了，被新建成投产的兰州炼油厂大量采用，该厂所配备的自动化系统主要是苏联生产的AYC气动组合仪表、04型气动温度调节仪表和气动执行机构。所以，在兰炼只有少数控制系统就地安装，大部分参数被集中到车间仪表室的控制频上集中重读，实行集中控制，便于操作。当时，兰炼各车间集中控制所使用的自动调节系统大部分是基地式的04型气动调节仪，各种参数被输送给04型气动调节器并进行记录后，就会自动与给定参数进行比较，如果有偏差，则根据偏差值进行比例积分作用，经过放大输出给执行机构进行调节控制。所谓基地式调节器就是集变送、调节、指示或记录、自动切换及调节参数设定于一身，且能在恶劣的现场环境下工作的集成式仪表。基地式调节器可以安装在一次检测元件或终端执行元件附近，可以实现集中控制。它缩短了信号传递的时间，有利于改善调节的品质，而且观察方便、直观，所以，在20世纪50、60年代基地式自动调节仪曾经被广泛应用。

这些仪表及自动调节仪分布在兰炼的各个车间，为此兰炼专设了一个仪表分厂，对各车间的仪表控制系统进行安装、验收调整、维护和检修，以保证其正常运行。在仪表分厂还有一个新型仪表的研制小组，这个小组当时正承担着我国新研制的单元组合仪表的制造任务。在仪表分厂实习，不但可以清楚了解各类仪表的结构和作用原理，还可以跟着技术人员和工人一起到现场，进行仪表与控制系统的运行检测、维护与检修，了解系统从测量、记录到自动调节的整个工作状态，同时还参与新型仪表的研制工作。自己的这些亲身实践机会，收获良多。这里，特别要提到的一点是，我们在兰炼考察期间，正好赶上该厂的常减压车间即"12单元"在集中控制室现场安装和调试仪表控制系统，我们参与了全过程，对生产过程参数的自动调节及控制、手动与自动过程的切换等程序有了初步的掌握。兰炼作为"一五"期间国家的重点建设项目，也是举了全国之力给予支援，所以该厂的职工都是从全国各地抽调来的优秀者，我们接触最多的仪表分厂的技术人员和工人就有很多是从上海一些工厂企业迁到兰州的，他们中的不少人知道交通大学和交通大学西迁的情况，待我们非常热情，对于我所请教的一些问题，总是耐心地解答和指导。

在兰炼还有一点体会非常深刻，就是炼油厂对安全生产非常重视，要求十分严格。比如：炼油最怕的就是"火"，所以，"防火"在兰炼是重中之重，进入厂区一律不允许穿带铁钉的皮鞋，因为在走路时鞋底上的铁钉与道路摩擦可能会产生火花，进而引发火灾。火柴更是绝对不许可被带入工厂大门内，吸烟有专门的地方和房间。实际上，为了应对突发性火灾，气动仪表调节器本身的设计是具备防火性能的。但是，为了避免火灾的发生，兰炼厂还是执行了非常严格的防火规章制度。

结束了在兰炼的学习后，我们沿着黄河向上，又顺便考察了西固发电厂、化肥厂、合成纤维厂、化工机械厂等企业，了解了气动单元组合仪表等比较复杂的控制系统的使用情况。通过在兰州炼油厂等单位的考察、学习，特别是在兰炼的技术人员、工人的帮助和刘文江老师的指点下，自己加深了对前一段时间自学气动、液压自动学，自动化仪表，调节器等方面的知识的理解，明白了许多专业术语在实际应用中的指向，并且在亲自参与的各项工作中学到了技能，锻炼了动手能力，增强了气动仪表和调节器控制系统方面的感性知识，收集了很多资料，使自己开始步入这个行业的门槛，为后来编写授课讲义和指导学生进行毕业设计打下了基础。

去玉门油田考察，开阔了眼界，进一步积累了专业知识

当时，到玉门考察是我特别期待的一次旅程。一方面当然是希望进一步学习、积累专业知识。另一方面是知道玉门的遥远和荒凉，特别想亲身体验一下那种"一片孤城万仞山""春风不度玉门关"的意境。当然，为了对玉门油田多些了解，我也翻看了不少资料，到现场后又不时在油田的职工和技术人员口中听到了一些情况，使我对玉门油田印象更加深刻，深感不虚此行。

玉门油田坐落于戈壁腹地、祁连山下，开发于1939年，是我国的第一个天然石油基地。解放前的十年，累计生产原油52万吨，占当时全国原油产量的95%。玉门有着光荣的革命传统，她生产的油品，曾经为中国人民的抗日战争和共产党领导的解放战争做出过特殊的贡献。50年代初，刚刚建立的新中国，作为工业"血液"的石油成为经济建设、国防工业的急需,但在当时的我国石油工业却是国民经济中最为薄弱的环节,1952年石油产品大体只能满足需要的20%左右,所以当时党中央对当时的燃料工业部提出了"必须采取一切有效办法,迅速加强地质勘探力量,并做好基本建设工作"的要求,特别是当时正逢"一五"计划建设期间,使得玉门油田不但得到了全国140多个单位的大力帮助和支持,而且得到了苏联、民主德国、捷克斯洛伐克、罗马尼亚、匈牙利等国家的援助。下图就是在罗马尼亚的帮助下,建立的大型原油电力脱盐厂,它能够脱掉原油中的盐分和水分,大幅提高原油质量。这样蒸蒸日上的发展,玉门油田成为拥有地质勘探、钻井、采油、炼油、机械修配和石油科研等部门的大型石油联合企业。在这里,诞生了新中国第一口油井、第一个油田、第一个石化基地。1957年,玉门油田的原油年产量达75.54万吨,占当年全国石油总产量的87.78%。实际上,就是玉门油田的原油保证了兰州炼油厂——我国第一座大型炼油厂的顺利投产。是年12月,新华社正式向世界宣布:新中国第一个石油工业基地在甘肃玉门建成。至此,玉门油田便作为中国石油工业的大学校、大试验场、大研究场所,担负起了"出产品、出人才、出经验、出技术"的历史重任,为中国石油工业的发展做出了重大贡献。玉门油田作为中国石油工业发展的摇篮,锻炼、培养、造就了一大批领导干部、技术精英和英雄人物,后来我们所知道和熟悉和敬仰的英雄人物——"铁人"王进喜就是其中的优秀代表[①]。

玉门炼油厂同样诞生在抗日战争的烽火中,为支援抗战,所生产的油品源源不断地运往抗战大后方,对缓解大后方的油荒、维持战时后方交通运输发挥了重要作用,在抗战史上书写了浓墨重彩的一笔。在新中国成立后,尤其是经过"一五"建设,玉门油田炼油厂已成为一座现代化大型炼油厂,实际加工原油的能力达到42.6万吨,产品达139种,她生产的"建国"牌系列工业油产品源源不断地运往全国各地,其1号专用沥青和医用白凡士林填补了国内空白。玉门油田炼油厂还是新中国第一个石油军品基地,为我国的国防事业做出了重要贡献。因为玉门炼油厂是由美国在玉门油田开采后的20世纪40年代建

---

① 此段内容根据林文坡手稿、中国石油玉门油田分公司网站、百度百科、搜狐网等相关资料进行整理。

"一五"期间,罗马尼亚帮助玉门油田建立的大型原油电力脱盐厂

成的,所以其自动控制系统绝大部分采用美国的气动仪表,与兰炼是同一种类型的,只是结构有所不同,还有美国的气动仪表系统虽然也是基地式,但却不能实现集中控制,是名副其实地需要把仪表、调节器和控制阀都安装在原地而实现参数控制的系统,堪称是真正的"基地式"。所以,其先进性略低于苏联的基地式仪表系统。在当时我们是学习苏联,美国对我们实行封锁政策,高校的教材和教学用的都是苏联的一套,美国的这些当时是不可能用在教学上的。但是,对于我们来说,还是非常详细地考察了美国与苏联的仪表控制系统在结构与性能等方面有哪些不同,因为一方面可以扩大眼界,另一方面而且据玉门炼油厂的工人说,上海的炼油厂和发电厂当时也有这种仪表调节器,所以多了解和掌握一些相关的技术情况总是有好处的。

在考察中提高了思想认识,学习了工人阶级的优秀品格

首先,我看到20世纪50年代、60年代国家为了改变当时一穷二白面貌,在大西北进行大规模建设的决心和实际行动,甚至我们还听到了国家已经在酒泉等开始军事基地建设的消息(后来被证明属实),那时,心里很为新中国骄傲。还有,我们亲眼看到了全国各地大量技术人员和工人,为了支援大西北聚集到一些大型工厂企业,这其中就有许多南方人,尤其是上海人,在兰州说着上海话的人群随处可见,他们很多都是全家迁来的。有一个星期天，我在兰州的五泉山风景区游览，就曾遇到了也是来此休闲的一家上海人，我们一起坐在茶桌上，听他们谈到为了支援西部，全家迁来甘肃的情况。我曾问及他们的生活是否习惯，他们回答：来兰州是国家需要，组织安排，个人生活方面虽有困难，但与国家需要相比都是小事情。他们还说起当地政府部门出于对上海人生活习惯的尊重，也动员了一些商业和餐饮部门从上海迁来。情况确实如此，记得我曾在兰州一家上海人开的饭馆吃过阳春面，而这家饭馆对面就是上海搬来的一家绸缎名店。这些所见所闻使我对国家决定交通大学西迁有了更深刻的认识，也对当时我们的许多老教授带头西迁的境界有了更充分的理解。可见，在当时"全国一盘棋"的大局观念确实是深入人心的。

在玉门油田，我们参观了钻井、采油、修井等作业过程，亲眼看到了当时情况下石油行业的艰苦，体验了现场的技术人员和工人忘我劳动的精神。玉门油田的矿井分布范围很广，但要去矿井还是很方便的，因为运送原油的罐车非常多，上矿井时都是空车，只要给司机说一下，就可以坐在驾驶室里司机的旁边跟着一起到达矿井。石油井深度一般都要达到一千米以上，打井用的是金钢石钻头，在打井过程中要配冲很稠的泥浆，泥浆的作用主要有：把钻头切削下来的岩屑携带上来，以保持井底清洁，避免钻头的重复切削，提高钻井效率；冷却和润滑钻头及钻柱，以降低钻头的温度，减少钻具磨损，提高其使用寿命；在井壁形成滤饼，封闭和稳定井壁，以平衡井壁岩石侧和地层压力，防止对油气层的污染和井壁坍塌及井喷、井漏等事故的发生。钻井完成后就开始建井。石油井为双重钢管，外层是保护套，内层是出油管。如果是自喷井，靠地下原油的压力，将喷上来的原油引入油罐，建井任务就算完成了。但如果油井的自身压力不足，就通过向井下安装抽油泵，用机械的方式完成采油。

在玉门油田，最使我受教育的是修井工人的工作。油井在作业过程中除了要定时进行检修外，如果临时出现了问题，则要马上修井。不论是正常检修还是突击修井，首先要做的是用专用设备把井内的油管起至地面，当油管一根一根地被拔出来时，井内和油管里的原油与泥水也会一起被带出来，这些原油和泥水经常喷落在修井工的头上，甚至从带着钢盔的头上淋至全身,又浓又黑又黏的原油没有办法处理,他们就脱下头上的钢盔,在荒原的沙地上打滚,全身粘满泥沙,站起来用双手在全身拍打一下,又继续开始重复的工作,不但劳动强度非常大,而且一层油,一层土的工作服又硬又重,其艰苦程度是我们之前难以想象的。我们第一次到玉门是1958年底到1959年初,那段时间正是冬季最冷的时候,而玉门油田的许多矿井位于冰雪覆盖的祁连山下,最高气温也在零下20摄氏度以下,加上戈壁滩上的漫漫风沙,我们穿着棉衣,外边又套着厚厚的棉大衣,还不时要到锅炉屋去暖和一下身体,但在油井上工作的技术人员和工人却从没有离开过现场,他们为生产祖国建设所需要的石油,而忘我地工作着。这种精神深深地感动和教育了我,当时自己下定决心要向工人阶级学习,尽快掌握专业知识,按时为新专业开出符合要求的课程,为国家培养急需的大学生做出贡献。

兰州、玉门之行,给我留下了深刻的记忆

可以说这次兰州、玉门之行,在我的经历中留下了非常深刻的印象,一些细节也经常出现在后来的记忆里,因为这不但是我提前毕业留校工作后的首次外出考察,学到了很多业务知识、提高了专业水平、收集到许多资料,对于我业务方面的成长起到了相当大的作用,还使我在思想上受到了教育,有了很大的提高,看到了石油行业的艰苦,学习了工人阶级的优秀品格。所以我对兰州、兰炼和玉门油田有着很深的感情。特别是自己承担的液压气动自动装置课程的教学和指导相关专业学生实习和毕业设计,因为其主要涉及的是石油和化工行业连续生产过程的控制,到了20世纪60年代这类出差就更多了,其中去的最多的城市还是兰州和玉门。直到现在,还能够回忆起当时的点点滴滴。除了上面讲到的与业务有关的,还有几件事也一并记在这里。

第一次到兰州炼油厂时,苏联专家还在,当时的说法是:苏联对中国给予了无私的援助。但听兰炼的工作人员说:建厂过程中的一切,包括设备和各类钢材、甚至一颗螺丝钉,都是从苏联运来的卖给我国的,而且同机器一样按吨计价,这样苏联方面就会有更多的收益。后来,苏联单方面撕毁经济建设合同,并决定撤走专家,到1960年8月在全国各地的苏联专家全部撤离。此时正值我国三年困难时期,物资供应不足的关键时刻，苏联的这个举动不但加重了我国的经济困难，而且给我们背负了大量债务。在这种情况下，党中央和我国政府号召全国人民挺起腰杆，奋发图强，自力更生地发展本国工业，建设强大的国防，那一代中国人由此走过了一段激情燃烧的岁月。1960年初开始的大庆石油会战，就是我国独立自主开发建设大油田。这些事情给我的思想教育是很大的，也使自己明确了：搞建设不能单纯地依靠外援，要实现国家强大，只有全国人民共同努力才能实现。

在玉门考察时，油田安排我们住的招待所是原来苏联专家曾住的。房间里铺着地毯，沙发是弹簧底座加毛呢的外套，还有大立柜、弹簧床和绸缎被子。为了方便专家工作，还配备了办公桌椅，且茶具、茶叶齐全。在当时没有随处可见的宾馆，更不要说星级酒店了，所以苏联专家招待所的条件就非常好了，能够住在这里，我们觉得受到了照顾和重视。还有，那时中国正处在困难时期，很多生活日用品都要用票证购买。在国家处于被封锁的年代，原油和油产品是非常宝贵的，所以在油田矿山的井队，石油人的生活虽然也很艰苦，但国家还是给予了一些优惠，比如我和刘文江老师两个人在井队时，中午食堂的菜会有豆腐供应。而我们回到招待所，除了萝卜，好一点的就只有青菜了。1959年元旦我们刚好在玉门，心想过新年了一定会有好菜，于是到了中午我们两个人就比平时提早一会儿去食堂排队，看到公示的菜牌上写着有"炒三鲜"，我们当然知道这里的"炒三鲜"绝对不是海参、鱼肚、鱿鱼一类，但是总会应该有点儿肉吧，于是每人买了一份，但一看还是萝卜，并没有其他品种。坐在饭桌的椅子上，我们就讨论为什么把炒萝卜叫做"炒三鲜"，虽然菜里有红萝卜和白萝卜，但两种萝卜也不能叫"三鲜"啊，因为再也找不出第三种菜。结果经过认真翻找、仔细研究，终于发现，白萝卜生长时露在外面的部分，颜色是青色的。于是，终于得出结论，所谓"炒三鲜"，就是炒红萝卜、白萝卜和青萝卜。

随着我国最大的油田——大庆油田的发现和开发，到了20世纪60年代中期我国一举甩掉了贫油的帽子，那时全国人民欢欣鼓舞，一首《我为祖国献石油》的歌曲开始在全国的石油行业中传唱。我和我带领到炼油厂、油田实习的西安交大的学生们也学会了这首歌，学生们还在学校举行的联欢晚会上以大合唱的形式进行了表演,可见这首歌当年是非常流行的。直到现在,我还可以哼出这首歌的旋律:锦绣河山美如画,祖国建设跨骏马,我当个石油工人多荣耀,头戴铝盔走天涯……

四、编写"气动-液压自动装置"课程讲义,备课,试讲,上讲台

考察学习结束后,我们马上赶回西安,我便开始整理调研和考察中收集的资料,动手编写"气动-液压自动装置(气动-液压自动化仪表、调节器)"课程的讲义,以期按时开课,完成教研室交给的任务。

克服困难,努力学习,坚定按时开课的信念

其实,在接受了"气动-液压自动装置"的讲课任务后,对自己能不能完成开课的任务心里并没有底。静下来躺在床上自己闭着眼分析,除了前面已经讲过的想法外,思想上还存在着几个顾虑:一是讲课的对象是五年级的学生,自己并没有读完五年级;二是机切专业开的"液压传动"课程还没有上,我就提前毕业了,可以说是"对自动化一窍不通",而从工企专业调整过来的学生,在自动化知识方面可以当我的老师;三是这门课在中国,除了苏联专家在中国科学院自动化研究所讲过一次外,当时国内高校还没有人开过这门课程,当然就没有教学大纲,也没有地方可以进修;第四,准备时间短,手中比较系统的资料只有一本万百五老师交给我的、由听课人整理的苏联专家的讲义。所以,我非常清楚自己所面临的困难相当大,若单纯从困难方面来考虑,要按时完成讲课的任务,似乎是"不可能"的。

在分析困难因素的同时,我想的更多是:自己提前毕业,由学生变成了"先生",这是国家建设和培养人才的需要;想到了彭康校长对自己的鼓励、组织的期望,还有万百五老师与我的谈话;还想到了当时社会上流行的口号"要破除迷信,前人做过的事,我们要做到;前人没有做过的事,我们今天也要做到"。经过反复思考,自己下定决心,既然接受了任务就不能打退堂鼓,一定要千方百计克服困难,脚踏实地攻克难关,按时开课。在这种情况下,只有努力自修,尽最大可能收集资料,了解专业现状。而对于"气动-液压自动装置"课程来

说，最有针对性的专业资料除了前边已经提到的万百五老师给我的苏联专家的讲义《气动、液压自动学基础》外，就是苏联科学院自动学和远动学研究所发行的杂志 Автоматика ителемеханика（《自动学与远动学》，简称 ANT）了。ANT 杂志是世界上最早的自动化期刊，创刊于 1936 年，这部杂志在当时给了我非常大的帮助。

《气动、液压自动学基础》写于 1957 年 10 月，作者是 M. A. Augepmall 教授。他在书中所描述的仪器、简图有许多我都没有见过。在阅读是 M. A. Augepmall 教授的原著和 ANT 杂志这些原版的俄文资料时，我深感自己的俄语水平相差太远了，加之许多专业名词也不了解，有时为了一个名词，要花十几个小时才能弄清楚。为了解决这个困难，我加紧学习俄文专业术语。好在因为在大学上课时很多老师是上海人并且用上海话讲课，听不懂他们讲话而养成了看课本自学的能力，现在倒是派上了用场。随着俄文水平的提高，大部分问题还是由自己解决了。与此同时，为了尽快掌握开课所需要的专业知识，我一方面去听了五年级学生的"自动调节原理"课，另一方面虚心向同事们请教。就这样，日以继夜地学习、工作，在两个多月的时间里，经常熬到深夜也绝不放过一个疑难问题。同事们也热情地帮助我，不但有问必答，而且只要看到与我工作有关的书籍和杂志，都主动介绍给我，有的还非常仔细告诉我在哪个章节。同事们的热情，使我感到自己不是孤军作战，而是有了集体的力量的支持。这期间我尽最大可能收集了当时能够得到的资料，做了大量的阅读笔记，逐渐理清楚了"气动-液压自动装置"（"气动-液压自动化仪表、调节器"）这门课程的知识点，对其理论基础也有了一定的了解，基本弄清了课程的总体轮廓应该是"气动测量、自动调节器以及它们在自动调节控制系统中的应用"。特别是经过兰州炼油厂和玉门油田与玉门油田炼油厂的考察学习，在现场了解了气动-液压自动化仪表、调节器在石油、化工行业应用的具体情况，有了比较扎实、全面的专业基础知识，更加坚定了"按要求完成组织上交给自己的任务、按时开课"的信念。

完成了"气动-液压自动装置"课程教学大纲和讲义的编写

按照规定，凡教学计划中所列的课程均须制定课程教学大纲，没有教学大纲是不能开课的。同样，新开的课程，也要先制订教学大纲，再确定教材或编写讲义。

但是,"气动-液压自动装置"是一门新的课程,当然就没有现成教学大纲。以前当学生,老师按教学大纲教,自己按教学大纲学,现在要我自己来编写,怎么办?想来想去,我找到了一个"比较笨"的办法:就是将自己学过的专业课程教学大纲拿出来,进行仔细学习、思考。在研究了几份教学大纲后,我理解了其在教学中的作用:教学大纲是根据教学计划,以纲要形式规定一门课程教学的文件,它应该包括教学目的、教学要求、教学内容以及要讲授和实习、实验、作业的学时数分配等,并根据课程的教学目的、任务和内容、学时来确定其范围、深度和结构、教学进度及教学法的基本要求,有的教学大纲还包括参考书目、教学仪器、直观教具等方面的提示。教学大纲是编写讲义(教科书)和教师进行教学的主要依据,也是检查和评定学生学业成绩、衡量教师教学质量的重要标准。所以,教学大纲的重要性显而易见。

通过对几份教学大纲的研究、比较,我心里基本有数了。在此基础上,我根据"气动-液压自动装置"课程的知识点、理论基础及气动测量、自动调节器及其在自动调节控制系统中的应用等基本内容,围绕该课程的教学目的、教学要求、教学内容、实习与实验的学时分配等,我写出初步的教学大纲,拿去请教万百五副主任。在他的指导和同事们的帮助下,经过多次反复修改,终于完成了"气动-液压自动装置"课程的教学大纲的制定。

有了教学大纲,我又把自己收集到的资料、整理的笔记和苏联专家的讲义认认真真地重学了一遍,开始着手编写讲课稿。我先把一些零散的资料按课程大纲和逻辑需要组织起来,拿出来三四种方案进行比较,分析了每种方案的优缺点,一方面请教同事,另一方面自己选择性地做些试验,再综合这几种方案的优缺点,开始动手编写正式的讲义稿。这期间虽然不停地遇到困难和一些疑难问题,但自己从不放过,一定要通过调研资料仔细推敲或者通过实验将问题弄清楚。同时,我还想到:"气动-液压自动装置"不但是自己的首次开讲的课程,而且也是国内高校首次开设的专业课程,又没有相关的参考书,所以为了保证教学质量,使同学在听课的过程中方便做笔记,我必须把讲义编写得尽可能完满，比如：我将仪表调节器的结构都用图纸画出来，一些很复杂的地方也不用简图表示，都是一笔笔画清楚；在我国，液压与气动专业（技术）20世纪50年代初到60年代初还处于起步阶段，在讲义中我将调研中了解到的国际上正在使用和兴起的新技术也尽可能地作了介绍；还有，为了使学生们掌握气动测量、自动调节器及其在自动调节控制系统中的应用技术，我把自己在兰州、玉门考察时学到的知识做了全面的表述；记得，为了分析气动-液压自动装置在运行中常见事故发生的原因，我花费了很大的精力，专门收集了100多个某种元件，进行观察、总结。就这样，经过几个月的努力，我终于在1959年6月写出了十几万字的讲义，为按时开出"气动-液压仪表调节器"课程做好了准备。

历经七次试讲，终于走上讲台

讲课当然要上讲台。当学生时，是听老师讲课，现在一想到自己要站在讲台上，面对学生，就非常紧张。所幸，交通大学一直有一条规定，即所有新开课的教师都必须经过试讲环节，试讲通过才可以正式上讲台，教研室也为我安排了试讲。因为是新专业、新课程，加之我又是准备第一次上讲台的青年教师，所以先安排在教学小组试讲，然后再在教研室试讲，试讲的经历至今仍历历在目。

第一次在教学小组试讲时，我的口里虽然在说，心里的感觉却是稀里糊涂的，有不少地方辞不达意，效果可想而知。试讲结束后，自己在忐忑中等待同事们的批评，但大家都以鼓励为主，同时也给我提出了许多宝贵的意见，诚恳地帮助我，使我没有因为第一次试讲不尽人意而产生沮丧情绪。后来，根据我准备的情况，教学小组和教研室在百忙中为我安排了一次又一次的试讲，只要有一点改进或者提高，都会得到大家充分的肯定。每一次试讲都使我感觉到向成功靠近了一步，更加充满信心而认真地修正缺点。特别让我感动的是，教研室党支部为了帮助我们6位提前毕业的见习助教能够顺利走上讲台，还特别举行了一次"备课、讲课经验交流会"，请有经验的老教师给我们讲述怎样备课、讲课，怎样突出课程重点、抓住关键，怎样利用黑板，课堂上应该注意的问题等等。老教师的切身体会，给了我们很大的启发。正是由于党支部、教研室采取的这些措施，使我初步掌握了教学各个环节,在七次试讲后,终于获得了通过,成为6位提前毕业的见习助教中第一个正式开始讲课的。

  虽然通过了试讲,但在正式上课前我并没有放松自己,而是利用这段不长的时间进行了更充分的准备。首先,在完成备课的基础上,我经常一个人在房间或者到空闲的教室里一遍遍地进行模拟讲课,而且像在课堂上面对学生一样,把自己事先画好的图、表都挂起来,尤其注意时间的控制。这样一方面锻炼了自己讲课的能力,掌握了进度,使课程可以按计划进行;另一方面也使自己记熟了讲课的内容,直到不看讲稿就能够全部讲出为止。二是深入了解授课对象的情况,我除了到学生中了解他们的学习情况外,还到资料室阅读了部分学生的实习报告。这样,使我在讲课时可以有针对性地注意方法和适当选择内容,可以使授课质量得到保证。

  经过多次试讲和一系列的准备,我在1959年暑期开学后,站上了高校的讲台,开始给五年级的同学讲授"气动-液压自动装置"课程,开始了我的教书生涯。当时的课程教学实行"单科独进"的方式,即在一段教学时间内只上一门课,每天上午要讲三四节课,下午或者晚上答疑,备课就由自己挤时间安排了。这样,一门课一直讲完、考试,结束后,接下来再上另外一门课。这种方式对于第一次开课的我来说,最大的问题是时间的局促,我每周要上8节课,课后要安排习题,在备课的同时必须把习题出好并完成答案,每天都要安排答疑,还要批改作业,对于自己来说确实时刻都处于忙碌之中。

  还有,为了能够及时了解学生们的学习情况和对讲课的反映,我每星期都会抽出一定时间到学生宿舍了解情况,即使是风雨天气也照样坚持。虽然我刚刚开始上课时,有的学生提出了一些意见,个别学生甚至表现得不太礼貌,但我没有计较这些,而是汲取同学们正确的意见,及时改进教学方法。这样做不但我们师生的感情更加密切了,也使自己的讲课水平得到了较快的提高。我上课期间,有一个学生生病,缺了七节课。当时除了上课、答疑、备课、批改作业,还经常有政治学习,虽然我深感时间不够,但是我不想学生因病耽误了课程,还是抽出时间到了这位学生的宿舍,为他一个人从头到尾讲了这七节课,后来又抽时间专门给他答疑。这样,占用了自己的一些时间,增加了工作量,但看到学生按时完成了这门课程的学习,还是很高兴的。

这样,从1959年暑假后开学到11月份,我主持了"气动-液压自动装置"课程的全部环节,圆满完成了讲课任务。

成为交通大学的最后一届学生

1959年7月,就在提前毕业、已经参加工作一年的我,在紧张编写"气动-液压自动装置"课程讲义、准备开课的过程中,迎来了54级学生毕业。按照学校当时对提前一年毕业工作的学生发给毕业证书时间的规定,我们也在这时与按五年学制毕业的同级同学一起领取了毕业证书。

但是,就在这个时候,国家考虑到交通大学上海、西安两个部分规模都比较大,距离又远,行政上要实现统一管理,有许多不便之处。1959年7月31日,经国务院批准:交通大学西安部分、上海部分分别独立,定名为西安交通大学和上海交通大学。彭康同志任西安交通大学党委书记兼校长,谢邦治同志任上海交通大学党委书记兼校长。所以,实际上我们这一级是属于"交通大学"这一称谓的最后一届毕业生,虽然大部分在西安毕业,小部分在上海毕业,但毕业证书的落款都是交通大学,校长的印章也都是彭康。但无论怎么说,我们都是交通大学迁校后的首届毕业生,因此也可以说我们是西安交大的第一届毕业生。

林文坡的毕业证书

还有一点，我觉得也应该记在我的回忆录中。这就是西安交大和上海交大独立为两所高校后，上海交大也要发展新专业，并且也成立无线电系和工程物理系，他们参考了我们这边教研室的设置，每个教研室里有多少门课，就配多少人员，而青年教师这一块就安排在西安交大无线电系和工程物理系培养。彭康校长还特别指示我们两个系的系领导，要把他们作为自己教师一样给予关心和帮助，进行一对一的培养。我们的主讲教师带着他们一起上课，有的还直接分配作为助教参加某一门课程的教学。比如我们自动学与远动学专业的每门课都有上海交大的见习教师，我讲授"气动-液压自动装置"这门课时，就抽调了动力系压缩机专业的一位同学提前毕业，为上海交大专门培养，由我带领参加了教学的全过程。这些青年教师后来回到上海交大，很多人成为教师中的骨干。这件事情也从一个侧面说明了西安交大和上海交大是同根同源的亲兄弟。

从1955年开始决定交通大学西迁至1959年西安、上海部分独立成为西安交大、上海交大，迁校算是完全结束了。当然，在长达三四年的过程中，由于认识上的差异，对迁校曾经出现过赞成或者不赞成等各种不同观点，并由此引发的辩论，也是正常的，但当时却使部分教职工受到了伤害。难能可贵的是，这些同志在身处逆境时，仍然在自己岗位上尽力奉献。应该说，老交大的每一个人，从20世纪50年代到现在，在任职和创业的过程中，都留下了自己的足迹，擦出了星星点点的火花。这些足迹，记录了老一代一生的顾全大局的牺牲和艰苦创业的奉献；这些火花，在祖国西北的黄土地上结出了丰硕的成果，铸就了西安交大的成就和辉煌。

我被评为1959年度西安交大先进工作者

由于党支部和教研室的支持、同事们的帮助，我千方百计地克服了各种困难，圆满完成了"气动-液压自动装置"课程的教学任务。这原本就是自己的工作，但是系领导和同事们却给了我很大的荣誉。1959年底，经过教研室评选和无线电系推荐，我被评为西安交通大学的先进工作者。系里还通知我，要准备参加学校召开先进单位、先进工作者表彰大会。但是，当时正值苏联专家在中国科学院自动化研究讲所讲课，内容为"气动断续控制"，与我讲授的课程有一些联系，教研室安排我到北京去听专家讲课,所以没有能够参加学校的表彰大会。这次表彰活动是交通大学分设两校后,第一次以西安交大的名义安排的,受到了全校上下的重视。我返回校后,就接到了教研室党支部书记黄士冲同志的通知,他说:原本计划安排我在学校表彰大会上发言的,因我出差而没能实现,要求我补写一篇文章,谈谈自己这一年的工作情况和感想。于是,我写了《在党的关怀培养下成长》的文章,被收录到西安交通大学校长办公室编印的《一九五九年先进单位代表和先进工作者大会文件选编》里。在这篇文章里,我表示:自己只是按照党组织的要求,做了自己应该做的事情,完成了一名教师应该完成的任务。如果还有一些成绩,则归功于母校——交通大学的培养。

左图:1959年西安交大先进工作者事迹登记表
中图:《西安交通大学一九五九年先进单位代表和先进工作者大会文件选编》
右图:林文坡所写《在党的关怀培养下成长》

我作为交通大学第一批五年制的学生,西迁后提前参加工作,到新成立的无线电系自动控制专业当见习助教,为新专业开了一门新课,也是西安交大的新课程,今天回忆起来,这虽已成为过去历史的印记,但对我个人来说,这段经历是我教师生涯的开端和基础,还是留下了深刻的记忆和悠远的怀想。

五、全面完成教学任务,并两次在新专业开课

完成教学工作是高校教师最基本也是最重要的任务。我1959年成为高校教师,独当一面地完成了"气动-液压自动装置"课程的第一次

教学工作后,到1995年退休,整整在讲台上站了37个年头。在这些年中,我看到了一届届新生带着稚嫩走入西安交大,经过在学校的学习、锻炼,又充满信心、朝气蓬勃地奔赴社会,心里总会油然而生一种自豪感。因为我作为一名高校的教师,参与了他们成长过程中的培养,尽自己所能给予了他们知识。

虽然我本来的专业是机械制造,但因为工作需要,改行到了无线电系,承担了气动仪表调节器和石油、化工等方面连续生产过程的控制,除了1958年参与新专业自动学与远动学的创建外,还先后调到西安交大新建的无线电专用设备、液压传动及控制(简称"液压")两个专业,并完成了相应的教学工作,包括:编写讲义(教材)、上课、辅导、举办讲座、指导实验与实习、带领毕业设计等。先后开设了气动-液动自动装置,液压气动技术,液压、气压技术在无线电专用设备中的应用,气动调节仪表,气动逻辑设计,液压传动与气动传动等课程。

从1959年秋,交通大学分设西安交大和上海交大后,西安交大作为国家首批重点建设的16所大学之一,到"文革"前,学校在创业的同时,各项工作都按部就班地进行并且得到了很大的发展。我在新专业首次讲授50个学时的气动-液动自动装置(气动-液压自动化仪表、调节器)课程,到"文革"前的1965年一共讲了7次,并且自己进行辅导和答疑,同时多次带领生产实习、毕业实习和指导毕业设计。伴随着各项教学任务的圆满完成,自己也成长起来。

十年"文革",不可避免地给学校的工作带来了冲击和干扰,但是西安交大在十分困难的情况下仍然做了很多事情,比如:1974年无线电系成立了无线电专用设备专业,由于专业教师的人数较少,我于第二年3月便调入这个新的专业。同年,该专业招收了一批"工农兵学员",编为设备51班。为了教学需要,我编写了教材《无线电专用机械设计与制造·第三分册》,并为设备51班讲授了"液压气动技术在无线电专用设备中的应用"课程,共80学时。为配合课程设计,我还开了20学时的讲座"硅片自动清洗机的设计"。后来,我还同徐曾荫老师合作带了该班的课程设计和毕业实习。当时,高校与工厂企业实行厂校挂钩,我还根据企业的需求,分别为西北机械厂和795无线电元件厂的技术人员讲授了20学时的"气动逻辑设计"课程。"文革"结束后，高校工作步入正轨，从1978年开始，教育部实施第一轮教材建设规划，随之在南京召开了教材工作会议，决定编写高等学校工科电子类无线电专用机械设备专业的统编试用教材，西安交大委派我同成都电讯工程学院和南京工学院王树庭等合作承担了《液压及气动技术》教材的编写任务，我负责其中的第八章《气动逻辑元件及逻辑回路的设计基础》，并担任全书的主审工作。该教材于1979年由成都电讯工程学院铅印出版，在国内高校试用。

20世纪80年代初，我为信息与控制工程系设备71班开了液压及气动技术课程，并指导6位学生完成了毕业设计。但是，后来这个专业在西安交大停办了。下面这张照片就是设备71班毕业时拍摄的。

信息与控制工程系设备71班毕业照（二排右三为林文坡）

1979年，机械制造系（1980年更名为机械工程系，1994年又与机械学系合并为机械工程学院）成立了液压传动及控制专业，曾任西安交大校长的史维祥教授就是我国著名的液压传动及控制专家，也是最早用自动控制理论对液压传动进行系统研究的学者和重要创始人之一，他出版的《液压随动系统》一书是国内第一部关于流体传动控制方面专著。液压专业成立后，我便从电子系调到该专业继续从事相关教学工作。除了完成液压专业的任务外，还承担了自动控制、铸工、机切等专业的教学工作，开设了气动仪表及在化工石油控制系统中的应用、液压气动技术、气动仪表调节器、液压传动及气动传动、气动传动及控制等课程，同时，完成了这些专业的课程辅导、答疑，实验课教学与生产实习、毕业实习、毕业设计和毕业论文的指导等工作，每个学期的教学工作量都处于满负荷状态。在完成这些工作的同时，我根据教学需要和国内外该专业的发展情况，不断地对气动-液动自动装置（气动-液压自动化仪表、调节器）课程的讲义进行补充、修改，编写了《气动传动及控制》教材，1992年6月由西安交通大学出版社正式出版。专家对这些教材的评价较高，认为：教材取材新颖、内容全面，论述逻辑性强，说明了作者在液压与气动领域具有坚实的理论基础和丰富的教学与实践经验。并且指出，在当时"国内尚未见到过同类教材"。

应该说，正因为我校的"气动-液动自动装置（气动-液压自动化仪表、调节器）"课程是国内高校最先开设的，教学大纲也是我校最先制定的，所以，直到20世纪80年代中期，液压专业这门课还基本保持了西安交大的60年代教学大纲所构建的框架、体系和基本内容。

六、自己动手，搞好实验室建设

从1959年初次上讲台开始，我就有一个比较深刻的体会，就是要主动发现问题并开动脑筋积极解决问题。正是这种想法，使我在几次参加新专业建设的过程中，除了完成课堂教学任务外，还千方百计地克服困难，坚持自己动手，"土法上马"，为专业实验室的建设做出自己的贡献。

比如，当时由于"气动-液压自动装置"是在新的专业

林文坡在自制的高精度水银压力表上校验控制调节器

新开的课程,实验设备完全是空白,与校内外联系也找不到相关的实验设备。教研组的同事们都非常理解这种情况。但是我自己觉得"气动-液压自动装置"是一门理论与实践结合的课程,为了保证教学质量,还是应该有些必要的实验。

于是,我就动手制造能够满足实验仪器的"土设备"。开始并不顺利,与我一起做这件事情的同事有些灰心了,觉得搞不出来就算了,而且教研室也清楚这些情况,不要求这门课程一定要做多少实验。但我觉得自己不能放弃,一定要克服困难。经过努力,用注射器代替喷嘴,用脸盆做出了所需的设备,终于开出了两个实验,且性能满意,实验结果与理论分析相符合。

后来,为了进一步满足课程的需要,不断地充实、完善实验室设备、设施,到了1965年,基本完成了本课程的实验室建设,不但保证了课程所需要的实验能够在实验室完成,而且使之更加结合生产实践,同学们进行毕业实习和毕业设计过程中获得的许多数据都可以在实验室得到印证,提高了毕业设计的质量。

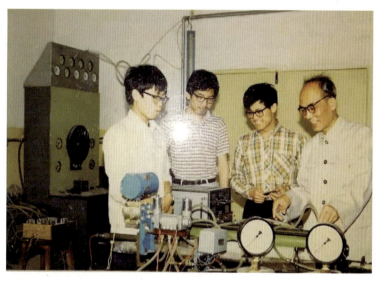

林文坡(右)带领学生调试实验设备——多点切换器

在自动学与远动学专业,实验室在教学中发挥的作用,使我进一步认识到专业课的实验与实践环节,更加重视实验室的建设。液压专业成立后,开始时并没有气动控制实验室,我调来后,教研室将建立气动控制实验室的任务交给了我。接到这项工作后，我结合课程要求，自己动手画出了几种实验设备的设计图，并与工人师傅一起进行零件的制造和实验台与设备的组装。经过一段时间的努力工作，到了1982年下半年，实验室初步建成，实现了从无到有的突破。

林文坡（中）指导学生进行仪表精度校准

经过不断完善，我们建成的气动控制实验室，不但能够开出"气动传动及控制"课程里规定的所有实验，还能供学生完成一些毕业设计所需的实验，教师和研究生的科研工作所需的相关实验也可以在我们的实验室完成。当时，国内液压专业"气动传动及控制"课程教学大纲所规定的四个基本实验就是由西安交大首先提出来的，被很多高校采用。福建省液压气动技术开发公司得知我们气动控制实验室的情况后，曾经来校进行考察，并希望我们将几个实验台的相关技术和设备转让给他们，由他们进行生产和销售，当时还草签了合同。可见，那时的气动控制实验室虽然是我们自行设计、建成的，却也在国内处于领先地位或者说是先走了一步的。

七、承担力所能及的科研项目

在很多高校，将教师分为教学编制和科研编制。不言而喻，教学编制以完成教学任务为主，科研编制以科研和出成果为主。我是属于教学编制的教师，所以教学是我的主业，科研就成了我的弱项，但是我结合教学工作也参与或者承担并完成了一些科研项目，也一并记在这里。

我最早接触科研工作，应该是 1965 年时参加了由胡保生老师主持、与兰州化学工业公司合作的科研项目"气动八点控制器"的研制工作。兰州化学工业公司的控制车间有 8 套设备，我们的研究就是为了实现 8 套设备的 8 点统一控制。项目完成后在重庆举办的全国仪器、仪表展览会上展出。胡保生老师从 1951 年起就在交通大学任教并随校西迁。他长期致力于自动控制、系统工程等方面的科研与教学工作，是我国第一批自动控制与系统工程专业和研究所创始人之一。参与他主持的研究项目，使我学到了一些科研工作方法。

由于自己在不同专业教授的课程均涉及气动理论与技术，但它们的要求与应用又有所不同，由此我想到能否通过一定的方式将它们结合起来使用？经过一定的实验，找到了一些新的方法，写出了《气动长行程伺服气缸及气动仪表在位置和速度控制中的应用》一文，介绍了具有径向反馈的长行程伺服气缸及气动位置发送器（变送器）的工作原理、传递函数的推导、动态特性的讨论和分析，并且说明了由于这种伺服气缸的行程不受限制，具有很大的刚性（对负载），其位置决定于输入的气压信号，其速度可以用输入压力变化的速度进行控制，所以能够应用当时市场上大量销售的气动单元组合仪表，对位置及速度的开环和闭环进行集中控制，并列举了利用气动单元组合仪表进行位置及速度控制回路应用方面的例子。所举的几个例子说明：采用这种伺服气缸作为执行机构，能够应用现成的气动单元组合仪表和逻辑元件组成各种回路，对各种不同要求的位置及速度进行集中控制。该研究为在机械制造中利用市场上大量销售的气动调节器进行位置及速度控制提供了理论依据。1982 年，该论文在济南召开的全国液压气动学术交流会上交流，1983 年又发表在《液压工艺》杂志当年第 2 期上。

通过对气动伺服的研究，我发现了气动伺服可以用于机械手的控制，于是开始进行"气动机械手的气动控制"课题研究，先后完成了"气动三缸系统的逻辑控制"和"气动单作用气缸的点位控制"。前者曾在西安市举办的科技展览会展出，并入选技术转让项目；后者对气动控制在机械制造领域的应用进行了探讨,扩大了气动控制的应用领域。实验结果证实了理论分析的正确,而且用压力反馈和调节给定压力的方法可以使气缸动作停止在任意点,改变了一般气动逻辑控制气缸动作只能停止在两个极限位置的状况,其控制精度完全可以满足常用往复机构的要求。所完成的科技报告在1984年11月举办的第二届全国液压气动技术交流会上被选为大会交流论文。在完成该项目的同时,还研制成功了气动位置发送器。

1984年,与西安市拉拔设备厂签订了"LH670拉丝机控制系统的设计、调试"合同,完成了系统设计与调试,并通过了厂方组织的鉴定。LH670拉丝机控制系统因比瑞典生产的L4活套拉丝机气动系统有重大改进,而受到西安市拉拔设备厂的好评,认为:该系统设计先进,具有独到之处。与广州无线电专用设备厂合作,对该厂的产品P-102型储能式焊接机的气动系统进行了了改造。P-102焊接机是由电器-气动控制和驱动的半自动机,主要用于封焊各种大功率晶体管的管帽和管座。工作过程中,由于气缸要承受焊接变压器次级引出的导电软片上电极和活塞杆本身的重量,还要保证迅速复位,因此还原弹簧的刚度较大,导致焊接气缸的行程较短,只适合于焊接晶体管或一些小零件。为了适应多种金属零件焊接的需要,我们对焊接气缸进行了改进,把原来用作复位的强力弹簧取消,由一调压阀经调压后的空气接到

林文坡摄于20世纪80年代

气缸下腔作为背压,当焊接时活塞往下运动,背压升高时可以从调压阀的溢流孔排至大气,从而保持背压为调定压力不变,这种结构不会产生冲击现象。采用这种气缸,结构简单,加大了活塞的行程,其行程可以根据需要的任意长度设定,使其工作特性得到了很大的改善。该项目完成后所写论文发表在《液压工艺》杂志1984年第2期上。

在研究工作中,我还协助范鸿湛老师指导硕士研究生谷红完成了

"气动控制变负荷系统的研究"课题;指导西北纺织工学院(现更名为西安工程大学)的魏俊民讲师完成了气动传动及控制课程的学习和建立实验室等工作。

第四部分　业余爱好带给我快乐

我喜欢历史和考古,遇到重大或者感兴趣的事情,就想探究一下其发生、发展的过程,这点读者应该可以从前面我讲述的回忆中感受到。除此之外,我还有一些爱好,比如我喜欢观看体育比赛和文娱演出,虽然没有亲自到赛场上拼搏,也基本没有登台演出过,但这并不影响我以观众的或者其他身份参与这些活动的积极性:大学时期我是交通大学各项体育比赛的啦啦队员,经常活跃在学校举办的大型体育比赛的现场;我学过化妆,学校的文艺团体有演出活动时,经常邀请我担任化妆师。还有,我喜欢集邮,常常迷恋于那包罗万象的方寸之间。这些爱好,不但让我结交了许多志同道合的朋友,开阔了视野,提升了精神境界,也使我的业余生活变得更加丰富。它们带来的快乐让我感到自己的这一生过得更加有意义。

一、担任文工团大型演出的化妆师

由于在长期的办学实践中,交通大学一贯强调学生德、智、体、美等各方面的全面发展,所以学校的文体活动不论在迁校前还是迁校后,一直十分活跃。特别是迁到西安后的1961年,彭校长在西安交大第十届共青团员代表大会上提出了"思想活跃、学习活跃、生活活跃"的号召后,整个学校在落实思想活跃、学习活跃的同时,学生和教职工的课余生活就更加活跃了。单就文娱活动方面看,学生和教职工都建立了很多文艺团体,分别由学校团委和学校工会领导。在这些文娱社团中,最为突出是学生和教职工文工团的话剧队。他们在不同时期排演的多场大型话剧,在西安交大和学校周边一些单位演出,影响很大。而我,也曾在很多演出中担任他们的化妆师。

大约是在1959年,学生文工团话剧队排练了话剧《最后一幕》。该剧讲述了解放前夕,在国民党统治区的一群进步的演剧队队员,在中共地下党领导下,以戏剧为武器坚持排演进步剧目同敌人斗争的事迹,在演剧队队员同反动派斗争最紧张的时候,中共地下党为了使他们免受国民党的迫害,及时派人指示并协助他们安全撤退到解放区,保护了革命力量。除了学生演员外,还邀请了几位刚刚在交通大学毕业留校的青年教工参演,而这些教工在读大学时就是学生文工团的成员。演出的地点就在草棚大礼堂。说起草棚大礼堂,那是交通大学迁校时期及后来相当长一段时间内学校的政治与文化活动中心,也是那一代西安交大人永远的记忆。迁校初期,由于国家基建资金紧张,当时所规划的正规礼堂没有被列入一期工程进行建设。为了解决大型活动急需,学校领导决定搭建临时性的草棚大礼堂。我们专业迁到西安时,草棚大礼堂已经在正常使用了。草棚大礼堂就建在现在的工程馆北边,1400 大教室的位置,是举办全校性大会、大型报告和各种重大活动与文娱演出的场所。话剧《最后一幕》有三幕四场,它应该是学生文工团排演的首部大戏,演出后获得了很大的成功。

1963 年,西安交大团委组织排演了四幕话剧《年轻的一代》。该剧通过地质学院等高校毕业生萧继业、林育生、夏倩如等大学生在毕业后是留在大城市,还是到祖国最需要的地方去所选择的不同道路,表现了那一代人对生活、升学、工作分配等问题的不同看法。因为这部剧目涉及"在和平建设时期如何防止革命后代变质"这个重要的思想教育主题,所以在上海戏剧学院教师艺术团首演后,即引起广泛的影响。这应该也是学校团委决定组织排演《年轻的一代》的原因。果然,该剧演出后,反响强烈。记得这次演出是在长乐剧场,那是西安交大文工团首次在正规的舞台演出大型剧目。为了使全校师生都轮流观看一遍,曾连续演出了七场。《年轻的一代》不但在校内受到欢迎,周边单位也来联系,记得在东方机械厂的工人俱乐部就演了三场。由此,也可以看出西安交大文工团和话剧《年轻的一代》在当时还是有很大影响的。

1965 年,西安交大团委又组织排演了广西话剧团创作的五幕六场话剧《朝阳》。该剧以江西共产主义劳动大学为背景,围绕培养脑力劳动与体力劳动相结合的新人,还是培养脱离生产劳动、脱离劳动人民的精神贵族的主线,提倡坚持"半工半读"教育的革命方向,主张培养又红又专、能上能下、能文能武、符合社会主义建设要求的新人，批判了不要生产劳动，片面追求书本知识，"为每门功课全五分而奋斗"的思想。由于这部话剧抓住了在培养接班人这个问题上两条道路、两种思想的斗争，符合当时的形势需要，在广西首演即受到了社会的广泛关注。《朝阳》在长乐剧场为全校师生员工演出后，也为周边单位演出过。这部戏还由当时的西安交大党委委员、团委书记吴镇东和团委分管文娱活动的领导张继坤带队到地处武功杨陵（后改名杨凌）镇的西北农学院演出，给我留下了深刻的印象。那时，陈吾愚同志还在西北农学院工作，任职党委书记兼副院长。我们在杨陵待了两天，第二天时陈吾愚书记在西农的苹果园里招待剧组，让我们品尝了他们自己生产的苹果和鸡蛋，还安排我们参观了学院的牛奶场和麦种实验基地。1970年8月，陈吾愚调来西安交大，出任校革委会副主任，党委常委和副书记。"文革"结束后，陈吾愚还担任过西安交通大学校长。下面是一张《朝阳》剧组到西北农学院演出时在武功车站拍摄的一张照片，已经不记得，也找不到我在什么位置了。

1965年《朝阳》剧组到西北农学院演出时在武功车站拍摄照片

"文革"结束后，学校的各项工作逐渐步入正轨，各文娱社团又开始了正常活动。1978年底，团委组织排演了四幕话剧《于无声处》。该剧以民众悼念、缅怀周恩来总理为背景，讲述了1976年初夏发生在两个家庭间的一段故事，揭露了投机钻营分子泯灭人性的嘴脸，弘扬了正气。这部话剧是"文革"后，西安交大师生员工演出的首部完整的"大戏"，同样得到了很高的评价。

在上述的这几部话剧中，我都以是以化妆师的身份参与的。因为平时我的教学工作非常繁忙，话剧队排练时我一般不去，他们会把剧本给我，到快要正式演出之前特别是联排时我会去看，一边看一边体会剧本与导演对人物的设定。话剧化妆与日常化妆有很大不同，一个是舞台妆，一个是生活妆，它们之间的差别不言而喻。生活中化妆主要是追求个性与美，可以随性所为地展示个人的化妆技巧；而舞台化妆则不能脱离剧情和人物，化妆的目的也不仅仅是个人技巧的展示，而是通过化妆将演员塑造出一个符合剧本要求的形象。所以，我作为化妆师，除了仔细地研读剧本外，还要与导演和演员充分沟通，了解剧本的总体风格、所表达的主题思想、导演对每个人物刻画的构想及人物心理与性格特征、在剧中的地位等，对这些情况有了基本了解后，我才开始进行剧中人物的化妆设计，做到心中有数。做这些事情的时候，我总是很认真，并不因为自己只是一个业余化妆师，而降低要求。在每次正式演出前，我都做好充分准备，按照事先对人物的设计，以自己所掌握的化妆技巧，尽可能做到最好，高质量地完成化妆任务，力求使演员的妆容最大限度地接近其角色设定和导演对剧本整体处理后的艺术构思。这样，经过我化妆的人物都能在舞台上"立得住"。

化妆师虽然是幕后的工作，但是在演员到舞台上展示演技的同时，也将化妆师的水平展示给观众，所以每当我在观看演出时，就会揣摩每位演员的妆容，找出存在的问题，还有每个剧场的灯光不同，对演员的化妆都会有些影响，下次再给他们化妆时就会加以改进。正所谓"技不压身"，多年在学校文娱社团担任化妆师的经历，不但使我多了一项技能，也培养和提高了我的审美情趣。

二、集邮给我的生活带来无限乐趣

说起集邮，大家并不陌生。因为中国拥有人数众多的集邮爱好者，据说，全世界每三名集邮者中就有一名是中国人。而我能够成为集邮者或许出于偶然，但能够一直坚持下来，则是在集邮的过程中所体验到的越来越多的乐趣，使我对之爱不释手。

中国 1878 年发行的第一套邮票（图片来源于网络）

追溯集邮活动的历史，从萌芽到兴起，已有 100 多年历史。实际上最早的邮票开始发行不久，就有人开始收集、收藏，就是说集邮是随着邮票的出现而产生的，并且在不同时期世界各国曾经成立过很多集邮组织与团体，比如成立于 1926 年的国际集邮联合会。中国的集邮比西方要晚三四十年，解放前也建立过一些相关团体。新中国建立后的 1956 年，中国集邮公司诞生，集邮市场日益繁荣。至今，集邮已经成为世界上影响面最广，参与人最多的收藏活动，可以说集邮者和各类集邮活动遍及世界的各个角落。

资深集邮者陈国光教授与西安交大集邮协会

从西安交大看，据我的了解，也有很多集邮爱好者。譬如我所熟悉的电子工程系电子材料与元件专业的教授陈国光先生。陈国光教授 1955 年到交通大学电机系任教，1956 年随校迁到西安，1958 年他负责筹建无线电元件与材料专业和无线电元件与材料教研室，并担任了首届教研室主任。陈国光教授在电解电容器理论和技术研究方面有很深的造诣，是中国电子学会电子元件分会的创始人之一。陈先生除了在教学、科研工作上取得了优异的成就外，还是一位资深的集邮爱好者，他从青年时代就开始收集邮票，在国内的集邮届享有很高的知名度和声望，所以，1982 年 8 月中华全国集邮联合会（简称"全国集邮联"）在北京成立时，他应邀出席大会并当选为第一届理事会理事，第二届又连任。

西安交大集邮协会就是由陈国光教授倡导创立的，也成立于1982年，具体时间应该在全国集邮联成立之后，但这个时间早于陕西省集邮协会的成立，在省内也领先于其他高校。西安交大集邮协会由陈国光教授担任会长，我担任了副会长兼组织委员。后来陕西省集邮协会成立，从第一到第四届，陈国光教授都担任副会长，还曾经是西安市第二到第四届集邮协会副会长，陕西省及西安市邮协学术委员会、邮展委员会主任、副主任委员等职，他还是陕西省的第一位国家级邮品评审员。我担任西安交大集邮协会副会长兼组织委员直到1996年退休。期间，在陈先生的带领下集邮协会在校内组织了很多活动，也参加了全国集邮联、陕西省及西安市邮协主办的邮展等活动。1994年，中国·西安—日本·奈良友好集邮展览举行，我的"普23'民居'邮票专集"参展。

林文坡的"普23'民居'邮票专集"参加
1994年中国·西安—日本·奈良友好集邮展

担任西安交大老年集邮协会会长

我退休后，了解到很多离退休教职工对集邮非常感兴趣，很多人向我询问相关情况，我也愿意为大家提供这方面的服务。在西安交大离退休工作部门的支持下，成立了西安交大老年集邮协会，我担任了会长直到现在。

西安交大老年集邮协成立后，竭诚为离退休的集邮爱好者服务，积极宣传集邮文化，我坚持组织会员开展多样化的活动，主要有：集邮知识讲座、邮集欣赏、邮资票品交换、集邮经验介绍、组织会员参加全国集邮联举办的最佳邮票评选活动等；协会会员多次参加省、市、全国或其他省市举办的集邮及联展并获奖；协会还配合学校和离退休处，结合重要节日或纪念日，在校内举办了多次邮展，引起广泛影响。为促进校园精神文明建设，丰富离退休教职工的晚年生活，使老同志老有所学、老有所为、老有所乐做出了贡献。我与我校老年集邮协会会员所撰写的文章，多次在《中国集邮报》《上海集邮》《集邮》《集邮报》《集邮天地》《西安集邮》《西安邮政报》等邮报、邮刊上发表，有的论文还在有关部门组织的评选中获奖，也扩大了西安交大的影响。

邮票就像一部包罗万象的百科全书，给了我知识和欢乐

作为一名集邮爱好者，我深刻感受到邮票犹如百科全书，从天文、地理，人文、艺术到社会政治、经济，无所不包，方寸之间向我们展示了一个博大精深的世界。

集邮过程中，我在欣赏每一枚邮票的图案、内容的同时，会联想到它的意义、设计及历史背景，甚至印刷过程和制版技术等，那些形态不一的表达，从花草鱼虫到飞禽走兽，从历史事件、人物到成语典故……，不但使我获得了审美情趣，更得到了许多自己以往所不了解、涉及古今中外的各方面知识。特别是随着社会的发展，世界各国都把自己国家在政治、经济、国防、科学技术、文化艺术、历史地理、自然风光及珍贵的动物、植物等方面最有代表性的内容作为邮票图案，包罗万象，无所不有，当自己收集的邮票积累的一定数量，再来翻看它们时，就像在浏览一部百科全书，每次都会获得新的发现和感受。

每位集邮者几乎都会对邮票和邮品进行收集、整理，一些资深者还会从图案的主题、意义和审美，到它的设计、历史背景等方面进行研究，长期以往就会养成良好的习惯，比如：想要获得一枚自己心仪的邮票，就会持之以恒地寻找，这就需要耐心和坚持；在整理和研究邮票、邮品的过程中，还能培养整洁、细致、严谨和一丝不苟的作风。这些良好的习惯会在潜移默化中影响自己的性格，带到工作中也是受益匪浅。

在我长期的集邮经历中，对其益处还有很多体会。如，集邮作为一种健康的收藏活动，还是娱乐与休息的良好伴侣。在繁忙的学习、工作之余，欣赏、整理自己的收藏，会使精神彻底放松，达到心静气闲的效果。还有，通过与志同道合的邮友进行交流，互通有无，也会获得一种满足，感到生活的美好。

邮票上的交大

一般情况下,邮票所表现的是个别的人物、景致和事件,是不连贯的、分散的,但是通过邮票收集者的集中、分类、整理,就能够反映出事物的连续性,或者可以从中看到其凝聚一段历史、联想到人物生平与贡献、所展示的灿烂文化等。所以,从某种意义上说,每一枚邮票都是一部教材、一本史书。

对于喜欢历史和考古的自己来说,我尤其喜欢探讨我国邮政发展和邮票设计中所涉及的与交通大学有关的历史事件和人物。2002年,我开始研究并撰文,收集出现在邮票上的交通大学事件和人物,寻找历史依据,写出文章。为此,西安交大校友部的刊物《校友之声》从2003年1月专门开辟了《母校掌故——邮票上的交大》专栏。在开篇文章中,我写道:"邮票被誉为国家名片,在通讯中漂向世界各地;她虽然只有方寸大小,却设计精美、题材广泛,有着'小百科'美称。""西安交大是一所具有百年历史、中国最早的大学之一,在她的

《校友之声》上的《母校掌故——邮票上的交大》专栏

《校友之声》上的《母校掌故——邮票上的交大》专栏（续）

成长中与邮政有着千丝万缕的联系。百余年的风云变幻，造就了许许多多指点江山的人物，这些人物在邮品中都有所反映。……作者选取其中部分在此刊出，展示交大校友在中国邮政上的风采，并希望同好共同发掘有关史料。"之后，我陆续写出了《盛宣怀—招商局—留园》《交通大学校名的创始人——叶恭绰》《学术泰斗蔡元培》《七君子之一邹韬奋》《特班精英黄炎培》《杰出的物理学家吴有训》《中国著名出版家张元济》等文章，刊登在《校友之声》上。

收集的邮票、邮品多次参展并获奖

退休后，我个人所收集的邮票、邮品多次参加陕西省、西安市和学校举办的邮展活动，均受到好评。如：在纪念交通大学建校120周年暨迁校60周年活动中，由离退休党委、离退休工作处和各老年学会（协会）联合举办的邮票、书画、摄影、手工作品展览中，我提供了"邮票上的交大"集邮作品共51个贴片，从交通大学的诞生与发展、培养的名人与成就等方面，生动展示了西安交通大学历经双甲子风雨的历史变迁。在邮展现场，我向大家介绍邮票背后的故事，吸引了众多的参观者。我参展的邮票、邮品曾多次获奖，其中有陕西省和西安市的邮展二等奖。

在集邮中，我也做了些相关的研究，所写的《邮票印制质量揭短》《普26"山西民居"存在两个版次》等文章，在《上海集邮》（1994年第1期)、《集邮博览》(2003年第1期)上发表；我的论文《邮票纸张厚度测量的研究》，被收入到中华全国集邮联合会出版发行的《中国'96国际集邮学术研讨会论文汇编》一书。

下面的这组照片就是交通大学建校110周年和120周年时参展邮票的一部分。

林文坡在交通大学建校110周年邮展中展出的邮品

林文坡在交通大学建校120周年邮展中展出的邮品

总之，从年轻时培养的这些业余爱好，有的因年龄的增长不宜再做而放弃了，比如化妆；有的则一直陪伴着我，比如我仍然喜欢研究历史，看到自己不了解的事件和历史人物，就会探究一番，还有集邮，每当我静下心来，一边品着清茶，一边整理或者翻看自己所收集、积攒的邮票时，总会获得一种满足感和成就感，而这种成就和满足与功名利禄和浮华热闹无关，那是一种滋养了心灵、开启了心智、扩宽了眼界的感觉；是一种在繁忙的工作之余所拥有的一份自由和向往，从而让自己从繁杂的事务中解脱出来，彻底放松了身心，得到了既可养生，又可养心的收获。

另外，由于我在老年集邮协会中的工作，为离退休教职工老有所为和传播正能量的校园文化做出了自己的一点贡献，2005年被授予西安交大"优秀共产党员"称号，这是党组织对我的肯定和鼓励。

2005年林文坡荣获西安交大"优秀共产党员"称号

后　记

2017年3月，学校档案馆、校史与大学文化研究中心会同学校离退休党委、离退休工作处酝酿联合开展西安交通大学"创业者小传"文字资料撰写与收集活动，旨在记录交大人的成长，特别是交通大学西迁60余年来，伴随着学校发展所走过的创业历程，通过对教学、科研等经历的回顾，总结经验，展现业绩，传承西迁精神。是年7月，该活动正式启动，我们开始面向全校人员特别是离退休教职工征稿。

这项工作得到了很多老教授、老先生和老领导的支持，他们表示：交通大学西迁后经历了创业或在创业中成长起来的两代人已进入耄耋或鲐背之年，发动他们写出自己的经历，不但体现了学校对老同志创业经历的尊重，更是为学校抢救历史资料所做的一件非常有意义的工作。他们愿意通过回忆并将其写出来，不但给后代留下一份宝贵的精神财富，也给学校留下一份珍贵的历史资料。

经过近两年的努力，我们征集到一批老同志的个人小传、图片等资料。为把自己的经历写成文章，每位作者都花费了很多心血。为了保证自己小传的确切性，他们翻箱倒柜，查找资料，费尽气力。在写作过程中，老师们均反复推敲，数易其稿。有的老同志身体不好，仍坚持每天都动笔；有的老同志自己书写困难，请夫人代笔；有的子女帮助父母整理稿件……其精神令人感动。作为小传征集者的我们，也积极为大家创造条件，组织志愿者进行采访，帮助老同志核实历史资料，进行文字整理和编排，并根据他们的意思和史料反复修改，直到他们满意。

在编辑这部《西迁创业者列传》的过程中，我们与作者一样投入了真情——在聆听和整理过程中，我们收集了掉落的一切，与作者一起将他们的经历进行新的排列，于是在我们的心中生出无限的感慨和感激。感慨老一辈的努力与奉献，感激老师们的理解与支持。我们也希望，此书能够作为一份珍贵的礼品，留给学校的后来者，也恳请读者对此书的不足之处给予批评和指正。

本书的出版，得到了出版社领导的大力支持，责任编辑和美术编辑分别在文字润色、内容取舍和封面装帧设计方面付出了很多心血，在此，致以衷心的感谢。在史料的核实等工作中，也得到了档案馆、校史中心、离退休党委（处）、人力资源部档案室领导和工作人员的大力协助，在此也一并感谢。

征集"西迁创业者小传"文字资料的活动将作为一项日常工作，长期进行下去，征集到的小传原稿将存放于学校档案馆，同时将继续择优整理，结集出版。恭请各位老师积极赐稿，如果自己执笔撰写有困难可联系我们，以便安排专人协助整理完成。

编　者

2021 年 4 月